黄志基 ◎ 著

中国城市工业用地配置演化及其区域效应研究

中国财经出版传媒集团

经济科学出版社
Economic Science Press

·北 京·

图书在版编目（CIP）数据

中国城市工业用地配置演化及其区域效应研究/黄
志基著. －－北京：经济科学出版社，2024.1
（经济地理研究）
ISBN 978 - 7 - 5218 - 4489 - 4

Ⅰ.①中… Ⅱ.①黄… Ⅲ.①城市－工业用地－研究
－中国 Ⅳ.①F429.9

中国国家版本馆 CIP 数据核字（2023）第 014299 号

责任编辑：李 雪
责任校对：蒋子明
责任印制：邱 天

中国城市工业用地配置演化及其区域效应研究

ZHONGGUO CHENGSHI GONGYE YONGDI PEIZHI
YANHUA JIQI QUYU XIAOYING YANJIU

黄志基◎著

经济科学出版社出版、发行 新华书店经销
社址：北京市海淀区阜成路甲 28 号 邮编：100142
总编部电话：010 - 88191217 发行部电话：010 - 88191522
网址：www. esp. com. cn
电子邮箱：esp@ esp. com. cn
天猫网店：经济科学出版社旗舰店
网址：http://jjkxcbs. tmall. com
固安华明印业有限公司印装
787×1092 16 开 25 印张 470000 字
2024 年 1 月第 1 版 2024 年 1 月第 1 次印刷
ISBN 978 - 7 - 5218 - 4489 - 4 定价：122.00 元
（图书出现印装问题，本社负责调换。电话：010 - 88191545）
（版权所有 侵权必究 打击盗版 举报热线：010 - 88191661
QQ：2242791300 营销中心电话：010 - 88191537
电子邮箱：dbts@ esp. com. cn）

本书得到国家自然科学基金青年项目"中国工业用地演化及其区域效应"（编号 41601126）和面上项目"碳达峰目标下城市工业用地配置优化：理论机制与政策仿真"（编号 72274229）以及面上项目"多尺度视角下电子信息产业空间转移与价值链升级研究"（编号 41871115）资助

"北大－林肯中心丛书" 序

　　北京大学－林肯研究院城市发展与土地政策研究中心（简称北大－林肯中心）成立于 2007 年，是由北京大学与美国林肯土地政策研究院共同创建的一个非营利性质的教育与学术研究机构，致力于推动中国城市和土地领域的政策研究和人才培养。当前，北大－林肯中心聚焦如下领域的研究、培训和交流：（一）城市财税可持续性与房地产税；（二）城市发展与城市更新；（三）土地政策与土地利用；（四）住房政策；（五）生态保护与环境政策。此外，中心将支持改革政策实施过程效果评估研究。

　　作为一个国际学术研究、培训和交流的平台，北大－林肯中心自成立以来一直与国内外相关领域的专家学者、政府部门开展卓有成效的合作，系列研究成果以"北大－林肯丛书"的形式出版，包括专著、译著、编著、论文集等多种类型，跨越经济、地理、政治、法律、社会规划等学科。丛书以严谨的实证研究成果为核心，推介相关领域的最新理论、实践和国际经验。我们衷心希望借助丛书的出版，加强与各领域专家学者的交流学习，加强国际学术与经验交流，为中国城镇化进程与生态文明建设的体制改革和实践提供学术支撑与相关国际经验。我们将努力让中心发挥跨国家、跨机构、跨学科的桥梁纽带作用，为广大读者提供有独立见解的、高品质的政策研究成果。

北京大学－林肯研究院城市发展
与土地政策研究中心主任
刘　志

前言

20世纪90年代以来，在经济分权、分税制和土地制度改革的驱动下，土地逐渐成为拉动我国经济增长的"发动机"。土地利用在推动工业化和城镇化过程中发挥了重要作用：一方面，土地作为生产要素的重要组成部分，在征地制度的保障下，为工业化和城镇化提供了充足的物质支撑；另一方面，地方政府以土地为重要政策工具，在国有土地使用权改革的推动下，借助以地引资、土地财政和土地金融，实现了依赖土地投入的独特经济增长方式。依赖土地投入模式为我国经济快速增长提供了重要保障，但同时也带来了资源的过度消耗以及粗放式的城市–区域空间增长。随着经济高质量发展和产业转型升级的推进，依赖土地投入的发展模式已难以为继，土地在经济社会发展中的功能也将面临转变，土地利用效率和资源配置效率的提升将成为新的发展需求和目标。

在城市土地利用类型中，城市工业用地作为推动我国工业化快速发展的重要支撑，为经济增长做出了突出贡献。然而，在财政压力和考核压力双重驱动下，地方政府为了在招商引资竞争中获胜，往往采取低地价，甚至是"零地价"的方式大规模出让工业用地，导致工业用地利用面临供给过度、配置失衡等一系列问题。全国来看，工业用地占国有建设用地比重长期保持在20%以上，东莞、深圳、唐山等工业重镇甚至突破30%。地方政府过度出让工业用地，造成了工业企业用地效率普遍较低；低价出让工业用地，导致城市产业长期被"低端"产业"锁定"，不利于产业转型升级。因此，如何提升工业用地利用效率，优化工业用地配置成为土地制度改革中的关键环节。

城市工业用地如何合理配置、如何有效利用，这既是一个实践政策问题，同时也是一个学术理论问题。其中涉及两个关键性的学术问题需要思考和回答，一是城市工业用地配置演化的主要影响因素有哪些？二是城市工业用地配置产生了什么样的发展效应？只有回答好这两个问题，我们才能有针对性地回答应该如何合理和高效配置城市工业用地。已有文献针对上述两个问题开展了研究，形成了较为丰富的研究成果。总结起来看，对第一个问题的回答大多归因于地方政府行为模式，认为财政压力和考核压力刺激了地方政府以地引资，从而形成了大规模低价配置城市工业用地的局面。对第二个问题的回答大多认为城市工业用地配置在促进工业化、产生积极的经济效应的同时，也带来消极的社会效应和生态环境效应。虽然已有文献为理解上述两个问题提供了有益的证据，但仍缺乏系统性、综合性和完整性。例如，对城市工业用地配置研究的多维视角（规模、结构、价格、效率）缺乏系统性；对城市工业用地配置演化的分析框架缺乏综合性，未能将工业企业、其他参与主体等纳入其中；对城市工业用地配置效应的研究也缺乏完整性，对其产生的区域效应还有待进一步完善。

因此，本书在对现有文献进行系统梳理的基础上，搭建城市工业用地配置的分析框架体系，在现有文献侧重强调地方政府行为特征基础上，引入企业属性变量，开展更为综合的实证研究。本书共包含四部分：第一部分为研究综述，包括第一章至第四章，侧重于对现有关于城市工业用地配置及其效应的文献进行系统梳理，同时也梳理了城市工业用地配置的政策体制，并对 2007～2020 年城市工业用地配置进行了系统描述。本部分的目的是为全书研究奠定文献基础、制度背景和现状特征分析。第二部分研究中国城市工业用地配置演化，包括第五章至第十章，分别研究了影响城市工业用地配置规模、结构、价格和利用效率的关键因素；同时也从区域一体化和财政转移支付两个方面研究了城市工业用地配置的价格竞争和规模竞争。本部分的目的是系统回答"什么因素影响城市工业用地配置"这一问题。第三部分研究中国城市工业用地配置的区域效应，包括第十一章至第十六章，分别研究了城市工业用地配置对产业进入动态、产业结构转型、城市空气质量、城市空间演化、城市出口贸易和区域经济差距的影响及其内在机制。本部分的目的是系统回答"城市工业用地配置产生了什么样的区域效应"这一问题。第四部分研究中国城市工业用地管理改革实践，包括第十七章和第十八章，分别研究了城市工业用地市场化改革试点经验和产业用地混合利用发达经济体经验及启示。本部分的目的是从实践的视角总结当前城市工业用地演化过程中的关键问题。以下对各章的研究内容和主要发现进行简要的介绍。

第一章和第二章为文献综述部分，分别从中国城市工业用地配置演化和中国城市工业用地配置效应两个方面展开。前一个内容综述现有文献对中国城市工业用地配置特征及其影响因素的研究进展，后一个内容综述现有文献对中国城市工业用地配置效应，尤其是区域效应的研究进展。最后，对现有研究进展进行总结并指出存在的不足及有待完善之处。两部分内容构成全书的文献基础。

第三章系统分析中国城市工业用地配置的政策体制演化。中国城市工业用地配置是在中国特定的制度环境和政策背景下开展的。这些政策体制的演化不仅是城市工业用地配置的制度背景，同时也是关键的推动力。本章从政策体制改革背景、市场化配置改革以及当前地方实践探索三方面展开，一方面注重在时间轴上的梳理，另一方面也兼顾现有研究对这些政策的评论。

第四章描述中国城市工业用地配置的动态格局演变，从规模、价格和产业结构类型三个方面系统展示 2007～2020 年中国城市工业用地配置的总体格局，为后续开展相关实证研究提供特征事实和描述性基础。

第五章探讨地方制度环境，包括地方正式制度环境和非正式制度环境，对地方政府工业用地出让规模产生的影响。借助空间计量模型，研究发现制度环境是影响地方政府工业用地配置规模的关键变量，并且这一影响还存在空间溢出效应。同时，还通过制度环境与企业性质和产业性质进行交互处理，发现地方企业属性和产业特性对制度环境影响城市工业用地配置规模具有显著的调节效应。

第六章从制度因素与产业特性两个维度出发，探讨中国城市工业用地出让空间集聚结构的形成机制。研究发现，市场化程度、财政分权程度、政府关心度等制度变量以及规模经济效应、国有资本主导、产业政策支持等产业特性变量均显著影响工业用地出让空间集聚。进一步将制度环境与产业特性进行交叉分析，发现市场化程度越高的区域，地方政府对规模经济效应越强的产业出让工业用地在空间上越集聚；政企关系越紧密的区域，地方政府对国有资本主导越强的产业出让工业用地在空间上越集聚，但对受政策支持越多的产业出让工业用地在空间上越分散。

第七章实证分析我国城市工业用地出让价格的空间格局及关键影响因素。研究发现，我国不同区域的工业地价差异较大，政府的干预能力显著影响城市工业用地的出让价格，在控制其他影响因素下，干预能力越强，工业用地出让价格越低；宗地层面的因素中，距离城市中心或水源越近、交通通达度越好，工业用地的出让价格越高；城市层面的因素中，人口数量越多，经济发展水平越高，工业用地的出让价格越高。

第八章探究经济转型背景下工业用地利用效率的主要影响因素。研究结果表明，2007～2016年长江经济带工业用地利用效率水平处于中等水平，但呈现不断上升的趋势；长江经济带工业用地利用效率区域差异显著，空间分布呈现东北高—西南低的集聚特征，工业用地利用效率热点区域存在显著的空间极化现象；随着中国的经济转型，全球化、市场化对长江经济带工业用地利用效率具有积极的促进作用，而分权化对长江经济带工业用地利用效率则具有显著的消极影响；此外，产业结构、工业集聚和经济发展水平也是作用于长江经济带工业用地利用效率的重要因素。

第九章探究区域一体化对政府间工业用地出让价格竞争的影响效应及其内在机制。结果显示，城市群内城市工业用地出让价格竞争反应系数显著小于城市群外城市，表明区域一体化一定程度上缓解了地方政府间工业用地出让价格竞争；机制研究表明，区域一体化产生行政红利与市场红利，使得工业企业即使在面临更高工业用地成本时，仍倾向于进入城市群。此外，相比城市群内城市，城市群外城市之间同样表现出更显著的工业用地出让规模竞争。

第十章分析财政转移支付对城市土地出让的影响及其内在机制。结果表明，财政转移支付及一般性转移支付、税收返还收入对城市土地出让规模具有显著的负向影响，且这种影响在不同地类之间具有异质性。财政转移支付抑制了工业用地、公共服务用地和基础设施用地出让，但促进了商业用地出让。国土资源禀赋越好、土地财政依赖惯性越大和经济增长压力越高的城市，财政转移支付对其土地出让的抑制效应越弱。机制分析表明，财政转移支付可以通过降低纵向财政压力和缓解横向政府竞争两方面抑制地方政府土地出让的扩张行为。最后，转移支付的土地出让抑制效应在中小城市，以及东部城市更为显著。

第十一章研究工业用地出让对产业进入动态的影响及其调节机制。结果表明，全国尺度上工业用地出让规模扩张促进了城市产业进入，但该效应在东部、西部地区不显著；全国尺度上工业用地价格上升对产业进入无显著影响，但西部地区工业用地价格增长显著抑制了产业进入；本地技术关联度更高的产业，其产业进入受工业用地出让规模扩张的影响更小。

第十二章以产能管制为政策冲击，研究地方政府利用土地出让作为调节工具，应对中央的产能管制政策及其带来的产业转型效应。研究发现，中央产能管制政策实施后，地方政府显著减少了向受管制行业出让工业用地；对产业结构和增长压力不同的城市，中央产能管制政策的影响具有显著的异质性。进一步的研究发现，产能管制政策颁布后，地方政府倾向于将土地资源转移配置到商业或房地产业等非工业行业，一定程度上促进了地方产业转型。在驱动机制上，产能管制促进地方产业转型的一个可能机制是地方投资重心的转移。

第十三章实证分析地方政府主导的工业用地出让对城市空气质量可能带来的影响。研究表明，城市工业用地出让规模扩张显著降低了城市空气质量，且这一效应存在空间异质性；工业用地出让方式对城市空气质量具有差异性影响，地方政府以协议方式出让的工业用地规模越大，城市的空气质量越差；产业选择可能是工业用地出让影响城市环境质量的内在机制，地方政府倾向于通过协议出让的方式将工业用地供给污染密集型产业，从而导致城市空气质量变差。

第十四章探讨工业用地扩张对城市空间演化的影响。以"格局-过程-机制"分析范式为基础，构建涉及多方利益相关者的"产村拼接"空间演化分析框架，以厦门同安工业集中区、佛山南海区为例，分析工业用地扩张的内在机制，挖掘工业用地扩张与城市空间演化之间的关系。研究表明，政府介入强度影响城市空间布局，土地政策制度影响工业用地扩张，产村拼接空间演化作用力影响"产-村"形态。

第十五章探讨工业用地地价扭曲对城市出口产品质量升级的影响，并对其内在影响机制进行检验。研究发现，工业用地地价扭曲显著抑制了城市出口质量的提升，且这种抑制作用在西部地区、中型城市以及财政自给率较低的城市更强。中介机制检验发现，工业用地地价扭曲可以通过阻碍区域创新能力提升，抑制城市出口质量升级。

第十六章将土地要素引入新古典经济增长模型，对各省区市经济发展差异的原因进行分析。研究表明，偏向中西部的土地供应政策并没有加快地区间经济差距缩小的速度，反而阻碍了区域经济的收敛。进一步分析原因可归纳为，中西部地区利用土地融资的能力远低于发达地区；在土地供应指标倾向落后地区过程中，中西部地区各省区市的土地供应也有差异，较落后的省区市没有获得相应的土地供给倾斜政策红利；落后地区的划拨用地所占比例过大，且相较于发达地区上升较快。

第十七章以浙江省嘉兴市工业用地配置制度改革为案例，研究现阶段我国城市工业用地市场化配置改革的经验及政策倾向。研究表明，嘉兴市工业用地市场化配置改革的实质为地方政府在资源约束趋紧的形势下，利用土地资源配置改革促进产业转型升级的实践探索。通过市场化改革试点实践，嘉兴市实现了工业用地配置更为精准、企业初始用地成本下降和土地利用效益稳步提升等成效。

第十八章在对产业用地混合利用概念进行界定的前提下，系统梳理发达经济体的产业用地混合利用实践，从用地分类、用地结构，以及后续的管理环节归纳总结其成功经验。在此基础上，结合我国产业用地利用实际总结相关启示，为我国下阶段进一步深化产业用地利用政策创新、优化土地要素市场化配置、提高产业用地利用效率提供决策依据。

本书是继 2017 年笔者出版《中国城市工业用地扩张与利用效率研究》（经济科学出版社）后，在城市工业用地研究领域的又一阶段成果。区别于前一部专著，本书更为系统、也更聚焦于中国城市工业用地配置的演化机制和工业用地配置所带来的区域效应等。在未来的研究中，笔者将进一步从微观视角出发，探讨城市工业用地在企业尺度的配置机制与配置效率，探讨土地供给在企业生产率提升、出口行为、创新绩效、污染排放等方面的影响效应，为从企业层面优化城市工业用地配置提供科学依据。同时，进一步的研究也将基于"双碳"目标，探讨城市工业用地配置作用于产业结构转型升级的机制，为我国实现碳减排提供决策依据。

本书的创作得到了北京大学贺灿飞教授、中国人民大学刘守英教授、北京大学朱晟君研究员、中央财经大学王志锋教授、高菠阳教授、赵文哲教授、中国农业大学张立新博士的支持、帮助与合作，在此表示衷心感谢。本书的出版得到了北京大学－林肯研究院城市发展与土地政策研究中心刘志主任的大力支持，在此表示诚挚谢意。另外，也要感谢浙江嘉兴、厦门同安、佛山南海等地的地方同志在调研过程中的帮助。同时，本书也是笔者在学生团队参与下完成的阶段成果，团队成员包括马琳、戴晓冕、宋澜、杨航、石涛、许琪、宋名悦、魏振明、胡敏怡等。限于笔者的学识与能力，本书的研究深度和广度有待进一步深化和拓展。对书中不足之处，还望广大读者和学界同人批评指正。

黄志基

2023 年 11 月

目录

第一章
中国城市工业用地配置
演化研究综述

第一节　引　　言

以土地为中心的城镇化是近 20 年来我国经济社会转型发展的一个重要特征。土地资源作为最基本的经济要素之一，是我国社会经济可持续发展的必不可少的投入要素。在我国转型经济制度背景下，城市土地出让规模的扩张不仅是经济增长的结果体现，也是推动城市经济增长的重要原因（Ping，2011；He et al.，2015）。在城市土地配置的类型中，工业用地的扩张尤其迅速，导致城市用地结构中工业用地比例居高不下，并呈现重规模轻效率、重扩张轻挖潜、配置低效等利用特征，在空间上也逐渐呈现工业用地配置与工业经济发展需求不匹配的现象。因此，本章从城市土地资源配置视角和城市工业用地资源配置视角进行综述，并对工业用地配置演化的影响因素进行系统梳理，以期对中国城市土地配置与城市工业用地配置演化研究进展有较为全面的认识，为本书的实证研究提供文献基础。

第二节　城市土地配置演化

土地资源配置关乎国民生计，是影响国家治理与社会秩序的重要制度安排。经过 40 多年的改革开放，我国的城乡关系发生革命性跃迁，土地功能因发展阶段转换而发生变化。1980 年开始，开放土地权利带来了乡村工业化；1995 年后，园区工业化取代乡村工业化，带来了依赖土地投入的快速城市化（刘守英，2018）。依据经济发展阶段和地方政府运作方式的差异，可以大致将 1995～2014 年中国城镇化和工业化划分为三个阶段：一是 1995～2002 年，处于"以地引资"为主的阶段。在 1998 年国有建设用地有偿使用相关政策颁布后，全国开发区、工业区数量激增，曾经的乡镇企业逐渐退场，园区工业化占据主导地位，促进了中国"世界工厂"的塑造（刘守英，2018）。二是 2003～2008 年，为"土地财政"形成及作用凸显的阶段。2002 年国家明确提出经营性用地采用"招拍挂"制度，政府经营土地的依赖土地投入发展模式正式开启，以"招商引资"为基础，"土地财政"占主导地位。三是 2008 ~ 2014 年，由"土地财政"为重点演变为以"土地金融"为主的发展阶段。2008 年金融危机冲击后，土地财政模式难以为继，地方政府逐步转向以"基建投资"为依托的"土地金融"模式（赵扶扬等，2021），通过土地质押采用市场化运作模式，由银行授予政府信贷额度。2014 年后，国务院颁布债务管理调整新政，依赖土地投入模式的发展趋势受到学界争议（刘守英等，2020；陈金至和宋鹭，2021）。总的来说，不同发展阶段中的城市土地配置的方式选择也伴随着阶段性演化。在财政政策转变与土地的供给及监管方式变化作用下，依赖土地投入发展模式对地方财政的支撑作用也呈现由总体快速上升、内在结构转变与未来面临争议的阶段演变特征。

在学术研究视角下，相关文献在城市土地配置演化领域展开了丰富的探讨，主要集中于土地配置时空演化与各地类配置机制分析、土地资源利用与配置的影响因素、土地资源错配问题来源与解决途径的探寻等方面。

首先，学者对于土地资源配置研究关注点，集中在其时空演化特征与不同地类配置机制的比较分析。一方面，在城市土地利用时空演化视角，当前文献研究主要分为两个尺度：一是集中于全国范围内城市土地配置的整体演化情况，在地方政府将土地作为主要预算外收入的背景下分析依赖土地投入发展模式的形成与结构演进；二是集中于对单一城市或特定区域的研究，主要研究内容聚焦于土地利用类型规模的变化率、空间扩张趋势及其驱动机制。在城市的土地配置演化层面，呈现依赖土地投入发展模式的不同阶段。在具体城市或区域的土地配置时空演化研究中，可以总结出主要观点包括：城市蔓延带来的空间扩张是以挤占耕地和林地为代价（王家庭等，2021），建设用地面积在城镇化进程中逐年扩张，而耕地面积、林地面积、未利用土地面积在逐年减小，人地矛盾日益突出。在土地利用的时空演化过程中，呈现中心 - 外围的扩张趋势，社会经济发展、土地市场化进程、人口增长往往是土地利用结构或土地利用类型发生规律性变化的重要影响因素（郭平等，2016；胡昕利，2019；黄天能等，2020；傅加仪，2020）等。另一方面，在不同地类配置机制视角上，现有研究对不同土地类别的作用发挥与土地资源配置的内在结构演变展开了具体探讨。土地资源配置是中央与地方政府主导本地经济、推动投资扩张的主要政策工具（雷潇雨和龚六堂，2014；周祎庆和顾帆，2022）。从配置视角来看，地方政府出让土地的差别化行为表现在：对待工业用地出让上，出于工业部门具有生产能力形成后带来增值税收入增加的考虑，大多数城市愿意采取以"低地价、零地价"和协议出让等方式进行工业用地出让（张莉等，2019）；而在商住用地出让上，虽然商服、住业可在房地产建设和销售中带来很高的短期营业税，但由于我国尚未开征财产税，地方不能从房地产中获得持久税收。一旦销售完毕，营业税会呈现下降及稳定的变化趋势（陶然等，2009）。为弥补工业用地的低价损失（毛文峰和陆军，2020），商住出让价格也较工业用地高得多，两者之间形成较大差价（王春杰和黄金升，2021）。王岳龙和邹秀清（2016）将地方土地财政视为工业用地主导的"招商引资"和居住－工业用地价格剪刀差效应的"以地生财"模式的权衡取舍，发现中西部地区的土地出让行为更倾向于"招商引资"。

其次，在对时空演化与内部地类配置展开研究的基础上，学界进一步对土地资源配置影响因素展开了探究，主要集中在城市化、工业化及相关政策变迁等方面。部分学者在研究了不同地区间工业化与城镇化水平和土地资源结构之间的耦合关系后发现，城市化和工业化是影响土地资源利用和配置的主要因素。随着土地利用强度的增加，城市化和工业化对土地利用变化的影响会越来越大，土地利用与城市化工业化之间的耦合协调性逐步增加（叶玉瑶等，2011；孙宇杰和陈志刚，2012；郑飞等，2013；张明斗和莫冬燕，2014）。其中，部分学者细化探究不同制度的出台实施对于土地出让的影响及其所带来的系列影响。例如，绿色政绩考核能够缩小城市土地在工业与服务业间配置的规模与价格差异，并且对于规模范畴的改善更加明显（何芳等，2022）。陈钊和申洋（2021）实证验证了限购政策对于土地资源配置效率的影响，商业住宅用地出让在限购政策实施后也向非限购城市倾斜，部分非限购城市房地产市场泡沫程度相对上升。黄金升等（2022）以地方政府产业用地供给为切入口，发现国家高新区的设立加剧了地方政府无差别供地的行为倾向。

最后，土地资源错配问题也逐渐引起了政府及社会各界的高度重视。在土地资源错配问题形成的探究中，一些学者从现行财政分权体制和地方政府行为视角展开探讨，认为财政分权带来的财政压力和以 GDP 为导向的考核压力会导致地方政府采取扭曲土地要素的配置行为（Jin et al.，2005；Han and Kung，2015；武普照等，2019）。财政分权体制是地方政府围绕土地资源展开的非理性竞争的来源（安勇，2022）。可以说，我国的城市蔓延是在经济增长模式、财政与土地制度等多重因素影响下的具有中国特色的发展模式（Li and Zhou，2005；王家庭等，2021），地方政府在短时间内为发展经济而大量出让工业土地，人为加大土地市场的投机性以吸引工业投资（余靖雯等，2015；Wang et al.，2020）。招商引资的成效往往与地方政府所提供的优惠政策密切相关，然而囿于中央政府所设置的制度约束，地方政府间相互模仿，致使政策趋同从而引起效果下降。工业园"圈而不建"、开发区"开而不发"的现象比较普遍（Du and Peiser，2014），大量土地闲置，造成土地资源的浪费与错配（Lin，2007；陈恭军，2022），且这一状况存在显著的政策周期性（杨继东、罗路宝，2018）。此外，工业企业，特别是制造业企业，主要生产面向全国乃至全球的贸易品，其缺乏区域特性且具有很强的流动性。地方政府为了吸引这些企业投资，不得不提供包括廉价工业用地在内的补贴政策（张莉等，2019），使得工业用地的配置比重过高，但其地价长期被低估，利用效率偏低（Wang et al.，2018）。总的来看，工业用地市场所依赖的制度基础存在缺陷，政府应适当放开工业用地供应权限，形成多元主体供应的竞争市场，才能推动工业用地低价与低效配置问题的有效解决。

第三节　城市工业用地配置演化

一、城市工业用地配置价格演化

土地配置价格是评价土地资源配置状况的一个重要指标。分税制改革之后，中央政府在上收优质税源、打破中央－地方财权结构的过程中，并未改变中央与地方的事权结构，地方政府的财政支出责任并未减少。低价出让工业用地的非税手段可以降低企业成本并增加财政收入和公共支出，同时达到吸引企业、促进生产并推动城镇化的目的（雷潇雨和龚六堂，2014）。然而，现有研究也表明，低价出让工业用地所导致的价格扭曲又会引起制造业企业生产率增速减缓、工业企业生产率低、经济效率差等问题（Deng et al.，2012；陆铭，2015；张雄，2017；段莉芝等，2019）。

首先，在地价扭曲的测度方式上，当前已形成了较为成熟的测度方式。有学者分别或综合采用商业用地、住宅用地与工业用地价格间的"剪刀差"来进行表征（Sah & Stiglitz，1984；毛丰付和裴文龙，2013；尚晓晖，2016；韦朕韬和赵仁康，2018；卢建新和罗百棠，2021），还有学者通过测算工业用地出让价格相对于工业用地基准价格的负向偏离度，即（工业用地出让价格－对应区域工业用地基准价格）/对应区域工业用地基准价格来表征土地价格扭曲程度（黄建柏，2015）。此外，韩峰等（2021）通过收集全国地级城市广义商服用地、广义住宅用地和广义工业用地的实际交易数据，结合生产函数和边际产出法测算工业用地扭曲指标。

其次，在用地价格在不同区域的变化趋势上，全国工业地价总体上呈现出"增长－平稳－再增长"的三阶段变化趋势（范郹等，2018）。随着中国城镇化水平的不断提高，大量企业、人口向城市聚集，导致城市土地需求量大幅增加。但在严格的耕地保护制度和土地公有制的制度背景下，土地价格不断抬升（杜玉梅，2008）。自从 2006 年相关法规明确规定"工业用地必须采用招标拍卖挂牌方式出让，其出让价格不得低于公布的最低价标准"，工业用地价格由 2007年之前的年均 2% 的增速上升到年均 4%，并且中心城区与外围地区之间的差距不断加大。

就单一城市的研究来说，邓（Deng，2015）对北京市的工业用地价格布局进行研究，发现北京市工业用地价格的单中心圈层布局比较明显，随着时间可达性的增加，地价在不断衰弱，但变化较微弱；唐晓莲和利振焜（2018）利用ArcGIS 克里金插值分析等方法研究广州市工业用地价格时空格局演变特征，发现广州市工业地价由中心向四周递减，且价格峰值区不断扩大。高金龙等（2013）分析不同土地用途的价格分布特征时发现，南京市工业用地价格呈现多中心发展格局，价格高值主要分布在区位条件良好的沿江产业园及工业园区。

就城市群的研究而言，周等（Zhou et al.，2014）发现京津冀城市群工业地价空间分布沿核心城市—次核心城市—骨干城市——一般城市呈阶梯式衰减，张立新等（2018）以长江三角洲为研究对象，引入土地要素的 C－D 生产函数模型估算不同城市的工业用地要素价格，结果发现，长江三角洲地区工业用地价格偏离水平的时空差异显著。近年来，工业用地价格偏离总体水平逐渐提高，由东部地区至西部地区，工业用地价格的低估程度不断加大。赵娜和王之禹（2018）对全国地价进行监测后发现，东部区域的工业用地平均出让价格水平和涨幅明显高于全国和中西部。城市群内部中心城市土地成本的快速攀升会拉大与中小城市的差距（黄金升，2017），东部地区与中西部地区的差距，一线城市与非一线城市的差距都会伴随工业用地涨幅的不平衡而逐渐拉大（赵娜和王之禹，2018），城市溢价率存在自我强化与空间蔓延趋势（胡家蒙等，2018）。

二、城市工业用地配置规模演化

地方政府工业用地供给是城市土地供给的重要组成部分（周麟，2020），直接导致了城市工业用地规模的迅速扩张（黄志基和贺灿飞，2017；Huang et al.，2019）。在对工业用地供给影响因素的研究中，现有文献首先强调了在经济发展阶段和产业发展水平不同的背景下，工业用地供给具有显著差异（Kuang et al.，2016；Jin et al.，2020）。此外，国家发展战略转型（Zhou et al.，2019）、地方政府干预和政府间的战略互动（Huang & Du，2017a；Huang & Du，2017b）对工业用地出让规模也有重要影响。林等（Lin et al.，2020）发现最低价政策提高了工业市场的总体土地利用强度。谢贞发等（2019）则在税收分成制度与土地制度背景下，实证验证了不同税收分成对于工业用对配置的异质作用，增值税分成通过财政利益效应显著正向影响着工业用地配置，营业税分成则通过影响增值税的相对分成变化发挥显著负向作用。工业用地供应规模的时空演化是土地供给侧结构性改革的重要依据，也是促进工业高质量发展、优化国土空间格局的主要参考。改革开放以来，我国的工业用地始终呈现出增量大、存量高、扩张无序等特点（Li and Zhou，2005；Yuan et al.，2008；Zhao et al.，2018）。尽管在近些年工业经济高质量发展的过程中，工业用地供给规模的"摊大饼"模式已得到有效控制，但仍呈现出一定的区域差异性。例如，王贺封和石忆邵（2014）对上海工业用地扩张规模进行研究，发现上海市工业用地呈现中心城区减少，但近郊区增长、远郊区翻倍扩张的变化特征，远郊区成为工业用地郊区化扩张的主要区域。何慧妍等（2021）利用基尼系数、核密度估计、冷热点分析和空间趋势面等方法，对重庆市及各区县工业用地供应规模进行测度后发现，重庆市工业用地供应规模总体上处于波动下降趋势。李林娟等（2022）利用同样的方法，以长江经济带为研究对象，开展了各工业行业用地供应规模的时空演化研究，发现从时间演化上看，长江经济带工业用地供应总规模呈波动性减少的势态；从空间演化上看，长江中游地区工业用地供应规模最大；处于工业化中期和工业化后期的区域受各种因素影响较大，其工业用地供应规模变化最为突出。从总体来看，不论是从单一城市出发，还是从城市群出发，抑或是从全国城市出发，有关工业用地供应规模区域性时空变化特征差异的研究仍较为缺乏，是值得展开进一步探索的领域。

三、城市工业用地配置方式演化

作为国有建设用地一级市场的法定供应者，地方政府努力通过策略性出让各种用途的土地来完成多重任务。其中，工业用地的收储和策略性低价出让是构筑招商引资的重要方式。由于协议出让的土地信息披露程度低，在无法通过市场竞争方式获得优质项目时，地方政府偏向将工业用地以协议方式出让给技术装备水平、投资强度和经济效益较低的工业项目（杨其静，2014）。受制于数据的可获得性，学者们在很长一段时间只能将《中国国土资源年鉴》中的"招拍挂"和"协议"土地出让数据分别视为地方政府"商住用地"出让和"工业用地"出让的方式代理变量（李学文和卢新海，2012；雷潇雨和龚六堂，2014；范剑勇和莫家伟，2014；李力行等，2016）。通过实证研究，学者们发现引资竞争显著压低了工业用地出让价格，工业用地低成本会导致生产工艺落后、技术装备落后的产能过度集中，进而导致低效率企业的过度进入，也会助长大量低水平重复建设（Wang et al.，2018）。从企业角度来看，企业所有制是决定工业用地协议出让与否的重要因素，相比非国有企业，国有企业更容易通过协议出让的方式获得土地，且规模大、效率高、缴税多的国企更受到地方政府的青睐（杨继东等，2019）。

2006年土地出让的市场化改革后，挂牌和拍卖出让工业用地开始占据主导地位，尤其是挂牌替代协议成为最受欢迎的出让方式，使得土地出让摆脱了"低价扭曲"。但王媛（2016）认为挂牌往往意味着较低的土地出让价格，以及更多的腐败和土地违法（陶坤玉等）。蔡等（Cai et al.，2013）发现，土地交易中拍卖方式比挂牌方式更透明，但在协议方式受限后，以拍卖和挂牌方式出让的工业用地面积占比便居高不下。杨其静和吴海军（2021）通过实证研究发现，距离港口越远的城市，或者说地理禀赋越差的城市，城市政府会越倾向于采取挂牌的方式出让工业用地。

四、城市工业用地配置结构演化

近年来，在意识到城市工业用地配置对优化土地利用效率具有重要作用后，部分研究开始关注城市工业用地配置结构问题，但研究远未达到完善的程度。本书从空间配置、产业配置及企业配置三个维度对现有文献进行综述。

从空间维度看，现有研究发现工业用地空间配置存在一定的扭曲，并且地区之间的竞争是导致工业用地规模空间配置扭曲的重要原因（杨继东和罗路宝，2018）。省内经济实力相近的城市，尤其是经济强市之间存在着土地引资的竞争，导致竞相扩大工业用地的出让规模和协议出让比例（杨其静和彭艳琼，2015）。与此同时，城市内部工业用地空间配置也发生变迁。北京市出让工业用地集中分布于距市中心20~40千米的近郊区，具有明显的工业园区指向性和近郊区环状集聚态势。不同行业的空间集聚特征存在明显差异，工业用地出让重心经历了由东北向西南方向转移的过程（文雯等，2017）。武汉市出让工业用地空间分布的近郊区指向性明显，且在研究区域内呈现环状集聚的特征（饶映雪和杨吉鑫，2020）。

从产业维度看，工业用地产业配置的变化趋势也较为明显。例如，北京市工业用地出让总面积及各行业受让面积均呈下降趋势，出让行业以"现代制造业"为主，但有向"高新技术工业"转变的趋势（文雯等，2017）。武汉市工业用地出让行业以加工工业为主，但随时间变化，主导产业由加工工业演变为高新技术工业（饶映雪和杨吉鑫，2020）。还有研究关注了污染产业工业用地配置（Hu et al.，2019）。当前，关于工业用地产业配置的影响因素的研究还相对粗略，大致认为政治制度（Tang et al.，2018a）、低碳发展战略（Tang et al.，2018b）和碳排放交易等政策变化可能对工业用地的产业配置产生外生影响（Huang & Du，2020）。

从企业维度看，工业用地企业配置的研究刚刚引起学术界的关注。杨继东等（2020）发现，经济增长压力大的城市更倾向于将土地配置给利用效率高的企业；周方伟和杨继东（2020）指出，市场化程度越高的地区，微观层面土地资源配置效率越高。这些研究还仅仅局限在生产效率领域，而从更全面的角度分析工业用地在企业尺度的配置则还需要进行更多的研究。

第四节　城市工业用地配置演化影响因素研究

针对城市工业用地演化影响因素的研究，主要可以分为三类：以工业用地规模、价格和结构演化为对象的城市扩张及产业、区域异质性研究，以工业用地布局演化为对象的空间形态研究，和以工业用地利用效率演化为对象的评价研究。

针对工业用地扩张的研究，其影响因素集中于经济激励假说。2003 年以来，土地财政逐渐成为我国财政体制中最受关注的问题。总体来看，以财政收入权力集中、财政支出责任不变为特征的"分税制改革"，以及"所得税分享改革"导致地方政府财权与事权不匹配，使得地方政府面对着与日俱增的巨大财政压力，实际支出责任也显著增加，会针对工业用地进行价格调控，继而影响着工业用地的配置结构（杨其静和彭艳琼，2015；余靖雯，2019）。

具体来看，财政压力在土地征收的决定机制中发挥着重要作用（He et al.，2016；彭旭辉等，2022）。基于招商引资的经济激励假说，强调分税制改革使地方政府财政缺口扩大，从而不得不严重依赖"土地财政"，通过工业用地出让获得长期的财政收入和经济增长（Deng et al.，2012）。与此同时，1998年国务院颁布《中华人民共和国土地管理法实施条例》，地方政府从此拥有土地一级市场的法定供应地位（武普照等，2019）。地方政府依靠土地出让金来获得长期的财政收入和经济增长，由此形成了土地投入发展模式的"路径依赖"。这与中国的城市化、工业化发展需求相契合，显著推动着我国城市建成区面积和城市空间的扩张，成为"土地城市化"的主要推动力之一（叶林等，2016）。协议出让土地宗数对地方税收收入和财政收入、企业所得税及其利润上缴、营业税和增值税有显著的正影响（陶然，2003），城市的财政分权程度会显著刺激对土地出让金的获取，土地出让金又会显著地缩小地方政府的实际财力缺口（卢洪友，2011）。地方政府在经济激励下制定区域经济增长策略，通过低价出让工业用地促进GDP提升以推进工业化进程，通过高价出让商服土地扩容城市实现城市化（王健，2015）。

此外，市场化程度、政府与企业的关系以及以高铁为代表的区域战略布局也影响着城市工业用地配置的规模和价格。刘力豪（2015）指出，随着工业用地出让市场化程度的提高，公开、透明的市场机制对工业用地规模起到了遏制作用；在第三产业占主导地位的城市，地价对工业用地规模扩张的约束比较明显。杨广亮（2018）则通过实证检验发现企业与地方政府的关系越强，买地的价格越低，市场化的土地出让方式弱化了政企关系的作用。周玉龙等（2017）发现，高铁开通显著提高了地方政府的土地出让数量和出让金总额，其原因是高铁的"引流"效应，以及地方政府在出让工业用地和非工业用地时采取"横向补贴"的策略。

针对用地布局方面影响因素的研究，主要可以分为地方工业用地布局和全国工业用地布局两个方面。首先，从地方工业用地布局视角来看，多数学者结合行业用地调查数据与土地出让数据展开了空间分析。李（Li，2014）突破制度和物理视角，从空间建模视角对上海及其开发区的城市扩张进行了分析，并且发现了区域内和区域外的城市增长动力存在差异。叶昌东（2015）基于2012年广州市行业用地调查数据，指出由于历史依赖性、企业用地需求、区位选择及地价机制的影响，广州市高耗地型产业呈郊区分布，中耗地型产业呈点轴分布，低耗地型产业向中心城区集聚且均匀分布。邓羽（2015）基于2008年以来的北京市土地出让数据,运用网络分析和距离成本加权测度全局可达性,得出北京工业用地分布也呈现圈层式结构,但是与时间可达性的相关关系并不显著。杨韵、梁若冰(2016)指出,宏观政策对工业用地出让的管制加强,以及城市房地产市场的繁荣,使得厦门市抛弃粗放的工业用地出让模式,呈现更为集中的分布。除了地方性工业用地布局的影响因素研究,胡森林等(2019)针对开发区这一特殊工业用地形式进行分布特征和影响因素的研究,结果显示,省级以上开发区在空间上具有以"城市群—中心城市"为依托的多核心连片集聚特征,且存在着显著的级别、类型异质性。城市劳动力资源和行政级别是影响开发区分布最为重要的因素,城市经济实力、信息化、地方政府竞争是次级核心因子。

　　近些年,针对土地利用效率方面影响因素的研究成为新热点,学者们不再满足对于工业用地规模、价格和布局的影响因素探究,更加关注新型城镇化、市场化改革的大背景下如何提高工业用地的利用效率。谢春花等(2015)和严思齐等(2018)指出,中国主要经济区城市工业用地都存在俱乐部收敛和条件收敛现象。经济发展水平、研发投入和对外开放水平等因素对工业用地利用效率的提升和稳态的形成具有显著影响。为了提高全要素生产率,需要解决工业用地粗放利用、工业劳动力过剩、工业经济产出不足以及容积率和投资强度不达标的问题(陈伟,2015),就业密度的增加对工业用地产出效率也会产生负向影响,这些影响由于东中西部工业用地及产业类型和劳动力素质不同又呈现出区域差异(许明强,2016)。张兰等(2017)基于广东省地级市数据得出以分税制为代表的财政分权对土地利用效率有负向作用。严思齐和彭建超(2019)进一步研究发现,财政分权对工业用地利用效率的影响存在门槛值,在人均 GDP 少于 2.713万元时,财政分权对工业用地利用效率有负向影响,反之则产生正向影响。高技术产业占比小于 0.097 时,财政分权产生负向影响,反之产生正向影响。从企业视角来看,张琳、王亚辉(2014)根据企业样本数据得出随着企业规模的扩大对土地产出效率有正向作用,其中要素投入、基础设施、企业盈利能力及区位优势均促进工业用地产出效率,而企业成长年限与国有企业属性对于产出效率有抑制作用。张琳等(2016)进一步指出,工业用地价格对集约用地促进作用最为明显;外资企业相较于其他所有制企业,集约用地水平较高。郭贯成等(2019)基于 2008~2016 年企业数据,发现大中型工业企业占比和外资工业企业占比提高反而会对土地利用效率产生负面影响,国有工业企业占比产生同样的负面影响,只有高技术产业占比的提高会对土地利用效率产生正向影响。除此之外,郭贯成等(2016)证明了土地市场化供给程度占比越高,越有利于提高工业用地利用效率,而从短期来看,工业研发投入未能有效促进工业用地利用效率的增加。工业用地市场化改革能够提高城市工业用地利用效率（赵爱栋等，2016），但是地方政府对工业用地出让程序和出让价格的过度干预，会显著降低市场化改革对工业用地资源优化配置功能的发挥。杜和理查德（Du and Richard，2014）基于1995~2010年省级数据，发现土地价格与地方政府囤地规模呈现显著正相关。薛建春等（2022）则利用空间面板杜宾模型及其偏微分分解方法，发现土地市场化与住宅用地、公共管理与服务用地结构对本地城市建设用地绿色利用效率产生了抑制作用。王等（Wang et al.，2021）则认为，当政府采用差异化土地出让价格时，将会对产业结构的高级化产生抑制作用。

另外，工业用地的演化研究还包括工业用地市场化程度的影响因素方面。伴随着新型产业用地的天然优势与需求紧缺的情况出现，其政策设计方向与规划管理措施也正成为新的研究热点。在工业用地市场化程度方面，中央政府在2002年和2006年相继出台重大改革措施，分别要求地方政府以市场化方式出让商住用地和工业用地（杨其静等，2021）。随着城市更新成为"存量"时代的主要发展方式，工业用地的再开发利用和挖潜成为一个重要的政策领域（杨帆和沈珏琳，2022）。其中，工业用地市场是推动城市群或区域内要素市场化配置改革的关键载体（王春杰等，2022），"十四五"时期地方政府能否加强城市间分工协作（崔新蕾和孟祥文，2021）、合理推进中国土地要素市场化配置，对于推动制造业企业创新驱动发展（龚广祥等，2020；孙文浩等，2022）、提高全要素生产率和保持经济运行处于合理区间具有重要实践含义（崔占峰和辛德嵩，2021）。许实等（2012）指出，2003~2009年全国工矿仓储用地的市场化程度受政策影响出现快速上升。东部地区市场化程度最高，上升幅度最大；东部和西部地区持续上升；东北地区在波动中上升。赵爱栋等（2016）利用2007~2013年中国地级市工业用地出让数据，实证地区经济发展水平、产业结构和工业用地需求强度与工业用地市场发育水平呈现显著正向关系，地区土地资源禀赋则有显著负效应，而地区间激烈的"土地引资"竞争显著抑制了中国工业用地市场化进程。在新型产业用地研究方面，创新企业及创新人群关键作用的崛起背景下，新型产业用地获得了低成本拿地、高强度开发、允许混合功能的政策红利（邱强和袁大为，2021；陈江畅和张京祥，2022），而在存量发展与经济转型发展需要的时代背景下，新型产业用地的供应需求与存量用地退出困难、产权交易制度尚不健全等现状形成供需矛盾，引起了地方政府及社会各界的广泛关注。如何在对新型产业用地展开政策评估的基础上，基于全生命周期理念，在规划编制、土地批供、方案审批、产权登记和实施监管等不同阶段进行政策完善提升，已有研究基于此问题展开了一系列探讨，在案例城市或区域范围内对新型产业用地的规划管理政策提出建议，为地方政府在用地更新方面的政策演进提供了理论基础（刘平，2021）。

第五节　小　　结

长期以来，以政府为主导的土地资源配置模式不断推动着我国城市化与工业化快速发展，然而这种"高成本，低效率"的配置模式导致了土地资源压力的加剧，并加深了经济发展不可持续的可能性。我国作为重要的转型经济国家和最大的发展中国家，土地资源为我国经济发展提供了强大的动力和保障。同时，随着我国进入经济新常态时期，高质量发展成为宏观经济战略的焦点，这也对土地资源配置的结构与配置效率提出了更高的要求（刘少坤等，2022；邱爽和吴元君，2022）。近些年学术界也越来越意识到，经济发展的问题不仅仅是生产要素——廉价劳动力、土地和资本等资源匮乏问题，更重要的是发挥源头性作用的土地资源错配现象。

对于理解我国的土地资源配置现状、探求资源配置优化与土地利用效率提升的实现路径，现有文献从以下三个方面做出了贡献：一是从土地供给视角出发，理清了中国土地资源配置的内在逻辑与结构变化。工业用地配置是中央与地方政府推动经济增长的重要工具，地方政府财政收入高度依赖土地财政，并通过以地抵押融资获得城市发展建设的重要资金来源，以低地价、"零地价"和协议出让等粗放型方式大量出让工业用地，而对于商住用地则进行限制供应，抬高其出让价格以获取土地财政收入，弥补工业用地的低价损失。但从长期来看，这种行为造成了土地要素错配，阻碍了产业结构的优化升级，加大了商住用地与工业用地的结构失衡。二是从用地企业视角出发，探究了企业发展与土地资源配置的关系。地方政府以粗放型方式出让工业用地时，基于自身利益驱使，大多数企业在生产过程中存在着土地资源过度投入的现象，致使土地资源配置效率低下，土地资源浪费严重。三是从产业政策视角出发，发现重点产业政策会导致资源扭曲现象。地区竞争越激烈，地方保护主义越强，工业用地的配置扭曲现象便会进一步加剧。

然而，现有研究仍存在一定的完善空间，尤其是大多数研究仍未将企业因素作为重要的影响变量放入整个研究框架中。首先，未能系统性探讨中国城市工业用地配置及其影响因素。大量研究仅从某一方面探析城市工业用地配置，不利于全局性把握；其次，未能将企业因素纳入研究框架，导致研究内容过度聚焦于地方政府行为特征，不利于整体性把握；最后，缺乏对一些经济社会发展外生冲击的考虑，使得现有研究难以综合性考虑经济社会变化对城市工业用地配置的影响。基于此，本书将对城市工业用地配置规模、结构、价格、效率等多方面，综合政府－企业等多维视角开展实证研究。此外，本书还将探讨区域一体化、财政转移支付等经济社会外生变量对城市工业用地配置的影响，为深入揭示城市工业用地配置演化情况与内在机制提供理论基础和实证支撑。

参考文献

［1］安勇，赵丽霞.土地资源错配、空间策略互动与城市创新能力［J］.中国土地科学，2021，35（04）：17－25.

［2］安勇.地方政府土地资源配置的策略互动行为［J］.中国土地科学，2022，36（03）：13－21.

［3］蔡地，万迪昉，罗进辉.产权保护、融资约束与民营企业研发投入［J］.研究与发展管理，2012，24（02）：85－93.

［4］曾龙，李燕凌，刘远风.土地资源错配对城市集聚特征的影响研究——基于产业集聚与结构的视角［J］.经济经纬，2019，36（05）：104－111.

［5］陈钊，申洋.限购政策的空间溢出与土地资源配置效率［J］.经济研究，2021，56（06）：93－109.

［6］陈恭军.地区土地资源错配、技术创新与雾霾污染［J］.经济经纬，2022，39（04）：13－21.

［7］陈金至，宋鹭.从土地财政到土地金融——论以地融资模式的转变［J］.财政研究，2021（01）：86－101.

［8］陈江畅，张京祥.我国创新产业用地政策的转型与变革——基于制度变迁理论［J］.地域研究与开发，2022，41（02）：167－173.

［9］陈伟，彭建超，吴群.城市工业用地利用损失与效率测度［J］.中国人口·资源与环境，2015，25（02）：15－22.

［10］崔新蕾，孟祥文.国家级承接产业转移示范区设立与工业用地要素市场化配置［J］.产业经济研究，2021（04）：1－12.

［11］崔占峰，辛德嵩.深化土地要素市场化改革 推动经济高质量发展［J］.经济问题，2021（11）：1－9.

［12］邓楚雄，赵浩，谢炳庚，等.土地资源错配对中国城市工业绿色全要素生产率的影响［J］.地理学报，2021，76（08）：1865－1881.

［13］邓羽.北京市土地出让价格的空间格局与竞租规律探讨［J］.自然资源学报，2015，

30（02）：218－225.

［14］杜玉梅.我国城市工业用地价格上涨与应对策略［J］.价格理论与实践，2008（02）：48－49.

［15］段莉芝，陈乐一，李玉双.土地资源错配与经济波动——基于中国地级市数据的实证分析［J］.中国土地科学，2019，33（07）：64－72.

［16］范剑勇，莫家伟，张吉鹏.居住模式与中国城镇化——基于土地供给视角的经验研究［J］.中国社会科学，2015（04）：44－63.

［17］范郢，古恒宇，沈体雁.中国工业用地价格空间分布格局研究［J］.价格理论与实践，2018（09）：70－73.

［18］傅家仪，臧传富，吴铭婉.1990—2015年海河流域土地利用时空变化特征及驱动机制研究［J］.中国农业资源与区划，2020，41（05）：131－139.

［19］高金龙，陈江龙，杨叠涵.南京市城市土地价格空间分布特征［J］.地理科学进展，2013，32（03）：361－371.

［20］郭贯成，彭紫新，周志伟.工业企业类型对工业用地利用效率的影响研究——基于企业类型宏观视角的分类［J］.长江流域资源与环境，2019，28（02）：241－249.

［21］郭平，周伟，袁涛，等.衰退型资源城市土地利用时空变化及驱动因素分析［J］.水土保持研究，2016，23（04）：191－198.

［22］龚广祥，吴清华，高思涵.土地市场化对区域技术创新的影响及作用机制［J］.城市问题，2020（03）：68－78.

［23］韩峰，庄宗武，李启航.土地市场扭曲如何影响制造业出口产品质量升级——基于土地市场交易数据和制造业企业数据的实证分析［J］.经济理论与经济管理，2021，41（03）：68－83.

［24］何芳，胡意翕，范华.绿色政绩考核对城市土地配置的影响研究——基于改进政绩考核的准自然实验［J］.中国土地科学，2022，36（02）：73－83.

［25］何慧妍，杨庆媛，毕国华，等.重庆市2009～2018年工业用地供应规模时空特征分析［J］.长江流域资源与环境，2021，30（04）：808－817.

［26］胡家蒙，刘艳芳，方建，等.中国工业用地出让溢价率的时空特征研究——基于工业用地出让价格与"最低价标准"的比较分析［J］.价格理论与实践，2018（07）：27－30.

［27］胡森林，周亮，滕堂伟，等.中国省级以上开发区空间分布特征及影响因素［J］.经济地理，2019，39（01）：21－28.

［28］胡昕利，易扬，康宏樟，等.近25年长江中游地区土地利用时空变化格局与驱动因素［J］.生态学报，2019，39（06）：1877－1886.

［29］黄健柏，徐震，徐珊.土地价格扭曲、企业属性与过度投资——基于中国工业企业数据和城市地价数据的实证研究［J］.中国工业经济，2015（03）：57－69.

［30］黄金升，陈利根，赵爱栋.工业地价上涨、地方政府供地行为与产业转移［J］.上

海财经大学学报，2017，19（05）：4－14.

［31］黄金升，王春杰，赵爱栋. 国家高新区："体制回归"还是创新发展——基于地方政府供地行为的考察［J］. 山西财经大学学报，2022，44（01）：1－13.

［32］黄天能，李江风，温雪，等. 桂西资源富集区土地利用转化的时空特征［J］. 中国农业资源与区划，2020，41（12）：171－179.

［33］黄志基，贺灿飞. 中国城市工业用地扩张与利用效率［M］. 经济科学出版社，2017.

［34］雷潇雨，龚六堂. 基于土地出让的工业化与城镇化［J］. 管理世界，2014（09）：29－41.

［35］李林娟，王仲智，孟浩，等. 基于行业分类的长江经济带工业用地供应规模的时空演化［J］. 世界地理研究，2022，31（02）：376－387.

［36］李林娟，王仲智，孟浩，等. 长江经济带工业用地供应规模时空演化及影响机理［J］. 资源与产业，2021，23（01）：55－62.

［37］李学文，卢新海. 经济增长背景下的土地财政与土地出让行为分析［J］. 中国土地科学，2012，26（08）：42－47.

［38］林阳. 土地资源错配对雾霾污染的影响——门槛效应的实证研究［J］. 企业经济，2019，38（10）：34－40.

［39］刘力豪，陈志刚，陈逸. 土地市场化改革对城市工业用地规模变化的影响——基于国内46个大中城市的实证研究［J］. 地理科学进展，2015，34（09）：1179－1186.

［40］刘平. 基于全生命周期管理的武汉市新型工业用地政策研究［J］. 规划师，2021，37（21）：5－10.

［41］刘守英. 土地制度变革与经济结构转型——对中国40年发展经验的一个经济解释［J］. 中国土地科学，2018，32（01）：1－10.

［42］刘守英，王志锋，张维凡，等. "以地谋发展"模式的衰竭——基于门槛回归模型的实证研究［J］. 管理世界，2020，36（06）：80－92＋119＋246.

［43］刘少坤，王嘉佳，林树高，等. 北部湾经济区城市土地集约利用与经济高质量发展耦合协调关系及障碍诊断［J］. 水土保持研究，2022，29（03）：317－326.

［44］卢洪友，袁光平，陈思霞，等. 土地财政根源："竞争冲动"还是"无奈之举"？——来自中国地市的经验证据［J］. 经济社会体制比较，2011（01）：88－98.

［45］卢建新，罗百棠. 政府动机、企业预期与地价扭曲［J］. 统计研究，2021，38（11）：73－86.

［46］陆铭. 陆铭：土地政策如何影响了经济竞争力［J］. 中国房地产业，2015（21）：46－49.

［47］毛丰付，裴文龙. 纵向分权、横向竞争与土地价格扭曲［J］. 经济与管理研究，2013（12）：35－47.

［48］毛文峰，陆军．土地资源错配、城市蔓延与地方政府债务——基于新口径城投债数据的经验证据［J］．经济学家，2020（04）：80 - 88.

［49］邱强，袁大为．新型产业用地政策设计的价值导向与规划管控研究［J］．规划师，2021，37（22）：45 - 50.

［50］邱爽，吴元君．新中国成立后中国城市发展方式的历史演变：基于经济发展高速度与高质量的视角［J］．西部人居环境学刊，2022，37（01）：58 - 62.

［51］饶映雪，杨吉鑫．行业分类下武汉市工业用地时空演变分析［J］．长江流域资源与环境，2020，29（07）：1525 - 1534.

［52］尚晓晔．要素市场扭曲对中国产业结构优化升级的影响［J］．求索，2016（09）：114 - 118.

［53］孙宇杰，陈志刚．江苏省城市土地集约利用与城市化水平协调发展研究［J］．资源科学，2012，34（05）：889 - 895.

［54］孙文浩，吴海军，张杰．用地成本对制造业企业创新的影响：促进效应还是抑制效应？［J］．现代财经（天津财经大学学报），2022，42（06）：18 - 34.

［55］汤韵，梁若冰．地方政府土地出让时空模式变迁——基于厦门市的微观考察［J］．城市发展研究，2016，23（12）：22 - 28.

［56］唐晓莲，利振焜．广州市工业用地出让价格时空演变分析［J］．价格理论与实践，2018（01）：70 - 73.

［57］陶然，陆曦，苏福兵，等．地区竞争格局演变下的中国转轨：财政激励和发展模式反思［J］．经济研究，2009，44（07）：21 - 33.

［58］佟家栋，刘竹青．房价上涨、建筑业扩张与中国制造业的用工问题［J］．经济研究，2018，53（07）：59 - 74.

［59］王春杰，黄金升．地方政府差别化以地引资竞争策略研究：来自微观土地交易的证据［J］．中国地质大学学报（社会科学版），2021，21（05）：124 - 136.

［60］王春杰，朱高立，黄金升，等．长江经济带工业用地市场化水平的时空格局演变及驱动因素研究［J］．长江流域资源与环境，2022，31（04）：823 - 831.

［61］王贺封，石忆邵．政策影响下上海市工业用地扩张与效益研究［J］．世界地理研究，2014，23（02）：133 - 141.

［62］王家庭，马洪福，姜铭烽，等．城市蔓延、土地资源错配与集聚经济［J］．经济问题探索，2021（10）：62 - 73.

［63］王健，汪应宏，陈晨，等．地方政府竞争对城市用地扩张的传导机制研究——以广东省为例［J］．资源科学，2015，37（02）：237 - 246.

［64］王媛．政府干预与地价扭曲——基于全国微观地块数据的分析［J］．中国经济问题，2016（05）：29 - 41.

［65］王岳龙，邹秀清．土地出让：以地生财还是招商引资——基于居住 - 工业用地价格

剪刀差的视角［J］. 经济评论，2016（05）：68 – 82.

［66］韦朕韬，赵仁康. 土地价格扭曲、收入分配与我国居民消费［J］. 现代经济探讨，2018（11）：8 – 14.

［67］文雯，周丁扬，苏珊，等. 基于行业分类的工业用地演变研究——以北京市为例［J］. 中国土地科学，2017，31（11）：32 – 39.

［68］武普照，孙超，赵宝廷. 地方政府财政压力、官员晋升激励与土地财政行为：理论分析与实证检验［J］. 现代财经（天津财经大学学报），2019，39（10）：95 – 113.

［69］谢贞发，朱恺容，李培. 税收分成、财政激励与城市土地配置［J］. 经济研究，2019，54（10）：57 – 73.

［70］谢花林，王伟，姚冠荣，等. 中国主要经济区城市工业用地效率的时空差异和收敛性分析［J］. 地理学报，2015，70（08）：1327 – 1338.

［71］许明强. 城市工业用地产出率影响因素及区域比较——地级城市面板数据分析［J］. 中国土地科学，2016，30（12）：71 – 82.

［72］许实，王庆日，谭永忠，等. 中国土地市场化程度的时空差异特征研究［J］. 中国土地科学，2012，26（12）：27 – 34.

［73］薛建春，张安录，曹力博. 黄河流域土地市场化、供应结构对建设用地绿色利用效率的空间效应研究［J/OL］. 资源开发与市场，2022，21（09）：1 – 15.

［74］严思齐，彭建超，吴群. 中国工业用地利用效率收敛特征［J］. 资源科学，2018，40（06）：1163 – 1174.

［75］严思齐，彭建超. 财政分权对工业用地利用效率影响的门槛效应——基于省级面板数据的实证研究［J］. 南京农业大学学报（社会科学版），2019，19（01）：118 – 129 + 167.

［76］杨广亮. 政企关系影响土地出让价格吗？［J］. 经济学（季刊），2019，18（01）：193 – 212.

［77］杨继东，罗路宝. 产业政策、地区竞争与资源空间配置扭曲［J］. 中国工业经济，2018（12）：5 – 22.

［78］杨帆，沈珏琳. 工业企业市场化改革视角的工业用地空间管控手段——以上海市为例［J］. 现代城市研究，2022（04）：55 – 60 + 72.

［79］杨其静，吴海军. 地理禀赋、土地用途与挂牌 – 拍卖出让策略——基于 2007—2017 年土地出让数据的研究［J］. 南方经济，2021（10）：28 – 47.

［80］叶昌东，赵晓铭. 行业尺度下广州市工业用地空间结构及其形成机制［J］. 现代城市研究，2015（10）：83 – 88.

［81］叶林，吴少龙，贾德清. 城市扩张中的公共服务均等化困境：基于广州市的实证分析［J］. 学术研究，2016（02）：68 – 74.

［82］叶玉瑶，张虹鸥，刘凯，等. 珠江三角洲建设用地扩展与工业化的耦合关系研究［J］. 人文地理，2011，26（04）：79 – 84.

［83］余泳泽，宋晨晨，容开建．土地资源错配与环境污染［J］．社会科学文摘，2019（02）：52－54.

［84］张兰，汪应宏，徐春鹏，等．财政分权、地方政府竞争与工业用地利用效率——基于广东省地级市层面的实证研究［J］．现代城市研究，2017（03）：103－111.

［85］张莉，程可为，赵敬陶．土地资源配置和经济发展质量——工业用地成本与全要素生产率［J］．财贸经济，2019，40（10）：126－141.

［86］张琳，王亚辉，郭雨娜，等．中国发达地区工业土地集约利用的驱动因素——基于企业微观数据的研究［J］．中国土地科学，2016，30（10）：20－28.

［87］张琳，王亚辉．微观企业视角下工业用地产出效率的影响因素研究——基于2088家工业企业样本的实证分析［J］．华东经济管理，2014，28（09）：43－48.

［88］张明斗，莫冬燕．城市土地利用效益与城市化的耦合协调性分析——以东北三省34个地级市为例［J］．资源科学，2014，36（01）：8－16.

［89］张雄，张安录，邓超．土地资源错配及经济效率损失研究［J］．中国人口·资源与环境，2017，27（03）：170－176.

［90］赵爱栋，马贤磊，曲福田，等．基于资源价值显化视角的中国工业用地市场发育水平及其影响因素［J］．资源科学，2016，38（02）：217－227.

［91］赵扶扬，陈斌开，刘守英．宏观调控、地方政府与中国经济发展模式转型：土地供给的视角［J］．经济研究，2021，56（07）：4－23.

［92］赵娜，王之禹．中国城市工业用地出让价格区域差异性研究［J］．价格理论与实践，2018（05）：51－54.

［93］郑飞，刘光远，刘志有．新疆土地利用变化及其与城市化和工业化的耦合关系［J］．水土保持研究，2013，20（05）：251－256.

［94］周祎庆，顾帆．土地资源错配对城市绿色经济效率的影响研究［J］．学术探索，2022（02）：104－115.

［95］周玉龙，杨继东，黄阳华，等．高铁对城市地价的影响及其机制研究——来自微观土地交易的证据［J］．中国工业经济，2018（05）：118－136.

［96］Cai，H．，J. V. Henderson and Q. Zhang，China's Land Market Auctions：Evidence of Corruption［J］．The Rand Journal of Economics，2013，44（3）：488－521.

［97］Deng H，Zheng X，Huang N，et al. Strategic Interaction in Spending on Environmental Protection［J］．Spatial Evidence from Chinese Cities. China & World Economy，2012，20（5）：103－120.

［98］Deng Y. Spatial pattern and bid rent of land price in Beijing［J］．Journal of Natural Resources，2015，30（2）：218－225.

［99］Di Wang，Cairu Ren，Tao Zhou. Understanding the Impact of Land Finance on Industrial Structure Change in China：Insights from a Spatial Econometric Analysis. Land Use Policy，2021，

103：105323.

［100］Du J，Peiser B. Land Supply，Pricing and Local Governments' Land Hoarding in China ［J］. Regional science and urban economics，2014，48：180 – 189.

［101］Fang H，Gu Q，Xiong W，et al. Demystifying the Chinese Housing Boom ［J］. NBER Macroeconomics Annual，2016，30（1）：105 – 166.

［102］Han，L.，& Kung，J. K. Fiscal Incentives and Policy Choices of Local Governments：Evidence from China ［J］. Journal of Development Economics，2015，116，89 – 104.

［103］He，C.，Zhou，Y.，& Huang，Z. Fiscal decentralization，political centralization，and land urbanization in China ［J］. Urban Geography，2016，37：436 – 457.

［104］Hu，J.，Liu，Y.，Fang，J.，Jing，Y.，Liu，Y.，& Liu，Y. Characterizing pollution-intensive industry transfers in China from 2007 to 2016 using land use data ［J］. Journal of Cleaner Production，2019，223.

［105］Huang，Z. J.，He，C. F.，Li，H. Local government intervention，firm-government connection，and industrial land expansion in China ［J］. Journal of Urban Affairs，2019，41（2）：206 – 222.

［106］Huang，Z.，& Du，X. Government intervention and land misallocation：Evidence from China ［J］. Cities，2017，60，323 – 332.

［107］Huang，Z.，& Du，X. Strategic interaction in local governments' industrial land supply：Evidence from China ［J］. Urban Studies，2017，54（6），1328 – 1346.

［108］Huang，Z.，& Du，X. Toward green development？Impact of the carbon emissions trading system on local governments' land supply in energy-intensive industries in China ［J］. Science of The Total Environment，2020，738，139769.

［109］Jin H.，QianY.，Weingast B. R. Regional Decentralization and Fiscal Incentives：Federalism，Chinese Style ［J］. Journal of Public Economics，2005，89（9 – 10）：1719 – 1942.

［110］Jin，W.，Zhou，C.，& Zhang，G. Characteristics of state-owned construction land supply in Chinese cities by development stage and industry ［J］. Land Use Policy，2020，96，104630.

［111］Kuang，W.，Liu，J.，Dong，J.，Chi，W.，& Zhang，C. The rapid and massive urban and industrial land expansions in China between 1990 and 2010：A CLUD – based analysis of their trajectories，patterns，and drivers ［J］. Landscape and Urban Planning，2016，145，21 – 33.

［112］Li H.，Ye Hua Dennis Wei，Huang Z. J. Urban Land Expansion and Spatial Dynamics in Globalizing Shanghai ［J］. Sustainability，2014，6（12）.

［113］Lin G C S. Reproducing spaces of Chinese urbanization：new city-based and land-centred urban transformation ［J］. Urban Studies，2007，44（9）：1827 – 1855.

［114］Liu X. Y.，Xin L. J. Evolution of the Structure of the Urban Land – Price System in China Based on the Rank – Size Law ［J］. Land，2022，11（2）.

［115］ SahK，Stiglitz J. The Economics of Price Scissors. American Economic Review，1984，74（1）：125 – 138.

［116］ Tang，P.，Yang，S.，Shen，J.，& Fu，S. Does China's low-carbon pilot programme really take off? Evidence from land transfer of energy-intensive industry ［J］. Energy Policy，2018，114，482 – 491.

［117］ Wang，B.，Y. Zhang，C. Zhan，and X. Yang，Strategic interaction of industrial land conveyance behaviors in China：Based on an asymmetric two-regime Spatial Durbin Model ［J］. Journal of Cleaner Production，2020，270.

［118］ Wang，J.，Lin，Y. F.，Anthony，G.，Xu，Y. Q.，Land-use changes and land policies evolution in China's urbanization processes ［J］. Land Use Policy，2018，75，375 – 387.

［119］ Xu，Z.，Huang，J.，& Jiang，F. Subsidy competition，industrial land price distortions and overinvestment：empirical evidence from China's manufacturing enterprises ［J］. Applied Economics，2017，49（48），4851 – 4870.

［120］ Zhou X，Wang D Q. Study on the spatial distribution law of industrial land price in Beijing – Tianjin – Hebei urban agglomeration ［J］. Construction Economics，2013（3）：80 – 84.

［121］ Zhou，L.，Tian，L.，Gao，Y.，Ling，Y.，Fan，C.，Hou，D.，… & Zhou，W. How did industrial land supply respond to transitions in state strategy? An analysis of prefecture-level cities in China from 2007 to 2016 ［J］. Land Use Policy，2019，87，104009.

［122］ Ping，Y. C. Explaining land use change in a Guangdong County：The supply side of the story ［J］. The China Quarterly，2011，207（1）：626 – 648.

［123］ He，C. F.，Huang，Z. J.，Wang R. Land use change and economic growth in urban China：A structural equation analysis ［J］. Urban Studies，2014，51（13）：2880 – 2898.

第二章
中国城市工业用地
配置效应研究综述

第一节 引 言

工业用地是城市工业生产空间的基本投入要素。中共中央、国务院《关于构建更加完善的要素市场化配置体制机制的意见》与国家发展改革委《2020年新型城镇化建设和城乡融合发展重点任务》等政策文件中均明确提出了深化建设用地市场化配置改革的制度要求，从中央政策引导到地方实践探索，中国城市工业用地配置制度改革创新步入全新阶段。一方面，实现土地资源市场化配置需要发挥价格机制的核心作用，然而，地方政府通过干预工业用地交易实现低价引资的底线竞争行为屡见不鲜，造成较为严重的资源错配问题，进而影响工业效率的提升。另一方面，基于城市工业生产的负外部性与土地的公有产权特征，城市工业用地配置不能完全采取市场配置，政府须通过合理的配置制度安排以降低交易费用，从而实现经济效率的提升。为此，本章对城市土地配置效应、城市工业用地配置效应以及工业用地配置的区域效应进行系统的研究梳理，为本书的实证研究提供文献基础。

第二节 城市土地配置效应研究

在古典经济学中，土地贵为"财富之母"。城市土地的有效配置在缓解财政压力、拉动经济增长、推进城市化和工业化进程以及促进环境可持续发展等方面发挥着重要作用。城市内存量建设用地在不同行业间的供应结构关系到城镇化建设、产业结构的调整优化以及城市的绿色发展（Jiang & Lin，2021；薛建春等，2022）。然而，在当前土地管理制度下，低价出让工业用地与高价出让商服用地的供应方式造成地方第二产业和第三产业之间土地要素的边际产出不相等，引起土地资源利用效率的损失，从而形成土地资源错配（李月娥等，2022）。其带来的发展失衡效应逐渐凸显，其负向效应影响正引起广泛重视。

土地投入作为一种重要的生产要素，其首要效应是促进经济增长（刘元春和陈金至，2020）。土地资源的配置方式决定了生产生活中的部门配置、产业配置、功能配置等各个方面（陈志刚等，2008）。分税制改革后，地方政府在财政收支压力下逐渐将土地使用权转化为一种重要的政策工具。这一方面扩大了地方财政收入，激发了地方政府之间的招商引资竞争，促进了城市工业化和城市化发展进程；另一方面也使地方政府产生了对"土地财政"的过分依赖，地方隐性债务规模一度膨胀（黄寿峰和向淑敏，2021）；地区间的激励竞争也扭曲了要素市场价格，不利于经济高质量发展。具体来看，不少学者从实证角度分析了土地要素对经济增长的作用机制，测度了土地要素投入对经济增长的边际贡献率，以及土地制度对经济增长的制约等问题。例如，丰雷等（2008）将土地要素引入索洛模型，利用 1997～2004 年全国 31 个省（自治区，直辖市，包含港澳台地区）的面板数据测算后得出，土地要素对中国经济增长能产生 11.01% 的显著贡献率，但其对经济增长的贡献程度具有明显的地区异质性。贺等（He et al.，2013）通过构建结构方程模型分析表明，经济增长驱动土地利用变化，土地不是简单的生产要素，而是中国城市经济发展的战略工具。李明月等（2018）以 1996～2016 年广东省面板数据为例，综合考虑土地的资源和资产双重属性，发现此时土地要素对经济增长的贡献率大于仅考虑资源或资产属性时的贡献率。王建康和谷国锋（2018）发现，土地要素对经济增长的作用存在一定的空间溢出效应。但近年随着宏观经济增长速度明显放缓，地方政府为了保增长加大了对基础设施用地的配置，加剧了土地供给失衡，从而加剧了国民经济失衡（Wang et al.，2016）。土地资源的告罄、征地补偿标准的提升以及对房地产市场的管控趋势等方面带来了土地出让成本上升和实际收益的减少，加之以地抵押融资的长期风险积累，地方政府的债务压力和金融风险呈现增大趋势（刘守英，2018；杨胜利和黄世润，2022）。中国进入经济转型期后，曾经推动产业结构升级的供地策略可能不再适应新时期发展要求（唐宇娣等，2020）。郭文伟和周媛（2022）发现城镇化发展到较高水平后，土地财政对经济增长质量的影响存在边际递减效应。可见，如果土地制度不能及时适应经济结构转型，土地要素将会成为制约经济增长的负向因素。在此基础上，部分学者从土地视角展开经济高质量发展的路径探究。黄文彬和王曦（2021）将政府土地管制融入空间一般均衡模型，得出一线城市的土地管制强度放松有助于劳动力配置改善与经济增长的结论；张莉和刘昭聪（2021）实证验证了土地审批权下放在土地配置效率和基础设施水平的提升方面促进了城市发展质量的提高；钟文等（2022）则基于土地资源"三位一体"属性视角，揭示了土地政策匹配对经济高质量发展具有积极影响，但有待进一步提升匹配度。

另外，城市土地配置在城市化和工业化的进程中发挥着重要作用。学者对于中国工业化、城市化与土地资源配置的相互作用机理进行分析后发现：进入21世纪后土地要素被重估，成就了政府的"土地财政"，扩张了公共基础设施的投资，推动了土地市场化和区域经济增长，土地出让收入的攀升总体上是土地要素稀缺程度和利用市场机制配置生产要素相结合的客观必然反映。但是，土地的供给特性和跨期分配效应导致了宏观风险增加，房地产价格高企（佟家栋和刘竹青，2018），阻碍了人口城镇化，去工业化特征明显，城市存在可持续发展难题（王磊，2017）。刘元春和陈金至（2020）通过对典型事实的梳理和实证分析，发现，以"土地引资、土地财政和土地金融"为核心的高效融资模式是解释中国特色工业化的关键变量，并结合近年来出现的房价和土地征收成本的飙升以及土地金融所蕴含的重大风险等现象，认为"以地融资"模式是不可持续的。白雪洁和耿仁强（2022）则运用 SYS–GMM 估计方法实证检验了地方政府土地财政对制造业结构升级存在倒"U"型影响；刘守英等（2022）通过建立纳入土地要素的经济增长计量模型，利用全国地级市样本数据检验了土地经由工业化和城市化的结构转变和通过资本形成对经济增长的影响，验证了在全球和国内需求变化以及成本结构变化趋势下，低成本工业化难以为继。张慧慧等（2022）则从行政治理体制与空间经济关系的角度出发，发现"弱分权、强竞争"式的行政治理模式会导致地方政府倾向于采取提供低价非城市区域工业用地，从而扭曲工业企业在经济空间中的自主区位选择，造成城市化相对于工业化落后的局面。

在地方政府将土地作为预算外收入的重要来源的基础上，差异化供地策略造成土地要素错配现象逐渐凸显，并对城市可持续发展带来负面影响。地方政府低价出让工业用地、高价出让商服用地的两种供地策略造成土地价格扭曲，将进一步加剧土地出让对经济高质量发展的抑制作用（Li and Zhou，2005；钟文等，2022），并严重阻碍产业结构的优化升级（赖敏，2019），形成阻碍新旧动能转换的效应（张苗等，2020）。部分学者从政府干预和市场失灵视角出发探讨土地资源错配问题带来的影响，认为政府主导的土地资源配置体制促进经济增长，但资源的错配行为也的确带来了经济效率的损失（Wu et al.，2014；张雄等，2017；Wang et al.，2018）、绿色经济利用效率低下（周祎庆和顾帆，2022；邓楚雄等，2021）、经济和产业的结构失衡（Xu et al.，2017；Zhou et al.，2019；曾龙等，2019）、创新能力下降（段莉芝等，2019；安勇和赵丽霞，2021）、环境污染（林阳，2019；余永泽，2019）等一系列问题。胡汉辉和申杰（2022）发现，土地资源错配可以通过抑制城市技术创新来提高工业电力强度，抑制着资源的可持续利用；韩峰等（2021）则从城市土地资源配置视角探讨制造业出口价值攀升的推进机制，发现我国城市工业用地存在应得收益大于实际价格的反向错配倾向，从而显著降低了企业出口国内附加值率。其中，在环境污染视角，土地利用方式的转变也对生态环境造成了不可忽视的影响。张等（Zhang et al.，2022）运用普通最小二乘法、空间杜宾模型、门槛模型和中介效应模型研究发现，土地资源错配显著加剧了环境污染。马等（Ma et al.，2021）运用环境库兹涅茨曲线理论验证发现，地方政府是全国土地一级市场的唯一主体，导致工商业用地和居住用地资源错配，这种低效和不可持续的分配加剧了碳排放的释放。工业化和城市化在获得高速发展的同时，也造成了耕地资源流失过速、城市水资源稀缺程度加剧、能源供需平衡压力增大、城市环境污染严重、城市生态空间不断挤占等生态环境问题（李双成等，2009；李佳等，2021；韩峰等，2021）。建立健全农用地流转制度、土地使用增减挂钩、建设指标市场化交易等制度改革，既是对土地利用方式的变革，也是对生态环境的保护。

第三节　城市工业用地配置效应研究

关于城市工业用地利用效应方面的研究主要集中在三个方面，分别是经济效应、环境效应和社会效应。

在经济效应方面，大多数研究从政府行为的角度入手，结合工业用地规模、用地价格以及用地配置结构，探究城市工业用地配置对于经济发展、产业升级等方面的影响。从规模角度来看，全国尺度上工业用地出让规模扩张促进了城市产业进入（黄志基等，2022）。从土地价格角度来看，以GDP作为政府考核指标的评价机制使得地方政府倾向于着眼短期投资回报，通过大量出让低价工业用地快速推动城市工业化的发展（杜雪君和黄忠华，2015），但公共支出结构的扭曲使得经济发展质量的升级易受到阻碍（Wu et al.，2014）。并且，不同的区域内，工业用地的低价出让对于产业结构的转型发展产生着不同的影响。在重工业较发达、经济发展较快的地区，工业用地出让价格偏低对于产业结构优化的负面影响更大（张璋和周新旺，2017）。从长期看，传统低价出让工业用地带来的弊端会逐渐超过其可能带来的经济效益，因此，基于低价出让吸引投资的工业用地出让方式是不可持续的（Wang et al.，2018）。过度工业用地补贴所引致的低质投资难以带来长期持续的经济增长和财政收入，甚至会降低地区企业的全要素生产率

（谢贞发和朱恺容，2019），而工业用地价格提升所带来的选择效应才是我国城市经济效率提升的关键（梅林和席强敏，2018）。不过，从另一方面来讲，过高的地价也会带来产业转移和过度投资（Xu et al.，2017），不同的工业用地出让价格策略是控制和引导工业发展的重要途径（Chen et al.，2018）。从产业结构转型角度来看，工业用地的利用不仅促进了工业经济的发展，也对城市的产业结构转型起到了历史性作用。戴等（Dai et al.，2021）通过构建信息熵和工业用地结构均衡度模型探究我国工业用地的流转结构和空间分布，发现能源行业、采矿业等各类产业的土地流转方向比文化体育卫生产业、现代制造业、高新技术产业的土地流转方向更加显著。黄金升等（2017）发现，在东部地区，由于市场化水平较高，工业地价上涨与产业结构升级、产业结构优化的方向具有同一性。然而，更多研究还是聚焦于负面影响上：从产业结构的合理化和高级化视角来看，当城市规模相对稳定，土地价格上涨达到一定水平，工业部门从城市集聚经济中获得的外部收益不够弥补地价上涨的成本时，就要面临产业结构升级，工业用地市场的出让策略对市场化机制作用的发挥产生抑制作用，低端制造业的退出不畅使得以市场为驱动的城市产业结构转换升级进程受阻（Zhou et al.，2019）。赵祥等（2016）认为，地方政府依赖土地财政会影响用地布局，商住房价上涨会挤出制造业的供地，从而引发城市产业的空心化和"去工业化"，对产业结构产生扭曲效应，政府供地在规模、价格和供地结构上存在的土地资源错配影响了工业及高新技术产业等的新旧动能转换机制，资源从低效产业转移到高效产业的节奏受限（张苗等，2020），不利于产业结构的合理化与高级化。在产能过剩视角来看，土地要素市场扭曲是导致工业产能过剩的重要原因，影响着产业转型升级。于斌斌和蒋倩倩（2022）实证验证了我国高工业用地比例、低居住用地比例的土地供给结构加剧了工业产能过剩，并且存在显著的空间溢出效应。从产业集聚的专业化和多样化视角来看，工业用地规模的扩大会拉动地方以制造业为主的工业行业发展，这类企业由于其稳定的税源会带来集聚效应，经济发展水平滞后、缺乏财政资金支撑的城市相对容易形成以某类产业为主的产业结构（曾龙，2019），通过工业用地出让价格和规模扩张，大量低效率的成本敏感型企业因成本较低而进入产业园区，导致某类低端产业或行业的大规模专业化集聚，不利于地区的多样化集聚（张平等，2016）。城市的集聚特征变化的本质是产业结构演变的最终结果（邵朝对等，2016）。降低内生交易费用与外生交易费用、降低工业用地使用成本、提升城市工业用地配置市场化程度，均能显著提升地区工业效率水平（梅林和魏新月，2022），有利于产业集聚专业化发展。

在环境效应方面，工业用地和商住用地的土地资源配置扭曲会造成环境污染。产业结构从低质向高质的转型是环境质量得到改善的关键途径，而政府协议出让工业用地进行招商引资扩大土地征用与供给规模底线、降低出让价格底线、降低质量底线（杨其静等，2014），工业用地供应的影响效应逐渐向环境污染、碳排放方面扩展。工业用地出让规模显著带来工业产值、地方 GDP 等经济指标增长，土地的过度非农化使得土地供应规模和城市规模迅速扩张（Chen，2017），从而加深环境污染，不利于环境的可持续发展。熊文瑞（2016）利用1999~2011 年我国省区市的面板数据研究发现，由于地方政府对经济增长目标的重视超过环境治理约束，工业用地面积增加会显著加大地区工业三废排放。张鸣（2017）将供地规模、引资底线对环境的影响程度进行分析后发现地方政府在土地供应时，相较于扩大工业用地出让规模的竞争行为，降低引资质量要求的底线竞争行为对地区环境产生的不利影响更为严重；陆等（Lu et al.，2020）发现土地出让市场化对中国绿色全要素生产率的提升具有显著的促进作用，且该效应在东部、中部和西部地区同样显著，表明土地流转政策调控区域经济发展在中国应用广泛。而钱（Qian，2020）将地价变化、环境监管和化工业集聚纳入一个研究框架，建立了地理和时间加权回归（GTWR）模型，发现城市间地价变化（LPV）和环境调控（ERI）对化工业集聚（CIA）的影响存在显著的空间差异，且地价变化和环境监管对化工业集聚的影响大多是负面的，环境监管的影响大于工业地价变动。另外，不同的工业用地土地出让方式与偏向也可能对环境质量产生着不同程度的影响。黄志基等（2022）实证验证了地方政府以协议方式出让的工业用地规模越大，城市的空气质量越差。王守坤和王菲（2021）考虑工业土地是否出让于污染行业时，发现地方政府越倾向于将工业用地配置到严重污染行业，则雾霾污染越严重。

相比于其他类型建设用地的扩张作用，工业用地扩张是碳排放的主要驱动力（袁凯华，2019），并且其集约利用程度影响着碳排放效率的提升（孙艺璇等，2020）。陈前利等（2019）从工业用地"规模效应"看，认为土地供应规模对碳排放强度影响受引入工业项目类型和环保发展阶段的影响而有所不同，并基于地方政府工业用地供应行为对碳排放的影响视角，从"方式效应"来看，工业能源碳排放的影响在经济水平上具有显著的单门槛效应，不低于门槛值时协议出让工业用地比重对碳排放的影响随着滞后期增加趋于负效应，低于门槛值时趋向正效应；从"价格效应"来看，协议出让价格越接近工业用地最低的供应价格，工业能源碳排放越高。同样，王博等（2020）基于地方政府土地出让的视域，以我国八大经济区为研究对象，有机耦合 STIRPAT 模型与 CKC 模型，构建形成STIRPAT 拓展模型后发现政府对土地出让干预会因为区域发展阶段、资源禀赋、功能定位等方面的不同对区域碳排放影响存在显著差异。

在社会效应方面,地方政府在工业用地策略性出让时,直接或间接推动房价上涨,进而加重企业的生产成本和经营负担,企业原有的生产资金投入房地产行业进行套利,挤占企业创新活动投入,进而抑制企业创新水平提升(余泳泽和张少辉,2017)。余亮亮和蔡银莺(2018)则基于广东省21个地级及以上城市2009~2015年统计数据,利用静态和动态面板数据研究土地供给结构与房价的关系,发现工业用地比例每提高1%,房价对应上升0.116%和0.110%。目前一些文献对供地策略偏好和房价变化间的影响机制进行分析,如范建勇等(2015)认为工业用地的规模扩张推动城市常住人口增长,并通过流动人口节省下的居住成本向城市户籍人口转移的途径提升房价;此外,由于工业用地供给推动产业落地提供了就业机会,促进了人口流动。但同时高价出让的住宅商服用地增加了城市人口的生活成本,导致人口外流。对于政府供地对人口流动究竟产生推力还是引力,有学者做了相关研究。陈治国等(2015)基于我国284个地级市的数据研究发现,当城市工业部门获得更多土地供给量时,房价、工资和人均产出会增加,人口规模反而下降。彭山桂等(2017)利用2001~2014年广东省和山东省的设区市面板数据,运用门限回归分析方法,发现在非正规居住模式下,地方政府土地供给行为对城市间人口流动的影响方式呈现线性,在正规居住模式下,呈现"倒U型"。此外,还有学者针对工业用地价格对投资行为的影响做了相关研究。黄健柏等(2015)利用1998~2007年我国工业企业数据和我国49个主要城市的地价监测数据建立的回归计量模型,发现不同所有制属性和行业属性企业过度投资行为对于工业用地价格扭曲程度的敏感度不同,国有企业的敏感度最低,外资企业的敏感度最高。郑和史(Zheng and Shi,2018)利用2009年工业企业的横截面数据集进行实证研究,发现扩大工业用地供给和平衡工业用地分配都与企业选址正相关,工业用地政策的影响具有行业属性和所有权的异质性,表现在工业用地分配均衡的地区对劳动密集型和技术密集型行业的公司吸引力较强。

第四节 城市工业用地配置区域效应研究

在工业用地利用的区域效应研究方面,主要集中在工业用地利用对区域间经济差异的影响以及对城市空间演化的影响。

在对区域间经济差异影响方面，可以从工业用地市场化水平和价格差异两方面展开探究。从工业用地的市场化水平视角来看，崔新蕾等（2020）探索城市群工业用地市场发育的区域特征及空间收敛特征，基于工业用地出让数据，运用泰尔指数和空间计量模型得出工业用地市场发育表现出较大的区域异质性，全国及五大城市群层面均存在空间绝对 β 收敛和空间条件 β 收敛，说明工业用地市场化水平的差异在逐步缩小。从工业用地价格差异的视角出发，梁颖等（2019）基于长三角区域 206 个县的工业用地出让价格数据，采用变异系数分析得出：长三角一体化区域存在一定程度的工业用地价格空间差异，城市间工业用地价格差异大于城市内部工业用地价格差异。彭山桂等（2021）基于长江三角洲城市群展开实证研究，发现土地价格的提升推动了本城市产业的转型升级，但抑制了周边城市产业转型升级，不利于区域产业转型升级的整体演进。

在空间演化的影响方面，多数学者结合用地规模、结构、企业落地情况探究区域内空间演化情况与内部机制。朱英明（1999）从用地规模与结构揭示出苏皖沿江地带城市空间可持续演化的基本思路。李伟国（2005）以温岭市区为例探讨了城市建设项目与城市空间演化之间的内在联系，认为建设项目不同的选址布局构成了城市不同的空间结构，并促使着城市空间不断演化。刘汉初等（2020）以福建沿海地区为例，利用微观工业企业数据库，探究了重点开发区域工业空间演化、产业集疏差异及其形成机制，结果显示，福建沿海地区工业空间形态向成熟的产业带演进，产业空间分工表现出同质化特征，不同类型行业的空间集疏过程呈现显著差异。刘和辛（Liu and Xin，2022）结合位序—规模法则和分形理论，基于 2007～2019 年土地出让数据，解释了中国城市地价系统的分布是均衡的，呈现均衡—非均衡发展状态；袁奇峰等（2022）选取佛山市南海区狮山镇，探究土地发展权的演化过程及其带来的空间效应，结果显示：快速城市化过程中，地方政府通过土地制度变迁，逐渐构筑与完善了国有与集体土地发展权在多权利主体中的配置格局，推动了农村工业化与园区工业化，促进了快速城市化地区的空间演化的实现。关于工业用地利用空间演化影响机制的相关研究，冯君（2007）对城市空间拓展的经济机制进行理论分析，从区域经济学的角度提出由要素的集聚与扩散、城市土地利用结构改变、产业结构调整等多个因素共同构成了城市拓展的经济机制。胡丹（2014）基于空间探索性技术与地统计学方法，对江西省开发区土地集约利用水平的空间格局变化进行了研究，并定量评价了江西省开发区土地集约利用对区域经济、社会和生态环境的有效性。韦绍音等（2021）采用标准差椭圆模型辨析了国土空间时空演变格局特征，并借助地理探测器明晰国土空间演化的内在机理，认为应统筹各要素间的协同作用，以实现整体效应与区域可持续发展。

第五节 小 结

从当前研究进展来看，关于工业用地影响效应的研究已形成了较为丰富的文献基础。分税制改革下的"财权上移，事权下移"，通过大量低价出让工业用地的方式，给社会带来了可观的经济收益。同时，其所形成的土地价格扭曲、结构及规模的失衡也形成了土地资源错配问题。区域投资竞争背景下的低土地溢价政策干扰了土地租赁市场，影响了城市空间结构，进一步产生经济发展质量低、产业结构转型失衡、环境污染等负面影响。工业用地出让政策所产生的效应一直是土地领域的热点问题。总体上看，目前的研究中，较多聚焦于工业用地出让这个单一因素对另一因素产生的影响，较少涉及包含工业用地出让行为与其他因素对另一种因素的共同影响研究。由于现代面临的环境较为复杂，影响因素更为多样，在研究工业用地出让行为对某种因素影响效应的过程中，兼顾其他因素可能具有的调节或中介作用也是十分重要的。因此，基于现有研究基础，本书将建立更加系统的分析框架，引入政府－企业－其他社会主体之间的关系，探讨城市工业用地配置对产业进入动态、产业结构转型、城市空气质量、城市空间演化、城市对外贸易和区域增长差异的影响，以期丰富城市工业用地配置效应的理论研究和实证检验。

参考文献

［1］白雪洁，耿仁强. 土地财政是产业结构升级的制度阻力吗？——基于土地资源错配的视角［J］. 经济问题探索，2022（07）：107－123.

［2］蔡地，万迪昉，罗进辉. 产权保护、融资约束与民营企业研发投入［J］. 研究与发展管理，2012，24（02）：85－93.

［3］曾龙，李燕凌，刘远风. 土地资源错配对城市集聚特征的影响研究——基于产业集聚与结构的视角［J］. 经济经纬，2019，36（05）：104－111.

［4］陈前利，马贤磊，石晓平，等. 工业用地供应行为影响工业能源碳排放吗？——基于供应规模、方式与价格三维度分析［J］. 中国人口·资源与环境，2019，29（12）：57－67.

［5］陈志刚，曲福田，黄贤金. 中国工业化、城镇化进程中的土地配置特征［J］. 城市问

题，2008（09）：7－11.

　　［6］陈治国，李成友，刘志有. 中国城市土地供给政策对住房价格和城市发展影响研究［J］. 现代财经（天津财经大学学报），2015，35（09）：24－33.

　　［7］崔新蕾，孟祥文，王丹丹. 空间视角下城市群工业用地市场化的区域差异与收敛性特征［J］. 中国土地科学，2020，34（01）：34－43.

　　［8］杜雪君，黄忠华. 以地谋发展：土地出让与经济增长的实证研究［J］. 中国土地科学，2015，29（07）：40－47.

　　［9］范剑勇，莫家伟. 地方债务、土地市场与地区工业增长［J］. 经济研究，2014（01）：41－55.

　　［10］丰雷，魏丽，蒋妍. 论土地要素对中国经济增长的贡献［J］. 中国土地科学，2008，22（12）：4－10.

　　［11］冯君. 区域经济视角下的城市空间扩展动力机制研究［D］. 山东师范大学，2007.

　　［12］郭文伟，周媛. 土地财政会促进经济高质量发展吗？——基于城镇化和产业结构升级的中介效应视角［J］. 南方金融，2020（10）：28－39.

　　［13］韩峰，庄宗武，谢锐. 土地资源配置与制造业出口价值攀升［J］. 国际贸易问题，2021（12）：118－133.

　　［14］胡丹. 江西省开发区土地集约利用的空间格局及其区域效应分析［D］. 江西师范大学，2014.

　　［15］胡汉辉，申杰. 土地资源错配对工业电力强度的影响——基于能耗和产值视角的城市层面分析［J］. 经济与管理，2022（04）：52－62.

　　［16］黄健柏，徐震，徐珊. 土地价格扭曲、企业属性与过度投资——基于中国工业企业数据和城市地价数据的实证研究［J］. 中国工业经济，2015（03）：57－69.

　　［17］黄金升，陈利根，张耀宇，等. 中国工业地价与产业结构变迁互动效应研究［J］. 资源科学，2017，39（04）：585－596.

　　［18］黄文彬，王曦. 政府土地管制、城市间劳动力配置效率与经济增长［J］. 世界经济，2021，44（08）：131－153.

　　［19］黄寿峰，向淑敏. 财政分权对地方政府债务的影响研究——基于城投债的证据［J］. 社会科学研究，2021（05）：60－72.

　　［20］黄志基，朱晟君，石涛. 工业用地出让、技术关联与产业进入动态［J］. 经济地理，2022，42（05）：144－155.

　　［21］黄志基，宋澜，高菠阳，等. 工业用地出让、产业选择与城市空气质量［J］. 地理研究，2022，41（01）：229－250.

　　［22］赖敏. 土地要素错配阻碍了中国产业结构升级吗？——基于中国230个地级市的经验证据［J］. 产业经济研究，2019（02）：39－49.

　　［23］李佳，卢新海，匡兵，等. 工业用地错配如何影响区域绿色发展［J］. 中国土地科

学，2021，35（07）：43－50.

　　［24］李明月，张志鸿，胡竹枝．土地要素对经济增长的贡献研究——基于土地资源与土地资产双重属性的视角［J］．城市发展研究，2018，25（07）：61－67.

　　［25］李双成，赵志强，王仰麟．中国城市化过程及其资源与生态环境效应机制［J］．地理科学进展，2009，28（01）：63－70.

　　［26］李伟国，李小云．建设项目的分布与城市空间的演化——以温岭市区为例［J］．浙江大学学报（工学版），2005（01）：104－108.

　　［27］李月娥，赵童心，吴雨，等．环境规制、土地资源错配与环境污染［J］．统计与决策，2022，38（03）：71－76.

　　［28］梁颖，耿槟，鲍海君．长三角一体化区域工业用地价格空间差异及其影响因素研究［J］．上海国土资源，2019，40（02）：20－23.

　　［29］刘汉初，周侃，卢明华．重点开发区域工业空间格局、集疏差异及影响机制——以福建沿海地区为例［J］．人文地理，2020，35（01）：85－94.

　　［30］刘守英．土地制度变革与经济结构转型——对中国40年发展经验的一个经济解释［J］．中国土地科学，2018，32（01）：1－10.

　　［31］刘守英，熊雪锋，章永辉，等．土地制度与中国发展模式［J］．中国工业经济，2022（01）：34－53.

　　［32］刘元春，陈金至．土地制度、融资模式与中国特色工业化［J］．中国工业经济，2020（03）：5－23.

　　［33］梅林，席强敏．土地价格、产业结构与城市效率——基于中国城市面板数据的经验分析［J］．经济科学，2018（04）：61－74.

　　［34］彭山桂，陈晨，王健，等．居住模式、地方政府土地供给行为与人口流动——以广东省和山东省为例［J］．资源科学，2017，39（10）：1858－1870.

　　［35］邵朝对，苏丹妮，邓宏图．房价、土地财政与城市集聚特征：中国式城市发展之路［J］．管理世界，2016（02）：19－31，187.

　　［36］彭山桂，张苗，王健．土地要素价格对城市产业转型升级的影响及其溢出效应——基于长江三角洲城市群的实证研究［J］．中国土地科学，2021，35（12）：44－53.

　　［37］皮亚彬，李超．地区竞争、土地供给结构与中国城市住房价格［J］．财贸经济，2020，41（05）：116－130.

　　［38］孙艺璇，程钰，张含朔．城市工业土地集约利用对碳排放效率的影响研究——以中国15个副省级城市为例［J］．长江流域资源与环境，2020，29（08）：1703－1712.

　　［39］唐宇娣，朱道林，程建，等．差别定价的产业用地供应策略对产业结构升级的影响——基于中国277个城市的实证分析［J］．资源科学，2020，42（03）：548－557.

　　［40］佟家栋，刘竹青．房价上涨、建筑业扩张与中国制造业的用工问题［J］，经济研究，2018（07）：59－73.

[41] 王博，吴天航，冯淑怡．地方政府土地出让干预对区域工业碳排放影响的对比分析——以中国 8 大经济区为例［J］．地理科学进展，2020，39（09）：1436 – 1446.

[42] 王建康，谷国锋．土地要素对中国城市经济增长的贡献分析［J］．中国人口·资源与环境，2015，25（08）：10 – 17.

[43] 韦绍音，陆汝成，林晓楠，等．基于土地利用转型的广西边境地区生态服务功能交叉敏感性分析［J］．水土保持研究，2022，29（03）：308 – 316.

[44] 谢贞发，朱恺容，李培．税收分成、财政激励与城市土地配置［J］．经济研究，2019，54（10）：57 – 73.

[45] 薛建春，张安录，曹力博．黄河流域土地市场化、供应结构对建设用地绿色利用效率的空间效应研究［J］．资源开发与市场，2022，21（09）：1 – 15.

[46] 熊文瑞．控制工业用地面积能够实现污染减排目标吗？——基于面板数据分位数回归的实证检验［J］．经济视角，2016（05）：39 – 46.

[47] 杨胜利，黄世润．地方政府债务规模影响因素与区域差异研究——基于中国省级面板数据的分析［J］．云南财经大学学报，2022，38（05）：70 – 79.

[48] 余亮亮，蔡银莺．土地供给结构，财政压力与房价［J］．中国土地科学，2018（8）：30 – 36.

[49] 余永泽，张少辉．城市房价、限购政策与技术创新［J］．中国工业经济，2017（6）：98 – 116.

[50] 于斌斌，蒋倩倩．土地供给如何影响产能过剩：机制与检验［J］．经济社会体制比较，2022（03）：44 – 56.

[51] 袁凯华，甘臣林，杨慧琳，等．建设用地扩张与碳排放增长的 EKC 验证及特征分解研究——以武汉市为例［J］．中国土地科学，2019，33（01）：56 – 64.

[52] 袁奇峰，李刚，薛燕府．快速城市化地区土地发展权的演化及其空间效应研究——以佛山市南海区狮山镇为例［J］．南京师大学报（社会科学版），2022（03）：120 – 131.

[53] 张莉，刘昭聪．土地审批权下放能提高城市发展质量吗？［J］．经济评论，2021（03）：18 – 36.

[54] 张慧慧，胡秋阳，张云．纵向分权和横向竞争：行政治理模式如何影响地级市城市化与工业化协调发展［J］．财贸经济，2022，43（02）：112 – 127.

[55] 张苗，彭山桂，刘璇．土地资源错配阻碍新旧动能转换的作用机制研究［J］．中国土地科学，2020，34（11）：95 – 102.

[56] 张鸣．工业用地出让、引资质量底线竞争与工业污染排放——基于城市面板数据的实证研究［J］．中共浙江省委党校学报，2017，33（04）：107 – 114.

[57] 张璋，周新旺．土地出让价格、政府补贴与产业结构升级［J］．财经科学，2017（12）：108 – 119.

[58] 赵祥，谭锐．土地财政与我国城市"去工业化"［J］．江汉论坛，2016（01）：16 – 24.

［59］钟文，钟昌标，郑明贵．土地政策匹配能否促进经济高质量发展：理论机制与经验证据［J］．农村经济，2022（02）：45－52.

［60］朱英明，姚士谋．苏皖沿江地带城市空间演化研究［J］．经济地理，1999（03）：47－53.

［61］Chen, W., Shen, Y., Wang, Y., & Wu, Q. How do industrial land price variations affect industrial diffusion? Evidence from a spatial analysis of China ［J］. Land Use Policy, 2018, 71, 384－394.

［62］Chen, Z. G., Tan, D., J., Wan, J. Y., et al., Promotion incentives for local officials and the expansion of urban construction land in China: using the Yangtze river Delta as a case study ［J］. Land Use Policy, 2017, 63: 214－225.

［63］Dai P. C., Sheng R. X., Miao Z. Z., Chen Z. X., Zhou Y. Analysis of Spatial－Temporal Characteristics of Industrial Land Supply Scale in Relation to Industrial Structure in China ［J］. Land, 2021, 10 (11).

［64］He C. F., Huang Z. J., Wang R. Land use change and economic growth in urban China: A structural equation analysis ［J］. Urban Studies, 2014, 51 (13): 2880－2898.

［65］Li H., Zhou L. A. Political Turnover and Economic Performance: The Disciplinary Role of Personnel Control in China ［J］. Journal of Public Economics, 2005, 89 (9): 1743－1762.

［66］Liu X. Y., Xin L. J., Evolution of the Structure of the Urban Land－Price System in China Based on the Rank－Size Law ［J］. Land, 2022, 11 (2).

［67］Lu X. L., Jiang X., Gong M. Q.. How land transfer marketization influence on green total factor productivity from the approach of industrial structure? Evidence from China ［J］. Land Use Policy, 2022, 95 (C).

［68］Ma A. H., He Y. Y., Tang P. Understanding the Impact of Land Resource Misallocation on Carbon Emissions in China ［J］. Land, 2021, 10 (11).

［69］Q. Wang, B. L. Yuan. Air pollution control intensity and ecological total-factor energy efficiency: the moderating effect of ownership structure J ［J］. Clean. Prod., 2018, 186: 373－387.

［70］Wang, Q., & Wang, Y. N., Do land price variation and environmental regulation improve chemical industrial agglomeration? A regional analysis in China ［J］. Land Use Policy, 2020, 94.

［71］Wang, Z, Zhang, Q., & Zhou, L. A. To build outward or upward: the spatial pattern of urban land development in China ［J］. Social Science Electronic Publishing, 2017.

［72］Wu Y. Z., Zhang X. L., Skitmore M., et al., Industrial land price and its impact on urban growth: a Chinese case study ［J］. Land Use Policy, 2014, (4): 199－209.

［73］Xu, Z., Huang, J., & Jiang, F. Subsidy competition, industrial land price distortions and overinvestment: empirical evidence from China's manufacturing enterprises ［J］. Applied

Economics, 2017, 49 (48), 4851 – 4870.

［74］Zheng, D. , & Shi, M. , J. , Industrial Land Policy, Firm Heterogeneity and Firm Location Choice: Evidence from China ［J］. Land Use Policy, 2017, 76 (7): 58 – 67.

［75］Zhou, L. , Tian, L. , Gao, Y. , Ling, Y. , Fan, C. , Hou, D. , & Zhou, W. How did industrial land supply respond to transitions in state strategy? An analysis of prefecture-level cities in China from 2007 to 2016 ［J］. Land Use Policy, 2019, 87, 104009.

［76］Zhang M. M. , Tan S. K. i, Pan Z. C. , Hao D. Q. , Zhang X. S. , Chen Z. H. The spatial spillover effect and nonlinear relationship analysis between land resource misallocation and environmental pollution: Evidence from China ［J］. Journal of Environmental Management, 2022, 321, P. 115873.

第三章
中国城市工业用地
配置政策体制演变

第一节 引 言

改革开放后,我国经济取得突飞猛进的发展,同时也经历了快速的城镇化进程。从整体来看,过去的高速增长是要素驱动型的经济增长和城镇化模式,区域竞争的优势来源于生产要素的低成本,即无限供给的廉价劳动力、土地和自然资源。从 20 世纪 90 年代以来,我国的市场化改革取得突破性进展,对外开放程度进一步加深,我国开始实施以出口为导向的工业化战略。为了吸引外资,我国将廉价劳动力转化为现实的竞争优势,利用独特的城市土地制度安排,提供优良的政策环境,低价供应土地,避开了土地稀缺性可能导致的用地高成本,大大推动了工业化进程,为我国经济的腾飞发挥了重要作用。工业的高速高质量发展离不开土地要素的有效供给。党的十九大报告指出,深化经济体制改革的重点之一是完善产权制度和要素市场化配置。而土地要素不同于劳动和资本等要素,其独特的非流动性和不可复制性,使得土地要素的市场化改革进程相对缓慢。其中,工业用地在促进我国经济快速发展的同时,也面临着市场化程度滞后、利用粗放、产出效率不高、供需矛盾突出等问题,很大程度上制约了工业用地的利用效率,造成了工业用地的重复建设、资源浪费等,不利于土地利用的集约化。伴随着我国经济由高速增长转向高质量发展阶段,经济结构转型和产业优化升级的任务日益迫切,这就要求进一步推动土地要素市场改革,以提高土地要素利用效率和整体资源配置效率。由此,我国展开了一系列的土地市场化改革,不断推动土地要素市场化配置机制的形成,即主要经历了土地要素计划式配置—国有土地有偿使用探索—国有土地招拍挂出让规范三大阶段。在国有土地有偿使用及招拍挂出让制度不断完善的基础上,开始尝试探索工业用地的市场化建设,提出工业用地采用招拍挂方式供给,严格制定最低价标准,推进建立城乡统一建设用地市场,并在国家层面设立改革试点,引导各地区开展改革实践,大胆创新,不断深化工业用地市场化配置改革。

本章将重点聚焦于中国城市工业用地配置政策改革演变。首先,梳理改革的历史背景,明确工业用地配置政策改革的大背景、大环境及其改革的必要性与重要性;其次,厘清工业用地配置政策改革的演变历程,基于完备的政策支撑,剖析改革的重点内容与特色创新,并明晰所取得的实践成效、存在的问题及进一步改革方向；最后，归纳典型地区的实践探索，总结各地区落实过程中的实际经验、改革特点与优秀做法，全面客观地呈现城市工业用地配置政策改革的历史脉络与未来展望。

第二节　城市工业用地配置政策改革背景

一、1949～1978 年：土地要素计划式配置阶段

从 1949 年新中国成立到 1978 年改革开放，我国实行严格的计划经济，土地配置严格执行国家计划。1950 年《中华人民共和国土地改革法》公布施行，通过土地改革将土地分配给无地、少地的农民，破除了土地要素占有的阶级不平等。而针对城市土地，在新中国成立初期，国家对城市土地实行有偿使用，即使用土地必须向国家缴纳租金。对于有偿使用的探索应用并没有持续太长时间，使用费或租金所带来的收益难以弥补征收所需的高额成本，加大了土地使用管理的压力，也加速了土地有偿使用制度的退出。随着我国计划经济体制的形成完善，城市土地转让权也得到了进一步的改革，由有偿向无偿过渡。此后，我国正式应用土地使用的无偿划拨方式，但这种"无偿"并非完全没有成本，这仅限于无须向土地所有者上缴土地使用费，但仍需支付其他相关的成本费用，如补偿费、安置费、拆迁费等。在该模式下，我国城市土地是被排除在市场经济交易之外的，城市土地只是一种"无偿使用的物品"，而非经济资产，由国家实行绝对的行政划拨政策无偿划拨给使用者。

该阶段，土地要素配置以统一计划和公平分配为主要目标，土地要素配置呈现高度依赖的集中计划式配置。具体表现为：土地利用决策权集中在中央各部门手里，有部门决策而无统一的国家决策，更没有一个有权威的可以协调各部门土地利用活动的机构，并且企业几乎没有土地利用决策权；土地无偿使用，没有价格标定，缺乏实行土地利用计划管理的经济手段。这种不完全的、僵化的土地利用计划管理办法也由此产生了一系列的弊病，如土地利用经济效益折损严重、利用率低，土地无价、征用土地代价低且取得土地之后无期限无偿使用的制度下导致的土地资源浪费严重等（郑振源，1987）；以及无偿划拨使用所引致的土地收益隐性化，企业独立的经济利益被忽略，而统一划由国家支配管理，不利于企业

生产效益的提高及总体利益的统筹（丛屹，2001）。由此，这种土地要素的计划式配置带来的诸多困境亟待改革破局。

二、1978~1990年：国有土地有偿使用探索阶段

改革开放以前，我国土地产权制度体系的不完善带来了土地资源配置不合理等诸多问题，城市土地无偿划拨使用制度的弊端日益暴露。要改变这种无规则、秩序混乱、盲目行动的用地乱象，就需要尽快明确土地占有、使用、保护、管理、收益、分配等土地利用的权利义务关系。

1978年，安徽省凤阳县小岗村率先探索实行"包产到户"，这一项农民自发性开展的土地使用制度的探索和实践，将农民集体土地所有权首次分置为土地所有权和土地承包经营权，是土地所有权和使用权的第一次分离。最早的有偿用地则是随着引进外资而出现的。1979年，国务院颁布的《中外合资经营企业法》规定："中国合营者的投资可包括为合营企业经营期间提供的场地使用权。如果场地使用权未作为中国合营者投资的一部分，合营企业应向中国政府缴纳使用费。"1980年，国务院颁布的《中外合营企业建设用地暂行规定》则明确规定了场地使用费的计收。尽管这项收益尚未涵盖全部所有权权益，但已然开创了国有土地有偿使用的先河，具有开拓性、启发性的实践意义。1982年深圳特区开始按照城市土地的不同等级向土地使用者收取不同标准的使用费，对于土地的有偿使用作出了新的探索实践。1983年抚顺市颁布《抚顺市征收土地使用费暂行办法》，明确1984年1月1日起全面征收土地使用费，率先进行土地使用费征收试点，将有偿使用进一步推广至其他类型的建设用地，并引领了其他城市展开效仿实践，制定了具体翔实的实施办法，并取得了一定的效果。但至此，对于土地有偿使用的改革仍局限于部分城市的自身探索，尚未形成系统性的规章制度与实践规定。有偿出让土地使用权形式正式出现于1987年，深圳市再次走在改革的前沿，率先试行土地使用有偿出让，首次成功公开拍卖一宗土地面积8588平方米地块的50年使用权，揭开了国有土地使用制度改革的序幕，改变了以往只能依靠行政划拨的局面，并开创了一种以楼面面积计算土地价格的土地出让计价方式。同年11月，国家又批准了上海、天津、广州和海南试行土地使用权的有偿出让和转让。不久，《上海市土地使用权有偿转让办法》《深圳经济特区土地管理条例》相继出台。这些地方性法规的制定和实施，标志着我国的土地使用制度改革在理论和实践上都取得了重大的进展，其影响意义是深远的。

而从国家整体层面来看，城市土地有偿使用制度的改革也得到了高度的重视与支持。1986 年《中华人民共和国土地管理法》及 1988 年颁布的《中华人民共和国土地管理法（修正案）》正式赋予了城市国有土地使用权依法有偿出让、转让的合法地位。1989 年，国务院下发《关于加强国有土地使用权有偿使用收入管理的通知》，正式将土地出让收入纳入财政体系（俞明轩等，2021）。土地不再是国家的专有财产，可以并且已经作为生产要素开始逐步进入市场，为土地使用制度改革扫清了法律障碍。城市国有土地所有权和国有土地使用权也逐步实现两权分离。在此基础上，许多城市开始试点土地有偿使用，依法实行国有土地有偿使用制度。如深圳在 1987 年开始试点土地所有权与使用权的分离，采用协议、招标、拍卖等方式出让土地使用权。

上述有偿使用国有土地的各项试验，一方面开启了对以往无偿、无期限使用土地制度改革的序幕，另一方面则对同期广东省及全国的相关土地政策的改变产生了较大的影响（付莹，2016）。但同时也需要注意到，在该阶段，无论是试点城市还是国家的总体决策方案，都采取了"两条腿"并存的国有土地有偿使用的改革方案：一是对新开发的国有土地和政府实际控制占有权的国有土地，采用出让和转让使用权的方式；二是对国家已经依法确认给单位或个人使用的国有土地，实行征收土地使用税的方式，但这种改革实施方案，并非达到土地使用制度改革目标的最佳途径，不仅难以消除我国长期存在的用地弊端，还会加深不公平用地的程度（刘俊，1990）。

三、1990～2004 年：国有土地招拍挂出让规范阶段

1990 年 5 月 19 日，国务院颁布《中华人民共和国城镇国有土地使用权出让和转让暂行条例》，对城镇国有土地行政划拨的有偿出让、转让等作出了规范性的法律规定。该条例规定土地使用权出让可以采取协议、招标、拍卖方式；出让土地使用权的具体程序，由省、区、市人民政府规定。这是有关国有土地使用权招标拍卖出让的最早的行政规章，为城市土地使用制度改革的进一步深入进行提供了法律依据，但并没有对行政划拨的范围做出明确界定，形成了行政划拨与出让并存的双轨制。1993 年，党的十四届三中全会确立了建立"产权清晰、权责明确、政企分开、管理科学"现代企业制度的国有企业改革方向。为适应国有企业各项改革工作的需要，国家在改革进程中将土地使用制度改革作为整个经济体制改革的重要组成部分，大力规范和发展土地市场，各地也开始探索盘活国有

企业土地资产，为用市场手段配置城市存量土地，尤其是盘活存量工业用地提供了强有力的环境支撑（刘正山，2015）。1994 年 7 月 5 日，《城市房地产管理法》公布，进一步从法律层面对土地的使用等进行了明确的规范。该法令指出，土地使用权出让可以采取拍卖、招标或者双方协议的方式；商业、旅游、娱乐和豪华住宅用地，有条件的，必须采取拍卖、招标方式；没有条件，不能采取拍卖、招标方式的，可以采取双方协议的方式。这是有关国有土地使用权招标拍卖出让的最早的法律，由此确立了招标、拍卖出让国有土地使用权的法律地位。1995 年 7 月，国家土地管理局公布《协议出让国有土地使用权最低价确定办法》，提出培育和发展土地市场的 8 项要求，如坚持政府统一规划、统一征地、统一管理、集体讨论；进一步扩大国有土地使用权出让范围，规范出让方式；逐步将用于经营的划拨土地使用权转为有偿使用等。1999 年，《关于进一步推行招标拍卖出让国有土地使用权的通知》《国务院办公厅关于加强土地转让管理严禁炒卖土地的通知》相继发布，再次明确商业、旅游、娱乐和豪华住宅等经营性用地，原则上必须招标、拍卖出让国有土地使用权。这是国土资源部成立以来，国务院首次对招标拍卖出让土地使用权提出新的和更为严格的要求。2001 年 5 月，《国务院关于加强土地资产管理的通知》提出严格控制建设用地供应总量，严格实行国有土地有偿使用制度，大力推行招标拍卖，加强土地使用权转让管理，加强地价管理和规范土地审批行为。同年 6 月，国土资源部发布《关于整顿和规范土地市场秩序的通知》，从建立健全土地市场规范运行基本制度的角度强调要建立健全土地使用权公开交易制度等。2002 年 5 月，国土资源部发布的《招标拍卖挂牌出让国有土地使用权规定》对经营性土地协议出让"叫停"，明确四类经营性用地使用权出让必须采用招拍挂方式；当同一宗地有两个以上意向用地者时，应当采用招标、拍卖或者挂牌方式出让。2003 年 6 月，国土资源部出台《协议出让国有土地使用权规定》，规定不符合招标拍卖挂牌出让条件的国有土地，方可协议出让。至此，长期以来的土地计划配置和无偿使用政策被"动摇"，土地市场化进程也得到了极大促进，"招拍挂"制度初步确立。

在这个阶段，进行了诸多国有土地有偿使用的初步探索，也取得了一定的成效与经验。尽管国家已经针对国有土地的有偿使用出台了一系列的规章制度予以规范，但工业用地的配置还未在政策中被进行具体规制，"零地价""低工业地价"或者"地价优惠"的现象时有发生。地方政府一味强调低价工业化，通过土地征用进行工业用地建设（中国社会科学院经济研究所经济增长前沿课题组，2004），农地过分被占用，财政支持工业开发区的土地价格倒挂，土地要素被廉价使用（中国社会科学院经济研究所经济增长前沿课题组，2004），工业化进程

显著加快的同时，土地浪费、土地利用率低下等现象也开始显现。尤其是在
2003年前后工业开发区的建设浪潮中，各地制订的招商引资政策几乎无例外设
置了用地优惠政策，比如低价出让工业用地，按投资额度返还部分出让金等。这
种不遵循市场经济规律的非理性出让方式，直接层面造成工业用地的大规模供给
和低成本过度扩张，对土地资源的可持续利用不利；间接层面对现阶段固定资产
投资规模过大过快增长起到推波助澜作用，不利用国民经济的健康平稳运行。更
具体来说，地方政府在城市中过度配置工业用地的行为，一方面造成了城市用地
的结构性失调，工业用地占建设用地的比例在我国绝大多城市居高不下，相对于
已日趋完善成熟的商业和住宅用地出让的土地市场来说，其地价与商业和住宅土
地价格相差甚远。工业用地在城市建设用地中比重过高，不可避免会带来城市经
济结构性失衡，一定程度上阻碍城市经济的升级和转型。另一方面，工业用地的
过度供应，直接导致工业用地低效利用和空间格局的无序（魏后凯，2014），尽
管开发区的划定在一定程度上集中了较大范围的工业用地，但是城市建成区范围
内和广大村镇取缔的工业用地仍然星星点点式分布，低效用地、闲置用地大量存
在，难以有效发挥工业用地的整体效益。因此，工业用地的快速扩张和"摊大
饼"蔓延式增长已经成为我国工业化进程乃至整个城镇化进程需要关注和改善
的核心问题，工业用地配置政策必须从保发展向提质增效转变，工业用地的市场
化进程亟待进一步加快，相关市场化制度需要进一步规制。

　　不少学者也开始重点关注到土地招拍挂制度的重要作用，并以此为切入点展
开了深入探讨，为下一步的改革实践提供了充分的理论支撑与借鉴。促进经营性
用地招标、拍卖、挂牌出让工作的健康、有效开展，对于推动地方经济发展具有
重要意义（彭盛友，2003）。以梧州市蒙山县为例，自1985～2003年，该县展
开了土地有偿使用的系列创新探索，通过大力推进土地招标拍卖挂牌活动，充分
调动了土地市场优化配置功能对招拍挂的积极作用，不仅为政府赢得大笔资金，
解决了城镇建设投入资金不足的问题，而且丰富了政府经营城市的理念，提升县
城的品位，进而带动经济建设的快速发展（经济日报，2003）。此外，土地招拍
挂制度的实施也有助于确保交易的公正性，以及防止地价上涨过快（聂安达和
覃晓梅，2004）。无论是理论分析还是实践证据，都充分说明了土地招拍挂制度
的正确性与可行性，面对当前工业用地的种种问题与挑战，就工业用地市场化改
革而言，招拍挂制度也会是一项重要的实施举措与路径，我国由此展开了进一步
的探索和实践。

第三节　城市工业用地配置市场化改革演进

地方政府依赖土地投入发展所导致的人地矛盾持续加剧，工业用地增速过快、低成本工业用地过度扩张等问题突出。为规范工业用地的管控，2004 年《国务院关于深化改革严格土地管理的决定》28 号文的出台，首次明确要求工业用地创造条件逐步实现招标、拍卖、挂牌出让，并规定"禁止非法压低地价招商""要坚决纠正低价或变相低价出让土地的做法，严格禁止搞所谓的'零地价'"，为工业用地的市场化配置打下了坚实的基础。为进一步遏制各地招商引资中竞相压低地价的恶性竞争行为，2006 年《国务院关于加强土地调控有关问题的通知》（国发〔2006〕30 号）提出建立工业用地出让最低价标准统一公布制度，该标准价格根据全国土地等级、基准地价水平等综合平衡后分等级确定，并明确规定工业用地必须采用招标拍卖挂牌方式出让，其出让价格不得低于公布的最低价标准；低于最低价标准出让土地，或以各种形式给予补贴或返还的，均被列为非法行为。至此，工业用地以招标、拍卖、挂牌为主要方式的市场化出让制度在国家层面确立。同年 12 月，国土资源部颁布实施的《全国工业用地出让最低价标准的通知》进一步发挥了价格调控作用，其中规定将全国工业用地按区级层面划分为 15 个等别，最低价标准从最高等别一等的 840 元/平方米递减到最低等别十五等的 60 元/平方米。相比于《国务院关于深化改革严格土地管理的决定》中的抑地价未能得到积极落实，该政策对工业用地最低价进行了明码标价、划区规范，完全把工业用地纳入了市场竞争的范围，也标志着城市经营性建设用地出让进入全面市场化阶段，很大程度上终结了长期以来一些地方低地价甚至零地价出让工业用地的历史，为切实推行工业用地招拍挂制度及其市场秩序的建立和规范提供了保障（汤小俊，2007），工业用地出让也由此正式走上了较为规范的市场化配置道路。

"招拍挂"与"最低价标准"两项政策相辅相成，共同发力，既是遏制工业用地低价过度扩张的强力对策，也是工业用地出让市场化的重要推手。但就各地市的实践效果而言，现有规定也并未完全将工业用地协议出让的道路堵死，且为了招商引资的需要，地方政府出让工业用地的动机也没有出现根本性改变，在

"招拍挂"中往往选择更容易有操作空间的"挂牌方式"进行，导致出让的地块存在明显的价值低估（王媛，2016）。相关规范性制度的缺失及具体措施出台的滞后也会进一步带来工业供地与投资阶段性受阻、"招拍挂"后将使得工业用地成本大幅提高、工业用地新政过渡期存在项目落地不明晰等问题（周必健，2007），这也进一步推动了立法进程的加速。2007年3月16日，《中华人民共和国物权法》正式出台，规定工业、商业、旅游、娱乐和商品住宅等经营性用地以及同一土地有两个以上意向用地者的，应当采取招标、拍卖等公开竞价的方式出让。工业和经营性用地招拍挂出让由此从国家政策上升为国家法律。市场竞争机制的引入，使得我国土地资源市场化配置程度显著提高，大力推动了工业用地招拍挂出让和工业用地最低价标准的全面大范围施行。在此基础上，2008年，《国务院关于促进节约集约用地的通知》进一步深入推进土地有偿使用制度改革，严格落实工业和经营性用地招拍挂出让制度，充分发挥市场机制在配置土地资源中的基础性作用，健全节约集约用地的长效机制。以上系列文件不断完善和加强了工业用地"招拍挂"出让制度的规范和约束作用，严把土地"闸门"，控制土地供应总量，遏制工业用地压价竞争和低成本过度扩张，实现国有资产保值增值，力图建立完善土地市场机制，更大程度上发挥市场资源配置资源的基础性作用，工业用地出让市场化水平显著提升。

伴随着改革的深入与探索的落实，工业用地的市场化改革已取得了初步成效，改革的重心也由工业用地使用等程序的严格规范到开始关注全国层面内部结构的均衡问题。长期以来，农村和城市的建设用地难以实现"同地同价同权"，农村土地要素市场化改革的脚步远远落后于城市土地，客观上造成了城乡间发展差距的不断扩大。为统筹均衡城乡土地市场，2008年10月，党的十七届三中全会审议通过的《中共中央关于推进农村改革发展若干重大问题的决定》提出要逐步建立城乡统一的建设用地市场，对依法取得的农村集体经营性建设用地，必须通过统一有形的土地市场、以公开规范的方式转让土地使用权，在符合规划的前提下与国有土地享有平等权益。2013年11月，党的十八届三中全会审议通过的《中共中央关于全面深化改革若干重大问题的决定》创新性地提出"使市场在资源配置中起决定性作用"，努力形成政府与市场的有序互动，并再次明确建立城乡统一的建设用地市场，通过增加土地供给主体的方式来提升市场竞争，遏制地方政府对土地出让的过多干预。该决定指出，要减少政府对资源的直接配置，推动资源依据市场原则、市场规则、市场竞争进行配置以实现效益和效率最优化；在符合规划和用途管制前提下，允许农村集体经营性建设用地出让、租赁、入股，实行与国有土地同等入市、同权同价；扩大国有土地有偿使用范围，减少非公益性用地划拨。这一制度为深化工业用地市场化配置，完善节约集约用地制度体系和评价体系提供了更为明晰的方向，至此工业用地配置市场化改革步入新的发展时期。此外，针对东部和中西部资源不平衡的现状，我国再次对土地的出让低价进行调整。2012年，国土资源部出台《关于推进土地利用计划差别化管理的意见》，要求中西部地区以农、林、牧、渔业产品初加工为主的工业项目用地出让价格下调19%～30%，未利用的工业用地下调幅度更可高达85%，东部地区工业项目用地出让价格则上调30%，很好地服务于区域总体发展战略，也进一步带动了全国工业用地均衡发展，夯实了工业用地利用策略的全国性基础。

　　整体来看，基于我国土地市场典型的二元结构，打破城乡之间的阻碍、弥补市场间的割裂是推动城乡一体化的重要途径，由此采取城乡土地市场的"求同"策略，努力实现城乡土地市场制度的统一；而基于东中西部的不平衡现状，需要探索因地制宜的针对性发展模式，建设用地差别化管理便是落实土地利用计划差别化管理、控制建设用地总量、提高土地利用效率的重要途径（张俊峰，2018），由此采取地区间的"存异"策略，灵活运用市场调节手段，强化市场在土地资源分配过程中的主导地位，保障各地区的长远发展。尽管工业用地的市场化进程正在有序推进，这一过程也同样面临着诸多挑战。其中主要问题集中于法律层面，一方面，受法律局限土地二元制结构难以协调；另一方面，则缺乏相关法律规定和保障，造成土地流转秩序存在一定程度的混乱，部分利益也难以得到切实保障，监管的缺失则更是带来了隐形市场的隐患（黄建水，2015）。同时也存在相关法律法规修改滞后，存量集体经营性建设用地规模小、分布散，国有和集体建设用地市场均衡难以把握，入市流转操作环节尚待细化等问题（钟和曦，2014）。现有地区实践虽已经在一定程度上打破了国家（地方政府）对建设用地市场的唯一出让主体，取得了较明显的改革成效，但与城乡统一建设用地市场的构建和城乡融合发展的目标尚有距离，逐步构建全国城乡统一建设用地市场仍任重道远，但更应坚定不移地走下去（黄忠，2018）。

　　为进一步完善产业用地供应方式、促进节约集约用地、提高土地利用效益，2014年9月，国土资源部印发《关于推进土地节约集约利用的指导意见》，实行新增工业用地弹性出让年期制，重点推行工业用地长期租赁。工业用地出让之路由此开辟出了一条新线路，土地的弹性出让由原本50年的出让年限大大缩短，有效改善了工业用地低效闲置现状。而为深化工业用地市场化配置改革，优化资源配置，提高土地利用效率，2014年12月底，国家发改委和国土资源部联合下发《关于开展深化工业用地市场化配置改革试点工作的通知》，采取试点策略，选择辽宁阜新、浙江嘉兴、安徽芜湖、广西梧州4市为试点地区，开展以探索健全工业用地多途径多方式市场供应体系、多主体供应工业用地市场流转体系、工业用地租价均衡、居住与工业用地比价合理的价格体系等为主要内容的改革试点，推动工业用地存量优化、增量提质，促进资源配置效益最大化和效率优化。此后的工业用地市场化改革更多聚焦于各地方的差异化、特色化、多元化实践，推向全面落实阶段，国家政策的出台进程相对减缓，已有文件主要从弹性出让、租让结合、混合供给等方面对工业用地市场供应体系进行规范。例如，2015 年 9月，中共中央、国务院印发《生态文明体制改革总体方案》，提出改革完善工业用地供应方式，探索实行弹性出让年限以及长期租赁、先租后让、租让结合供应；2020 年 3 月，《中共中央　国务院关于构建更加完善的要素市场化配置体制机制的意见》发布，强调深化产业用地市场化配置改革，健全长期租赁、先租后让、弹性年期供应、作价出资（入股）等工业用地市场供应体系，并且在符合国土空间规划和用途管制要求前提下，调整完善产业用地政策，创新使用方式，推动不同产业用地类型合理转换，探索增加混合产业用地供给。相关政策文件见表 3 - 1。

表 3 - 1　　　　　　国有土地及工业用地市场化改革重要政策文件

阶段	年份	政策全称	主要内容
1949～1978 年：土地要素计划式配置阶段	1950	《中华人民共和国土地改革法》	通过土地改革将土地分配给无地、少地的农民，破除了土地要素占有的阶级不平等
	1954	《关于在农村建立人民公社问题的决议》	推行大范围的公有化
1978～1990 年：国有土地有偿使用探索阶段	1979、1980	《中外合资经营企业法》《中外合营企业建设用地暂行规定》	中国合营者的投资可包括为合营企业经营期间提供的场地使用权；若未作为投资的一部分，合营企业应向中国政府缴纳使用费
	1986、1988	《中华人民共和国土地管理法》《中华人民共和国土地管理法（修正案）》	土地使用权可以依法转让；国家为了公共利益的需要，可以依法对土地实行征收或者征用并给予补偿
	1989	《关于加强国有土地使用权有偿出让收入管理的通知》	正式将土地出让收入纳入财政体系
1990～2004 年：国有土地招拍挂出让规范阶段	1990	《中华人民共和国城镇国有土地使用权出让和转让暂行条例》	规定土地使用权出让可以采取协议、招标、拍卖方式；出让土地使用权的具体程序，由省、区、市人民政府规定

续表

阶段	年份	政策全称	主要内容
1990～2004 年：国有土地招拍挂出让规范阶段	1994	《城市房地产管理法》	土地使用权出让，可以采取拍卖、招标或者双方协议的方式；商业、旅游、娱乐和豪华住宅用地，有条件的，必须采取拍卖、招标方式；没有条件，不能采取拍卖、招标方式的，可以采取双方协议的方式
	1995	《协议出让国有土地使用权最低价确定办法》	提出培育和发展土地市场的 8 项要求
	1999	《关于进一步推行招标拍卖出让国有土地使用权的通知》	商业、旅游、娱乐和豪华住宅等经营性用地，有条件的，都必须招标、拍卖出让国有土地使用权
		《国务院办公厅关于加强土地转让管理严禁炒卖土地的通知》	商业、旅游、娱乐和豪华住宅等经营性用地，原则上必须以招标、拍卖方式提供
	2001	《关于整顿和规范土地市场秩序的通知》	建立健全土地市场规范运行的基本制度，包括土地使用权公开交易制度等
		《关于加强土地资产管理的通知》	就土地的供应、使用、招标和拍卖等做出规定
	2002	《招标拍卖挂牌出让国有土地使用权规定》（国土资源令第 11 号）	对经营性土地协议出让"叫停"，明确四类经营性用地使用权出让必须采用招拍挂方式
	2003	《协议出让国有土地使用权规定》	不符合招标拍卖挂牌出让条件的国有土地，方可协议出让
2004～2013 年：工业用地市场化配置阶段	2004	《国务院关于深化改革严格土地管理的决定》	必须严禁非法压低地价招商；工业用地也要创造条件逐步实行招拍挂出让
	2006	《国务院关于加强土地调控有关问题的通知》	规定工业用地必须采用招标拍卖挂牌方式出让，其出让价格不得低于公布的最低价标准
		《全国工业用地出让最低价标准》	按照工业用地等级确定土地使用权出让价格时必须执行的最低控制标准；工业用地必须采用招标拍卖挂牌方式出让
		《限制用地项目目录（2006 年本）》、《禁止用地项目目录（2006 年本）》	要求工业用地供给需要适应和促进产业结构优化调整

续表

阶段	年份	政策全称	主要内容
2004～2013年：工业用地市场化配置阶段	2007	《中华人民共和国物权法》	工业、商业、旅游、娱乐和商品住宅等经营性用地以及同一土地有两个以上意向用地者的，应当采取招标、拍卖等公开竞价的方式出让
		《关于落实工业用地招标拍卖挂牌出让制度有关问题的通知》	再次强调工业用地必须采用招标拍卖挂牌方式出让
	2008	《国务院关于促进节约集约用地的通知》（国务院3号文件）	深入推进土地有偿使用制度改革，严格落实工业和经营性用地招拍挂出让制度
		《中共中央关于推进农村改革发展若干重大问题的决定》	对依法取得的农村集体经营性建设用地，必须通过统一有形的土地市场、以公开规范的方式转让土地使用权
	2009	《关于调整工业用地出让最低价标准实施政策的通知》	对地方确定的优先发展产业且用地集约的工业项目，在土地出让时可按不低于对应《标准》的70%执行
		《关于进一步落实工业用地出让制度的通知》	进一步规范工业用地出让方式、提高工业用地划拨门槛
	2012	《关于推进土地利用计划差别化管理的意见》	中西部地区与东部地区实行不同的工业项目用地出让价格标准
	2013	《中共中央关于全面深化改革若干重大问题的决定》	推动建立城乡统一的建设用地市场
2014年至今：国家试点及地方实践阶段	2014	《关于开展深化工业用地市场化配置改革试点工作的通知》（发改经体〔2014〕2957号）	选择辽宁阜新、浙江嘉兴、安徽芜湖、广西梧州4市为试点地区，探索健全工业用地多途径、多方式市场供应体系等
		《关于推进土地节约集约利用的指导意见》（国土资发〔2014〕119号）	实行新增工业用地弹性出让年期制，重点推行工业用地长期租赁
	2015	《生态文明体制改革总体方案》	改革完善工业用地供应方式，探索实行弹性出让年限以及长期租赁、先租后让、租让结合供应
	2020	《中共中央 国务院关于构建更加完善的要素市场化配置体制机制的意见》	深化产业用地市场化配置改革，健全长期租赁、先租后让、弹性年期供应、作价出资（入股）等工业用地市场供应体系

资料来源：依据相关政策文件整理。

在落实工业用地"招拍挂"制度的进程中，一些问题和挑战逐步显现，制约着改革的发展历程。形式化的"招拍挂"方式，不仅会导致市场结构与土地出让制度不匹配等问题，也会提高政府的行政成本和企业的交易成本，不利于打造良好的营商环境（赖雪梅等，2021），更面临着改革共识缺乏、奖惩机制不完善、土地二级市场发育迟缓、监管效率有限等深层次难题（曾现锋，2017）。在弹性出让等策略的落实方面，也显现出了诸多实施漏洞，如弹性出让年限政策优惠力度不够，短期出让与长期出让地价差异不明显；奖惩机制不完善导致节约集约用地成效不高；"零审批"改革后监管力量整合不足导致监管效率有限等（郑利平等，2018）。而在产权问题上，则存在着产权主体分离、产权主体利益差异、产权结构弹性不足等产权配置结构特征，同时也呈现着二级市场发展不足的产权交易结构特征（梅林，2022）。但从实际经验来看，工业用地市场化水平的提高确实能够促进我国工业用地利用效率的提升，为了促进我国工业用地资源优化配置和高效利用，我国应该继续深化工业用地市场化改革，要把完善工业用地"招拍挂"出让制度和建立良好的出让市场生态作为改革重要方向（赵爱栋等，2016）。

第四节　城市工业用地配置地方改革实践探索

政策的不断完善与理论的深入探讨最终都离不开各地区的实践探索。2014年的国家试点政策出台后，试点四地市积极制定和上报本辖区的试点实施方案，大胆探索、先行先试，结合地区工业用地实际情况如期开展了试点改革工作，取得了一定成效，也推动带领其他地市积极开展工业用地的市场化改革探索。本小节将主要围绕几个典型实践城市展开探讨其改革探索的重要举措及特色经验。

深圳：新型产业用地（M0）制度。深圳一直在不断探索创新工业用地供应方式，2013年出台了《深圳市人民政府办公厅关于印发完善产业用地供应机制拓展产业用地空间办法的通知》，提出采取用地预申请的模式组织产业用地供应，并且搭建了专门的产业用地供需服务平台。为了有效推动产业升级，深圳市在2014年的《深圳市城市规划标准与准则》中新增了新型产业用地（M0），即融合研发、创意、设计、中试、无污染生产等新型产业功能以及相关配套服务的用地。该类型用地利用方式多样灵活，开创了工业用地市场化发展先河。此外，深圳市一直致力于工业和产业项目用地的稳供给，2019 年出台《深圳市人民政府关于印发工业及其他产业用地供应管理办法的通知》，创新实施弹性年期供应制度；2022 年最新出台的《深圳市规划和自然资源局关于印发深圳市工业用地使用权转让暂行办法的通知》则探索实行预告登记转让制度，并且建立和完善了工业用地二级市场。

佛山：工业用地保护红线。佛山市一直注重工业用地的区域划分与保护限定。2020 年印发的《佛山市自然资源局关于推动佛山市产业发展保护区工业用地提升的意见》提出了土地整合开发、低效用地腾退、标准厂房建设、村级工业园违法清理等多项措施。为进一步优化工业用地供应方式，提升工业用地利用效能，2021 年印发的《佛山市国有工业用地使用权及房屋所有权分割和不动产登记管理办法（试行）的通知》中，佛山市对产权分割和登记进行了细致的规定，同时允许用而未尽地块可以分割转让，为解决低效用地问题提供了一定的政策支持。2022 年 4 月 28 日，佛山市自然资源局发布《佛山市工业用地红线划定》的批前公示，为保障工业用地总规模，引导产业集聚发展，佛山市划定了450 平方千米的工业用地保护红线，严格控制工业用地调整为非工业用途和减小区块规模，并且优先支持"工改工"。但该举措尚未实现法律层面的严格规定监管，取得进一步的实质性进展是在同年 5 月 10 日，珠海市发布《珠海经济特区工业用地控制线管理规定》，并将于 2022 年 6 月 1 日起施行。该规定明确将工业用地控制线的划定精准落实到具体地块坐标，工业控制线内用地如需要调整为经营性功能，必须由政府进行收储，方可调出后重新出让。该法规是全国首部专门规范工业用地控制线的地方性法规，加强了对于工业用地的总量控制、底线管护以及分级管理、分类定策，全方位强化工业用地管理。

广州：弹性灵活、多元复合、差别化的工业用地供应体系。广州市在工业用地市场化改革的过程中，探索出了一套弹性灵活、多元复合、差别化的工业用地供应体系。2019 年出台的《广州市工业用地使用权先租赁后出让和弹性年期出让实施办法》提出，广州市供应的工业用地，除按国家规定的工业用地最高出让年限出让外，可按先租赁后出让、弹性年期出让等方式供应。该办法明确了工业用地使用权租赁和弹性年期出让的适用范围、土地供应方式和年限、市场准入要求、租金和出让金标准、土地供后管理、违约责任等。在优化工业用地供应方式的同时，满足产业差别化用地需求，提升土地节约集约用地水平，提高土地利用强度。2020 年颁布的《广州市新型产业用地（M0）准入退出实施指引（试行）》，明确了 M0 用地在主体、产业和投入产出标准的准入要求，并对 M0 用地中的产业用房分割转让的相关要求，以及不同情况下对 M0 用地和 M0 用地主体的违约处置方式分别作出了具体规定。同年，为了加快建立工业用地供后监管和动态管理机制，加强土地利用绩效管理，广州市又颁布了《广州市工业用地项目土地利用绩效评估办法（试行）》，着重从加强工业用地全生命周期管理和全要素管理角度出发，明确了市各部门和各区的监管职责及流程，以及土地出让人、受让人的权利义务，填补了广州市在土地供后利用绩效评估方面的空白。在2022 年最新修订的《广州市提高工业用地利用效率实施办法》中又进一步深化工业用地市场化配置改革，增加了三种土地出让方式，即实行"带方案"出让用地，将设计方案或施工图纳入出让方案，实现"交地即开工"；支持划拨或协议出让土地给相关部门，统筹建设租赁型标准厂房；实施工业用地与其他用地混合出让，打造复合型产业载体，进一步提高了工业用地的配套服务水平。

上海：产业用地全生命周期管理。2014 年，上海全面实行产业用地全生命周期管理新政，之后的几年中，上海一直大力推行并优化全生命周期管理这一制度。2016 年出台的《关于加强本市工业用地出让管理的若干规定》和 2021 年出台的《关于加强上海市产业用地出让管理的若干规定》，都强调要加强工业用地出让的全生命周期管理，并且明确了工业用地的供应方式、出让价格、出让年限、转让规定等。上海市通过对工业用地和经营性用地全覆盖、全要素、全过程的全生命周期管理，逐步实现工业用地更集约、更高效、更可持续的高质量利用。

嘉兴：亩均论英雄。以"亩均论英雄"，将产出效益作为衡量企业效益成效的重要指标，是当前嘉兴市推进经济高质量发展的路径之一，主要通过"增量选优、存量提质、完善配套机制"三大策略，着力提升工业用地市场化配置水平。2021 年，在浙江省高度重视"亩均论英雄"的前提下，嘉兴市制定出台了《深化工业企业绩效综合评价加快资源要素优化配置实施方案》，明确了亩均税收和亩均增加值的增长目标，提出了完善评价方法、强化分类施策、优化要素配置等重点任务。2022 年最新发布的《嘉兴市 2022 年深化"亩均论英雄"改革工作要点及任务清单》中再次强调了优化综合评价体系、优化资源要素配置、加快产业结构调整等重点任务。近年来，嘉兴市亩均效益综合评价一直位于全省前列，在规上工业企业亩均效益显著提升等因素拉动下，嘉兴一般公共预算收入跃居浙江省第三。

在工业用地市场化配置改革不断深化推进的过程中，其他各地区也在不断探索优化工业用地供应方式，都已取得较显著的成效，并探索形成系列的发展经验，主要集中在先租后让、长期租赁、弹性年期出让等方面，既有相对统一的政策标准，也有依据各地差异适应性调整的策略措施，为全国大范围的改革探索提供了充实的借鉴经验与学习样板。但同时，一些问题和挑战逐步显现，制约着改革的发展进程。一方面，工业用地出让方式市场化程度并不高，工业用地的租赁出让虽已探索了诸多策略模式，但长期租赁等市场供应体系建设推进较慢；工业用地续期价格确定原则缺失，城镇低效用地再开发政策相对不完善，工业用地二级市场培育和管控力度并不足够（楼立明等，2021）。在未来，应进一步探索建立健全工业用地价格形成机制，加快完善工业用地供应方式，建立工业用地到期退出和续期机制，探索混合用地支持政策等，以切实推进并优化工业用地的市场化配置。另一方面，监管制度及配套制度存在较大缺失，规范性不足。具体而言，表现为职能部门参与度低，监管内容单一；工业用地供后监管薄弱，效率不高；违约处置不力，监管制度虚置等（申云雷，2022）。接下来应关注工业用地产业准入、供应、利用、监管等多个阶段，适当借鉴上海市的全生命周期管理，全面落实工业用地监管制度措施。

第五节 小 结

新中国成立以来，我国针对土地配置市场化展开了系列探索，大体经历了"计划式配置—有偿使用—招拍挂出让"三大阶段实践。面对土地行政划拨导致效率低、土地浪费严重等弊端逐渐显现，中央对深化土地要素供应、配置、使用、管控等方面的市场化改革作出了一系列重大决策部署，推动市场化改革进程不断加速并在全国范围落实，也为各地类的市场化改革提供了制度基础与支撑。但与此同时，工业用地增速过快、低成本工业用地过度扩张等问题持续突出，依赖土地投入发展模式下地方政府间竞争也推动着低价出让工业用地的热潮。为规范对于工业用地的管控，2004年《国务院关于深化改革严格土地管理的决定》首次明确要求工业用地创造条件逐步实现招标、拍卖、挂牌出让，并规定"禁止非法压低地价招商"，工业用地由此走上了市场化配置的道路。通过规范"招拍挂"出让、严格规定最低价标准、建立城乡统一建设用地市场等重点路径，辅以弹性出让、租让结合、利用计划管理等策略体系的完善，工业用地的市场化配置改革正在稳步推进，在国家试点政策的支持引领下，全国范围内工业用地市场化配置改革的探索实践得到有力推动。就目前而言，改革已取得了一定的成效，尤其是部分地市的创新探索提供了丰富的政策和实践经验。深化土地要素市场化改革是新时代土地制度创新的逻辑必然，对于工业用地来说也是如此，更应坚定不移地坚持落实。但同时也应关注到当前仍面临的供应、落实、监管等方面的诸多问题，积极总结经验教训，由点到面，不断完善工业用地的市场化配置配套机制，着力推动市场微观调节与政府宏观调控之间实现更高水平的有机协调，扎实推进全国工业用地市场化配置改革，切实提高工业用地利用效率和整体资源配置效率，努力形成较为成熟完善的工业用地市场化配置格局。

参考文献

［1］北京大学中国经济研究中心宏观组．产权约束、投资低效与通货紧缩［J］．经济研究，2004（09）：26－35.

［2］曾现锋．深化工业用地市场化配置改革研究——基于嘉兴市的调研与思考［J］．中国国土资源经济，2017，30（01）：24－27，17.

［3］丛屹．城市土地有偿使用制度的改革与实践［D］．东北财经大学，2001.

［4］崔占峰，辛德嵩．深化土地要素市场化改革　推动经济高质量发展［J］．经济问题，2021（11）：1－9.

［5］付莹．深圳经济特区有偿使用土地的制度变迁及其影响［J］．深圳大学学报（人文社会科学版），2016，33（04）：26－31.

［6］黄建水．建立城乡统一建设用地市场的问题及对策研究［J］．华北水利水电大学学报（社会科学版），2015，31（05）：58－63.

［7］黄尚宁，唐娟．加快推进西江经济带发展——广西梧州深化工业用地市场化配置改革纪略［J］．南方国土资源，2017（03）：10－11.

［8］黄忠．城乡统一建设用地市场的构建：现状、模式与问题分析［J］．社会科学研究，2018（02）：83－94.

［9］刘俊．论国有土地有偿使用的实践途径［J］．现代法学，1990（04）：26－28.

［10］刘正山．当代中国土地制度史（下）［M］．大连：东北财经大学出版社，2015：100－103.

［11］楼立明，向琰，潘有成．工业用地市场化配置的纾困对策［J］．中国土地，2021（11）：51－53.

［12］聂安达，覃晓梅．经营性土地招拍挂交易方式分析［J］．北京房地产，2004（04）：31－33.

［13］彭盛友．怎样服务招拍挂［J］．中国土地，2003（07）：33－34.

［14］申云雷．深化工业用地市场化配置改革背景下的土地监管制度的思考与建议［MB/OL］．中地集团，2022－05－19.

［15］施从美．从土地文件变迁看中国现代国家成长轨迹——以建国以来中央颁发的土地文件为观察点［J］．人文杂志，2010（03）：177－182.

［16］孙玉林，杨小青．浅谈嘉兴市工业用地市场化配置改革试点工作［J］．浙江国土资源，2017（05）：35－36．

［17］汤小俊．工业用地底价，一张覆盖全国的图——《全国工业用地出让最低价标准》出台评述［J］．中国土地，2007（01）：33－37．

［18］芜湖"1＋N"政策体系助推工业用地市场化改革［J］．领导决策信息，2015（30）：15．

［19］吴宇哲等．建党百年的土地要素配置：政策回溯与路径展望［J］．土地科学动态，2021（06）：42－47．

［20］徐忠国，唐健，卢曦．工业用地市场化配置改革研究——浙江海宁经验剖析［J］．中国土地，2016（11）：15－18．

［21］张俊峰，张安录．差别化土地管理理论解释及政策体系建设［J］．中国农业资源与区划，2018，39（01）：10－16．

［22］赵爱栋，马贤磊，曲福田．市场化改革能提高中国工业用地利用效率吗？［J］．中国人口·资源与环境，2016，26（03）：118－126．

［23］中国社会科学院经济研究所经济增长前沿课题组．财政政策的供给效应与经济发展［J］．经济研究，2004（09）：4－17．

［24］中国社会科学院经济研究所经济增长前沿课题组．开放中的经济增长与政策选择——当前经济增长态势分析［J］．经济研究，2004（04）：4－15，49．

［25］钟和曦．建立城乡统一建设用地市场的探索与思考［J］．浙江国土资源，2014（12）：28－29．

［26］郑振源．我国土地利用的计划管理［C］//中国土地学会1987年学术讨论会论文选集．［出版者不详］，1987：109－118．

［27］周必健．积极应对工业用地招拍挂出让新政［J］．浙江经济，2007（08）：20－21．

［28］俞明轩，谷雨佳，李睿哲．党的以人民为中心的土地政策：百年沿革与发展［J］．管理世界，2021，37（04）：24－35．

第四章
中国城市工业用地
配置动态格局演变

第一节 引 言

1998 年国土资源部的成立，以及新修订的《中华人民共和国土地管理法》颁布实施，标志着我国城市工业用地配置政策变革进入快车道。新修订的《中华人民共和国土地管理法》事实上促进了工业用地供给城乡双轨制转变为城市单轨制，地方政府成为城市工业用地出让的唯一合法主体。在此背景下，我国工业化转向了以园区工业化为特征的新阶段。地方政府为了促进工业化，并且在招商引资中获得更多的主动权，大多采取了压低工业用地价格、大量供应工业用地的做法（陶然等，2009），结果导致土地征用面积迅速增加（见图 4 - 1），开发区数量和规模急剧扩张。

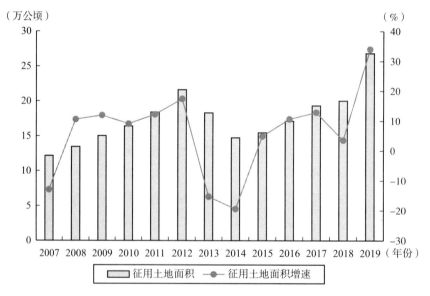

图 4 - 1 2007～2019 年全国土地征用面积及增速

资料来源：依据中国土地市场网数据整理。

为了吸引企业进入并推动短期经济增长，尤其是吸引那些流动性强的制造业企业，地方政府不得不与同行展开竞争（王博等，2021）。因此，地方政府对投资的争夺迫使它们陷入工业用地价格的"逐底竞争"。尽管国务院于 2001 年 4

月 30 日印发《关于加强国有土地资产管理的通知》，就土地的供应、使用、招标和拍卖等作了规定，并于 2002 年通过《招标拍卖挂牌出让国有土地使用权规定》，明令经营性用地必须以招标、拍卖或者挂牌方式出让，但工业用地价格仍处于较低水平。因此，一方面，地方政府在土地市场上仍然根据土地利用类型战略性地出售土地，形成了住宅和商业用地价格高、工业用地价格低的土地出让特征；另一方面，工业用地的低价出让也给地方政府带来了另一个优势，即制造业对服务业和房地产业的溢出效应较大，地方政府可以高价出让住宅和商业用地，这无疑极大地缓解了地方政府的财政困境（雷潇雨和龚六堂，2014）。

针对上述工业用地出让的扭曲状况，国土资源部于 2006 年连续出台工业用地出让价格最低标准（307 号文件）和 2007 年实施招标拍卖挂牌出让工业用地（78 号文件）以缓解土地市场的扭曲状况。基于这两份文件对工业用地出让做出的具体约束以及上述地方政府工业用地出让的动机，形成了 2007 年以来我国工业用地出让的规模与价格等特征。换句话说，地方政府自身经济发展的动力与中央政府规范地方经济发展的期望共同塑造了我国城市工业用地配置的动态格局。鉴于此，本章利用中国土地市场网公开数据（2007～2020 年），从工业用地出让规模、出让价格和产业结构类型三个角度系统分析 2007 年城市工业用地市场化配置改革以来我国城市工业用地配置格局的动态演变。

第二节　城市工业用地配置规模演变

一、城市工业用地出让规模历年演变

改革开放以来，我国地方政府面临绩效考核、财政双重压力，土地出让市场发展迅速，城市行政区面积大量扩张，但是不同用地类别间的结构不均衡导致其出让规模存在明显的差异。从时间这一水平方向看，呈现出工业用地出让规模高于住宅用地出让规模，而商服用地出让规模最少的特征。各用地类别间出让规模的区别反映了地方政府采取的差异化供地模式。

工业用地出让是地方政府吸引企业、招商引资的重要手段，地方政府针对本地区工业用地的供应远高于商服与住宅两类用地（见图 4-2）。值得一提的是，住宅用地作为地方政府获得高额土地出让金补贴本地财政的重要因素，地方政府针对本地区的住宅用地供应则远低于工业与商服两类用地（范子英，2014）。

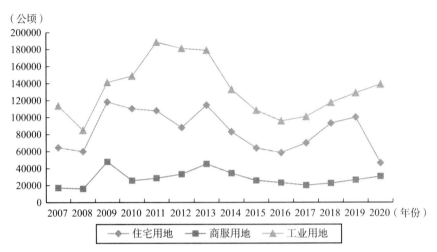

图4-2　住宅、商服、工业用地出让规模历年演变趋势

资料来源：依据中国土地市场网数据整理。

具体来看，2007年以来，工业用地出让规模总体呈现先增后减再增的数量趋势，总出让规模从2007年的113806公顷增至2020年的138866公顷，同比增长22.01%。具体来说，以2008年金融危机前后为分水岭，受"四万亿"计划的刺激，地方政府出现了一次为期3年的工业用地出让高潮，截至2011年工业用地出让规模同比增长110.69%。2011～2013年工业用地出让规模曲线平稳，说明这一阶段全国范围内工业用地出让达到较饱和状态，工业用地利用率下降、环境污染增大等问题开始浮现，宏观经济出现过热现象。2014～2016年工业用地出让规模出现下滑，这一方面与土地要素供给过剩有关，另一方面也体现了中央政府的强力管控措施。2016～2020年工业用地出让规模出现逐步增长现象，这说明地方政府依赖土地投入的经济增长模式可能正在逐步复苏（王媛和杨广亮，2016）。

总体来看，工业用地出让规模及其增速在2007～2020年波动较大（见图4-3）。同时，其波动基本符合2007～2020年我国所经历的重大经济周期，即地方政府利用工业用地这一要素实现推动经济增长，但不得不面临大规模工业用地出让后带来的经济过热问题（赵扶扬等，2017）。

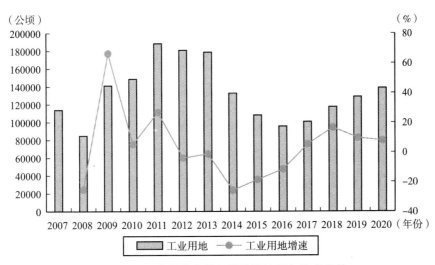

图 4 – 3　工业用地出让规模及增速历年演变趋势

资料来源：依据中国土地市场网数据整理。

二、工业用地出让规模区域格局

本部分内容将我国分为东部、西部、中部与东北四个区域，分析工业用地出让规模在这四个区域中的分布格局。

东部地区是我国土地出让活动最为活跃的地区（见图 4 – 4），作为改革开放的前沿地带，经济发展的先头部队，东部地区率先于 20 世纪第一个十年进入经济高速发展时期。东部地区相对于其他地区具有以下几个优势：全球化进程迅速，尤为受私企、外企等非国有企业入驻与投资决策的青睐；交通发达，具有兼顾国内、国外尤其是国外市场的贸易优势；作为经济较发达地区，地区内享受国家倾向性政策的加持。2007 年东部地区工业用地出让规模占全国总规模的 52.49%，但随后逐年下降，最低占比为 2012 年的 42.42%，经过 2012 年后东部地区工业用地占比占全国总规模比重逐渐稳定在 50% 左右，仍然占据全部工业用地出让规模的一半体量。

其他地区方面，中部地区在整个研究区间内保持较稳定的比重，常年保持在 20% 上下。西部地区则表现出占比逐渐增长的态势，其工业用地出让规模占比从 2007 年的 16.78% 涨至 2020 年的 26.95%，这说明西部地区通过工业用地出让促进企业进入、产业投资的依赖度逐年增高，存在"土地财政"转化为"土地金融"的现象。与之相反，东北地区则形成了逐年递减的态势，其工业用地出让规模占比从 2007 年的 11.17% 降至 2020 年的 5.80%，这也从侧面反映东北地区作为人口普遍流出地对土地尤其是工业用地需求的逐年减弱（刘守英，2017）。

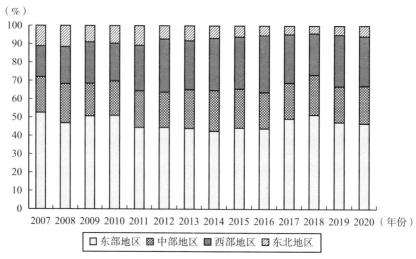

图 4 – 4　2007～2020 年工业用地出让规模区域格局

资料来源：依据中国土地市场网数据整理。

结合各区域工业用地出让绝对规模可以发现，东部、西部、中部、东北四区域工业用地出让规模在时间上的波动逐渐减少（见图 4 –5），这可能是由于各地区土地出让经济活动度不同所导致的。总体来说，各区域以金融危机为节点，先于 2007～2008 年经历一次大幅下跌，紧接着受"四万亿"计划刺激于 2008～2013 年逐步增长，随后面对过度出让等问题后又逐步降低，直到进入近 5 年后才又有所复苏。

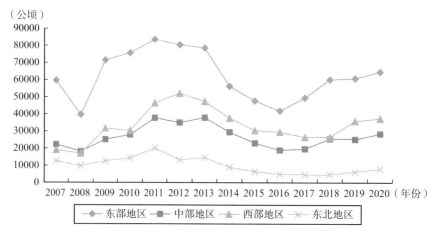

图 4 – 5　2007～2020 年工业用地出让规模区域格局

资料来源：依据中国土地市场网数据整理。

三、工业用地出让规模省域格局

本部分利用我国31个省份作为分类依据，分析各省份工业用地出让规模的省域格局，并以2007年、2010年、2015年、2020年各省份工业用地出让规模降序排列呈现（见表4-1）。

表4-1　　　　　　　　　工业用地出让规模省域格局　　　　　单位：公顷

排名	2007 年		2010 年		2015 年		2020 年	
	省份	规模	省份	规模	省份	规模	省份	规模
1	山东	16847.67	山东	32122.40	江苏	20755.41	山东	22272.88
2	江苏	14849.80	江苏	29155.30	山东	18235.32	江苏	16001.28
3	广东	14633.16	辽宁	19124.04	湖北	11586.38	河北	13200.97
4	辽宁	13382.31	浙江	16647.13	安徽	11225.73	河南	11879.07
5	安徽	10171.75	广东	14936.09	河北	10790.07	安徽	11221.62
6	河南	9063.68	湖北	14304.73	河南	10563.93	浙江	11119.58
7	湖南	8996.67	四川	13325.13	广东	9338.52	湖南	10744.79
8	湖北	8927.05	河北	13152.41	四川	9039.92	江西	10551.03
9	河北	8598.67	内蒙古	12659.67	新疆	9035.35	广东	10301.09
10	福建	8374.63	河南	12395.49	江西	8919.06	湖北	10216.92
11	天津	7237.45	安徽	11855.40	湖南	8150.11	新疆	10200.83
12	江西	7143.02	江西	10053.88	浙江	7347.77	四川省	10168.21
13	四川	6910.04	湖南	9277.33	内蒙古	6958.49	广西	7666.19
14	吉林	6866.88	黑龙江	7375.01	重庆	6605.24	贵州	7434.14
15	浙江	6366.37	福建	7078.49	辽宁	6312.53	内蒙古	6828.48
16	内蒙古	6353.80	新疆	7053.76	贵州	5592.42	陕西	5720.13
17	山西	5819.12	吉林	6636.76	陕西	4667.19	山西	5429.74
18	重庆	5033.30	云南	5886.64	福建	4534.42	福建	5174.01
19	云南	4732.48	重庆	5763.02	广西	4326.34	辽宁	5135.96
20	上海	4486.50	广西	5483.29	甘肃	4264.85	云南	4935.08
21	广西	3861.44	天津	5324.64	黑龙江	3613.13	重庆	3931.57
22	黑龙江	3184.48	陕西	5102.14	宁夏	2868.78	吉林	3575.09
23	宁夏	2959.23	山西	4386.93	云南	2790.38	黑龙江省	3482.83
24	新疆	2425.73	宁夏	3186.07	吉林	2726.47	甘肃	2809.11

续表

排名	2007 年		2010 年		2015 年		2020 年	
	省份	规模	省份	规模	省份	规模	省份	规模
25	北京	2299.86	上海	2907.93	山西	2556.07	上海	1363.15
26	陕西	1850.74	甘肃	2535.48	天津	1762.20	宁夏	1318.27
27	海南	1739.89	贵州	2477.78	上海	1008.70	天津	1193.52
28	贵州	1734.12	北京	2385.15	青海	943.25	青海	853.73
29	甘肃	1685.25	海南	1135.32	北京	775.13	海南	851.69
30	青海	638.15	青海	987.77	海南	538.56	北京	486.23
31	西藏	—	西藏	—	西藏	—	西藏	—

资料来源：依据中国土地市场网数据整理。

在省份分布中，东部区域省份显然在工业用地出让规模方面处于领先地位，同时反映出我国工业用地出让较集中于东部地区的地理特征。此外，东部区域以外如辽宁、安徽、湖南、湖北等中、东北部省份也处于工业用地出入规模排名的前列。其他如广西、贵州等中、西部省份的工业用地出让规模大多少于 4000 公顷/年，与前列省份差距较大。

具体来看，表 4-1 呈现各省份历年工业用地出让规模降序排序，可以看出东部省份占据重要位置，前十名中至少有山东、江苏、广东、河北、福建 5 个东部省份。其中，前两名始终为东部的山东与江苏两省，二者历年工业用地出让规模均至少高于 14000 公顷，而之后排名省份历年变化明显，例如，广东省在 31 个省份中排名逐年呈现下降趋势，至 2020 年已经跌至第 9 名，取而代之的则是河北、安徽等东、中部省份。这种变化可能与前文中展示的东部地区工业用地出让规模在研究区间内波动最大的特征相关，其工业用地出让规模对经济周期的变化更为敏感，进而导致了省份排名的显著变化。

第三节　城市工业用地配置价格演变

土地价格是城市综合发展水平的反映，厘清我国城市土地价格的时空演变特征，有助于从宏观上把握地区间的发展差异。本节基于 2007~2019 年我国土地市场网微观土地交易数据，比较不同时期工业用地配置价格的演变趋势，同时将不同区域的城市工业用地配置价格进行横向对比，探讨其空间分布规律。为了更好地比较单位土地的平均价格，基于每笔交易的单位价格计算出城市工业用地的平均价格，再除以工业用地的使用年限，由此得到城市工业用地平均到每个使用年份的单位面积价格。

一、工业用地出让价格历年演变

　　土地价格在很大程度上由土地的空间区位决定，同时还会受到政府土地出让行为和动机的影响。在地方政府出让的土地类型中，住宅用地、商服用地和工业用地是最主要的土地出让类型，由于不同的土地类型需要的空间区位和地方政府的出让动机不同，三种类型的土地出让价格具有显著的差异性。将工业用地价格与住宅用地、商服用地出让价格进行比较分析，能够更好地把握工业用地出让价格的特征以及工业用地在地方政府土地出让行为中的地位和作用。

　　地方政府"高价出让住宅用地和商服用地，低价出让工业用地"以寻求更高收益的行为（陶然等，2009），导致工业用地出让的价格水平最低，住宅用地次之，商服用地出让的价格水平最高。一方面，地方政府具有地方土地市场的唯一出让权为土地财政创造了条件。商服用地和住宅用地是地方政府发展土地财政的重要工具，地方政府有强烈的激励提高地价以获得更多的土地出让金缓解财政压力。工业用地是地方政府招商引资的主要手段，为了更好地吸引地方投资发展当地经济，地方政府往往倾向于低价出让工业用地。另一方面，从土地的空间区位方面来看，商住用地一般在城市中心地带或者已有人群集聚的老城区，而工业用地则多分布在城市外围，工业和商服用地区位条件之间的距离差异最终会通过市场竞价体现在土地出让价格的差异。

　　从变化趋势上来看（见图4-6），商服用地和住宅用地价格呈波动性缓慢爬升趋势，工业用地价格长期保持较低水平。商服用地和住宅用地的波动性较大，2007~2009年呈下降趋势，2009~2018年缓慢爬升，2018年以后价格下降，二者之间的变化趋势具有相似性。工业用地的价格水平相对平稳，始终保持在较低水平。这是因为商服用地和住宅用地主要通过市场竞价，受土地市场波动的影响较大；而地方政府倾向于低价出让工业用地，以此达到招商引资的目的，所以在地方政府有意的价格控制下，波动幅度较小。基于工业用地价格与住宅用地、商服用地价格波动的差异性特征，刘晓宇和辛良杰（2021）从2007～2019年我国综合地价的视角得到类似的结论，并指出综合地价的上涨和波动主要受到住宅用地和商服用地价格的影响，"工矿仓储地价常年稳定保持在较低水平，对综合地价的短期波动无明显影响"。

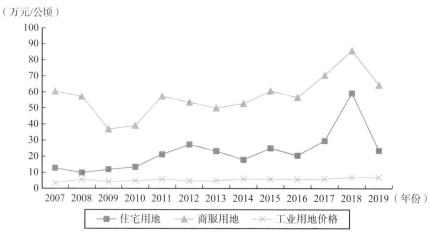

图4－6　工业用地出让价格历年演变趋势

资料来源：依据中国土地市场网数据整理。

　　2007～2019年工业用地价格水平呈波动性缓慢上升趋势，并且波动幅度逐年降低（见图4－7）。工业用地的价格水平呈现反复波动、总体上缓慢爬升趋势，与商服用地和住宅用地的发展趋势相吻合。范郢等（2020）基于中国土地市场网2007～2016年工业用地交易数据研究发现，全国层面的工业地价总体上呈现出"增长－平稳－再增长"的三阶段变化趋势，在变化的波动性方面与本节的结果稍有差异，但总体趋势相同，说明即使地方政府具有低价出让工业用地以招商引资的动机，工业用地价格仍然会随着我国综合地价的上升而缓慢抬高。从工业用地出让方式而言，招拍挂价格走势与总体一致，但协议、划拨价格则波动幅度较大，无明显规律（古恒宇、沈体燕，2020）。就变化速率来看，2007～2019年工业用地价格变化率围绕着0值上下波动，并且波动的范围逐渐缩小，说明我国城市工业用地价格趋于稳定，也在一定程度上说明我国的土地出让市场在不断发展完善。

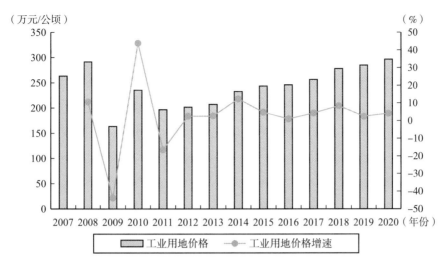

图 4 - 7　工业用地出让价格及增速历年演变趋势

资料来源：依据中国土地市场网数据整理。

二、工业用地出让价格区域格局

工业用地的招拍挂价格由东向西逐渐降低，东部地区工业用地出让的价格水平明显高于中西部地区和东北地区，其余地区价格水平十分接近。不同地区由于经济发展水平和资源禀赋不同，工业用地出让的价格水平也存在着显著的差异。由图 4 - 8 可以看出，这种差距主要和各地的经济发展水平和空间区位差异有关，也与当地的工资水平和产业集聚相关（吴涛、李胜胜，2021）。地方政府有强烈的动机低价出让工业用地，因为工业用地的出让往往意味着带来固定资产的投资，有利于当地经济的发展。但是东部地区优越的投资环境、高度的市场化程度、良好的区位条件和城市基础设施建设对企业有着足够的吸引力，地方政府在面临招商引资压力时不需要通过低价出让工业用地来吸引企业。与此相反，中西部地区政府面临着巨大的招商引资压力，为推动经济发展而不得不采取低价出让工业用地来吸引企业的策略。

从各地价格水平的变化趋势来看，各个地区与全国总体上的工业用地价格变化趋势相一致，具有反复波动的特征，同时缓慢爬升。这说明地方工业用地出让的价格不仅与地方经济发展程度和区位相关，还与全国整体的经济发展形势相关。熊昕宇（2022）以湖北省武汉市为例研究工业用地价格的时空演变以及唐晓莲、利振焜（2018）研究广州市工业用地出让价格时空演变分析时，均得出地方区域工业用地价格演变趋势与全国总体变化趋势具有一致性的结论，因此需

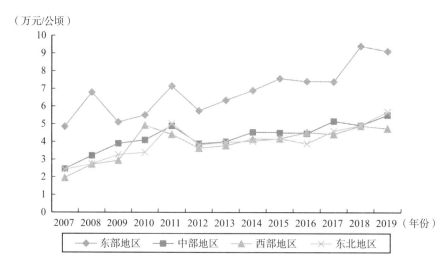

（万元/公顷）

图 4-8　工业用地出让价格各地区历年演变趋势

资料来源：依据中国土地市场网数据整理。

要从全国层面来正确引导工业用地市场的健康发展。工业用地价格的总体上升，一方面体现出我国对于规范工业用地出让行为取得的显著效果，另一方面也表明我国土地交易市场的不断完善，市场定价在土地出让中的作用越发明显。

三、工业用地出让价格省域格局

总体而言，工业用地价格水平较低的都是中西部地区和东北地区的省份，东部地区的省份价格水平排名较为靠后。这说明东部地区的工业用地价格水平明显高于其他地区，与上述分析结果一致。通过对不同省份工业用地出让价格进行排序（见表 4-2），可以看到，2007～2008 年，东部地区的部分省份排名也相对靠前，工业用地价格水平也较低，但是在之后的几年中，东部地区的工业用地价格水平快速上升，与其他地区的差距逐渐扩大。这是因为在前几年地方政府为了吸引企业投资竞相压低工业用地出让价格，导致工业用地价格普遍较低；但是随着《全国工业用地出让最低价标准》的颁布和国家对工业用地出让行为的管控，工业用地也随着土地出让市场化程度的提高逐渐受到市场调控。而东部地区由于市场化程度发展较快，区位条件较好，经济发展水平较高，对工业用地的需求更大，因此市场竞价对东部地区工业用地价格的刺激作用更强，导致东部地区工业用地价格快速上涨。

表 4 – 2　　　　　　　　　工业用地出让价格省域格局　　　　　　单位：万元/公顷

排名	2007 年		2010 年		2015 年		2020 年	
	省份	价格	省份	价格	省份	价格	省份	价格
1	新疆	1.19	青海	1.42	新疆	1.76	新疆	1.74
2	内蒙古	1.32	新疆	1.65	青海	2.17	宁夏	1.93
3	江西	1.41	甘肃	1.94	甘肃	2.17	内蒙古	2.29
4	江苏	1.62	内蒙古	2.04	内蒙古	2.21	青海	2.76
5	北京	1.63	宁夏	2.10	宁夏	2.26	江西	2.83
6	贵州	1.79	江西	2.32	江西	2.41	安徽	3.35
7	海南	1.83	吉林	3.00	黑龙江	3.33	甘肃	3.44
8	黑龙江	1.84	贵州	3.03	贵州	3.35	湖北	4.05
9	山西	1.86	四川	3.14	安徽	3.42	四川	4.28
10	宁夏	1.90	黑龙江	3.23	四川	3.86	广西	4.55
11	吉林	1.91	安徽	3.26	吉林	4.04	贵州	5.09
12	福建	2.09	河南	3.53	湖北	4.24	山西	5.30
13	甘肃	2.15	山西	3.58	山西	4.57	吉林	5.41
14	安徽	2.19	湖北	3.67	河北	4.60	辽宁	5.44
15	广西	2.22	广西	3.70	广西	4.64	陕西	5.75
16	青海	2.38	河北	3.73	山东	4.75	云南	5.87
17	重庆	2.39	山东	3.98	河南	4.78	河南	5.92
18	湖北	2.53	福建	4.16	福建	4.99	山东	5.94
19	陕西	2.62	海南	4.36	陕西	5.12	河北	6.04
20	云南	2.64	辽宁	4.44	江苏	5.13	黑龙江	6.15
21	河南	2.68	湖南	4.56	辽宁	5.14	江苏	6.21
22	广东	2.78	陕西	4.63	湖南	6.20	重庆	6.40
23	河北	2.81	江苏	4.69	重庆	6.41	福建	6.72
24	辽宁	2.82	云南	4.76	云南	6.76	湖南	7.14
25	四川	2.94	重庆	5.44	天津	8.50	海南	10.12
26	湖南	2.98	天津	5.93	浙江	9.76	天津	11.54
27	天津	3.00	北京	6.21	海南	10.13	浙江	15.56
28	山东	3.12	广东	6.85	广东	14.14	广东	15.78
29	上海	3.56	浙江	7.20	北京	18.32	北京	21.12
30	浙江	4.79	上海	9.53	上海	37.39	上海	27.11

资料来源：依据中国土地市场网数据整理。

第四节 城市工业用地配置产业格局演变

一、工业用地出让产业格局历年演变

利用中国土地市场网（2007～2020年）数据中提供的行业分类代码，将工业行业大类（13～43）筛选并形成工业用地配置产业格局（见表4-3与表4-4）。

表4-3　　　　　　　　工业用地出让规模产业格局　　　　　　单位：公顷

行业大类	2007年	2010年	2015年	2020年
农副食品加工业	3887.70	7162.90	5583.44	5433.79
食品制造业	2199.34	3007.43	2507.85	3408.98
饮料制造业	933.55	1959.67	1429.23	1249.99
烟草制造业	251.65	413.69	192.99	55.71
纺织业	1065.21	2016.59	1260.08	1701.07
纺织服装、鞋、帽制造业	3406.30	3300.01	2166.78	1880.32
皮革、毛皮、羽毛（绒）及其制造业	604.70	1080.43	581.69	485.26
木材加工及木、竹、藤、棕、草制品业	1447.98	2285.44	1099.38	1539.55
家具制造业	1159.94	1745.86	1260.46	1530.90
造纸及纸制品业	1567.64	2148.47	1287.37	1504.23
印刷业和记录媒介的复制	598.95	760.93	564.77	312.24
文教体育用品制造业	213.02	361.82	325.52	312.45
石油加工、炼焦及核燃料加工业	958.39	2901.85	1477.31	2439.67
化学原料及化学制品制造业	5818.51	11007.96	7562.07	11794.11
医药制造业	1726.16	3628.34	3673.91	4295.40
化学纤维制造业	701.22	1616.35	568.80	1342.35
橡胶制品业	733.52	1184.76	657.96	923.56
塑料制品业	1711.03	3266.44	2357.36	2540.59
非金属矿物制品业	2403.17	6504.95	3215.79	4651.44
黑色金属冶炼及压延加工业	2876.57	3154.04	1244.31	3382.83

续表

行业大类	2007 年	2010 年	2015 年	2020 年
有色金属冶炼及压延加工业	297.43	1862.65	527.84	1080.75
金属制品业	6459.05	11219.54	5814.83	6184.97
通用设备制造业	3315.99	9132.38	5986.74	9076.74
专用设备制造业	4565.95	9440.49	5846.79	5670.88
交通运输设备制造业	3874.69	7689.30	6113.60	4222.21
电气机械及器材制造业	602.77	594.68	485.59	1199.63
通信设备、计算机及其他电子设备制造业	3105.52	4508.34	3587.53	5025.57
仪器仪表及文化、办公用机械制造业	854.40	957.45	496.79	461.64
工艺品及其他制造业	1530.23	1491.48	1001.92	1297.84
废弃资源和废旧材料回收加工业	186.13	1746.67	1573.83	2105.73

资料来源：依据中国土地市场网数据整理。

表 4 - 4　　　　　　　　　　　工业用地出让价格产业格局　　　　　单位：元/平方米

行业大类	2007 年	2010 年	2015 年	2020 年
农副食品加工业	109.58	145.80	189.47	214.06
食品制造业	129.09	187.18	203.90	257.79
饮料制造业	123.86	173.53	219.69	225.01
烟草制造业	334.20	302.52	341.51	234.05
纺织业	140.34	197.22	169.31	217.87
纺织服装、鞋、帽制造业	138.50	200.35	232.47	247.83
皮革、毛皮、羽毛（绒）及其制造业	121.77	169.89	227.25	263.75
木材加工及木、竹、藤、棕、草制品业	109.75	150.74	174.24	188.65
家具制造业	131.68	185.28	222.38	266.26
造纸及纸制品业	113.13	180.57	219.61	261.25
印刷业和记录媒介的复制	180.60	202.73	257.63	374.78
文教体育用品制造业	163.72	219.61	210.73	339.22
石油加工、炼焦及核燃料加工业	106.96	142.74	181.02	311.55
化学原料及化学制品制造业	141.58	168.60	181.41	233.96
医药制造业	134.39	191.40	260.92	302.52
化学纤维制造业	116.99	184.41	236.48	225.03

续表

行业大类	2007 年	2010 年	2015 年	2020 年
橡胶制品业	129.68	183.34	237.83	284.68
塑料制品业	151.41	191.09	215.15	300.25
非金属矿物制品业	108.77	133.10	179.58	229.89
黑色金属冶炼及压延加工业	152.30	228.23	177.18	252.82
有色金属冶炼及压延加工业	122.61	139.74	167.27	210.66
金属制品业	135.76	199.74	228.57	296.34
通用设备制造业	178.99	227.86	278.85	333.00
专用设备制造业	169.52	223.22	269.39	380.03
交通运输设备制造业	183.13	249.76	264.48	384.98
电气机械及器材制造业	259.23	290.30	312.98	320.32
通信设备、计算机及其他电子设备制造业	174.19	254.83	328.80	425.35
仪器仪表及文化、办公用机械制造业	125.55	270.56	302.47	444.85
工艺品及其他制造业	130.26	189.49	260.97	343.00
废弃资源和废旧材料回收加工业	130.36	197.34	183.43	208.04

资料来源：依据中国土地市场网数据整理。

从工业用地出让规模看（阴影部分为出让规模由低到高排序的前十名），历年工业用地出让具有显著且持续的高值集聚特征，我国工业用地出让规模主要集中在农副食品加工、化学原料及化学制品制造、金属制品、通用设备制造、专用设备制造、交通运输设备制造、通信设备、计算机及其他电子设备等行业中。可以发现，上述高值集聚行业中，除农副食品加工业外，其他均属于资本密集型行业，这说明工业用地出让更倾向于资本密集型行业，即出现资本逐步替代劳动的现象。

从工业用地出让价格看（阴影部分为出让价格由高到低排序的后十名），历年工业用地出让价格基本符合由劳动密集型产业向资本密集型逐步增加的规律，以农副食品加工、食品制造等为代表的劳动密集型产业出让价格处于 100~120元/平方米，而以通用设备制造、专用设备制造等为代表的资本密集型产业则位于 160~200 元/平方米，显著高于前者。此外，随着年份的增加，各类行业工业用地出让价格出现普遍上升的现象，例如专用设备制造业工业用地出让价格由2007 年的 169.51 元/平方米升至 2020 年的 380.03 元/平方米，这一方面体现了工业用地价格逐渐向市场均衡价格靠拢的事实，另一方面也体现了工业用地出让市场化改革的成果。

二、工业用地产业格局地理区域特征

利用中国土地市场网（2007～2020年）数据中提供的行业分类代码，与区域代码组合后形成工业用地产业格局地理区域特征（见表4-5与表4-6），表中阴影部分为该行业在所有行业中工业用地出让规模或价格的相对大小。

表4-5　　　　　　　　　工业用地出让规模产业地理区位格局　　　　单位：公顷

行业大类	东部地区	中部地区	西部地区	东北地区
农副食品加工业	28691.56	18467.69	26080.21	11889.05
食品制造业	17424.85	8014.44	9742.08	3527.80
饮料制造业	7345.94	5731.57	7216.32	2019.00
烟草制造业	839.76	859.16	1340.91	312.44
纺织业	12107.87	4010.49	3630.49	255.07
纺织服装、鞋、帽制造业	19448.98	10711.82	5415.07	1036.44
皮革、毛皮、羽毛（绒）及其制造业	5188.01	2395.21	2308.57	417.32
木材加工及木、竹、藤、棕、草制品业	11267.74	4097.08	5733.94	2508.53
家具制造业	11493.56	5410.22	4083.55	958.91
造纸及纸制品业	12401.24	5167.18	5187.12	1704.95
印刷业和记录媒介的复制	3910.89	1972.91	1355.04	572.55
文教体育用品制造业	3730.35	671.98	208.68	104.29
石油加工、炼焦及核燃料加工业	14608.81	3462.75	10274.52	3834.00
化学原料及化学制品制造业	67151.83	24134.77	40558.22	9058.11
医药制造业	20809.75	11350.91	10687.74	5257.90
化学纤维制造业	8545.12	2199.94	2362.06	1010.10
橡胶制品业	9398.67	1970.57	2119.31	702.28
塑料制品业	19433.81	6897.45	6206.12	2623.19
非金属矿物制品业	23579.99	16419.39	23334.11	4586.27
黑色金属冶炼及压延加工业	19055.33	6012.70	11129.82	3343.61
有色金属冶炼及压延加工业	3811.16	3461.46	5938.39	981.87
金属制品业	63754.63	20268.47	22143.62	7044.16
通用设备制造业	62697.98	17334.83	13037.52	8173.71

续表

行业大类	东部地区	中部地区	西部地区	东北地区
专用设备制造业	57987.08	21084.79	13531.00	7908.40
交通运输设备制造业	41624.60	18357.29	16062.92	8143.98
电气机械及器材制造业	4584.35	2001.58	1871.07	144.86
通信设备、计算机及其他电子设备制造业	31030.96	13977.17	9828.84	1818.78
仪器仪表及文化、办公用机械制造业	5212.67	1862.73	1232.72	1064.77
工艺品及其他制造业	9581.98	4213.16	3609.96	878.30
废弃资源和废旧材料回收加工业	8876.80	4542.21	6388.55	1656.21

资料来源：依据中国土地市场网数据整理。

表4-6   工业用地出让价格产业地理区位格局   单位：元/平方米

行业大类	东部地区	中部地区	西部地区	东北地区
农副食品加工业	202.75	165.35	133.19	157.83
食品制造业	247.40	196.68	166.02	189.32
饮料制造业	233.73	158.17	183.33	189.47
烟草制造业	328.11	351.54	310.81	255.49
纺织业	229.18	158.19	133.41	214.96
纺织服装、鞋、帽制造业	246.85	166.35	141.66	185.36
皮革、毛皮、羽毛（绒）及其制造业	240.58	151.58	85.02	252.61
木材加工及木、竹、藤、棕、草制品业	178.26	142.27	138.20	173.46
家具制造业	248.51	162.28	151.44	218.66
造纸及纸制品业	240.25	159.87	157.24	183.83
印刷业和记录媒介的复制	298.04	201.20	203.28	260.55
文教体育用品制造业	281.28	174.11	164.40	238.01
石油加工、炼焦及核燃料加工业	211.71	198.09	97.01	202.68
化学原料及化学制品制造业	221.89	171.50	103.52	239.18
医药制造业	302.63	192.80	202.15	230.39
化学纤维制造业	229.61	175.69	116.54	202.25
橡胶制品业	229.52	185.15	158.47	306.05
塑料制品业	269.05	149.77	144.77	181.87
非金属矿物制品业	198.44	150.62	120.38	174.98
黑色金属冶炼及压延加工业	217.55	182.93	154.78	228.29
有色金属冶炼及压延加工业	219.65	152.53	136.44	178.34

行业大类	东部地区	中部地区	西部地区	东北地区
金属制品业	247.83	171.14	135.20	224.88
通用设备制造业	290.28	213.02	197.78	285.50
专用设备制造业	298.34	224.67	186.68	244.70
交通运输设备制造业	312.32	250.59	230.81	304.28
电气机械及器材制造业	300.12	256.00	262.06	301.60
通信设备、计算机及其他电子设备制造业	373.82	200.99	292.54	292.40
仪器仪表及文化、办公用机械制造业	328.37	187.31	215.99	165.25
工艺品及其他制造业	292.52	155.68	161.78	232.80
废弃资源和废旧材料回收加工业	240.25	168.52	127.40	206.55

资料来源：依据中国土地市场网数据整理。

　　从工业用地出让规模看（阴影部分为出让规模由低到高排序的前十名），历年工业用地出让同样具有显著且持续的高值集聚特征，四大区域工业用地出让规模同样主要集中在农副食品加工、化学原料及化学制品制造、金属制品、通用设备制造、专用设备制造、汽车制造、通信设备、计算机及其他电子设备等行业中。这一方面印证了第一小节中提到的资本替代劳动现象，另一方面体现了各大区域工业产业结构高度同质化的特征，为我国近年来出现的产能过剩现象提供了现实依据。除此之外，各地区工业用地出让的产业导向也存在异质性，例如纺织业、纺织服装、鞋、帽制造业等需要大量劳动力资源的制造业行业在东部、中部地区比重远高于西部、东北地区，这说明了劳动力需求的方向与劳动力转移的方向。与之相反，石油加工、炼焦及核燃料加工、黑色金属冶炼及压延加工等资源型工业行业则较多分布于西部、东北等石油矿藏资源丰富的地区，这符合产业分布的基本规律。

　　从工业用地出让价格看（阴影部分为出让价格由高到低排序的后十名），工业用地出让价格同样符合由劳动密集型产业向资本密集型逐步增加的规律。同时，东部地区各类工业用地出让价格普遍高于其他地区，这是由土地稀缺性与土地价值所决定的。

第五节 小 结

本章利用中国土地市场网公开数据（2007～2020 年），从工业用地出让规模、出让价格和产业结构类型三个角度系统分析了 2007 年工业用地出让市场化改革以来我国城市工业用地配置格局的动态演变规律，得到如下结论。

第一，工业用地出让规模在 2007～2020 年均显著高于商服、住宅用地出让规模，同时其规模的波动受到一般经济周期的显著影响。这说明工业用地出让规模多年来一直作为地方政府调控经济增长的重要手段，且这种手段的副作用体现在依赖土地投入发展之后的多个时期当中。此外，工业用地出让规模随着地区、省份等的变化而变化，且其呈现自东向西初步递减的动态特征。

第二，工业用地出让价格在 2007～2020 年均显著低于商服、住宅用地出让规模，这从价格层面展现了地方政府压低工业用地价格以招商引资的经济干预现象。同时可以发现，一方面，地方政府在土地市场上根据土地利用类型战略性地出让土地，形成了住宅和商业用地价格高、工业用地价格低的土地出让特征；另一方面，工业用地的低价出让也给地方政府带来了另一个优势，即制造业对服务业和房地产业的溢出效应较大，地方政府可以高价出让住宅和商业用地，这无疑极大地缓解了地方政府的财政困境。

第三，工业用地出让规模与价格均在产业层面（2007～2020 年）具备同质性特征，尤其集中在农副食品加工、化学原料及化学制品制造、金属制品、通用设备制造、专用设备制造、汽车制造、通信设备、计算机及其他电子设备等行业中，这说明地方政府间逐底竞争强化了地方间产业的同质化进程，这一方面不利于产业多样化的生长，另一方面则易于滋生产能过剩等结构性问题。

参考文献

［1］范郢，古恒宇，沈体雁．中国工业用地价格空间分布格局研究［J］．价格理论与实践，2018（09）：70 - 73.

［2］范子英．土地财政的根源：财政压力还是投资冲动［J］．中国工业经济，2015（06）：18 - 31.

［3］雷潇雨，龚六堂．基于土地出让的工业化与城镇化［J］．管理世界，2014（09）：

29 - 41.

［4］刘守英. 中国土地制度改革：上半程及下半程［J］. 国际经济评论，2017（05）：29 - 56.

［5］刘晓宇，辛良杰. 2007—2019 年中国城市土地价格的空间分化［J］. 地理研究，2022，41（06）：1637 - 1651.

［6］莫悦，刘洋，朱丽芳. 长江经济带城市土地价格空间分异特征及其影响因素［J］. 长江流域资源与环境，2020，29（01）：13 - 22.

［7］唐晓莲，利振焜. 广州市工业用地出让价格时空演变分析［J］. 价格理论与实践，2018（01）：70 - 73.

［8］陶然，陆曦，苏福兵，等. 地区竞争格局演变下的中国转轨：财政激励和发展模式反思［J］. 经济研究，2009，44（07）：21 - 33.

［9］王博，张耀宇，冯淑怡. 地方政府干预、土地价格扭曲与工业企业生产率［J］. 经济理论与经济管理，2021，41（07）：51 - 63.

［10］王媛，杨广亮. 为经济增长而干预：地方政府的土地出让策略分析［J］. 管理世界，2016（05）：18 - 31.

［11］吴涛，李胜胜. 工业用地价格影响因素分析——以广东省为例［J］. 国土与自然资源研究，2022（01）：19 - 21.

［12］席强敏，梅林. 工业用地价格、选择效应与工业效率［J］. 经济研究，2019，54（02）：102 - 118.

［13］熊昕宇. 工业用地价格的时空演变——以湖北省武汉市为例［J］. 营销界，2019（52）：60 - 61.

［14］赵扶扬，王忏，龚六堂. 土地财政与中国经济波动［J］. 经济研究，2017，52（12）：46 - 61.

第五章
制度环境与城市工业
用地配置规模

第一节　引　言

改革开放以来，我国实现了从工业化初期向工业化中期的跨越，快速的工业化进程为经济高速增长提供了有力保障。随着工业经济规模的扩大，我国工业用地规模也不断增长，逐步成为城市土地结构中的重要组成部分，深刻影响城市空间增长。然而，我国工业用地规模增长不仅是工业化和经济增长引致的结果，同时也是经济增长的重要原因。在我国特殊的土地管理体制下，地方政府具有城市国有土地供应的唯一权力，城市工业用地出让逐渐成为地方政府以地引资的重要工具，成为地方政府参与区域竞争的重要抓手。现有研究主要从三个方面关注了工业用地演化过程：一是关注工业用地在时间、空间或者行业维度的演变，聚焦全国或地区工业用地演变的规律和特征，并根据不同的时间段分析其影响因素和内在机制（文雯，2017；杨忍，2018）；二是关注工业用地出让的内在动机，探究地方政府工业用地出让的影响因素，并基于此延伸出一系列关于地价和土地市场的相关研究（杨其静，2015；徐思超，2017）；三是关注工业用地利用效率，从不同的视角关注其测度和影响因素（张兰，2017）。

随着研究的深入，一部分文献将研究重点聚焦于地方政府调控对城市工业用地出让的影响（黄志基等，2018），并发现地方政府调控动机、干预能力和干预水平对城市工业用地出让规模具有显著影响。然而，仅仅将城市工业用地出让规模的影响因素聚焦于地方政府调控行为，则会忽视了更大范围内地方制度环境对工业用地出让带来的影响，不利于从整体上调整地方制度环境，从而难以从更宏观层面实现对工业用地配置的调控。

制度环境对我国经济发展的作用是经济学和管理学等社会学科的研究热点。制度能够影响其他生产要素的效率发挥，在开放区域状态下决定要素的流向并吸引区域外的生产要素，提高区域的经济绩效。一般认为，制度环境是一个地区正式制度与非正式制度对企业经济产生影响的因素总和，包括社会经济发展水平、金融环境以及政策环境和法治水平等。现有实证研究从不同的角度验证了制度环境对我国企业出口、研发支出、投融资、知识生产和创新等各项行为具有显著影响（如邓路等，2014；蔡地和万迪昉，2012），并延伸构成了企业生产率、企业利润乃至产业生产效率、地区服务出口复杂度方面的差异（如李维安和徐业坤，

2012；戴魁早，2015）。地方制度环境对于我国这样一个转型经济体来说，具有更为复杂且深刻的意义。

因此，本章重点解决的问题在于：一是制度环境是否影响地方政府工业用地的供应？二是制度环境的变化如何通过影响企业的空间流动从而作用于地方的工业用地需求？基于此，除了正式的政策法规以外，本章聚焦于与地方政府工业用地出让行为以及企业空间流动密切相关的制度环境构成，探讨地方制度环境与工业用地配置规模之间的关系。基于"中国地方政府的土地出让干预存在显著的空间互动效应"这一基本事实，采取空间计量模型对上述问题进行探讨，加入企业属性进行调节效应分析，并且比较不同地区制度环境的影响效果是否存在差异。本章的创新点在于：（1）关注到不同的制度环境构成对于地方工业用地出让的影响，完善相关领域的研究视角；（2）将制度环境对地方政府土地出让行为的影响与企业对制度环境的需求相结合，从供给端和需求端共同分析地方工业用地规模的影响因素；（3）基于地级市的尺度采用"中国土地市场网"各地工业用地交易的微观数据开展实证研究，一定程度上丰富了研究视角，并且弥补了传统研究中数据使用的缺陷。

第二节 理 论 分 析

一、制度环境对地方工业用地供给和需求的影响

制度环境既有法律环境和金融环境等正式制度环境，也有文化和信任等非正式制度环境。但是目前来说，没有相对统一的观点认为制度环境应该包含哪几个方面。大多数学者仅针对制度环境中的某一具体方面对各自主体的影响展开研究。本章将制度环境划分为正式制度环境与非正式制度环境，所讨论的重点是与地方政府土地出让行为和企业发展密切相关的法律环境、金融环境、市场环境和政企关系、地方社会文化水平、领导者因素。部分学者将产权环境也纳入正式制度进行分析，但是经过文献搜集和对比，可以发现：大多数将正式制度划分为产权环境、法律环境和金融环境的研究使用的数据均来源于樊纲等人所计算提供的地区市场化指数的分指标，本质上属于地区市场环境内部分支的探讨范畴。并且，广义上的产权环境和法律环境有一定的概念重合，考虑到大多数研究采用地

区的非国有化程度来表示地区的产权环境，在此并未将产权环境单独拿出来分析，而是将之作为调节变量进行分析。

法律环境包括地区整体的法治状况和法治发展水平，包括立法、司法和执法过程的各个方面。理论上，地方政府对要素市场的干预会受到法律环境的影响，法律环境较差或者执法程度较弱的地区会使地方政府的权力过大，对于要素市场的干预程度也更大。这种情况下，企业的健康发展面临外部阻碍。同时，法律环境还会直接作用企业，影响企业的发展。现有研究表明，地区的法律环境越好，法律法规的执行力度越强，对投资者的保护也会越强，对企业管理者利用权力影响研发投资决策的制约作用就会越大，从而有利于企业技术创新。另外，地方法律环境还会对企业的内部审计成本产生影响。审计师对风险进行评估后会对法律风险高的地区实施更多的审计程序，法律风险越大也决定了审计师审计失败进行赔偿的可能性越大，审计师会因此提高审计收费。地区法律环境的完善有利于降低企业治理成本，营造更好的发展环境，降低企业的发展风险。因此，企业将倾向流动至法律环境较好的地区，法律环境较好的地区企业对于工业用地的需求也会增加。

一般来说，金融环境较完善的地区，有利于各类创新要素的流动，促进创新资源的优化配置。相反，在金融环境较差的地区，市场分割程度较高，要素跨区域流动性较差，要素扭曲程度较高，不利于地区创新活动展开。戴魁早（2016）在研究地方官员激励影响要素市场扭曲的机理时，实证检验了金融环境的改善对于要素市场扭曲的抑制作用。此外，外部融资是制约企业投资的重要因素。在金融环境较完善的地区，企业新融资方面存在的续贷难、融资难、资产置换难等问题容易得到解决，从而促进企业融资成本的降低，有利于企业展开创新活动。因此，金融环境的完善有利于降低企业的融资成本、促进企业展开创新活动，从而能够提高地区对于企业的吸引力。

市场环境作为制度环境的重要组成部分，不仅会对地方政府的土地出让行为产生深刻影响，而且对企业的生产和经营也会产生重要影响。工业用地作为招商引资的重要工具，地方政府有强烈的动机进行低价出让。随着工业用地出让市场化程度的提高，公开、透明的市场机制对工业用地规模起到了遏制作用。与此同时，地方政府在财政收入刺激下加大土地投放对工业用地规模的扩大也有一定作用。工业用地规模变化受到市场机制和政府管理的双向驱动。市场机制的完善也会对企业经营产生重要影响，良好的市场环境能够促进要素资源的合理配置，促进企业经营利润最大化的实现，因此企业将倾向于向市场环境完善的地区集聚。企业的集聚会降低市场机制对于工业用地规模的抑制作用。基于此，可以看出市场环境的完善总体上有利于地方政府工业用地出让规模的扩大。

地方政府是城市土地一级市场（即土地使用权出让市场）上的法定出让方。在众多影响土地出让的因素中，政府与企业关系至关重要。张莉等（2011；2013）使用地区层面土地出让和官员数据，分析得出政府与企业关系对土地出让方式和规模具有显著的影响。政府与企业关系在一定程度上表现为政府对市场的干预程度，良好的政府与企业关系为地方政府低价出让工业用地提供了更多可操作性的空间，能够帮助企业以更低的价格获得土地，使得地方政府在地方招商引资的竞争中占据优势。政府与企业关系越紧密，地区对企业的吸引力越强，导致对工业用地的需求越大。

社会文化环境是地方非正式制度的一个重要组成部分，能够在一定程度上反映出一个地区的文化发展水平。地方较高的社会文化水平往往意味着优质的人力资本，创新活动的外溢效应明显，对于企业技术创新和产业结构升级有着重要的影响。姜琪和马超群（2021）将文化环境和制度约束纳入技术进步决定模型，实证检验文化环境和制度约束对地区创新水平和效率的影响及空间溢出效应，发现良好的文化环境对本地区和周边地区的创新水平具有明显的促进作用。因此，企业在进行空间选址的时候往往将社会文化水平作为其决策的重要考量，企业的空间流动又会对地方工业用地需求产生影响。

二、企业属性的调节作用

企业的所有权属性是制度环境对地方工业用地出让规模的影响因素，主要表现为地区国有化的程度。相关研究表明，在当地绩效考核激励下，地方政府有强烈的动机大力发展当地经济。借助对当地国有企业强力的控制，地方政府可能通过干预国有企业决策去短期提升当地 GDP。与此同时，国有企业为了追求良好的政企关系也会刻意迎合当地政府的需求去大力促进当地经济的发展，进行过度投资。这会导致地方政府更愿意将工业用地出让给国有企业，通过对国有企业的控制实现短期的快速发展。

基于此，本章通过地方制度环境变量与城市企业属性变量之间的交叉，探讨地方制度环境与企业属性对工业用地演化的交互影响。即回答：在特定的地方制度环境背景下，具有不同企业所有权结构特征的地区是否具有差异性的工业用地演化模式。

第三节　模型设置与数据来源

一、模型设置及相关检验

区域间的空间互动是一个普遍存在的经济现象，地方政府的土地出让干预也存在显著的空间互动效应。地方制度环境具有典型的地方指向型特征，但其产生的影响可能会超出其行政边界，进而对邻近地区产生一定的空间溢出效应。并且，由于各地级市数据存在着一定的空间相关性与依赖性，采用普通面板数据模型估计容易导致估计结果偏差，为此可以借助空间计量模型进行分析。为了更好地研究空间关联效应下地方制度环境对地方政府工业用地出让行为的影响，本章选用空间杜宾模型进行实证分析，具体模型设定如下：

$$Y_{it} = k_0 + \rho\omega Y_{it} + \alpha_1 law_{it} + \alpha_2 finance_{it} + \alpha_3 market_{it} + \alpha_4 relation_{it} + \alpha_5 culture_{it} +$$
$$\alpha_6 Leader_{it} + \alpha_7 rdGDP_{it} + \alpha_8 secindustry_{it} + \alpha_9 plowland_{it} + \beta_1 \omega law_{it} +$$
$$\beta_2 \omega finance_{it} + \beta_3 \omega market_{it} + \beta_4 \omega relation_{it} + \beta_5 \omega culture_{it} + \beta_6 \omega Leader_{it} +$$
$$\beta_7 \omega logrdGDP_{it} + \beta_8 \omega secindustry_{it} + \beta_9 \omega plowland_{it} + \varepsilon \qquad (5.1)$$

其中，i 代表城市，t 代表年份，Y_{it} 代表第 i 个城市第 t 年工业用地出让规模，k_0 代表常数项，ε 代表随机扰动项，ω 为空间权重矩阵，α 和 β 为待估计系数。

根据地理学第一定律，地理事物或属性在空间分布上互为相关，存在集聚、随机和规则分布三种形式，越相近的地区则越相似。地方制度环境除了能对本地区产生直接影响，还能够通过周边地区产生间接影响，因此可能存在空间溢出效应。本章通过莫兰指数检验，计算出 2008～2019 年我国 278 个地级市工业用地出让的全局莫兰指数（见表 5-1）。其中，Model 1 采用的为地理距离矩阵，Model 2 采用的为经济距离矩阵，Model 3 采用的是经济地理嵌套矩阵。由检验结果可知，采用地理距离矩阵进行的空间自相关测度除了 2009 年以外其余年份都显著正相关，说明地方工业用地出让规模在地理空间距离上存在着较为显著的空间相关性；经济距离矩阵和经济地理嵌套矩阵进行的空间自相关测度大多数年份都不显著，说明地方政府工业用地出让规模在经济距离上和综合考虑地理距离和经济距离时的空间相关性不明显。因此，在后面的实证检验和分析中采用地理距离矩阵进行分析。

表 5 – 1　　　　　　　　　　　　全局莫兰指数检验

年份	Model 1	Model 2	Model 3
2008	0. 007 ***	− 0. 000	0. 002
2009	− 0. 007	0. 001	− 0. 003
2010	0. 048 ***	0. 052 **	0. 050 ***
2011	0. 026 ***	0. 033	0. 029 **
2012	0. 015 ***	− 0. 037	− 0. 010
2013	0. 031 ***	0. 007	0. 021 **
2014	0. 004 *	− 0. 001	0. 002
2015	0. 025 ***	− 0. 006	0. 008
2016	0. 024 ***	0. 035 *	0. 031 **
2017	0. 007 ***	− 0. 004	0. 002
2018	0. 056 ***	0. 026	0. 044 ***
2019	0. 044 ***	0. 010	0. 028 **

注：＊：$p < 0.1$，＊＊：$p < 0.05$，＊＊＊：$p < 0.01$。

　　主流空间计量模型主要有空间自回归模型、空间误差模型和空间杜宾模型。通过 LM 检验可得，地方政府工业用地出让存在着空间误差效应与空间滞后效应，因此选择空间杜宾模型。Hausman 检验得到的结果为 $P = 0.000$，因此选择固定效应模型。与此同时，通过对变量数据分别运用时间固定效应模型、个体固定效应模型和双固定效应模型进行 lrtest 检验，结果显示，双固定效应模型要优于时间固定效应模型和个体固定效应模型。接下来，LR 检验和 Wald 检验的结果都较为显著，表明空间杜宾模型较为稳健，不能退化为 SAR 和 SEM。检验结果见表 5 – 2。

表 5 – 2　　　　　　　　　　　　模型检验结果

LM 检验			
Test	Statistic	df	p-value
Spatial error：			
Moran's I	40. 862	1	0. 000
Lagrange multiplier	1503. 176	1	0. 000
Robust Lagrange multiplier	559. 815	1	0. 000
Spatial lag：			

续表

LM 检验			
Test	Statistic	df	p-value
Lagrange multiplier	983.965	1	0.000
Robust Lagrange multiplier	40.604	1	0.000

lrtest 检验	
Likelihood-ratio test	LR chi2（10）=30.30
（Assumption：ind nested in both）	Prob > chi2 = 0.0008
Likelihood-ratio test	LR chi2（10）=2506.72
（Assumption：time nested in both）	Prob > chi2 = 0.0000

LR 检验		Wald 检验		
Likelihood-ratio test	LR chi2（10）=205.35	Test	chi2（10）=32.66	
（Assumption：sar_ a nested in sdm_ a）	Prob > chi2 = 0.0000		Prob > chi2 = 0.0003	
Likelihood-ratio test	LR chi2（10）=224.07	Testnl	chi2（10）=25.01	
（Assumption：sem_ a nested in sdm_ a）	Prob > chi2 = 0.0000		Prob > chi2 = 0.0053	

二、影响因素指标选取和数据来源

由于数据条件限制，部分指标无法获得相对准确的地级市层面的数据，因此以省级层面的数据代替，赋值到省内各个地级市。制度环境的各个维度之间并不是相互割裂的，彼此之间相互渗透，也有相互交织的地方，因此在进行指标选取的时候着重考虑不同维度的制度环境能够对地方工业用地出让所产生的独特作用。

前文可知，法律环境既能够对地方政府的土地出让行为产生影响，也能够对企业的空间选址产生影响。然而，法律环境对地方政府的影响更多地体现在其对工业用地出让行为和方式的选择上，本质上来说是促使地方政府利用市场机制进行工业用地出让，抑制地方政府之间的低价出让竞争。由此可以看出，法律环境对地方政府土地出让行为的影响与土地市场环境的发展密切相关，因此后文的法律环境着重考察对于企业的影响。由于法律环境涉及法律体系和执法等方方面面，目前尚未有专门的研究指标。国内的一些研究表明，我国地区法律环境的完善最终体现在法律中介组织的服务水平上，因此采用地区法律行业社会团体个数来代指企业能够在区域内得到的法律援助状况。金融环境衡量的是区域内的融资条件，以地方政府年末金融机构贷款总额占 GDP 的比重来表示。市场环境借鉴大多数学者的相关研究，以樊纲等的地区市场化指数来表示。政企关系以政府干预程度来表示，政府干预程度与正式制度中的市场环境相对应，衡量的是政府与市场力量的对比状况，以地方政府财政支出占 GDP 的比重来表示。地方社会文化水平以普通本专科在校学生数来表示，而领导者因素主要关注领导者任期的长短对于地方政府土地出让行为的影响，因此以各省省长的任期年数来表示（见表 5 – 3）。

表 5 – 3　　　　　　　　　　　变量含义及数据来源

变量	二级指标	代理变量	变量名称	数据来源	层级
正式制度	法律环境	法律行业社会团体个数	*loglaw*	《中国统计年鉴》	省级
	金融环境	年末金融机构贷款总额/GDP	*finance*	《中国城市统计年鉴》	地级市
	市场环境	地方市场化指数	*market*	樊纲市场化进程指数	省级
非正式制度	政企关系	财政支出/GDP	*relation*	《中国城市统计年鉴》	地级市
	社会文化水平	分地区普通本专科在校学生数	*logculture*	《中国统计年鉴》	省级
	领导者因素	市长任职时间	*leader*	政府官网	省级

企业属性表示地区非国有化程度，通过城镇私营和个体从业人员数之和与城镇就业人员总数的比值来衡量。本章的控制变量主要选择人均 GDP、第二产业占 GDP 的比重、人均耕地面积、地区面临的经济增长压力（城市 GDP 增长率—省内平均 GDP 增长率）四个指标。其中，人均耕地面积为省级数据，其余均为地级市级数据。

第四节　制度环境对地方工业用地出让规模的影响

一、直接效应

直接效应衡量地方制度环境变化对于本地工业用地出让规模的影响，具体结果见表 5 - 4。总体而言，制度环境对于地方工业用地出让规模的直接效应显著为正，说明本地的制度环境对于本地的工业用地出让具有显著的正向影响。

表 5 - 4　　　　　　　　　制度环境与地方工业用地出让规模

变量	直接效应	间接效应	总效应
法律环境	0.204 *** (0.00)	- 2.319 * (0.08)	- 2.115 * (0.10)
金融环境	- 0.029 * (0.10)	- 1.225 (0.12)	- 1.254 (0.11)
市场环境	0.057 *** (0.00)	- 0.706 ** (0.02)	- 0.649 ** (0.02)
政企关系	0.183 *** (0.00)	6.945 ** (0.01)	7.128 ** (0.01)
社会文化水平	0.323 (0.26)	7.370 ** (0.03)	7.693 ** (0.02)
领导者因素	0.009 ** (0.03)	- 0.073 (0.39)	- 0.063 (0.44)
控制变量及其空间项	控制	控制	控制
时间固定效应	控制	控制	控制
个体固定效应	控制	控制	控制
R^2	0.094	0.094	0.094

注：1. * : $p<0.1$, ** : $p<0.05$, *** : $p<0.01$。
2. 括号中表示的是稳健标准误。

法律环境与地方政府工业用地出让规模呈现显著的正相关，与前面的理论分析相符合。尽管法律环境的改善会进一步规范和约束地方政府的行为，减少对于市场和企业的干预，压缩地方政府低价出让工业用地的可操作空间，减弱其在地方政府招商引资中的优势地位，对地方工业用地出让有一定的抑制作用。但与此同时，法律环境的改善能够为企业提供相关的法律支持和服务，降低企业面临的法律风险，降低企业运营和审计成本。因此地区的法律环境越完善，对于企业的吸引力越大，在一定程度上促进企业在区域内的集聚，从而增加地区内对工业用地的需求，导致地方政府对工业用地的出让规模扩大。当企业在地区内集聚，地方政府即使不进行工业用地的"低价竞争"仍然能够达到招商引资的目的，市场机制对于地方工业用地出让规模的抑制作用得到缓解，所以总体上来讲地方法律环境的完善能够为地方工业用地带来更多的土地需求，促进地方工业用地出让规模的扩大。

市场环境与地方政府工业用地出让规模之间呈现显著的正相关，即地方市场化程度越高，地方政府工业用地出让规模越大。这主要有两个方面的原因：一方面，由于地方市场化程度的提高加快了地方土地市场化改革，工业用地在市场竞价的机制下能够给地方政府带来更高的土地出让金，从而使得地方政府扩大土地出让面积；另一方面，市场化程度高的地区能够增加对企业的吸引力，因为完善的市场环境往往能够给企业带来更高的效益，从而吸引企业集聚，增加土地需求量，导致地方政府工业用地出让规模的扩大。尽管市场机制抬高工业用地价格会在一定程度上抑制工业用地低价出让，但是市场环境改善带来的企业集聚同样能够达到地方政府招商引资的目的，地方政府对于工业用地低价出让的动机减弱，所以市场机制对地方工业用地出让的抑制作用得到缓解。

金融环境与地方工业用地出让规模之间呈现负相关，并且在10%的置信水平上显著，与前面的理论分析不符。有学者指出，其可能的原因是金融环境具有门槛值，我国整体上的金融环境发展相对不均衡，导致整体上的金融环境发展程度较低，并未达到相应的门槛值。

非正式制度环境中，政府干预程度与地方政府的工业用地出让面积呈现显著的正相关，表明政府干预程度越高的地区工业用地出让规模越大。这是因为工业用地作为地方政府招商引资的主要途径，在地方竞争压力下天然地具有低价出让工业用地的冲动。政府干预程度越高，在一定程度上表明政企关系越密切，政府低价出让工业用地进行招商引资的激励越强；低价出让工业用地能够降低企业的土地成本，进一步吸引企业在区域内集聚，导致对工业用地的需求上升，在一定程度上扩大工业用地出让规模。

社会文化水平与地方工业用地的出让规模呈现正相关，这主要的原因是企业本身具有促进技术转型升级的内在动力，社会文化水平越高的地方表明人才聚集程度越高，而人才聚集程度越高的地方技术转型升级的溢出效应越强，因此社会文化水平越高的地方对企业的吸引力越强，也会引起工业用地需求端的变化。但是社会文化水平并不显著，这是因为社会文化水平只能在一定程度上作为人才集聚程度的指标，并不能直观地反映出地区的人才状况，因此传导效应较弱。

二、间接效应

正式制度环境中，法律环境和市场环境均与地方政府的出让规模存在显著的负相关，说明其具有显著的空间溢出效应。金融环境也呈现负相关，但是显著性较低。周围地区的法律环境、金融环境和市场环境越完善，越能够为区域内的企业提供更好的法律服务、金融服务和市场服务，对企业的空间吸引力越强，也就间接导致本地区对企业的吸引力减弱，从而使得外来企业向周边地区聚集以及本地区企业向外迁出，导致地方区域内的工业用地需求降低，工业用地的出让规模下降。这也在一定程度上表明正式制度区域差异的边际影响特别明显，空间溢出效应呈现显著的空间"竞争性"，区域之间正式制度对工业用地出让规模呈现负面的空间溢出性。

非正式制度中，政府干预程度和社会文化水平回归系数都显著为正，说明其存在显著的空间正相关性。周围地区的政府干预程度和社会文化水平越高，不仅会导致周围地区的工业用地出让规模增加，也会导致本区域内的工业用地出让规模增加。这是因为政企关系和社会文化水平等非正式制度的区域边界并不明显，周围地区政企关系和社会文化水平的提高，使得整体区域对企业的吸引力提升，这种地区整体对企业吸引力的提升大于周边地区对本地吸引力的抑制，最终表现出对土地出让规模空间上的正向溢出效应。这说明：非正式制度与正式制度相比，其空间溢出效应的正向"合作性"更强，负向"竞争性"较弱。领导者因素的空间溢出效应并不显著，原因在于领导者因素是非正式制度中的一个特殊变量，空间溢出效应很难突破行政区域界线的限制，与其他非正式制度具有相对明显的差异。

总体而言，制度环境的间接效应较为显著，说明制度环境对于地方工业用地出让规模具有显著的空间溢出效应，并且正式制度与非正式制度的系数符号相反，说明正式制度和非正式制度的空间溢出效应存在显著差异。

第五节　企业属性、区域差异
与工业用地出让

一、企业属性与工业用地出让规模

为了探究地区内企业的产权属性构成是否会对制度环境与工业用地出让规模间的关系产生影响，将企业属性与每个自变量形成交互项进行回归（见表 5-5）。首先，可以看到企业变量的直接效应和间接效应显著为负。这在一定程度上说明本地区私营和个体企业占比越高，地方工业用地出让越少。因为国有化程度较低的地区，地方政府通过国有企业干预市场的能力和低价出让工业用地的可操作空间受到限制，会在一定程度上抑制地方政府低价出让工业用地的行为。

表 5-5　　　　　　　企业属性、制度环境与地方工业用地出让规模

变量	直接效应	间接效应	直接效应	间接效应
法律环境	0.209 *** (0.00)	-2.419 ** (0.01)	0.099 (0.35)	-10.994 ** (0.02)
法律环境×企业属性			0.263 (0.17)	16.316 ** (0.04)
金融环境	-0.025 (0.26)	-1.137 * (0.07)	-0.166 *** (0.00)	1.038 (0.57)
金融环境×企业属性			0.264 *** (0.01)	-3.309 (0.36)
市场环境	0.053 *** (0.00)	-0.672 * (0.05)	0.082 *** (0.00)	-0.740 (0.27)
市场环境×企业属性			-0.048 (0.13)	0.377 (0.65)
政企关系	0.170 *** (0.00)	6.630 ** (0.01)	0.229 (0.21)	-5.868 (0.53)

续表

变量	直接效应	间接效应	直接效应	间接效应
政企关系×企业属性			−0.082 (0.77)	21.629 (0.19)
社会文化水平	0.415* (0.08)	7.263** (0.04)	0.247 (0.40)	4.239 (0.41)
社会文化水平×企业属性			0.382 (0.14)	5.473 (0.47)
领导者因素	0.009** (0.05)	−0.071 (0.39)	0.009 (0.52)	−0.434 (0.16)
领导者因素×企业属性			0.000 (0.99)	0.850 (0.17)
企业属性			−2.705** (0.05)	−71.372* (0.08)
控制变量及其空间项	控制	控制	控制	控制
时间固定效应	控制	控制	控制	控制
个体固定效应	控制	控制	控制	控制
R^2	0.094	0.094	0.094	0.094

注：1. *：$p<0.1$，**：$p<0.05$，***：$p<0.01$。
2. 括号中表示的是稳健标准误。

与此同时，金融环境×企业属性显著为正，说明在地方私营和个体企业占比越高的地区，金融环境的改善对于地方工业用地出让规模的影响越明显。相比于国有企业，私营企业的资本能力较弱，对金融环境的依赖度更高，需要依赖发达的金融环境为自己的生产经营活动提供充足的资金支撑，因此企业往往会往金融环境发展完善的区域聚集。在未考虑企业的所有权属性时，金融环境直接效应结果显著为负，而加入企业属性之后变得显著为正。这说明金融环境对地方工业用地出让规模的影响在一定程度上受到地区非国有化程度的影响，这主要与国有企业和私营企业在金融市场中的地位不同以及地方政府通过国有企业对要素市场的干预有关。

法律环境对地方工业用地出让规模影响的空间溢出效应显著为负，而法律环境×企业属性的间接效应显著为正，说明企业属性能够抑制周围地区法律环境对本地区内工业用地出让规模的负面空间溢出作用，即在私营和个体企业占比越高的地区，周围地区法律环境的改善同样能够促进本地工业用地出让规模的扩大。

这或许与企业集聚带来的规模经济有关。周围地区的法律环境改善能够提高周围地区对于企业空间选址的吸引力，当企业进入到当地整体区域以后，当地私营企业的聚集会产生集聚规模经济，帮助企业降低生产成本提高生产效率，因此"分流了"一部分周围地区吸引过来的企业，也抵消了周围地区法律环境的改善对于当地工业用地需求的抑制作用。企业属性的间接效应同样显著为负，与法律环境的间接效应一致，而交互项显著为正，表明企业的所有权属性和法律环境在对地方工业用地出让规模影响的空间溢出效应中存在替代作用。这与其他学者针对地区产权环境的研究结果一致。企业的所有权属性可以代表地区的产权环境，而地方法律环境和产权环境既有重叠又有区别，在正式制度对地方工业用地出让规模的影响中可以起到相互替代作用。

二、区域间的制度环境差异与工业用地出让规模

将东、中、西部地区制度环境与工业用地出让规模分别放入空间模型进行回归，得到的结果见表5-6。

表5-6　　　　　　　区域间的制度环境差异与地方工业用地出让规模

变量	东部地区		中部地区		西部地区	
	直接	间接	直接	间接	直接	间接
法律环境	0.268 ** (0.03)	-1.439 * (0.05)	0.227 * (0.05)	-0.463 (0.37)	0.817 *** (0.00)	-2.407 ** (0.04)
金融环境	0.032 * (0.08)	-0.957 *** (0.01)	-0.018 (0.58)	0.399 (0.45)	0.051 (0.21)	0.559 (0.15)
市场环境	0.126 *** (0.00)	-0.272 (0.11)	0.130 *** (0.00)	-0.380 (0.11)	0.023 (0.56)	-0.235 (0.30)
政企关系	0.351 ** (0.01)	-1.570 (0.35)	0.792 *** (0.01)	-5.897 (0.13)	0.060 (0.36)	-0.452 (0.54)
社会文化水平	0.341 (0.68)	0.747 (0.82)	0.400 (0.51)	5.403 ** (0.05)	-2.923 *** (0.00)	8.972 *** (0.01)
领导者因素	0.024 *** (0.00)	-0.059 (0.19)	0.007 (0.40)	-0.048 (0.32)	0.007 (0.66)	0.028 (0.71)

变量	东部地区		中部地区		西部地区	
	直接	间接	直接	间接	直接	间接
控制变量	控制	控制	控制	控制	控制	控制
时间固定	控制	控制	控制	控制	控制	控制
个体固定	控制	控制	控制	控制	控制	控制
R^2	0.092	0.092	0.074	0.074	0.124	0.124
城市数量	116	116	103	103	58	58

注：1. *：$p < 0.1$，**：$p < 0.05$，***：$p < 0.01$。

2. 括号中表示的是稳健标准误。

从直接效应来看，东部地区正式制度与非正式制度的直接效应均显著，说明东部地区制度环境对本地工业用地出让规模有较为显著的影响。同时金融环境的直接效应显著为正，说明与全国范围内相比东部地区金融环境更加完善，对工业用地出让规模的影响更加显著，与上述的理论分析一致。中部地区正式制度和非正式制度对于地方工业用地出让规模影响的显著性较低，而西部地区制度环境对地方工业用地出让规模的影响则基本不显著。就间接效应而言，东部地区正式制度的间接效应较为显著，而非正式制度的间接效应变得不显著；中部地区和西部地区正式制度和非正式制度的空间溢出效应则基本均不显著。一方面说明正式制度对工业用地出让规模的影响比非正式制度更加稳健；另一方面说明制度环境对于地方工业用地出让规模的影响与地方经济发展水平密切相关，在经济发展程度比较高的地方制度环境对工业用地出让规模的影响更加明显，而在经济发展程度比较低的地区影响程度较弱。这与日常认知相符，经济发展水平比较落后的地区制度环境建设也相对不完善，并且工业用地出让也受到更多条件的制约，制度环境的传导作用也就较弱。

第六节　小　　结

从制度视角研究地方工业用地出让的影响因素，是经济地理学"制度转向"之后的一个重要方面。研究结果表明，对地方政府来说，完善的制度环境能够促进地方工业用地出让规模的扩大，这种促进作用主要是通过影响地方政府行为导致的工业用地供给与影响企业空间流动行为导致的地方工业用地需求来共同实现的。制度环境的完善，一方面能够抑制地方政府之间竞相低价出让工业用地的恶性竞争，另一方面能够通过提升土地价格为地方政府带来更多的土地出让金，工业用地出让规模受到市场机制和政府管理的双向驱动。同时，完善的制度环境能够吸引企业集聚，增加地方工业用地需求，起到了帮助地方政府招商引资的作用，促使地方政府出让更多的工业用地。因此，地方政府要重视制度环境建设，增强地区对于企业的吸引力，促进地方工业用地出让和经济发展。

制度环境对地方工业用地出让的影响具有空间溢出效应，即本地的制度环境也会对周围地区工业用地出让规模产生影响，而这种影响主要是由于企业空间流动带来的工业用地需求变化下地方政府横向竞争导致的工业用地供给变化所产生的。其中，正式制度的空间溢出效应呈现"竞争性"，即周围地区制度环境的完善会增加周围地区对于企业的吸引力，降低本地区内工业用地需求，从而导致当地工业用地出让规模减小；非正式制度环境的空间溢出效应呈现"合作性"，即周围地区制度环境的完善带来了整体区域对企业吸引力的提升，周围地区吸引的企业有一部分被本地"分流"，从而导致本地工业用地需求增加。这给地方政府带来的启示是：一方面，要立足自身制定完善正式制度发展策略，使得本地区在整体区域的正式制度竞争中占据优势地位；另一方面，要积极利用非正式制度环境的正向空间溢出效应，与周边地区政府制定联合发展战略，强化非正式制度完善对于区域整体吸引力的提升作用。

企业的所有权属性和地方经济发展水平对于制度环境与地方工业用地出让规模之间的关系具有调节作用。企业属性表示地区非国有化程度，也常被用来表示地区产权环境。地方私营和个体企业占比越高，地方政府通过国有企业对要素市场的干预越弱，制度环境对工业用地出让规模的正向促进作用越强。制度环境对地方工业用地出让规模的影响受到地方经济发展水平的制约，经济发展水平高的地区影响效果越明显，而经济发展水平低的地区影响效果较弱。这给地方政府带来的启示是：一方面，要密切关注地区企业所有权构成，支持个体和私营企业的发展，完善当地的产权环境构成；另一方面，也要大力促进当地经济发展，因为经济基础决定上层建筑，经济发展程度越高制度环境才能够更加完善，才能够对地方工业用地出让规模起到正向的促进作用。

参考文献

［1］蔡地，万迪昉，罗进辉．产权保护、融资约束与民营企业研发投入［J］．研究与发展

管理，2012，24（02）：85-93.

[2] 蔡地，万迪昉. 制度环境影响企业的研发投入吗？[J]. 科学学与科学技术管理，2012，33（04）：121-128.

[3] 邓路，谢志华，李思飞. 民间金融、制度环境与地区经济增长 [J]. 管理世界，2014（03）：31-40，187.

[4] 戴魁早. 制度环境、区域差异与知识生产效率——来自中国省际高技术产业的经验证据 [J]. 科学学研究，2015，33（03）：369-377.

[5] 戴魁早. 地方官员激励、制度环境与要素市场扭曲——基于中国省级面板数据的实证研究 [J]. 经济理论与经济管理，2016（08）：60-78.

[6] 韩洁，崔敏. 股权集中度、制度环境与企业技术创新——基于深沪A股国有上市公司实证检验 [J]. 经济研究导刊，2021（22）：79-82.

[7] 刘力豪，陈志刚，陈逸. 土地市场化改革对城市工业用地规模变化的影响——基于国内46个大中城市的实证研究 [J]. 地理科学进展，2015，34（09）：1179-1186.

[8] 李维安，徐业坤. 政治关联形式、制度环境与民营企业生产率 [J]. 管理科学，2012，25（02）：1-12.

[9] 罗岚，刘杨诚，李桦，等. 第三域：非正式制度与正式制度如何促进绿色生产？[J]. 干旱区资源与环境，2021，35（06）：8-14.

[10] 文雯，周丁扬，苏珊，等. 基于行业分类的工业用地演变研究——以北京市为例 [J]. 中国土地科学，2017，31（11）：32-39.

[11] 王博，杨秀云，张耀宇，等. 地方政府土地出让互动干预对工业用地利用效率的影响——基于262个城市的空间计量模型检验 [J]. 中国土地科学，2019，33（12）：55-63.

[12] 徐思超，朱道林，伦飞，等. 工业与住宅用地比价关系的重新考察——兼论工业与住宅用地价格差异的内在原因 [J]. 中国土地科学，2017，31（05）：47-54.

[13] 杨忍，陈燕纯，徐茜. 基于政府力和社会力交互作用视角的半城市化地区工业用地演化特征及其机制研究——以佛山市顺德区为例 [J]. 地理科学，2018，38（04）：511-521.

[14] 杨广亮. 政企关系影响土地出让价格吗？[J]. 经济学（季刊），2019，18（01）：193-212.

[15] 佘晓燕，王姮民. 内部控制缺陷、法律环境与内部控制审计费用——基于我国A股市场的实证研究 [J]. 财会月刊，2017（11）：100-105.

[16] 张兰，汪应宏，徐春鹏，等. 财政分权、地方政府竞争与工业用地利用效率——基于广东省地级市层面的实证研究 [J]. 现代城市研究，2017（03）：103-111.

[17] 赵春艳，杨书怀. 地方官员激励、制度环境与创新驱动发展 [J]. 统计与决策，2021，37（18）：64-67.

第六章
制度因素、产业特性与城市工业用地配置结构

第一节　引　　言

当今，我国经济发展正处于"三期叠加"的关键阶段，"十四五"规划中明确强调将扩大内需战略和深化供给侧结构性改革有机结合。土地是产业转型升级和城市经济发展的重要载体，在供给侧结构性改革中发挥着重要作用。受我国现行土地制度的影响，地方政府在土地供给方面具有较强的支配权，各地政府为吸引投资而争相以廉价出让大量的工业用地。工业用地的粗放利用导致高污染、高耗能的资源型企业迅速增长，在某些地区形成空间集聚的现象，造成同类产业低水平重复建设、工业用地出让空间布局混乱、土地资源浪费等问题，严重制约了我国社会经济以及资源环境的可持续发展。

目前工业用地出让相关的研究主要有三类：第一类是研究工业用地低价出让的内在逻辑，如屠帆等（2017）研究政府要素、企业特性、区域和地块差异对工业地价的影响。第二类是工业用地出让规模与出让方式的研究，如杨其静等（2014）发现地方政府加大工业用地出让规模，对拉动 GDP、财政收入、工业增加值等起到了显著的正向作用。第三类是对于工业用地出让空间格局的研究，如况等（Kuang et al.，2016）从时间和空间两个维度分析 1990～2010 年中国城镇化与工业化的演变规律；文雯等（2017）以北京市为例，研究工业用地集中出让的时空、产业变化规律。既然我国各地的制度环境存在不可忽视的差异，那么这些差异就很可能会影响工业用地出让空间集聚。越来越多的学者开始关注制度环境与工业用地出让的关系。产权制度、契约制度方面，杨继东等（2020）证实完善制度环境会促使地方政府向专用性投资产业出让更多工业用地。财政分权制度方面，吴群等（2010）发现财政分权对东部地区地方政府出让土地的激励大于中、西部地区。宏观经济政策方面，杨继东等（2016）发现地方政府在保证经济增长的压力下，会加大使用刺激计划导致出让更多的工业用地。除了制度环境的影响外，大量的实证研究发现产业特性也会对工业用地出让产生影响：规模经济视角下，根据新贸易理论，规模经济以及市场规模效应会促使产业集聚。布吕哈特（M Brülhart，1996）发现规模经济效应较大的产业出现了地理集聚现象。比较优势视角下，特拉伊斯塔鲁等（Traistaru et al.，2006）认为本地需求和比较优势是促使制造业集聚的主要因素。贺灿飞等（2006）以 1980～2003 年我国制造业为例再次证实了上述理论，并指出规模经济、比较优势以及经济全球化等是促使我国产业地理集聚的关键要素。重点产业政策方面，张莉等（2017）实证检验了重点产业政策会显著提高城市工业用地出让的宗数和面积，并且重点产业政策对东部地区以及高行政等级城市的作用效果更加显著。高技术、资本密集度视角下，黄阳华（2019）指出地方政府有把土地出让给高技术密集度、高资本密集度产业的偏好。

目前关于工业用地出让的研究大多关注工业用地出让价格、出让规模等，较少学者讨论工业用地出让的空间集聚情况。现有工业用地出让空间集聚相关的研究大多数还停留在空间描述层面，较少学者通过定量的方法解释工业用地出让空间集聚的内在逻辑，且主要集中在探讨制度环境与工业用地出让的关系或产业特性与工业用地出让的关系，较少兼顾制度环境、产业特性与工业用地出让空间集聚的分析，三者之间的关系还需要进一步梳理清楚。通过分析哪些地区和哪些产业出现了工业用地出让空间集聚的情况，可以从中总结工业用地出让空间集聚的空间规律和产业规律，有助于了解产业结构调整现状并把握产业转型升级趋势，为地方政府制定产业政策、优化政绩考核标准、完善市场化进程等提供现实依据，对深化供给侧结构性改革、推动工业用地高质量发展具有重大意义。

因此，本章重点解决两大问题：一是工业用地出让空间集聚在哪些地区以及哪些产业？是否存在空间规律和产业规律？二是从制度环境、产业特性两个维度去分析为什么某些地区、某些产业会出现工业用地出让空间集聚的情况？受到哪些因素的影响？是否存在地区异质性和产业异质性？本章采用基尼系数计算出让集中度，通过出让集中度来测度某个地区某个产业的工业用地出让空间集聚程度。首先，从空间、产业两个尺度分析我国工业用地出让空间集聚特征，试图从中挖掘我国工业用地出让空间集聚的空间规律和产业规律。其次，根据总结归纳的规律，再结合制度环境和产业特性，运用固定效应模型探究工业用地出让空间集聚的影响机制。

第二节　理　论　分　析

一、制度因素与工业用地出让

根据相关理论与实证研究，制度环境主要包括市场化程度、财政分权程度、政府关心度等。随着市场化进程的发展，制度环境逐渐完善，政府与市场的关系、法律体制等也发生相应的变革。市场化程度的提升意味着地方政府调控程度的下降，交易成本的降低，劳动力、资本等要素可以在市场内自由流动，自发配置到效率最高的地方，并且产权保护制度、土地出让制度等一系列完善的制度可以吸引更多的企业参与投资。因此，在市场化程度较高的制度环境下，主要由市场来发挥土地资源配置作用，工业用地出让趋于分散。

我国的财政分权体制赋予了地方政府自主发展经济的权利，极大地提升了地方政府的自主决策能力。由于我国主要靠投资拉动经济增长，各地政府争相以低价出让工业用地来招商引资获得税收，引发地区间展开了激烈的竞争。同时，在分税制体制改革后，地方政府的财政收支压力增大，在财政分权程度较高的地区，受到地区间竞争、财政收支压力等多重因素影响，工业用地出让趋于分散。

政府与企业关系是反映当地制度环境的重要变量，政府与企业关系的亲疏也会影响工业用地出让。受我国现行土地制度的影响，土地要素相较于劳动力、资本等要素受到更强的政府干预与管制。在一定程度上来说，土地是地方政府掌握的稀缺资源要素，具有较强的支配权。出于资源集中集聚实现效率最大化的考虑，地方政府会倾向于将其集中布局。

二、产业特性与工业用地出让

根据相关理论与实证研究，产业特性主要考虑产业的规模经济效应，是否是国有资本主导产业，是否是受产业政策支持产业。根据新经济地理理论，规模经济是形成产业地理集聚的关键因素。产业集群内部的企业可以通过共享中间投入品、分享劳动力储备、提升劳动力匹配性等提高边际产出，进一步扩大规模经济效应。由于企业集聚有显著的正外部效应，当规模经济效应足够强时，即当集聚收益大于集聚成本时，在自我强化效应的作用下，企业将自发地向一个地区集聚，形成产业集群。贺灿飞等（2006）已验证规模经济在产业集聚过程中起着正向作用，因此，本章推断规模经济效应越强的产业，工业用地出让越集中。

国有资本主导的产业主要是有关国家安全以及经济命脉的重点产业，这些产业的规划布局受到国家的重点关注与引导。涉及国家安全的如国防、军工产业，为便于管控和时刻防御外敌，中央政府会将其集中布局在我国的重点防御地区。涉及能源开采的如石油、煤炭、电力、天然气等产业，前期开发挖掘的投入大、管道建设时间长，为最小化成本，政府会促使优势资产资源集中，统一开发布局。涉及提供公共服务的如铁路、船舶、航空航天等交通运输设备制造业，为保障基础公共交通的安全运行，政府对这类产业保持着极高的控制力，由于这类产业要求的生产制造技术较高，同时为了方便零配件组装等，政府会将其集中布局。因此，国有资本主导产业的工业用地出让更加集中。

为达到推动产业结构转型升级的目的，政府倾向于出台相应的产业政策来干预产业的发展方向，鼓励和支持发展特定产业，限制和淘汰落后产能。受产业政策支持的产业在发展过程中会享受政策红利，比如获得税收减免、财政补贴、贷款优惠额度等。考虑到地区间存在资源竞争，各地政府为了享受产业政策红利，争相发展产业政策扶持的产业，强烈的地方保护主义会阻碍产业的专业化，导致各个地区出现同类产业重复建设的现象，使得工业用地出让趋于分散。因此，由于地区间竞争以及地方保护主义的影响，越受产业政策支持的产业，工业用地出让越分散。

三、我国工业用地出让空间集聚的省区差异

总体而言，东部地区工业用地出让规模显著大于中、西部地区，特别是在经济发展水平较高的京津冀、长三角等地。以基尼系数计算各省份空间集中度，工业用地空间集中度的省份分布与出让规模呈现负相关关系，西部地区工业用地空间集中度显著高于中、东部地区，说明西部地区经济发展水平较为落后，制度环境还未健全，工业用地出让更显著地集中在某几个区县，而东部地区经济发展水平高，制度环境更加完善，工业用地出让更加分散。以各产业为单位通过基尼系数计算各省份产业集中度，与空间集中度呈现相似的省份分布情况，即西部地区工业用地产业集中度显著高于中、东部地区。再通过基尼系数计算某省份某产业的出让集中度，进一步分析集中产业情况。发现大多数省份工业用地出让最集中的产业为石油、金属冶炼、烟草等，这些产业的相同特性是对资源的依赖度很高，受资源分布影响较大，因此省份内仅有少数地区出让工业用地发展此类资源密集型产业；最分散的产业为食品、金属、专用设备制造，这些产业发展的门槛较低，对劳动力的技能水平要求较低，需要投入的资源较易获得且运输成本较低，属于劳动密集型产业，因此工业用地出让趋于分散。

第三节　模型设置与数据来源

一、模型设置

本章采用基尼系数来测量各产业工业用地在各省份区县级尺度的出让集中度，该系数在 0 ~ 1 取值，对其进行如下界定：

$$G_i = \frac{1}{2n^2\mu} \sum_j \sum_k |S_{ij} - S_{ik}| \qquad (6.1)$$

式中：G_i 为基尼系数，S_{ij} 和 S_{ik} 为产业 i 在区县 j 和 k 的工业用地出让面积，μ 是产业 i 在各个区县比重的平均值；n 为区县个数。如果各个区县的工业用地出让完全均衡，基尼系数为 0；如果工业用地出让集中在一个区县，基尼系数为 1。

本章以产业 i 在省份 j 的出让集中度为因变量，构建模型如下：

$$GINI_{ij} = \alpha X_{1j} + \beta X_{2i} + \gamma X_{3ij} + \varepsilon \qquad (6.2)$$

式中：X_{1j} 为所在省份 j 的制度环境，X_{2i} 为产业 i 的产业特性，X_{3ij} 是制度环境与产业特性的交叉项，ε 为误差项。

本章通过省区—产业面板数据模型分析制度环境和产业特性对工业用地出让集中度的影响机制。先进行 LM 检验，再根据 Hausman 检验的结果，从而选取固定效应回归模型对面板数据进行分析。首先，在固定效应模型中控制产业虚拟变量，分析制度环境对工业用地出让空间集聚的影响；其次，在固定效应模型中控制省份虚拟变量，分析产业特性对工业用地出让空间集聚的影响；再次，采用随机模型，引入制度环境和产业特性，探讨两者对工业用地出让空间集聚的影响；最后，引入交叉项来验证制度环境和产业特性对工业用地出让空间集聚的交叉影响。模型将出让集中度作为因变量，因为基尼系数的取值范围在 0 ~ 1，为了确保因变量是正态分布，需要对出让集中度进行取对数处理，最终构建的模型如下所示：

$$\ln\left(\frac{GINI_{ij}}{1 - GINI_{ij}}\right) = \alpha f_{1j}(MKT_j,\ FIN_j,\ CARE_j) + \beta f_{2i}(SIZE_i,\ STATE_i,\ POL_i) +$$
$$\gamma f_{3ij}(X_{1j},\ X_{2i}) + \varepsilon \qquad (6.3)$$

二、影响因素指标选取

模型的解释变量及说明见表6－1。其中，制度环境中，本章采用《中国分省份市场化指数报告（2018）》的市场化指数衡量市场化程度，预期回归系数为负；借鉴张晏（2005）的做法，选取预算内省本级人均财政支出占中央本级人均财政支出的比重衡量财政分权程度，预期回归系数为负；采用《中国城市政商关系排行榜（2018）》报告中的分项指标政府关心数据衡量地方政府对当地企业的关心程度，包含领导人到企业视察次数和与企业家座谈次数，预期回归系数为正。

产业特性方面，借鉴贺灿飞（2010）的做法，选取企业平均就业规模来衡量产业内部的规模经济，预期回归系数为正；选取该产业规模以上企业国有资本占实收资本的比重衡量国有资本的主导程度，预期回归系数为正；选取《"十三五"国家战略性新兴产业发展规划》作为是否受产业政策支持的判断标准，如果是则赋值为1，否则为0，预期回归系数为负。

表6－1　　　　　　　　　　　模型的解释变量及其定义

变量		定义
出让集中度	$GINI_{ij}$	产业 i 在省区 j 出让工业用地的基尼系数
制度环境		
市场化程度	MKT	采用《中国分省份市场化指数报告》数据
财政分权	FIN	各省预算内人均本级财政支出/中央预算内人均本级财政支出
政府关心度	$CARE$	50%领导人到企业视察次数＋50%领导人与企业家座谈次数
产业特性		
规模经济	$SIZE$	从业人员数/企业单位数
国有资本主导	$STATE$	规模以上企业国有资本/实收资本
产业政策支持	POL	是否为《"十三五"国家战略性新兴产业发展规划》中提及的产业，是赋值1，否赋值0

三、数 据 来 源

本章采用 2017 年我国工业用地出让交易数据来计算出让集中度，该数据来源于中国土地市场网。剔除掉新疆生产建设兵团、西藏等统计数据缺失严重的部门和地区，以及以划拨、租赁等方式交易的土地，最终共采集了 259631 宗土地交易数据，共 30 个省（区、市，不含香港、澳门、台湾和西藏地区）。产业分类标准参照《国民经济行业分类（GB/T 4754 - 2017）》，本章重点关注的是 29 个制造业二位数产业（不含其他制造业以及金属制品、机械和设备修理业）。制度环境的计算数据来自《中国统计年鉴 2018》《中国分省份市场化指数报告（2018）》《中国城市政商关系排行榜（2018）》。产业特性的计算数据来自《中国经济普查年鉴 2018》《"十三五"国家战略性新兴产业发展规划》。

第四节　实证结果与分析

一、制度因素—产业特性与中国工业用地出让空间集聚

制度因素—产业特性与中国工业用地出让集中度回归结果见表 6 - 2。

表 6 - 2　　　　制度环境—产业特性与中国工业用地出让集中度

变量	制度环境	产业特性	制度环境与产业特性	省区—产业交叉特性
MKT	- 0. 317 ***		- 0. 288 ***	
FIN	- 0. 061 ***		- 0. 059 *	
CARE	0. 010 ***		0. 007	
SIZE		0. 002 ***	0. 002 ***	
STATE		1. 245 ***	1. 261 ***	
POL		- 0. 145 **	- 0. 144 **	
MKT × SIZE				0. 0004 ***
FIN × POL				0. 010

续表

变量	制度环境	产业特性	制度环境与产业特性	省区—产业交叉特性
$CARE \times STATE$				0.031 ***
$CARE \times POL$				− 0.0009 *
常数项	4.509 ***	2.263 ***	5.2 ***	2.313 ***
N	710	710	710	710
R^2	0.558	0.514		0.511
省份效应	No	Yes	随机	Yes
产业效应	Yes	No	随机	No

注：*：$p < 0.1$，**：$p < 0.05$，***：$p < 0.01$。

首先，在对产业虚拟变量进行控制之后，发现制度环境变量均显著地影响了工业用地出让分布。市场化程度（MKT）的回归系数显著且为负，说明较高的市场化水平会促使工业用地出让趋于分散。因为市场化程度越高的地区，具有更加健全的法律制度，要素能在市场内部自由流动，资源的配置效率更高而交易成本较低，较强的市场力量促使工业用地出让趋于分散。财政分权（FIN）的回归系数显著且为负，财政分权程度越高的地区，工业用地出让越分散。财政分权程度高的地区有两类：一类是北京、上海、天津等地，这类地区地价较高，土地财政激励较强，从而工业用地出让更加分散；另一类是青海、宁夏、新疆等地区，这些地区地价较低，地方政府出让工业用地来吸引投资获取税收的激励越强，地区间竞争造成工业用地出让趋向分散。政府关心度（$CARE$）的回归系数显著且为正。因为政府关心度越高，政府与企业关系越紧密，地方政府调控土地出让的倾向越强，造成工业用地出让更加集中。

其次，在对省区虚拟变量进行控制之后，发现产业特性也显著地影响了工业用地出让分布。规模经济效应（$SIZE$）的回归系数显著且为正，说明企业规模越大的产业，工业用地出让更加集中，与前人的研究结论相一致。因为企业规模越大的产业内部规模经济效应越强，可以通过共享中间投入品、分享劳动力储备、提升劳动力的匹配性等进一步增强规模经济效应，正向反馈使得工业用地出让越集中。国有资本主导（$STATE$）的回归系数显著且为正，意味着由国有资本主导的产业工业用地出让越集中，因为国有资本主导的产业主要是有关国家安全以及经济命脉的重点产业，这些产业属于地方保护性产业，受到政府力量较强的干预。出于将优势资源集中集聚从而发挥产业集聚经济效应的考虑，地方政府会将这类产业集中布局。产业政策支持（POL）的回归系数显著且为负，表明越受到产业政策支持的战略性新兴产业，工业用地出让越分散。在张莉等人实证重点产业政策会显著提高工业用地出让规模的基础上，同时考虑到区域竞争的影响，各地政府在政策红利的驱动下，纷纷争先发展国家战略性新兴产业，使得受政策支持的产业工业用地趋于分散。再尝试用随机效应模型同时分析制度环境与产业特性对出让集中度的影响，和单独分析的结果大体相似，因此不再赘述。

最后，本章加入制度环境与产业特性交叉项，进一步研究在怎样的制度环境下哪种产业工业用地出让更为集中或分散。本章提出如下三个假说。

（1）参考新经济地理理论，只有在市场有效运作的基础上，企业集群的规模经济效应才会促进工业用地出让空间集聚，即在市场化程度高的地区，规模经济效应强的产业工业用地出让空间集聚。

（2）从地区间政府竞争的角度考虑，杨（Yang A，2000）以中国为例证实财政分权会引发激烈的地方政府间竞争，导致地方保护主义更加严重。因此，本章假定在财政分权程度越强的地区，地方政府出让土地的倾向越强，发展战略性新兴产业的激励越强，地方政府间竞争造成产业重复建设，工业用地出让趋于分散。

（3）从地方政府调控的角度出发，地方政府越关心当地企业，对企业用地布局的干预越强。对于国有资本主导产业，会将其集中布局；对于受政策支持产业，工业用地出让较为分散。

结果显示：制度环境及产业特性的差异确实影响了某些产业工业用地出让的集中程度。$MKT \times SIZE$ 的回归系数显著且为正，由此可见规模经济效应越强的产业在市场化程度较高的地区工业用地出让更集中，而在市场化程度较低的地区工业用地出让相对分散。这与新经济地理学的理论猜想是相符的，本章为该结论提供了一定的实证依据。在市场化程度较高的省区，要素能在市场内部自由流动，主要由市场来发挥经济资源的配置作用，同时，较高的市场化水平加强了比较优势和集聚经济效应，激励规模较大的企业自发地形成企业集群享受规模经济效应红利，促使工业用地出让空间集聚。而在市场化程度较低的地区，市场配置资源的效率较低，难以充分发挥规模经济效应，工业用地出让相对分散。$FIN \times POL$ 的交叉项不显著，表明财政分权程度对出让战略性新兴产业用地没有显著的影响。$CARE \times STATE$ 的回归系数显著且为正，说明国有资本主导的产业在政企关系越紧密的地区工业用地出让更加集中。政府对企业的关心程度反映了政府干预的强度，国有资本主导的产业与国家安全以及经济命脉紧密相关，地方政府对国有资本主导产业的干预程度更强，主导将优势资源集中布局，因此工业用地出让更加集中。$CARE \times POL$ 的回归系数显著且为负，这意味着受政策支持的新兴产业在政企关系越紧密的地区工业用地出让更加分散。战略性新兴产业是国家大力扶持的产业，是带动经济腾飞的产业支柱，地方政府对此类产业更加关心。为最大化获取政策红利，各地地方政府争相发展此类产业，造成重复建设的现象，工业用地出让更加分散。由此可见，对于不同的产业地方政府的干预行为也存在差异。

二、区域类型与我国工业用地出让空间集聚

由于我国东、中、西部地区制度环境和产业发展基础差异显著，地区异质性可能也会造成工业用地出让集中、分散程度的差异。因此，本章进一步将我国分为东、中、西三个部分，分别考察东、中、西部地区制度环境对不同产业工业用地出让集中度的影响，具体结果见表6-3。

表6-3　　　　　　　　　　区域类型与中国工业用地出让集中度

变量	东部地区		中部地区		西部地区	
	模型1	模型2	模型3	模型4	模型5	模型6
MKT	-0.252***		-0.836**		-0.316	
FIN	-0.022		-0.221		-0.188	
CARE	0.002		0.028		0.003	
SIZE	0.002**		0.003***		0.001	
STATE	1.788***		1.121**		0.508	
POL	-0.240**		-0.171		0.017	
MKT×SIZE		0.0003***		0.0005***		0.0003**
FIN×POL		-0.002		0.020		0.011
CARE×STATE		0.043***		0.051*		0.001
CARE×POL		-0.007		-0.017		-0.002
常数项	4.664***	2.304***	9.379***	2.256***	6.470***	2.580***
N	280	280	236	236	194	194
R^2	0.00	0.43	0.00	0.40	0.00	0.56

注：1. *：$p<0.1$，**：$p<0.05$，***：$p<0.01$。
2. 东部地区包括北京、天津、河北、辽宁、上海、江苏、浙江、福建、山东、广东、海南和广西；中部地区包括山西、内蒙古、吉林、黑龙江、安徽、江西、河南、湖北和湖南；西部地区包括四川、贵州、云南、陕西、甘肃、青海、宁夏、新疆、重庆和西藏。

根据统计结果，市场化程度（*MKT*）在东、中部地区的模型中回归系数显著且为负，意味着东、中部地区内市场化程度越高的省份，工业用地出让越分散，而西部地区可能是因为市场化程度较低，导致变量结果不显著。财政分权（*FIN*）和政府关心度（*CARE*）对东、中、西部地区工业用地出让集中程度没有显著影响。规模经济效应（*SIZE*）和国有资本主导（*STATE*）在东、中部地区的模型中回归系数显著且为正，意味着在东、中部地区内，规模经济效应越强的产业工业用地出让越集中，国有资本主导产业工业用地出让越集中。产业政策支持（*POL*）对东部地区影响显著且为负，对中、西部地区影响均不显著，并且中部地区模型系数为负，西部地区模型系数为正。由此可见东部地区的产业基础优于中、西部地区，产业政策支持的新兴产业发展需要较强的技术水平支撑，东部地区良好的产业基础更适合发展新兴产业。在产业转型升级过程中，中、西部地区主要扮演承接产业转移的角色，因此对中、西部地区影响不显著。

在制度环境与产业特性的交叉项回归模型中，*MKT* × *SIZE* 在三个区域的作用一致，与全国的回归模型类似，说明规模经济效应越强的产业，在市场化水平较高的地区工业用地出让越集中，由此可证实制度环境在发挥比较优势上起着更加重要的作用。*CARE* × *STATE* 对东、中部地区的影响显著且为正，说明在政企关系越紧密的东、中部地区，国有资本主导产业的工业用地出让更加集中。*FIN* × *POL* 和 *CARE* × *POL* 对三个区域的影响均不显著，表明财政分权程度和政企关系紧密程度对东、中、西部地区出让战略性新兴产业用地没有显著的影响。在西部地区模型中大多数变量影响均不显著，可能是因为西部地区的工业用地出让更多地受到地理环境的限制，如新疆、西藏、云南、贵州、甘肃等地，既有生态保护红线的限制，也受气候、海拔等影响，可适合用于工业开发的土地较少，本章所讨论的制度环境和产业特性并非西部地区工业用地出让集中度的关键变量，因此结果不显著。

三、产业类型与我国工业用地出让空间集聚

考虑到产业特性同样会影响工业用地出让集中、分散程度的差异，因此按照国家工业统计口径并参照卡坦（Catin）、贺灿飞、李郇等的研究，从产业集聚、城市经济学的视角将29个两位数制造业分为：劳动密集型产业、资源密集型产业、资本和技术密集型产业三类，分别考察不同类型产业工业用地出让集中度的影响因素，具体结果见表6-4。

表 6 - 4 产业类型与我国工业用地出让集中度

变量	劳动密集型		资源密集型		资本和技术密集型	
	模型 1	模型 2	模型 3	模型 4	模型 5	模型 6
MKT	- 0. 301 ***		- 0. 266 ***		- 0. 333 ***	
FIN	- 0. 070		- 0. 093 **		- 0. 043	
CARE	0. 010		0. 013 *		0. 003	
SIZE	- 0. 018 **		0. 001		0. 036 ***	
STATE	0. 158		2. 737 ***		3. 516 ***	
POL	- 0. 035		0. 201 *		- 2. 136 ***	
MKT × SIZE		- 0. 002 **		0. 0004 ***		0. 001
FIN × POL		0. 041		0. 013		- 0. 021
CARE × STATE		0. 002		0. 043 **		0. 067 ***
CARE × POL		- 0. 012		0. 002		- 0. 016 **
常数项	5. 994 ***	2. 783 ***	4. 780 ***	2. 327 ***	4. 296 ***	2. 103 ***
N	241	241	237	237	232	232
R^2	0. 000	0. 500	0. 000	0. 517	0. 000	0. 619

注：1. *：$p < 0.1$，**：$p < 0.05$，***：$p < 0.01$。

2. 劳动密集型制造业包括农副食品加工业、食品制造业、纺织业、纺织服装、服饰业、皮革、毛皮、羽毛及其制品和制鞋业、木材加工和木、竹、藤、棕、草制品业、家具制造业、造纸和纸制品业、印刷和记录媒介复制业、文教、工美、体育和娱乐用品制造业；资源密集型制造业包括烟草制品业、石油、煤炭及其他燃料加工业、化学原料及化学制品制造业、化学纤维制造业、橡胶和塑料制品业、非金属矿物制品业、黑色金属冶炼和压延加工业、有色金属冶炼和压延加工业、金属制品业、废弃资源综合利用业；资本和技术密集型制造业包括：酒、饮料和精制茶制造业、医药制造业、通用设备制造业、专用设备制造业、汽车制造业、铁路、船舶、航空航天和其他运输设备制造业、电气机械和器材制造业、计算机、通信和其他电子设备制造业、仪器仪表制造业。

　　市场化程度（MKT）在三类产业模型中回归系数均显著且为负，与总体制造业模型结果相一致。财政分权程度（FIN）在资源密集型产业模型中回归系数显著且为负，在其他两类产业模型中不显著。可能是相较于其他两类产业，资源密集型产业的边际产出较高，对经济增长的贡献度较高，在财政分权程度越高的地区，地方政府可以获取更高的税收来减轻财政收支压力，因此出让趋于分散。政府关心度（CARE）在资源密集型产业的模型中回归系数显著且为正，在其他两种类型的产业的模型中不显著，相较于其他两种类型的产业，资源密集型产业大多是污染程度较高的产业，如石油加工与炼焦业、金属冶炼业等，地方政府出于保护环境的考虑，会将其集中布局。在政府关心度越高的地区，较强的政府干预力导致资源密集产业出让越集中。

规模经济效应（*SIZE*）在劳动密集型产业的模型中回归系数显著且为负，在资本和技术密集型产业的模型中回归系数显著且为正。这说明劳动密集型产业的集聚收益小于集聚成本，当劳动密集型企业规模扩大后，拥挤会导致用地成本上升、劳动力价格上升等，使得集聚成本大于集聚收益，促使劳动密集型产业工业用地分布趋于分散。相反，资本和技术密集型产业的集聚收益大于集聚成本，当资本和技术密集型企业规模扩大后，产业集群内部的企业都可以享受知识溢出带来的正外部效应，使得资本和技术密集型产业工业用地出让趋于集中。国有资本主导（*STATE*）在资源密集型、资本和技术密集型产业的模型中回归系数显著且为正，在劳动密集型产业的模型中不显著。因为劳动密集型产业大多是民营经济企业，受国有资本的影响不大。意味着受国有资本主导的资源密集型、资本和技术密集型产业工业用地出让更集中。产业政策支持（*POL*）在资源密集型产业的模型中回归系数显著且为正，在资本和技术密集型产业的模型中回归系数显著且为负，在劳动密集型产业的模型中不显著。因为受战略性新兴产业政策支持的产业大多是资本和技术密集型产业以及少部分资源密集型产业，因此对劳动密集型产业的影响不显著。由于地区间竞争以及地方保护主义，受产业政策支持的资本和技术密集型产业重复建设现象更加严重，因此出让更加分散，受产业政策支持的资源密集型产业受限于资源导向的特点，出让相对集中。

制度环境和产业特性的交互影响分析显示：*MKT*×*SIZE* 在劳动密集型产业的模型中回归系数显著且为负，在资源密集型产业的模型中回归系数显著且为正，在资本和技术密集型产业的模型中不显著。说明提升市场化程度可以显著增强规模经济效应对不同产业的影响。*FIN*×*POL* 的回归系数仍然不显著，与总体制造业模型结果相一致。*CARE*×*STATE* 在资源密集型、资本和技术密集型产业的模型中回归系数显著且为正，在劳动密集型产业的模型中不显著，说明国有资本主导的资源密集型、资本和技术密集型产业受到政府更多的关心以及较强的干预。*CARE*×*POL* 在资本和技术密集型产业的模型中回归系数显著且为负，在劳动密集型产业和资源密集型产业的模型中不显著，因为受地方政府高度关心且同时受产业政策支持的产业主要以资本和技术密集型产业为主，由于地区间竞争导致产业重复建设，工业用地出让越分散。

第五节　小　　结

我国工业用地出让的集中程度受到地区制度环境及产业特性的双重影响。即使是处于相同的制度环境下，不同类型的产业工业用地出让集中、分散情况也存在差异；同一类产业在受到不同制度环境影响后，工业用地出让集中分散情况也会产生变化。现有研究大多关注工业用地出让规模和价格的影响因素，较少从空间、产业层面讨论工业用地出让空间集聚，因此，本章试图结合制度环境、产业特性两个维度来研究工业用地出让集中度的影响机制，得出如下结论。

东部地区工业用地出让规模显著大于中、西部地区。通过基尼系数计算各省份工业用地出让集中度，发现西部地区相比于东部地区工业用地出让更集中，与工业用地出让规模呈现相反分布。大多数省份工业用地出让最集中的产业为资源密集型产业，最分散的产业为劳动密集型产业。

统计分析表明，市场化程度、财政分权、政府关心度等制度环境均显著影响了工业用地出让集中度，具体表现为市场化程度越高、财政分权程度越强的地区，更高的资源配置效率以及较强的地区间竞争压力促使工业用地出让越分散；政府关心度越高的地区，较强的政府干预导致工业用地出让越集中。同时，规模经济效应、国有资本主导、产业政策支持等产业特性也显著影响了工业用地出让集中度，具体表现为规模经济效应越强的产业工业用地出让越集中，国有资本主导的产业受地方性保护呈现集中出让，受产业政策支持的产业重复建设导致工业用地出让趋于分散。分析制度环境与产业特性的交互影响后发现：提高市场化程度可以促进规模经济效应较强的产业工业用地出让趋于集中；加强政商联系会促进国有资本产业工业用地出让趋于集中，推动受政策支持产业工业用地更加分散；财政分权程度对出让新兴产业工业用地的布局没有显著影响。以上结果表明，工业用地出让的集中、分散情况因所处区域的制度环境与产业特性不同而存在着显著差异。

进一步对东、中、西部地区进行分组回归，发现东、中部地区内市场化程度越高的省份，工业用地出让越分散，而西部地区可能是因为市场化程度较低，导致变量结果不显著。规模经济效应越强的产业、国有资本主导的产业，在东、中部地区内工业用地出让越集中，受产业政策支持的新兴产业在东部地区内工业用地出让越分散。东、中、西省区模型再次证实市场化程度与规模经济效应交叉项对工业用地集中度的正向影响。并且，在政府关心度较高的东、中部地区，国有资本主导产业用地出让趋于集中。

最后对劳动密集型产业、资源密集型产业、资本和技术密集型产业进行分组回归，发现企业扩大规模后，劳动密集型产业由于集聚成本大于集聚收益，工业用地出让趋于分散，资本和技术密集型产业由于集聚收益大于集聚成本，工业用地出让趋于集中。在市场化程度越高的地区，不同类型产业受规模经济效应的影响更显著。资源密集型产业大多是污染程度较高的产业，在政府关心度较高的地区，较强的政府干预力导致其集中出让，又因为资源密集型产业边际产出较高，在财政分权程度越高即地区间竞争越强的地区出让趋于分散。受产业政策支持的资源密集型产业出让趋于集中，资本和技术密集型产业由于重复建设现象严重，出让趋于分散。

根据本章的研究结论，提出如下四点政策建议：一是要完善要素市场化配置。研究显示，提高市场化程度对于我国完善制度环境、推动产业经济发展起着非常关键的作用。我国应该继续坚持供给侧结构性改革，进一步健全制度环境，使市场能充分发挥资源配置的决定性作用。二是推动有效市场与有为政府结合。在关系国家安全经济命脉的产业上政府应牢牢抓住，在该交由市场运作的产业上适当放手，构建有效市场与有为政府和谐统一、相互协调、共同促进的新局面。三是因地制宜推行产业政策。充分激发东部地区的科技创新活力，由东部地区带动全国产业转型升级。积极推进中、西部地区发挥产业承接作用，同时鼓励西部地区着重培育特色产业，实现各地区产业共同发展。四是优化地方政府政绩考核标准。不能只是"唯GDP"论，还要综合考量当地居民的幸福感、空气污染情况、存量用地挖掘情况等。此外，还要在省域层面严格控制各地产业的发展方向，详细规定受政策支持产业的发展条件，避免造成重复建设，实现各地产业错位良性发展。

参考文献

［1］贺灿飞，谢秀珍.中国制造业地理集中与省区专业化［J］.地理学报，2006（02）：212-222.

［2］贺灿飞，朱彦刚，朱晟君.产业特性、区域特征与中国制造业省区集聚［J］.地理学报，2010，65（10）：1218-1228.

［3］黄阳华.中国产业结构演进的制度基础——地方政府最优土地出让行为的视角［J］.政治经济学评论，2019，10（05）：78-100.

［4］卢为民.推动供给侧结构性改革的土地制度创新路径［J］.城市发展研究，2016，23（06）：66－73.

［5］李郇，殷江滨.国外区域一体化对产业影响研究综述［J］.城市规划，2012，36（05）：91－96.

［6］孙早，席建成.中国式产业政策的实施效果：产业升级还是短期经济增长［J］.中国工业经济，2015（07）：52－67.

［7］陶然，陆曦，苏福兵，等.地区竞争格局演变下的中国转轨：财政激励和发展模式反思［J］.经济研究，2009，44（07）：21－33.

［8］屠帆，葛家玮，刘道学，等.土地出让市场化改革进程中工业地价影响因素研究［J］.中国土地科学，2017，31（12）：33－41，68.

［9］薛慧光，石晓平，唐鹏.中国式分权与城市土地出让价格的偏离——以长三角地区城市为例［J］.资源科学，2013，35（06）：1134－1142.

［10］薛白，赤旭.土地财政、寻租与经济增长［J］.财政研究，2010（02）：27－30.

［11］杨其静，卓品，杨继东.工业用地出让与引资质量底线竞争——基于2007～2011年中国地级市面板数据的经验研究［J］.管理世界，2014（11）：24－34.

［12］杨继东，杨其静.制度环境、投资结构与产业升级［J］.世界经济，2020，43（11）：52－77.

［13］杨继东，杨其静.保增长压力、刺激计划与工业用地出让［J］.经济研究，2016，51（01）：99－113.

［14］杨继东，罗路宝.产业政策、地区竞争与资源空间配置扭曲［J］.中国工业经济，2018（12）：5－22.

［15］文雯，周丁扬，苏珊，等.基于行业分类的工业用地演变研究——以北京市为例［J］.中国土地科学，2017，31（11）：32－39.

［16］吴群，李永乐.财政分权、地方政府竞争与土地财政［J］.财贸经济，2010（07）：51－59.

［17］王业强，魏后凯.产业特征、空间竞争与制造业地理集中——来自中国的经验证据［J］.管理世界，2007（04）：68－77，171－172.

［18］张莉，朱光顺，李夏洋，等.重点产业政策与地方政府的资源配置［J］.中国工业经济，2017（08）：63－80.

［19］周方伟，杨继东.市场化进程改善了政府配置资源的效率吗——基于工业用地出让的经验研究［J］.经济理论与经济管理，2020（02）：24－39.

［20］张晏，龚六堂.分税制改革、财政分权与中国经济增长［J］.经济学（季刊），2005（04）：75－108.

［21］He C, Wei Y D, Xie X. Globalization, Institutional Change, and Industrial Location: Economic Transition and Industrial Concentration in China ［J］. Regional Studies, 2008, 42 (7):

923 – 945.

　［22］　Kuang W，Liu J，Dong J，et al. . The rapid and massive urban and industrial land expansions in China between 1990 and 2010：A CLUD – based analysis of their trajectories，patterns，and drivers ［J］. Landscape & Urban Planning，2016，145（145）：21 – 33.

　［23］　M Brülhart. Regional Integration，Scale Economies and Industry Location in the European Union ［J］. Cepr Discussion Papers，1996，142（1 – 2）：102 – 110.

　［24］　Traistaru – Siedschlag I，Martincus C V. Economic Integration and Manufacturing Concentration Patterns：Evidence from MERCOSUR ［J］. Open Economies Review，2006，17（3）：297 – 319.

第七章
地方政府行为、区位特征
与城市工业用地配置价格

第一节 引 言

改革开放以来，我国经历了快速的工业化和城镇化进程，取得了突出的经济发展绩效（林毅夫等，2014）。持续的经济增长和快速的工业化进程很大程度上来源于市场化取向的制度变革及其带来的资源配置优化与激励改进，但仍属于要素驱动型的经济增长和工业化模式，区域竞争优势主要来源于生产要素的低成本：无限供给的廉价劳动力、土地、自然资源和生态环境（陶然和徐志刚，2005）。尤其是 20 世纪 90 年代中期以来，市场化改革的突破性进展促进了经济发展对土地资源的需求。而我国正好利用独特的土地制度安排，通过创办工业园区、提供优良的政策环境以及低价供应土地，避开了土地稀缺性可能导致的土地高价和土地价格不断上涨，使我国在短短的十多年时间，成为"世界制造工厂"（Lin G C S & Yi F, 2011; Yang Y R & Wang H K, 2008）。然而，这一发展模式的背后，带来的是工业用地规模快速扩张、利用效率偏低、空间布局混乱与城市土地结构扭曲等问题，严重制约了我国经济社会与资源环境的可持续发展（魏后凯等，2014）。已有研究指出，工业用地利用粗放与工业用地出让地价偏低有重要关系（Tu F et al, 2014; 楚建群，2014）。在一个市场化环境下，价格是反映资源供需双方均衡的重要指标，价格偏低将刺激资源需求方对资源的过度利用或引致要素替代效应，从而导致资源利用效率偏低。因此，研究工业用地出让价格及其影响因素是理解我国工业用地利用模式及其机制的重要切入点，可为我国工业用地相关政策调整提供理论基础。

已有研究对我国部分区域或城市的工业地价空间分布规律进行了分析，发现区域或城市工业地价的分布格局呈现显著空间差异性，且不同空间方向上地价变化的差异明显。例如，京津冀工业地价空间分布沿核心城市—次核心城市—骨干城市——一般城市呈阶梯式衰减（周霞和王德起，2013）；北京市工业用地价格的单中心圈层布局比较明显，随着时间可达性的增加，地价在不断衰弱，但变化较微弱（邓羽，2015）；广州市工业地价由中心向四周递减，且价格峰值区不断扩大（唐晓莲和利振焜，2018）；南京市工业用地价格呈现多中心发展格局，价格高值主要分布在区位条件良好的沿江产业园及工业园区（高金龙等，2013）。但是，截至当前，还没有发现基于出让地块宗地信息从全国尺度分析我国工业地价空间分布规律的研究。

在现有文献的基础上，本章将在以下几个方面进行拓展延伸。（1）首次以工业用地出让溢价率（即工业用地出让价格与"最低价标准"之比较）表征地方政府工业用地出让行为，并引入计量模型进行实证分析，从而拓展了地方政府横向竞争激励的内涵。如果验证为真，那么意味着地方政府除了"底线竞争""竞次竞争"外，围绕着中央管制（即"土地出让最低价标准"）的"管制竞争"也可能是一个可能的竞争策略。（2）首次将影响工业用地地价的宏观因素和宗地因素纳入统一的分层模型，并在一个模型框架下估计其影响的显著性，从而拓展了现有研究的计量策略。（3）尽管已有文献研究了某一省份或某一地市工业用地出让价格的宗地因素，但是根据我们的文献收集，还没有发现在全国层面对工业用地价格宗地影响因素的研究。因此，本章也从研究范围方面对现有文献进行了拓展。

第二节　理　论　分　析

本章重点从地方政府行为与区位条件两个方面探讨对工业地价的影响。（1）地方政府行为。由于我国特殊的土地制度背景和土地管理政策，地方政府成为城市工业用地一级市场的唯一供应主体（左翔和殷醒民，2013），由此与其他国家有所不同，我国地方政府行为对工业用地价格有着更加显著的影响（张琳等，2018）。考核机制下，将产生推动地方经济增长的动机；财政激励下，地方政府将注重培育新税基，获取额外的税收收入；府际竞争下，地方政府间将展开占优策略与引资质量底线竞争。（2）区位条件。早期区位论和城市经济理论表明，土地价格沿着城市中心向外围不断下降（Alonso W，1964）。演变至今，区位因素仍是影响城市地价空间格局的主要因素。通达性较好的区位将促进工业地价的提高。本章对区位因素的表征主要考虑以下几个因素：一是与城市中心的距离，与城市中心的距离越近，往往代表了更加健全的基础设施以及更加便捷的服务，因此工业企业愿意为这些要素支付更高的价格。二是交通通达程度，更高的交通通达程度对工业地价也具有积极影响，交通基础设施的改善可以降低运输和时间成本、加快人力资本流动、吸引企业集聚布局，从而提升企业的全要素生产率（王伟，2019）。因此，企业愿意支付更高的工业地价换取全要素生产率提高的好处。三是与其他空间要素的距离，对于工业用地而言，其他区位要素主要指与河流等的距离，一些缺乏河流等水体资源的内陆城市，会制约城市的进一步发展而间接影响产业的发展（常跟应等，2015）。水源是工业生产中重要的中间投入品和排污时的渠道，距离水源的远近会直接影响企业的成本投入，从而影响企业愿意支付的工业地价。

第三节　模型设置与数据来源

一、数据来源与处理

本章的基础数据来源于搜房网数据库收集的采用"招拍挂"方式成交的工业用地出让数据，选取了 2009 年、2011 年、2013 年、2015 年及 2017 年的 373 个地级市或自治州的宗地数据作为数据样本。样本时间节点的选择主要考虑到自 2006 年起我国工业用地出让必须采用"招拍挂"方式，2007 年以后的数据更全面，且减少了协议出让政策的影响。根据数据的可得性，将缺少关键属性的地块数据，如缺少成交价格或者缺少土地位置描述等的数据剔除。进一步地，将筛选过的宗地数据通过 Geocoding 工具获得每一个地块的经纬度坐标，再利用 ArcGIS 软件的近邻分析工具，获得每一宗地的区位信息。

实证研究所采用的城市层面的数据主要来源于《中国城市统计年鉴》（2010 ~ 2018）。各城市工业用地出让最低价格标准参考 2006 年原国土资源部下发的《全国工业用地出让最低价标准》，并通过将每年样本中各地级市所包含的城区、县级市、县的最低出让价格标准整理计算而得。

二、指标选取与模型构建

本章重点强调政府行为和区位因素对工业用地出让地价的影响。现有文献对政府行为的表征采用了不同的指标，张琳等（2018）认为，政府行为可以用划拨和协议出让的工业用地所占比例、基准地价和对土地出让前期及区域基础设施的投资来反映；王瑞功（2019）认为，工业用地的供给数量可以代表政府行为，但目前的研究中政府行为往往用税收或财政指标替代（黄金升等，2017）。在综合考虑现有表征方法优劣性和指标可得性的基础上，本章确定由两类指标衡量地方政府行为：一类以衡量政府的调控能力为侧重点，如果城市工业用地出让地价与当地的工业用地出让价格标准越接近，表明地方政府的调控能力越强，即政府行为（价格）=（政策要求当年工业地价最低标准 – 城市当年工业平均地价）/政策要求当年工业地价最低标准；系数为正代表政府对工业地价具有正向影响，系数为负代表政府对工业地价存在负向影响。另一类以宗地是否位于开发区内为侧重点，因为地方政府往往给予位于开发区内的企业更强的产权保护和更优惠的产业政策，所以对于位于开发区的企业来说，政府干预作用也越强，即政府行为（开发区）=1，表示宗地位于开发区内；政府行为（开发区）=0，表示宗地位于开发区外。

本章确定将宗地与地方政府所在地的距离，与火车站的最近距离，与机场的最近距离，与主要公路的最近距离，与河流、湖泊的最近距离作为区位因素的代理指标。此外，本章也选择了人口、产业和经济发展水平等变量作为控制变量。变量情况见表7 – 1。

表7 – 1　　　　　　　　　　　　工业地价影响因素

变量类别	变量符号	变量名称	变量含义及测算方法	数据来源
因变量	Price	工业用地出让单价	工业用地出让价格/工业用地出让面积	土地市场交易数据
宗地变量	DZX	城市中心影响度	宗地与地方政府所在地的距离	GIS 实测
宗地变量	DHCZ	火车站	宗地与火车站的最近距离	GIS 实测
宗地变量	DJC	机场	宗地与机场的最近距离	GIS 实测
宗地变量	DGL	主要公路	宗地与主要公路的最近距离	GIS 实测
宗地变量	DSY	水源	宗地与河流、湖泊的最近距离	GIS 实测
城市变量	GH_P	政府行为（价格）	（政策要求当年工业地价最低标准 – 城市当年工业平均地价）/政策要求当年工业地价最低标准	本章计算
城市变量	GH_K	政府行为（开发区）	宗地在工业园内部 =1，否则为其他	虚拟变量
城市变量	$T_1 \times GH\_P$	2010 年政府行为（价格）	$T_1 = 1$，宗地在 2011 年出让；$T_1 \times GH$，政府在 2010 年对工业用地出让采取的行为（价格）	本章计算

变量类别	变量符号	变量名称	变量含义及测算方法	数据来源
城市变量	$T_2 \times GH\_P$	2012 年政府行为（价格）	$T_2 = 1$，宗地在 2013 年出让；$T_2 \times GH$，政府在 2012 年对工业用地出让采取的行为（价格）	本章计算
城市变量	$T_3 \times GH\_P$	2014 年政府行为（价格）	$T_3 = 1$，宗地在 2015 年出让；$T_3 \times GH$，政府在 2014 年对工业用地出让采取的行为（价格）	本章计算
城市变量	$T_4 \times GH\_P$	2016 年政府行为（价格）	$T_3 = 1$，宗地在 2017 年出让；$T_3 \times GH$，政府在 2016 年对工业用地出让采取的行为（价格）	本章计算
城市变量	$perGDP$	人均生产总值	各地区人均地区生产总值	《中国城市统计年鉴》
城市变量	SEC	产业结构	第二产业占 GDP 的比重	《中国城市统计年鉴》
城市变量	PP	人口数量	各地区年末总人口数量	《中国城市统计年鉴》
城市变量	W	城市区位	$W=1$，城市属于西部地区，否则为其他	虚拟变量
城市变量	E	城市区位	$E=1$，城市属于东部地区，否则为其他	虚拟变量

本章主要探讨政府调控能力以及微观层面的区位因素对工业用地出让价格的影响，拟采用分层回归模型，具体如下：

$$\ln Price_{ijt} = \alpha + \beta_1 DZX_{ijt} + \beta_2 DHCZ_{ijt} + \beta_3 DJC_{ijt} + \beta_4 DGL_{ijt} + \beta_5 DSY_{ijt} + \beta_6 GH\_P_{j(t-1)} + \beta_7 GH\_K_{jt} + \beta_8 T_1 \times GH\_P_{j(t-1)} + \beta_9 T_2 \times GH\_P_{j(t-1)} + \beta_{10} T_3 \times GH\_P_{j(t-1)} + \beta_{10} T_4 \times GH\_P_{j(t-1)} + \beta_{11} perGDP_{jt} + \beta_{12} SEC_{jt} + \beta_{13} PP_{jt} + \beta_{14} W_{jt} + \beta_{15} E_{jt} + u_{0j} + \varepsilon_{ij}$$

(7.1)

其中，α 为常数项；β 为系数；X_{ijt} 是第 t 年位于城市 j 的宗地 i 的自变量；V_{jt} 是第 t 年城市 j 的变量；μ_{0j} 是城市层面的误差项；ε_{ij} 是城市 j 中宗地 i 的误差项。政府行为（价格）变量及其交互项皆采用滞后一年数据，以尽量消除变量之间的内生性。

第四节　工业地价时空演变特征

一、工业用地出让演变的时空格局

2012 年，国土资源部先后发布了《关于大力推进节约集约用地制度建设的意见》和《关于严格执行土地使用标准大力促进节约集约用地的通知》，构成了工业用地利用的重要制度环境。2009～2017 年工业用地出让的时空分布见图 7 - 1。从图 7 - 1 (a) 可看出，2012 年之后，工业用地年出让面积和数量不断下降。从图 7 - 1 (b) 可看出，东部—中部—西部工业用地出让面积和数量呈现明显的高—中—低分布。

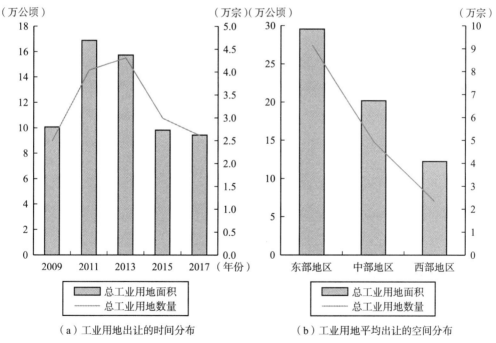

（a）工业用地出让的时间分布　　　　（b）工业用地平均出让的空间分布

图 7 - 1　2009～2017 年工业用地出让的时空分布

资料来源：根据搜房网数据库整理而得。

二、工业用地地价演变的时空格局

全国及东部、中部、西部各地区工业地价在 2009～2015 年长期维持在较低水平、增长较为迟缓（见图 7-2）。尽管国土资源部于 2006 年发布了《全国工业用地最低价标准》用于规范工业用地市场、阻止工业用地的低廉出让行为，但低价出让工业用地一直以来，都是地方政府招商引资、刺激经济的重要手段（吴群和李永乐，2010；靳涛，2008），使得工业地价大幅偏离合理的市场价格。2015～2017 年全国和东部工业地价出现较大幅上涨，而中西部工业地价基本不变。主要是因为 2015 年 "一带一路" 白皮书发布，东部地区大量对外疏解低附加值产业，留在东部地区的工业高端化发展，工业地价随之升高。中西部地区则继续通过较低的工业地价吸引企业入驻，促进地方工业发展。整体而言，全国工业地价表现出东部高、中西部较低的规律。其中，东部地区地价维持高位，其水平相对中西部地价在 1.7 倍左右；中西部工业用地均价相差不大，中部工业地价略高于西部。

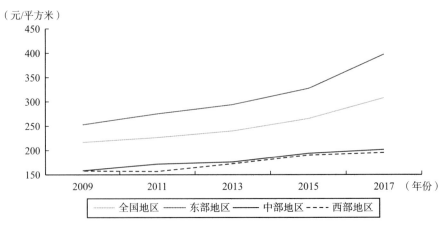

图 7-2 2009～2017 年工业地价演变的时空格局

资料来源：搜房网数据库，笔者整理而得。

本章进一步利用 ArcGIS 对我国工业地价进行热点分析，将所有年份数据统一到一张图上，以中间年份 2013 年作为基准年，利用 CPI 指数对其他年份地价数据进行修正。结果显示，2009～2017 年我国工业地价分布存在明显的区域性特征，总体呈现东高—中平—西低的趋势，工业地价水平较高区域主要集中在深圳、北京、广州、上海等地区。

　　同时，各省份的工业地价与当地的经济发展水平具有一定的相关性。大部分省份均存在工业地价高峰区域，同时省内工业地价由峰值逐步降低。一般峰值地区主要存在于省会城市，如武汉、长沙、郑州、重庆、昆明等；省会以外的其他城市，工业地价则处于较低的水平；部分经济—政治中心分离的省份，在工业地价峰值分布上也呈现出多中心分布，如沈阳—大连、济南—青岛、呼和浩特—包头等，工业用地出让价格比较接近，并与该省份其他城市的工业用地价格存在明显差异。

　　从各年份工业地价的价格格局来看，热点区域呈缩减趋势，长江三角洲、珠江三角洲、京津冀地区的工业地价逐渐与其他地区工业地价差距拉大，强势凸显出来。这主要是因为长江三角洲、珠江三角洲和京津冀地区的工业发展氛围较为浓厚，工业发展出现优势聚集效应，工业地价水平攀升明显。

第五节　影响因素分析

一、模型检验结果

　　在检验之前，首先观察了主要变量的相关系数矩阵，以检验变量间是否存在严重共线性问题，结果见表 7-2。发现变量间最大的相关系数为 0.36，绝对值都小于 0.5，故变量之间不存在严重的多重共线性问题。

表 7-2　　　　　　　　　　　　　　　主要变量相关系数

变量	机场	主要公路	火车站	水源	市中心	政府行为（价格）	政府行为（开发区）	人均生产总值	产业结构	人口数量
机场	1									
主要公路	-0.05	1								
火车站	0.30	-0.03	1							
水源	0.24	-0.05	0.09	1						
市中心	0.25	-0.04	0.36	0.15	1					

变量	机场	主要公路	火车站	水源	市中心	政府行为（价格）	政府行为（开发区）	人均生产总值	产业结构	人口数量
政府行为（价格）	0.11	0.01	0.02	0.00	0.10	1				
政府行为（开发区）	0.01	0.05	-0.01	-0.02	0.02	0.06	1			
人均生产总值	-0.21	0.07	-0.03	-0.23	-0.04	-0.23	-0.05	1		
产业结构	0.00	-0.01	0.01	0.00	0.01	0.00	0.00	-0.02	1	
人口数量	-0.21	-0.01	-0.07	-0.08	-0.01	-0.06	0.02	0.17	0.00	1

二、影响因素分析

本章利用 CPI 指数将所有年份的工业地价和人均生产总值数据折算到中间年份 2013 年，然后进行实证模型估计。回归结果见表 7-3。主要有以下几点结论。

第一，政府行为（价格）的回归系数显著为负，表明其对工业地价具有显著的负向影响，即所在城市政府对工业地价的干预作用越大，工业用地成交价格越低。在中央以 GDP 为主的考核机制下，地方政府希望通过大力发展经济，获得中央认可。然而，1993 年开始的分税制改革使得地方政府财权减少、但事权并没有相应减少，对经济的刺激更多地依赖其掌握的生产要素——土地，政府对于工业地价的负向干预成为吸引企业入驻的重要手段。回归结果也表明，不同地区、不同年份政府压低工业地价的力度有所不同。此外，地方兴建了大量的工业园用于促进经济的发展，工业园在提供基础设施的同时可能对工业地价有一定的提升作用。部分地方政府也可能通过工业地价返还的手段补贴工业园区的企业，因此，出让阶段的工业用地地价并没有低于非工业园区。

第二，对于不同位置的宗地来讲，其与城市中心的距离更近，代表着更加健全的基础设施以及更加便捷的服务，促使土地价格上升。回归结果表明，宗地距离机场、距离火车站、距离水源地、距离市中心越远，则其出让价格越低；距离主要公路越远，出让价格越高。这一结论符合工业区位论，对工业企业而言，良好的交通通达度将推进原材料与产成品的流通，降低过程中的运输成本，因此土地价格更高。水源作为工业生产中重要的中间投入品和排污时的渠道，对工业地价也具有显著提升的作用。但由于工业用地布局受城市规划等因素的影响，交通通达度更高的地区的工业用地出让价格也不一定更高。

第三，人均生产总值在一定程度上可以代表当地基础设施的供给情况，人均生产总值较高的城市在城市建设及固定资产投资方面的投入较多，城市的综合实力更强，在基础设施配备方面更加完善，土地的经济效益也处于较高的水平，因此工业地价较高。产业结构对于工业地价的影响不显著，因为产业结构过低和过高对工业地价都有不利影响，产业结构对工业地价的影响不具有一致性。城市人口越多，对工业用地的需求越大，工业地价越高。

第四，对比中部地区，西部地区工业地价较低，而东部地区工业地价较高。这与我国经济要素的整体区位特征基本一致。

表 7 - 3　　　　　　　2009～2017 年各因素影响工业地价的全样本估计结果

变量	（1）工业地价	（2）工业地价	（3）工业地价	（4）工业地价
城市层面				
政府行为（价格）	− 0.285 ***	− 0.260 ***	− 0.251 ***	− 0.160 ***
政府行为（园区）	− 0.068 ***	− 0.065 ***	0.025 ***	0.024 ***
2010 年政府行为（价格）		− 0.072 ***	− 0.001	− 0.073
2012 年政府行为（价格）		− 0.111 ***	0.023 ***	− 0.180 ***
2014 年政府行为（价格）		− 0.023 **	− 0.015	− 0.054
2016 年政府行为（价格）		0.006	− 0.048 ***	− 0.019
宗地层面				
机场			− 0.012 ***	− 1.161 ***
主要公路			0.117 ***	11.430 ***
火车站			− 0.030 ***	− 2.995 ***
水源			− 0.018 ***	− 1.714 ***
市中心			− 0.013 ***	− 1.300 ***
人均生产总值				0.005 ***
产业结构				0.003
人口数量				0.073 ***
西部地区				− 0.211 ***
东部地区				0.238 ***
Constant	5.198 ***	5.185 ***	5.125 ***	5.112 ***
观测值	164361	164361	164361	164361

注：*：$p < 0.1$，**：$p < 0.05$，***：$p < 0.01$。

三、分年度影响因素分析

为了进一步检验影响因素对工业用地价格的影响，本章进行了分年度检验，结果见表7-4。分年度检验的结果与初始检验结果得到的结论基本一致，说明宗地因素和城市因素对城市工业地价的影响较稳健。但个别指标，如政府行为（园区），对2009年、2011年和2013年工业地价影响为正，但对2015年和2017年工业地价影响为负。之前工业园的设立意味着更完善的基础设施和配套的服务，可以要求更高的工业用地价格。但自2013年9月在上海设立第一个自贸试验区起，我国自贸试验区6年来数量增加到18个，覆盖18个省（区、市）（丁瑶瑶，2019）。以自贸区形式存在的工业园及其他形式的工业园，在"一带一路"倡议的政策利好下，能以更优惠的土地价格向工业企业提供更好的服务和基础配套设施，工业园的存在反而降低了工业地价。除此之外，人均生产总值对2013年、2015年和2017年的工业地价的影响不显著。虽然人均生产总值意味着城市将投入更多在城市建设以及固定资产投资方面，土地的经济效益会加强，但发展经济的主要方式是利用自身的优势条件招商引资，竞相压低土地价格则是一个较为常用的方式。人均生产总值较高的地区也越可能压低地价。

表7-4　　　　　　2009~2017年各因素影响工业地价的分年度估计结果

变量	2009年地价	2011年地价	2013年地价	2015年地价	2017年地价
城市层面					
政府行为（价格）	-0.270***	-0.258***	-0.375***	-0.188***	-0.154***
政府行为（园区）	0.073***	0.052***	0.028***	-0.014*	-0.027***
宗地层面					
机场	-1.168***	-1.109***	-1.269***	-1.387***	-0.756***
主要公路	15.830***	19.248***	16.605***	-6.288*	5.286
火车站	-4.618***	-2.614***	-2.570***	-3.108***	-2.762***
水源	-0.688*	-1.865***	-1.695***	-2.592***	-1.655***
市中心	-1.501***	-1.741***	-1.252***	-0.932***	-1.084***
人均生产总值	0.026***	0.014**	0.003	-0.000	-0.002
产业结构	-30.490	0.005	-0.129	-22.912	-6.603
人口数量	0.068***	0.075***	0.073***	0.071***	0.061***

续表

变量	2009 年地价	2011 年地价	2013 年地价	2015 年地价	2017 年地价
西部地区	− 0. 166 **	− 0. 210 ***	− 0. 217 ***	− 0. 221 ***	− 0. 216 ***
东部地区	0. 196 ***	0. 187 ***	0. 271 ***	0. 270 ***	0. 296 ***
Constant	4. 909 ***	4. 896 ***	4. 919 ***	5. 264 ***	5. 186 ***
观测值	24860	40377	43089	29899	26136

注：* : $p < 0.1$，** : $p < 0.05$，*** : $p < 0.01$。

四、分地区影响因素分析

为了揭示各影响因素对不同地区的影响效果是否一致，本章进一步进行了分地区检验，结果见表 7 - 5。回归结果发现，2008 年金融危机之后，西部政府有很强的压低工业地价的意图，东部次之，中部较弱。但之后中部地区压低工业地价的程度逐渐加重，东部地区和西部地区则无明显变化。对东部地区而言，地方竞争的激烈程度远大于中西部地区。而西部地区工业薄弱，政策制定者出于"不平等厌恶"的心理，对地区的经济表现更加急迫，会积极主动地采取各种措施推进地区经济发展（赵文哲等，2010），因此东西部政府都有较强的压低工业地价的动机。中部地区在面对两方的竞争压力下，压低工业地价的意图也逐年有所增强。

表 7 - 5　　　　2009 ~ 2017 年各因素影响工业地价的分地区估计结果

变量	东部地区	中部地区	西部地区
城市层面			
政府行为（价格）	− 0. 141 **	− 0. 080 *	− 0. 420 ***
政府行为（园区）	0. 039 ***	0. 038 ***	− 0. 073 ***
2010 年政府行为（价格）	0. 028	− 0. 198 ***	0. 018
2012 年政府行为（价格）	− 0. 092	− 0. 236 ***	− 0. 077
2014 年政府行为（价格）	0. 048	− 0. 328 ***	− 0. 032
2016 年政府行为（价格）	0. 061	− 0. 323 ***	− 0. 060
宗地层面			
机场	− 1. 303 ***	− 0. 246 ***	− 0. 910 ***
主要公路	3. 532 *	28. 143 ***	− 1. 141

变量	东部地区	中部地区	西部地区
火车站	-2.402 ***	-2.869 ***	-1.738 ***
水源	-0.986 ***	-0.947 ***	-3.315 ***
市中心	-3.696 ***	-2.683 ***	-0.400 ***
人均生产总值	0.032 ***	-0.001	-0.009 ***
产业结构	-75.600 ***	0.004	21.340
人口数量	0.044 ***	0.105 ***	0.033 ***
Constant	5.699 ***	5.008 ***	4.696 ***
观测值	91587	49324	23450

注：*：$p < 0.1$，**：$p < 0.05$，***：$p < 0.01$。

五、讨　论

第一，我国工业地价在不同区域差异较大。工业地价空间分布呈现明显的规律性，全国层面呈现东部高—中部平—西部低的态势，省份层面则呈现由中心到边缘次第衰减的规律。工业用地的出让价格受到宗地因素和城市因素的双重影响。在宗地层面，宗地之间的价格存在明显的差异。距离城市中心的距离、交通便捷程度、邻里因素等均对出让价格表现出显著影响；在城市层面，城市的经济发展水平、人口规模、产业结构等均影响工业地价水平。虽然上述因素对土地出让价格均存在影响，但是工业地价的整体水平主要取决于地区政府的调控干预能力。

第二，政府行为对工业地价存在显著影响。通过实证可知，政府的调控干预显著影响工业用地出让价格水平。虽然我国工业用地出让需通过"招拍挂"形式进行，但政府在价格制定方面享有极大的话语权，因此地方政府为吸引工业企业入驻最常用的方式就是降低土地出让价格，而最低价格标准则是为了减少国有土地资源的流失、提升土地利用效率而采取的手段，地区的平均成交价格与最低价格标准之间的差值除以最低价格标准能够在一定程度上反映政府干预的方向与力度。政府的调控干预能力也直接决定地区实际出让价格的高低，对于出让价格具有显著的负向影响。

第三，宗地层面因素对于土地出让价格的影响显著。同一城市土地出让价格有显著差异。宗地层面的因素主要从城市中心影响程度、交通通达度及水源距离三个方面影响工业用地的出让价格。距离城市中心越近，区位条件越好，基础设施以及周边公共服务方面越健全，出让价格水平越高。交通通达度则主要通过影响运输成本来影响工业地价，由于工业材料、产成品等运输量较大，所以其与交通路网的距离会显著影响运输成本，尤其是与吞吐量较大的铁路的距离。靠近水源也能带动工业地价的提升。

第四，城市层面因素对于土地出让价格也具有较大影响。不同城市的土地价格具有显著差异。城市层面的因素主要在社会因素方面对工业地价产生影响。城市的经济水平良好，证明该地区产业发展实力较强，相对于其他城市更具有竞争力，更多的投资者倾向于选择该类城市，需求增多会促进工业用地出让价格有所提升。但政府为了发展经济优势而压低工业地价的行为也屡见不鲜，因此，地方经济水平对工业地价的影响不具有一致性。产业结构对工业地价影响不显著，因为产业结构过低和过高时对工业地价的影响方向相反。地区人口规模的增长会加大对土地的需求，促进工业用地的价格上涨。

第六节　小　　结

本章通过收集 2009～2017 年我国工业用地出让地块的宗地信息，考察了工业用地出让价格及其影响因素，主要研究结论如下。

第一，2009～2017 年我国工业用地地价维持在较低水平，增长较为缓慢。尽管国土资源部于 2006 年发布了《全国工业用地最低价标准》，用于规范工业用地市场、阻止工业用地的低廉出让行为，但工业地价始终偏离合理的市场价格。从工业地价的空间格局来看，全国层面总体呈现东部高—中部平—西部低的态势，省份层面呈现由中心到边缘次第衰减现象。

第二，工业地价水平与地方政府的调控干预能力具有显著相关性。政府调控干预行为对于出让价格具有显著的负向影响。虽然我国工业用地出让需通过"招拍挂"形式进行，但政府在价格制定方面享有极大的话语权，压低土地出让价格仍然是地方政府为吸引工业企业入驻最常用的方式之一。

第三，显著影响工业用地出让价格的区位因素主要包括城市中心影响程度、交通通达度及离水源距离三个方面。距离城市中心越近、交通通达度越好、距离水源越近，工业地价则越高。

第四，城市发展水平也显著影响工业地价。城市的经济水平越好，人口规模越大，工业用地的价格越高。

工业用地价格不合理是工业用地利用效率低下、工业用地浪费严重等问题的关键原因，长期困扰我国工业用地的合理利用。本章通过实证研究表明，地方政府的调控干预能力和出让地块的区位因素显著影响工业用地出让价格。因此，如何强化对地方政府行为的管控是解决工业用地价格不合理的关键。地方政府对工业用地的调控干预来源于财政分权和地方竞争的制度背景下地方政府对企业投资的竞争，因此需要进一步从源头调整中央与地方政府间的财权事权关系，以及优化地方政府考核机制等，逐步矫正地方政府不当行为所带来的价格扭曲，实现工业用地供应规模的合理化，回归工业用地价格的市场导向，进而促进工业用地集约高效利用。

参考文献

［1］常跟应，张文侠，王鹭．甘肃内陆河流域工业企业区位选择和发展的影响因素［J］．中国沙漠，2015，35（05）：1376－1381．

［2］楚建群，许超诣，刘云中．论城市工业用地"低价"出让的动机和收益［J］．经济纵横，2014（05）：59－63．

［3］邓羽．北京市土地出让价格的空间格局与竞租规律探讨［J］．自然资源学报，2015，30（02）：218－225．

［4］丁瑶瑶．国务院印发关于6个新设自由贸易试验区总体方案的通知　自贸试验区再扩容，构筑开放新版图［J］．环境经济，2019（18）：48－51．

［5］高金龙，陈江龙，杨叠涵．南京市城市土地价格空间分布特征［J］．地理科学进展，2013，32（03）：361－371．

［6］黄金升，陈利根，张耀宇，等．产业结构差异下地方政府经济行为与工业地价研究［J］．产业经济研究，2017（03）：81－90．

［7］靳涛．引资竞争、地租扭曲与地方政府行为——中国转型期经济高速增长背后的"不和谐"分析［J］，学术月刊，2008（03）：83－88．

［8］林毅夫，蔡昉，李周．中国的奇迹：发展战略与经济改革（增订版）［M］．上海：格致出版社，2014．

［9］唐晓莲，利振焜．广州市工业用地出让价格时空演变分析［J］．价格理论与实践，2018（01）：70－73．

［10］陶然，徐志刚．城市化，农地制度与迁移人口社会保障［J］．经济研究，2005（12）：45－56．

［11］王瑞功．城市土地资源供给量价关系研究——以西安市为例［J］．金融经济，2019（14）：106－107．

［12］王伟.交通基础设施与全要素生产率——基于企业、行业与区域层面的研究［D］.长春：吉林大学，2019.

［13］魏后凯，等.中国城镇化：和谐与繁荣之路［M］.北京：社会科学文献出版社，2014.

［14］吴群，李永乐.财政分权、地方政府竞争与土地财政［J］.财贸经济，2010（07）：51－59.

［15］张琳，王传镇，黎小明，等.地方政府供地行为对工业用地市场价格影响的实证研究［J］.科技与管理，2018，20（06）：43－50.

［16］赵文哲，杨其静，周业安.不平等厌恶性、财政竞争和地方政府财政赤字膨胀关系研究［J］.管理世界，2010（01）：44－53.

［17］周霞，王德起.京津冀城市群工业地价空间分布规律研究［J］.建筑经济，2013（03）：80－84.

［18］左翔，殷醒民.土地一级市场垄断与地方公共品供给［J］.经济学（季刊），2013，12（02）：693－718.

［19］Alonso W. Location and land use：toward a general theory of land rent［M］. Cambridge：Harvard University Press，1964.

［20］Lin G C S，Yi F. Urbanization of capital or capitalization on urban land？Land development and local public finance in urbanizing China［J］. Urban Geography，2011，32（1）：50－79.

［21］Tu F，Yu X，Ruan J. Industrial land use efficiency under government intervention：Evidence from Hangzhou，China［J］. Habitat International，2014（43）：1－10.

［22］Yang Y R，Wang H K. Dilemmas of local governance under the development zone fever in China：A case study of the Suzhou region［J］. Urban Studies，2008，45（5－6）：1037－1054.

第八章
经济转型与城市工业用地利用效率

第一节　引　　言

我国目前正处于工业化快速发展阶段，工业用地量快速增长。然而我国工业用地的价格长期处于比较低的水平（张清勇等，2019），造成工业用地占建设用地的比例过高，工业用地无序扩张和低效利用问题严重。为此，中共中央、国务院对优化工业用地配置作出了一系列部署。2016 年"十三五"规划纲要提出"完善工业用地市场化配置制度"，2017 年《全国国土规划纲要（2016—2030年）》强调"减少工业用地比例，提高工业用地投入产出效益"。随着我国发展阶段的变化以及外部压力的加大，完善工业用地市场化配置制度，提高工业用地利用效率，成为亟待突破的难题之一。

学者们对工业用地利用效率进行了大量的研究。关于工业用地利用效率评价研究，学者们从省（刘书畅等，2020；严思齐等，2018；朱孟钰等，2018）、城市（罗能生和彭郁，2016）、经济区（谢花林等，2015）等宏观尺度进行了工业用地利用效率的测度，发现我国东中西部以及各大中城市工业用地利用效率普遍不高，且区域间工业用地效率呈现出显著的空间差异性。关于工业用地利用效率的影响因素研究，学者们发现地区经济发展水平、产业发展、行业集聚以及土地价格等因素是工业用地效率的重要作用因素（陈伟等，2014；Chen W et al.，2018）。此外，学者们研究了工业企业类型、财政分权、市场化改革等对工业用地利用效率的影响，发现国有及国有控股工业企业数量占比对工业用地利用效率提升起到负向影响（郭贯成等，2019）；财政分权对工业用地利用效率的影响在不同经济发展阶段有所差异，体现出显著的非线性特征（严思齐和彭建超，2019）；工业用地市场化改革显著提高了我国工业用地利用效率，这种效应在中部和西部地区更为突出（赵爱栋等，2016）。纵观学者的研究，虽然对工业用地利用效率问题有了深刻认知，但在当前经济转型背景下，缺乏对于全球化、分权化、市场化对工业用地利用效率的影响方面的探讨。全球化、市场化、分权化作为经济转型的三股重要力量重构着我国区域经济格局（贺灿飞和王俊松，2009），并与城市经济社会结构和土地利用结构等因素共同影响着城市土地利用效率（Wu C Y et al.，2017）。因此，探究经济转型背景下的城市工业用地利用效率的作用机制，对于揭示工业用地利用效率的宏观驱动至关重要。

　　基于此，本章从经济转型的视角入手，理论上构建分析框架，剖析全球化、市场化、分权化因素对工业用地利用效率的影响机理；实证测算 2007～2016 年长江经济带工业用地利用效率，并探究其空间分异规律；通过面板数据分析经济转型背景下长江经济带工业用地利用效率的影响因素。

第二节　理 论 分 析

一、理论分析框架

　　我国经济转型是一个从计划经济走向市场经济的过程，也是由封闭走向开放，融入经济全球化的过程（贺灿飞，2017）。具体来看，经济转型是指全球化、市场化、分权化三种力量的作用过程（Wei Y D，2001）。基于此，本章将工业用地利用效率置于经济转型视角下理解，分析全球化、市场化、分权化三方面转型，对工业用地利用效率的作用机制。

　　我国的经济转型是一个全球化的过程。改革开放以来我国逐步参与全球化，特别是 2001 年加入 WTO 后，我国经济进一步融入世界经济。我国参与全球化进程不断深入的重要表现即是外商投资（FDI）的增加。全球化对工业用地利用效率的影响，主要通过外商投资传导。外商投资对地方经济发展和工业用地利用会产生规模效应、结构效应和技术效应（贺灿飞，2017）。规模效应方面，外商直接投资会带来地区经济增长和产业扩张，增加区域工业资本投入，通过产生规模效应，提高区域工业用地产出；结构效应方面，外商投资通过技术转让和溢出效应，使产业向低能耗、高新技术转型，促进产业结构调整提升工业用地效率；技术效应方面，外商直接投资会带来新的技术、知识和管理技能，提升地区工业技术水平和生产能力，从而提高工业用地效率。

　　我国经济转型的另一特征是市场化过程。市场化过程是一个由计划经济向市场经济的经济转型过程。市场化对工业用地利用效率的作用，表现在部门之间的要素再配置作用。伴随着计划经济向市场经济的转型，城市土地市场制度逐渐从无偿无限期到有偿使用。特别是 2006 年以来，随着我国工业用地市场化改革的推进，国家提出要降低工业用地比例，提高工业用地出让地价水平（赵爱栋等，2016）。在此背景下，工业用地"招拍挂"出让逐渐取代协议和划拨出让。工业用地价格形成过程中的市场机制作用逐步凸显，工业用地价格在一定程度上得到显化，工业用地价格的提升对提高工业用地效率具有一定的倒逼作用。

分权化过程也是我国经济转型的重要特征。改革开放以来，我国实施了一系列经济制度转型，分权化则是其中重要的制度转型。我国的分权化过程赋予了地方政府更多发展权，也增加了地方政府的经济发展的责任（Gao J L et al.，2014）。在这种背景下，分权化对工业用地利用效率的影响表现如下：1994年分税制改革后，中央政府将经济权和财政权下放给地方政府。然而，以GDP、财政税收为标准的地方政绩考核，使得地方政府在政治上的进取具体落实到了经济上的竞争（田文佳等，2019）。地方政府通常会通过压低工业用地价格来招商引资，从而达到财政增收和经济增长的目的（陶然等，2007）。低廉的工业用地价格，会造成工业用地闲置和低效利用。因此，财政分权程度越高，越容易刺激地方政府间"土地引资竞争"，最终导致工业用地地价扭曲，造成工业用地利用效率损失（屠帆等，2019）。

综上分析，全球化和市场化可能促进工业用地利用效率的提高，经济分权则加剧了地方政府经济竞争，诱发"土地引资竞争"加剧，从而可能造成工业用地利用效率的降低。此外，产业结构、工业集聚程度、城市经济发展水平等是作用于工业用地利用效率的基本因素（崔新蕾和赵燕霞，2018；张英浩等，2019）。基于此，构建了经济转型背景下的工业用地利用效率分析框架，见图8-1。

二、研究区域概况

长江经济带横跨我国东、中、西三大区域，包括上海、江苏、浙江、安徽、江西、湖北、湖南、重庆、四川、云南、贵州共11个省市。全区面积约占我国陆地总面积的1/5，约为205万平方千米，人口和生产总值均超过全国的40%。国务院2014年印发《关于依托黄金水道推动长江经济带发展的指导意见》，将长江经济带建设上升为国家战略，其在我国经济开发中具有举足轻重的作用（张立新等，2017）。此外，长江经济带作为我国工业发展最为集中的区域，工业基础雄厚，长江三角洲又是我国最大的综合性制造基地。2016年，长江经济带城市工业用地面积约为4313平方千米，约占全国工业用地面积的41%。近些年，作为我国城镇化快速发展的区域，长江经济带资源环境与经济社会发展之间的矛盾也日益突出，城市工业用地效率低下直接影响长江经济带区域产业健康发展。特别是在当前我国经济转型背景下，探究长江经济带工业用地利用效率具有非常重要的意义。

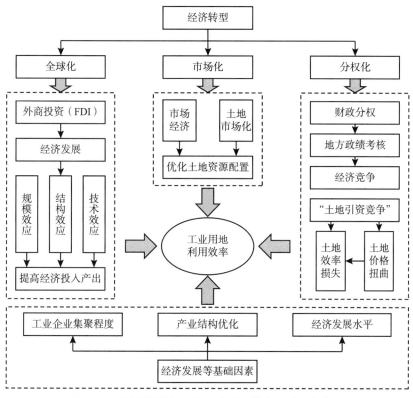

图8-1 经济转型与工业用地利用效率理论分析框架

基于区域间社会经济发展、自然资源条件的差异，一般将长江经济带分为上游、中游和下游3个区域，其中：下游区域包括上海、江苏、浙江和安徽；中游区域包括湖南、湖北、江西；上游区域包括重庆、四川、云南和贵州。根据数据的可获取性，本章研究的长江经济带城市主要是地级以上的124个城市。

第三节 模型设置与数据来源

首先，构建随机前沿生产函数模型，测算长江经济带城市工业用地利用效率；其次，采用全局空间自相关和热点分析空间统计模型，测度长江经济带城市工业用地利用效率的空间格局特征；最后，通过面板数据模型，分析经济转型背景下全球化、市场化和分权化对工业用地利用效率的作用。

一、城市工业用地利用效率测算模型

随机前沿生产函数是由艾格纳（Aigner）等建立，随后巴蒂斯（Battes）等研究了随机前沿生产函数模型的面板数据估计（Battese G E & Coelli T J，1992）。城市工业用地的产出由其要素投入和产出效率两部分决定。单位工业用地面积上的要素投入不变，产出越大意味着利用效率越高。而且单位面积要素投入存在一个最优产出。而在实际经济活动中，由于技术无法达到最优，存在技术无效率，很难达到最优产出。因此，在单位工业用地面积要素投入不变的情况下，单位用地的实际产出与最优产出的比例定义为工业用地利用效率。本章根据巴蒂斯等的随机前沿生产函数模型，叶浩等的研究方法（叶浩和濮励杰，2011），以地均工业用地投入产出关系构建城市工业用地单位面积产出随机前沿生产函数模型如下：

$$Y_{it} = AC_{it}^{\alpha 1} P_{it}^{\alpha 2} L_{it}^{\alpha 3} e^{v_{it} - u_{it}} \quad (8.1)$$

$$u_{it} = e^{-\eta(t-T)} u_i \quad (8.2)$$

$$u_i \sim N^+(\mu, \delta_\mu^2) \quad (8.3)$$

$$v_{it} \sim N^+(0, \delta_v^2) \quad (8.4)$$

式中：Y 表示城市工业产值；A 是常数项；C 是资本投入；P 是劳动力投入；L 是工业用地面积；v_{it} 是随机扰动项，代表不可控因素造成的随机误差；u_{it} 是技术无效率项；u_i 服从均值为 μ、方差为 δ_μ^2 的单侧非负正态分布；η 是待估参数；i 表示地区城市；t 表示时间；T 是总时期；α_1、α_2、α_3 分别为资本、劳动力、土地的产出弹性系数。

在资本、劳动力、土地三个要素的规模报酬不变情况下，令 $\alpha_1 + \alpha_2 + \alpha_3 = 1$，式（8.1）两边同时除以工业用地面积 L，此时得到单位工业用地面积下的随机前沿生产函数模型：

$$y_{it} = Ac_{it}^{\alpha 1} p_{it}^{\alpha 2} e^{v_{it} - u_{it}} \quad (8.5)$$

式中：y_{it} 表示城市单位工业用地的经济产出；c 表示城市单位工业用地面积上资本投入；p 表示单位工业用地面积上劳动力投入。方程两边分别取对数，得到随机前沿生产函数双对数面板模型：

$$\ln y_{it} = \ln A + \alpha_1 \ln c_{it} + \alpha_2 \ln p_{it} - u_{it} + v_{it} \quad (8.6)$$

通过式（8.6），得到单位工业用地面积的投入产出效率如下：

$$TE = \exp(-u_{it})\qquad(8.7)$$

二、空间统计模型

（一）全局空间自相关

Global Moran's I 指数可以反映区域内空间上相邻（相近）地域单元属性值的相关性。全局空间自相关是通过 Moran's I 的正负来判断属性值的空间集聚程度。若 Moran's I 值为正，表示城市工业用地效率整体呈显著空间集聚；若 Moran's I 值为负，则说明城市工业用地效率整体呈显著空间分异。全局 Moran's I 指数：

$$I = \frac{\sum\limits_{i=1}^{n}\sum\limits_{j=1}^{n}W_{ij}(X_i - \overline{X})(X_j - \overline{X})}{S^2\sum\limits_{i=1}^{n}\sum\limits_{j=1}^{n}W_{ij}}\qquad(8.8)$$

式中：n 为研究区域的个数；X_i 与 X_j 分别表示 i、j 区域的观测值；W_{ij} 为空间权重矩阵（空间相邻为 1，不相邻为 0）；S^2 为观测值的方差；$\overline{X}$ 为观测值的平均值。

（二）热点分析

热点分析 Gi* 指数，根据其冷点、热点区域，用于测度局部空间自相关特征。

$$G_i^* = \frac{\sum\limits_{j=1}^{n}W_{ij}(d)X_j}{\sum\limits_{j=1}^{n}X_j}\qquad(8.9)$$

式中：W_{ij} 表示空间权重矩阵（空间相邻为 1，不相邻为 0）。若其为正，表明 i 周围值较高，属于热点区；反之 i 周围值较低，属于冷点区。

本章采用 Global Moran's I，G_i^* 指数来测度长江经济带城市工业用地利用效率的空间格局特征。其中全局 Moran's I 指数是对效率在整个区域空间特征的描述，以此来衡量区域间空间关联及差异特征；在此基础上采用局部 G_i^* 指数描述效率局部空间异质特征，以此判别局部空间分异规律。

三、影响因素分析模型

通过引入面板数据回归模型分析经济转型背景下，全球化、市场化、分权化对工业用地效率的影响，面板数据回归模型的形式为：

$$T_{it} = \alpha_{it} + \sum_{k=1}^{k} \beta_{kit} x_{kit} + \mu_{it} \tag{8.10}$$

式中：T_{it} 为被解释变量，表示各城市工业用地利用效率；x_{kit} 为解释变量，表示各城市工业用地利用效率的影响因子，$i = 1，2，3，\cdots，n$，表示样本个数，$t = 1，2，3，\cdots，t$，表示时间；α_{it} 表示截距项；k 为解释变量的个数；β_{kit} 表示相对应解释变量的待估计系数；μ_{kit} 表示残差项。

四、指标选取与数据来源

（一）指标选取

首先，本章从用地投入和产出两方面进行指标选择，构建随机前沿生产函数模型。遵循可获取性、代表性等指标选取原则，结合以往学者研究经验（崔新蕾和赵燕霞，2018；罗遥和吴群，2018），选取规模以上工业企业固定资产投资额、城市工业用地面积、第二产业从业人员数作为资本、土地、劳动力的投入因素；选取工业总产值作为工业用地的经济效益产出因子，以此投入因素和产出因素构建随机前沿生产函数模型。

其次，在效率测算的基础上，本章构建长江经济带区域整体和上游、中游、下游 3 个区域的工业用地效率影响因素面板回归模型。模型选取的解释变量见表 8 - 1。全球化背景下的外商投资通过对地方经济发展产生效应而作用于工业用地利用效率，因此，本章选择人均外商投资额（$rfdi$）作为表征该城市参与全球化的程度。市场化程度和市场化对工业用地利用效率的影响主要表现为对其要素的配置，在此用土地市场化程度（$mark$）来表征市场化，土地市场化程度采用城市一级市场土地招拍挂地面积在总出让面积总占比来表示。选取财政支出分权程度（$fedec$）来表征分权对工业用地利用效率的影响。参考之前学者的研究具体分权指标的算法如下（Liu S C et al.，2019）：

$$fedec = feu / (feu + fep + fec) \tag{8.11}$$

式中：*feu*、*fep*、*fec* 分别表示城市人均财政支出、省人均财政支出和中央政府人均财政支出。

模型中除了表征全球化、市场化和分权化对工业用地利用效率的影响因素外，在此将产业结构、工业产业集聚程度以及地区经济发展水平作为控制变量。首先，选择产业结构优化程度来体现产业结构作用，产业结构优化程度（*idu*）具体采用第二产业产值与第三产业产值的比值来表征。其次，工业行业在空间上的集聚程度，分别采用城市单位面积上工业企业密度（*secdes*）和城市单位面积上行业从业人员密度（*peodes*）表征。最后，地区经济水平作为控制工业用地利用效率的变量，采用单位面积上人均GDP（*agdp*）表征。

表 8 - 1　　　　　　　　　　　指标描述及数据说明

解释变量	变量简称	定义（单位）	变量类型
外商投资水平	*rfdi*	FDI/城市人口（万美元/人）	连续变量
土地市场化水平	*lmark*	城市一级市场土地招拍挂地面积/总出让面积（%）	连续变量
财政分权程度	*fedec*	城市人均财政支出/（城市人均财政支出＋省人均财政支出＋中央政府人均财政支出）（%）	连续变量
产业结构优化程度	*idu*	第二产业产值/第三产业产值（%）	连续变量
工业企业集聚程度	*secdes*	工业企业总个数/城市建设用地面积（个/平方千米）	连续变量
	peodes	行业从业人数总人数/城市建设用地面积（人/平方千米）	连续变量
地区经济水平	*agdp*	GDP/城市人口（元/人）	连续变量

（二）数据来源

①空间数据，来源于国家基础地理信息中心提供的1∶100万的矢量数据。②统计数据，来源于《中国城市统计年鉴（2008—2017）》《中国统计年鉴（2008—2017）》《中国城市建设统计年鉴（2007—2016）》《中国国土资源年鉴（2008—2017）》。为保持统计口径的一致性，对城市规模以上工业企业固定资产投资额、城市GDP、二三产业产值、城市财政支出、外商投资额进行平滑处理，消除价格因素的影响，确保数据的可比性。此外，为保证研究区域地理空间时序上的连续，本章以2012年我国行政区划调整为基础，对行政区调整的城市按照行政面积进行了拆分处理。

第四节 实证结果与分析

一、长江经济带城市工业用地利用效率测算结果

整体来看，2007～2016年长江经济带区域整体工业用地利用效率的平均值仅为0.553（见图8-2）。长江经济带上游、中游、下游区域工业用地效率在2007～2016年的平均值分别为0.371、0.433、0.818。可见，长江经济带上、中、下游之间的差异显著，其中，下游区域效率均值明显高于区域整体且远高于其他两个区域，而中游和下游区域的均值均未达到区域平均值。从时序上来看，长江经济带和各区域工业用地利用效率呈现逐步上升的趋势，区域工业用地利用效率十年间的增长幅度为22%，然而各个区域在2007～2016年的增长幅度存在一定的差异。其中，上游区域效率的均值从2007年的0.3017增长到2016年的0.4451，十年间增长了48%，中游区域从2007年的0.367增长到2016年的0.5007，十年间增长了36%，下游区域从2007年的0.793增长到2016年的0.8397，十年间增长了6%。虽然十年间上游区域的效率均值在三个区域中最低，但是涨幅却最大，而下游区域的涨幅并不显著。

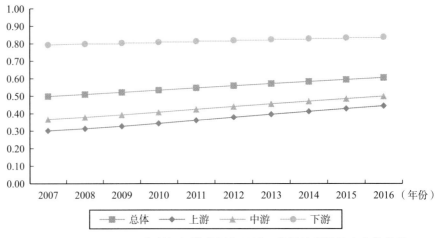

图8-2 2007～2016年长江经济带及各区域工业用地利用效率变化趋势

资料来源：依据《中国国土资源年鉴（2008—2017）》计算。

从空间上看，长江经济带工业用地利用效率呈现东北高—西南低的空间分异特征，且表现出从上游向下游逐渐增加的空间分布规律。工业用地利用效率的高值主要集中于长江三角洲地区，而效率的低值在两个研究时段中均分布于上游的云南、贵州地区。工业用地利用效率中高值分布与长江经济带城市群的空间分布具有高度一致性，主要呈现以长江三角洲城市群、长株潭城市群、成渝城市群为依托的多核心集聚特征。长江经济带下游区域的效率高值区域已呈连绵集聚态势，如南京、宁波、杭州均是效率高值区，中游区域的长株潭城市群、武汉城市群也是工业用地效率高值集聚的重要区域，且高值主要集聚在省会城市及其附近，如武汉、长沙、南昌等。上游区域则依托成渝城市群形成了以成都、重庆为核心的效率高值集聚区。

二、长江经济带城市工业用地利用效率空间非均衡性分析

（一）全局空间自相关分析

通过蒙特卡洛模拟检验，在 0.1% 的检验显著水平上，全局 Moran's I 指数呈现为正向空间相关性，表明研究区工业用地利用效率高（低）呈现集聚分布态势；此外，2007～2016 年指数值从 0.2053 上升到 0.2874，这表明在研究期内长江经济带工业用地效率的空间相关性逐渐提高，呈现空间集聚发展特征。

（二）局部空间自相关分析

总体来看，2007～2016 年长江经济带工业用地利用效率热点区域存在显著的空间极化现象，以热点区域作为极化的核心，由东北向西南方向依次呈现热点—次热点—次冷点—冷点的递次分布特征。具体来看，效率的热点区域 2007 年和 2016 年主要集聚在江苏省，如南京、南通、苏州、无锡等城市。次热点区域以热点区域为中心向外辐射，两个研究时期次热点区域均集中分布于浙江大部分城市和安徽部分城市，如杭州、温州、合肥、滁州等城市。次冷点区域和冷点区域相衔接，集中分布于长江经济带的中游和上游区域。次冷点区域在 2007 年主要集中分布在湖北、湖南和江西，2016 年范围有所扩大。冷点区域 2007 年主要集中分布在四川、重庆、云南、贵州，2016 年重庆和四川部分城市由冷点区域转变为次冷点区域。

三、经济转型背景下工业用地利用效率的影响因素

一是经济全球化对长江经济带区域总体工业用地利用效率具有正向促进作用。全球化对长江经济带区域总体工业用地利用效率影响的弹性系数为 0.8701（见表 8 - 2），这表明经济全球化的过程中，人均外商投资额每增加 1%，长江经济带区域总体的工业利用效率将提高将近 0.9%。2008 年全球金融危机之后，长江经济带逐步以内陆开放，沿路沿江沿海开放应对世界格局的变化。这种全球化发展趋势下，研究期内长江经济带城市人均外商投资额不断上升，2007 ~ 2016 年增长率高达 151%。这意味着长江经济带区域经济发展拥有更多的外来产业资本投入，从而有利于提升工业企业产出，促进工业用地效率提高。此外，全球化对长江经济带下游区域工业用地利用效率的正向促进作用最大，其弹性系数为 1.8661。长江经济带下游区域依托长三角，得益于其较强的"集聚经济"效应，一直是外商投资的重要区域，2016 年长江经济带下游区域城市人均外商投资额分别是中游地区的 1.6 倍、上游区域的 6 倍。大量外资的投入，配合长江经济带下游密集的劳动力、稀缺的土地资源，使得全球化对下游区域工业用地利用效率的作用凸显。

表 8 - 2　　　　　长江经济带及其不同区域影响因素回归系数汇总

含义	变量	全域	下游	中游	上游
常数值	C	0.5188 ***	0.7758 ***	0.4803 ***	0.2570 ***
全球化	rfdi	0.8701 ***	1.8661 ***	- 0.1508	1.0555 ***
市场化	lmark	0.0163 ***	0.0367 **	- 0.0009	- 0.0411
分权化	fedec	- 0.1324 ***	0.5894 ***	0.1152 ***	- 0.1970 ***
产业结构	idu	- 0.0081 **	- 0.0824	0.0206 ***	0.0606 ***
工业企业集聚程度	secdes	0.0016 **	0.0012 ***	0.0038 ***	0.0011
	peodes	- 0.0015	0.2944 ***	- 0.0889 ***	- 0.0020
经济水平	agdp	0.0011 ***	0.0310 ***	- 0.0117	0.0327 ***
R^2	—	0.9881	0.7977	0.9745	0.7884
F 值	—	696.977	19.617	248.398	26.089
样本数		1020	240	490	290

注：*：$p<0.1$，**：$p<0.05$，***：$p<0.01$。

　　二是市场化程度与长江经济带区域总体的工业用地效率呈正相关。2006年以来，我国工业用地市场化改革得到了大力推进，长江经济带土地一级市场中招拍挂面积占比从2007年的56%增加到2016年的94%。随着土地市场化程度的提高，工业用地的利用效率也逐步提升。具体到各个区域，市场化程度对长江经济带下游区域工业用地效率具有正向促进作用，且弹性系数为0.0367，而对上游和中游地区作用均不显著。这是因为：下游区域集中了东部经济发达的省市如上海、浙江、江苏，这些区域市场经济发达，土地市场化程度高达95%，市场在土地资源配置过程中发挥了重要的作用，这对于激励工业用地者提高用地利用效率具有积极作用；而上游和中游区域属于中西部地区，工业用地市场机制仍不健全，其对工业用地资源的配置作用较弱，因此对该区域工业用地利用效率影响不显著。

　　三是地方分权对长江经济带区域总体工业用地利用效率的影响为负。这说明城市财政自主程度越高，工业用地利用效率越低。从区域上来看，分权化对上、中、下游3个区域工业用地效率作用方向不一致。在上游区域，地方分权对工业用地利用效率具有负向影响。上游区域的云南、贵州、四川、重庆，属于我国的西部地区，处于经济发展初中级阶段，经济增长仍主要依赖土地要素的积累，地方政府更青睐于大量低价出让工业用地来招商引资发展经济。2007～2016年上游区域城市工业用地面积平均增长了105%，远高于中游区域的32%和下游区域的47%。因此，长江经济带上游区域财政分权化主要通过影响地方政府的土地市场出让干预行为而作用于工业用地利用效率。中下游区域，地方分权化对工业用地利用效率作用为正。长江经济带中下游，特别是下游区域的浙江、江苏、上海等区域经济增长处于中高级阶段，技术进步逐步成为经济增长的主要源泉，较高的财政自主权反而有利于区域引进先进科学技术并转变经济增长方式，从而促进了工业用地利用效率的提升。

　　四是产业结构、工业集聚和经济发展水平对长江经济带不同区域工业用地利用效率作用差异明显。从产业结构来看，长江经济带区域总体及下游区域，区域产业结构等级度越高，其工业用地利用效率的提升作用越强。长江经济带下游区域的上海、江苏、浙江，技术密集型产业集聚，如电子信息、新能源、新材料等，这些产业科技含量高，产出能力强，产出价值大，将促进工业用地利用效率的提升。从工业企业集聚程度来看，长江经济带区域总体以及中下游区域，企业集聚程度越高工业用地利用效率越高。长三角地区是我国制造业发展高地，产业门类齐全，集群优势明显，工业企业在空间上的集聚不仅能减少企业之间沟通、运输等成本，还能实现信息共享，提高竞争力，强化分工协作，提高生产效率。

经济发展水平对长江经济带区域总体上游和下游地区的工业用地利用效率的提升均起到正向促进作用。

第五节　小　　结

本章运用随机前沿生产函数模型测度了 2007～2016 年长江经济带城市工业用地利用效率，综合利用 Global Moran's I、G_i^* 指数空间统计模型分析了长江经济带工业用地利用效率的时空格局演变特征，最后采用面板数据建立回归模型探讨了经济转型背景下工业用地利用效率的驱动因素，得到如下结论。

第一，2007～2016 年长江经济带城市工业用地利用效率平均值为 0.553，总体属于中等水平。从时序上来看，长江经济带和各区域工业用地利用效率呈现逐步上升的趋势，区域总体工业用地利用效率 2007～2016 年十年间的增长幅度为 22%。从区域上来看，下游地区与中游、上游地区的工业用地利用效率存在明显的梯度差异，总体上呈"下游地区 > 中游地区 > 上游地区"的趋势特征。

第二，从空间上来看，长江经济带工业用地利用效率表现出东北高—西南低，从上游向下游逐渐增加的空间分布规律。长江经济带工业用地利用效率热点区域存在显著的空间极化现象，以热点区域作为极化的核心，由东北向西南方向依次呈现热点—次热点—次冷点—冷点的递次分布特征。

第三，经济转型背景下，全球化、市场化和分权化因素共同作用于长江经济带工业用地利用效率。其中，全球化通过外商投资的增加而对长江经济带区域总体以及上游、下游区域的工业用地利用效率起到促进作用；市场化，特别是土地市场化的不断提高对长江经济带区域总体及下游区域的工业用地利用效率具有正向推动作用；分权化对长江经济带区域总体和上游区域的城市工业用地利用效率有显著的负向作用，而对中游和下游区域的城市土地利用利益效率则具有显著的积极影响。此外，产业结构、工业集聚和经济发展水平也是作用于长江经济带工业用地利用效率的重要因素。

本章探究了经济转型背景下工业用地利用效率的作用因素。然而本章仍有不足，对工业用地利用效率的测算只考虑了其经济效益，对非期望产出并未考虑，未来仍有待补充研究。研究结果显示长江经济带工业用地利用效率并不高，且区域间存在显著差异，鉴于经济转型对长江经济带工业用地利用效率的作用机制，本章提出如下建议启示：（1）根据长江经济带上、中、下游不同的基础和优势，因地制宜提升开放型经济发展水平，提高外商投资利用效率。（2）进一步让市场在工业用地配置中发挥主导作用，推进工业用地市场化改革，完善工业用地"招拍挂"出让制度。（3）转变地方政府官员的考核机制，通过合理调整中央与地方财政关系，引导地方政府行为，注重经济增长的质量与效率；加强对工业用地出让的监管，根据区域发展的不同阶段，实施差别化的工业用地供应政策。

参考文献

［1］陈伟，彭建超，吴群．中国省域工业用地利用效率时空差异及影响因素研究［J］.资源科学，2014，36（10）：2046 – 2056.

［2］崔新蕾，赵燕霞．资源型城市工业用地利用效率及影响因素研究［J］.国土资源科技管理，2018，35（03）：1 – 14.

［3］郭贯成，彭紫新，周志伟．工业企业类型对工业用地利用效率的影响研究：基于企业类型宏观视角的分类［J］.长江流域资源与环境，2019，28（02）：241 – 249.

［4］贺灿飞，王俊松．经济转型与中国省区能源强度研究［J］.地理科学，2009，29（4）：461 – 469.

［5］贺灿飞．经济转型地理研究［M］.北京：经济科学出版社，2017.

［6］刘书畅，叶艳妹，肖武．基于随机前沿分析的中国城市土地利用效率时空分异研究［J］.中国土地科学，2020，34（01）：61 – 69.

［7］罗能生，彭郁．中国城市工业用地利用效率时空差异及地方政府竞争影响［J］.中国土地科学，2016，30（05）：62 – 70.

［8］罗遥，吴群．城市低效工业用地研究进展：基于供给侧结构性改革的思考［J］.资源科学，2018，40（06）：1119 – 1129.

［9］陶然，袁飞，曹广忠．区域竞争、土地出让与地方财政效应：基于1999 – 2003年中国地级城市面板数据的分析［J］.世界经济，2007（10）：15 – 27.

［10］田文佳，余靖雯，龚六堂．晋升激励与工业用地出让价格：基于断点回归方法的研究［J］.经济研究，2019，54（10）：89 – 105.

［11］屠帆，胡思闻，邹双玲．从路径依赖到路径突破：中国工业用地政策演化的制度经济学分析［J］.科技与经济，2019，32（05）：86 – 90.

［12］谢花林，王伟，姚冠荣，等．中国主要经济区城市工业用地效率的时空差异和收敛性分析［J］.地理学报，2015，70（08）：1327 – 1338.

［13］严思齐，彭建超，吴群．中国工业用地利用效率收敛特征［J］.资源科学，2018，40（06）：1163 – 1174.

［14］严思齐，彭建超．财政分权对工业用地利用效率影响的门槛效应：基于省级面板数据的实证研究［J］.南京农业大学学报（社会科学版），2019，19（01）：118 – 129.

［15］叶浩，濮励杰.我国耕地利用效率的区域差异及其收敛性研究［J］.自然资源学报，2011，26（09）：1467-1474.

［16］张立新，朱道林，杜挺，等.长江经济带土地城镇化时空格局及其驱动力研究［J］.长江流域资源与环境，2017，26（09）：1295-1303.

［17］张清勇，杜辉，钟晓萍.日本、韩国和我国台湾地区的工业用地政策：变迁与启示［J］.财经智库，2019，4（05）：103-114.

［18］张英浩，陈江龙，高金龙，等.经济转型视角下长三角城市土地利用效率影响机制［J］.自然资源学报，2019，34（06）：1157-1170.

［19］赵爱栋，马贤磊，曲福田.市场化改革能提高中国工业用地利用效率吗？［J］.中国人口·资源与环境，2016，26（03）：118-126.

［20］朱孟珏，庄大昌，李涛.基于环境约束的中国矿业城市工业用地效率评价［J］.中国土地科学，2018，32（10）：59-66.

［21］Battese G E，Coelli T J. Frontier production functions，technical efficiency and panel data：With application to paddy farmers in India［J］. Journal of Productivity Analysis，1992，3：153-169.

［22］Chen W，Shen Y，Wang Y N，et al. How do industrial land price variations affect industrial diffusion？Evidence from a spatial analysis of China［J］. Land Use Policy，2018，71：384-394.

［23］Gao J L，Wei Y D，Chen W，et al. Economic transition and urban land expansion in provincial China［J］. Habitat International，2014，44：461-473.

［24］Wei Y D. Decentralization，marketization，and globalization：The triple processes underlying regional development in China［J］. Asian Geographer，2001，20（1-2）：7-23.

［25］Wu C Y，Wei Y D，Huang X J，et al. Economic transition，spatial development and urban land use efficiency in the Yangtze River Delta，China［J］. Habitat International，2017，63：67-78.

第九章
区域一体化与城市
工业用地价格竞争

第一节 引 言

自 1998 年国务院颁布《中华人民共和国土地管理法实施条例》并明确规定"城市土地归国家所有"以来，地方政府事实上控制了工业用地一级交易市场，工业用地逐渐成为地方政府争夺企业与资本入驻以赢得政府间竞争并促进经济增长的关键要素（亓寿伟等，2020）。现有研究表明，地方政府利用自身工业用地出让"垄断权"参与地方政府间横向竞争以争夺生产要素的现象是广泛存在的，主要体现为降低出让价格的价格竞争（田文佳等，2019；颜燕等，2013）、扩大土地征用量与出让规模的数量竞争（杜雪君和黄忠华，2015）和降低土地质量的质量竞争（李拓，2016）三方面，其中以降低工业用地出让价格的价格竞争最为突出。截至 2020 年[①]，我国工业用地、商服用地和住宅用地价格指数分别为 233、302、404，工业用地出让价格扭曲现象明显。地方政府以廉价工业用地为杠杆，一方面撬动辖区内工业化、城镇化的高速发展，另一方面形成工业用地出让价格的恶性竞争，由此带来的土地要素错配、资源低效利用、经济不可持续发展等问题已十分突出（刘守英等，2020）。

城市群作为我国区域一体化重要形态，是推动地方政府间协作共赢和促进区域间要素资源高效配置的关键载体（方创琳等，2018）。现有针对城市群效应的研究表明：一方面，城市群使区域内产生共享中间投入品、共享劳动力市场、降低劳动力匹配差异和知识溢出等市场红利（年福华等，2002；赵娜等，2017）；另一方面，城市群内政府间良好的竞争与合作机制释放行政红利（赵勇和魏后凯，2015）。基于我国"自上而下"的规划审批制度，国务院针对国家级城市群的行政批复无疑是调控地方政府间竞争与合作环境的重要手段，探究其能否有效缓和工业用地的价格竞争，可以考察国务院批复国家级城市群产生的行政与经济红利的同时挖掘工业用地价格竞争的核心机制，从而为我国新型城镇化与经济高质量转型提供决策参考。

现有研究针对城市群产生的效应进行了一定探讨，主要集中在城市群对区域内经济增长速度与质量的贡献（丁任重等，2021；原倩，2016；苗峻玮和冯华，

---

① 数据来源：中国地价监测网，参见：http://www.landvalue.com.cn/。

2021；张茂榆和冯豪，2020）、对区域内协作机制效率的影响（刘倩等，2020；侯赟慧等，2009）、对区域内要素流动与集聚的作用（苏雪串，2004；李洪涛和王丽丽，2020）以及对区域外要素吸引能力的效应（赵娜等，2017）等方面。相比之下，少数研究讨论了城市群对区域内政府竞争的影响。龚锋等（2021）从政府间税收竞争角度切入，发现城市群形成的要素集聚对企业产生"锁定"效应，降低城市群内城市参与税收竞争的力度。刘永健等（2021）从建设用地价格扭曲视角切入，发现城市群发展缓解了工业用地在内的建设用地价格扭曲程度。但已有研究仍存在一些不足：研究视角上，现有研究未能将区域一体化与地方政府间工业用地价格竞争纳入统一实证框架中进行分析；研究方法上，现有研究大多将城市群形成或发展作为准自然实验，构建双重差分模型探究其效应，仅少数研究将城市间空间竞争效应纳入研究框架中（龚锋等，2021），且未涉及工业用地价格竞争领域；研究数据上，现有研究普遍采用单个城市群或多个发育较成熟城市群内城市作为研究样本（丁任重等，2021；苗峻玮和冯华，2021；张茂榆和冯豪，2021；刘永健，2021），针对我国城市群的整体性研究较少（赵娜等，2017；龚锋等，2021）。

　　基于上述不足，本章利用我国 281 个城市 2007～2020 年面板数据，构建两区制空间杜宾模型，以城市群设立为例，研究区域一体化对工业用地价格竞争的影响，并分析其作用机制。本章可能的边际贡献为：研究视角上，本章基于我国地方政府间工业用地价格竞争的现象广泛存在这一事实（田文佳等，2019；颜燕等，2013），引入国务院批复城市群作为准自然实验，试图比较城市群内与城市群外城市工业用地价格竞争反应系数的差异，验证城市群是否缓解工业用地价格竞争这一实证问题，是对现有研究不足的补充；研究方法上，既有研究已经探讨了城市群发展对多个较成熟城市群中工业用地价格扭曲的缓解作用（刘永健，2021），本章进一步将城市间工业用地价格竞争的空间效应纳入实证框架，通过构建两区制空间杜宾模型进行研究，是对前人研究方法的补充；研究数据上，不同于既有研究仅聚焦于单个或少数几个较成熟的城市群，本章将"十三五"规划中确定的 19 个城市群均纳入实证范围，可以更完整地考察区域一体化产生的空间效应。

第二节 研 究 假 说

一、城市群批复与地方政府间工业用地价格竞争

地方政府间竞争吸引了大量国内外文献的关注。早在20世纪80年代中，威尔逊（Wilson，1986）就发现地方政府为吸引资本等生产性要素的流入而竞相选择较低的税率或实施大力度的税收优惠，并引发税收政策的策略性模仿。显然，作为一种争夺要素资源的手段，税收竞争在国内外均广泛存在（Bordignon et al.，2003；龙小宁等，2014）。然而，由于我国地方政府并不具备名义上调整税政的权力，这导致1994年分税制改革以来地方政府逐渐转向对易操控经济资源的"逐底竞争"，其重要体现之一为利用工业用地争夺企业、人才、资金等流动性要素。但是现实实践中，不仅需要考虑土地这一种关键生产要素，还需比较资源禀赋、市场规模等其他特征。在如城市群这样具有后者特征比较优势的地区中，学者们发现地方政府往往无须进行过度的土地竞争，这无疑优化了区域内的合作竞争格局。

城市群作为区域一体化的重要形态，在经济社会发展中承担重要作用，学界目前发现其形成与发展产生了至少三种机制驱动区域内的经济增长（Su et al.，2017）。一是城市群使区域内要素充分流动并产生集聚效应，通过提升科技水平、知识溢出人才储备等路径分支促进经济增长（杨明海等，2017）；二是城市群良好的市场环境强化区域内的"蒂伯特选择"机制，即政府为招商引资加大对城市群内基础设施建设投资的比例而降低企业交通运输成本，强化企业间需求关联的循环积累效应和投入产出联系，进而促进城市群的经济增长（吴福象和刘志彪，2008）；三是城市群核心城市具有明显的辐射带动作用，通过与区域内中小城市全方位互动合作形成"多核心、多层次"的一体化发展格局，促进经济增长（原倩，2016）。

显然，这些机制为弱化地方政府进行"逐底竞争"的动机提供了重要贡献，具体来说，高行政红利与市场红利带来的高经济增长意味着区域内税赋的增加，这部分增量税赋能缓解地方政府相当一部分的财政压力与竞争压力，因此能起到弱化地方政府低价出让工业用地动机的作用。

假设1：城市群批复抑制地方政府间工业用地出让的价格竞争。具体来说，

与非城市群城市相比，城市群内城市对相邻城市价格变动反应的敏感度更低，工业用地价格竞争反应系数绝对值更小。

二、城市群批复与市场红利、行政红利

区别于国外城市群的自发孕育，在我国"自上而下"的行政审批体制下，中央政府往往将培育或发展城市群的行政批复看作一种"施策工具"，用以调整某一区域内地方政府的上级激励，进而起到打破行政壁垒、优化资源配置、统筹区域协调发展等作用。因此，针对我国城市群对工业用地出让的影响，可从市场红利与行政红利两方面分析（见图 9 - 1）。

就市场红利方面来看，城市群具有推动要素合理配置、经济增长等作用，具体表现为产业集聚、劳动力池共享、技术外溢三方面。一是产业集聚，由于城市群中优越的政策优势和资源优势，产业内边际报酬呈逐渐递增趋势，部分产业开始在城市群城市区域形成集聚。二是劳动力池共享，一方面城市群的设立推动劳动力流动并加速人口集聚，另一方面城市群更多的就业机会使人力资本投资加大，提高劳动力市场匹配效率。三是技术溢出，地理距离和社会距离的双重缩小，有益于相似产业劳动者的思想交流、产业间的技术创新及不同领域间的交换学习（颜燕等，2014；Bathelt et al.，2004）。

从行政红利方面来看，工业用地是城市成长和城市群协调发展的重要生产要素。区别于其他要素市场，我国的土地市场有着独特的供给途径和管理模式。作为土地市场的唯一供给者兼监管者，地方政府不可避免地对土地交易有较大干预。一方面，地方政府会通过改变出让方式、压低土地出让价格、变相实施各种优惠政策等方式招商引资，从而达到发展地区经济的目的。另一方面，面对财权与事权不匹配的巨大压力，地方政府严重依赖于土地出让与土地财政。在财政饥饿的背景下，地方政府还会通过加大基础设施建设投入，提供各种公共服务等途径改善城市投资环境，吸引更多优质企业入驻，从而获得更多的财政税收（钱学锋等，2012）。鉴于工业用地出让受到地方政府的过多干预，严重影响要素市场的正常运行，城市群批复有望通过"无形之手"避免政府干预造成的效率损失，同时可从源头上遏制地方政府间的恶性竞争行为（钟小平，2014）。

假设 2：城市群批复释放巨大的市场红利与行政红利，这些红利外化为制造业产业或工业企业在城市群内集聚或锚定现象的加强，使城市群内城市参与工业用地价格竞争激励减小，缓解地方政府间工业用地出让价格的盲目竞争。

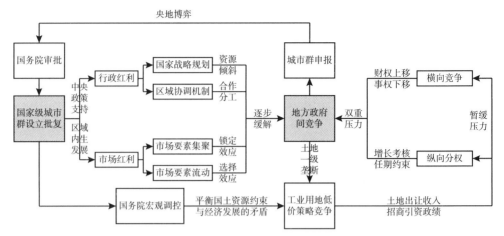

图 9 - 1 国家级城市群设立与地方政府间竞争分析框架

第三节 实证模型、变量与数据

一、实证模型

首先，检验城市间工业用地价格竞争的存在，本章设置空间杜宾模型如下：

$$landdistort_{it} = \rho \sum_{j=1}^{N} landdistort_{jt} + \beta X_{it} + \theta \sum_{j=1}^{N} W_{ij} X_{jt} + \mu_i + \lambda_t + \varepsilon_{it} \quad (9.1)$$

其中，$landdistort_{it}$ 和 $landdistort_{jt}$ 分别表示城市 i 和城市 j 第 t 年工业用地出让价格的扭曲程度，采用工业用地实际出让价格与国土资源部发布的《全国工业用地出让最低价标准》之间的偏离度衡量；W_{ij} 表示（$N \times N$）阶的空间权重矩阵；参数 ρ 为城市间工业用地价格竞争的反应系数。当参数 ρ 为正时，表明城市间的工业用地出让价格扭曲存在策略模仿行为，间接检验了城市间工业用地的价格竞争现象；X_{it} 为一组控制变量的向量集；β 为 X_{it} 的估计系数；X_{jt} 为控制变量的空间滞后项；θ 为其估计系数；μ_i 为城市固定效应；λ_t 为年份固定效应；ε_{it} 为随机误差项。

其次，检验城市群批复是否有助于缓和城市间的工业用地价格竞争。借鉴埃尔霍斯特（Elhorst，2009）提出的两区制空间杜宾模型，检验城市群内城市间工业用地价格竞争反应系数是否显著低于城市群外城市的反应系数。通过引入表示区域一体化的虚拟变量 Dit_reply，将模型（9.1）扩展为模型（9.2）：

$$landdistort_{it} = \rho_1 Dit\_reply \sum_{j=1}^{N} W_{ij} landistort_{jt} + \rho_2 (1 - Dit\_reply)$$

$$\sum_{j=1}^{N} W_{ij} \ln landdistort_{jt} + \beta X_{it} + \theta \sum_{j=1}^{N} W_{ij} X_{jt} + \mu_i + \lambda_t + \varepsilon_{it}$$

$$(9.2)$$

其中，Dit_reply 为虚拟变量，如果城市 i 在第 t 年成为城市群城市则赋值为 1，否则为 0；参数 ρ_1 和 ρ_2 分别表示城市群内和城市群外工业用地价格竞争反应系数。如果城市群批复缓解工业用地价格竞争，那么城市群中工业用地价格竞争反应系数应当较城市群外小，则在模型中应当预期参数 ρ_1 和 ρ_2 均显著且 ρ_1 显著小于 ρ_2。

为解决可能出现的内生性问题，本章采取下述四个举措。首先，针对涉及空间滞后项的计量模型，采用 OLS 估计得出的系数结果有偏。对此，使估计参数受极大似然估计（ML）中雅可比项（Jacobian term）的限制可以有效缓解这一问题，因此，本章采用极大似然估计进行参数估计（Elhorst，2009）。其次，在模型中加入空间固定效应与时间固定效应来解决不可观测变量带来的内生性问题。空间固定效应主要控制不同城市不随时间变化的固定影响，而时间固定效应则控制随年份变化的常见冲击因素的影响。再次，本章采用同时涵盖自变量和因变量两类空间滞后项的实证模型进行参数估计。埃尔霍斯特（2009）认为确认地区间战略互动的最佳策略是同时包含因变量、自变量的空间滞后项和空间自相关误差项的计量模型。但模型中必须排除至少一种空间效应，否则将导致参数无法被估计。在这种情况下，同时纳入因变量和自变量的空间滞后项能更好地确保估计的无偏性。最后，本章通过构建四种不同的空间权重矩阵保证估计结果的稳健性，矩阵定义如下所示。

地理相邻权重矩阵。张文彬等（2010）认为只要两个地区在地理位置上存在共同边界，则会产生空间交互作用。矩阵中元素的具体含义为：如果城市 i 和城市 j 在地理空间上相邻，则 W_{ij} 赋值为 1，否则为 0。

反地理距离权重矩阵。城市 i 和城市 j 之间的地理距离越近，其空间交互影响越大（Cliff，1981）。矩阵中元素的具体含义为：城市 i 和城市 j 在空间上为地理相邻，则 W_{ij} 赋值为 $1/|d_{ij}|$，否则为 0。其中，d_{ij} 为根据城市 i 和城市 j 地理中心位置经纬度信息计算得到的地表直线距离。

反驾车距离权重矩阵。城市间相互影响的程度往往受两城市间实际驾车距离远近的影响。因此，参考反地理距离权重矩阵的特征构建反驾车距离权重矩阵。其中，d_{ij} 为根据城市 i 和城市 j 之间的最短公路里程。

经济距离权重矩阵。凯斯（Case，1993）认为，地区间经济发展水平越小，

对区域内流动性要素的争夺越激烈，空间交互影响也越大。因此，矩阵中元素的具体含义为：城市 i 和城市 j 在空间上为地理相邻，则 W_{ij} 赋值为 $1/|Y_i - Y_j|$，否则赋值为 0。其中，Y_i 和 Y_j 分别为城市 i 和城市 j 在观测期内（2007~2020年）人均 GDP 水平的平均值。

二、变量与数据

被解释变量为工业用地出让价格的扭曲程度（landdistort）。由于工业用地出让价格衡量工业用地出让时的绝对价值，并不能充分反映地方政府为争夺流动性资源而竞相压低工业用地出让价格的意愿。因此，本章利用工业用地出让价格扭曲程度这一相对值作为被解释变量，通过估计其在城市群内外反应系数的显著性差异来衡量工业用地价格竞争的程度。变量计算方式为（政策要求当年最低基准价 - 土地出让实际成交价）/政策要求当年最低基准价表征，其中，政策要求当年最低基准价标准来源于国土资源部发布的《全国工业用地出让最低价标准》（以下简称《标准》）。由于并不是每一次土地交易都有相应的土地等级信息，本章通过查阅《标准》中 6 位数代码对应的土地等级对土地最低价的空缺信息进行填补。该变量衡量了工业用地出让价格的负向偏离程度，即地方政府越倾向于压低工业用地价格并使之越接近于 0 时，变量取值越接近 1。

解释变量为区域一体化，表 9-1 呈现了城市群及其下辖城市的范围。本章根据《中华人民共和国国民经济和社会发展第十四个五年规划和 2035 年远景目标纲要》，将我国提出规划建设的 19 个国家级城市群纳入研究范围。通过查阅城市群建设规划、正式会议公告、政府工作报告等方式，构建两个有关城市群批复的虚拟变量：一是将批准时间作为区域一体化的代理变量（Dit_reply），某城市某年被正式纳入城市群成员中则赋值为 1，否则为 0；二是将提出时间作为区域一体化的代理变量（Dit_intro），某城市某年正式提出成为某城市群成员则赋值为 1，否则为 0。由于区域一体化往往经历漫长的阶段，因此，本章预期利用城市群批准时间估计的结果体现了一定的滞后性。

控制变量为：产业结构（is），采用城市第二产业增加值与第三产业增加值比重表征；金融发展（fd），采用城市金融机构存贷款余额之和占 GDP 比重表征；财政平衡（$balance$），采用一般公共预算支出与收入差值占收入比重衡量；教育支出（edu），采用教育支出占财政支出比例表示；人口规模（$lnpp$），采用城市年平均人口的自然对数值表征；人口密度（$lnppdens$），采用城市年平均人口与行政区划面积的比值衡量；劳动力成本，采用当年职工平均工资的自然对数值衡量；经济增长（lnpcgdp），采用城市人均 GDP 的自然对数值表征。

机制变量为：制造业产值集聚度（Lq_manugdp），采用城市当年制造业产值在全国范围内的区位熵衡量；工业企业集聚度（Percent_firm），利用城市当年规模以上工业企业个数占全国比重表征。

本章采用我国 281 个地级及以上城市 2007～2020 年数据进行实证分析。其中，工业用地方面数据来自中国土地市场网中的土地微观交易数据，区域一体化相关信息来自国家部委官方网站和相关省部委官方网站，控制变量数据来自《中国城市统计年鉴》。为保证数据可比性，本章以 2007 年为基期对量纲数据进行逐期平减，同时对相关变量做取自然对数处理，变量描述性统计呈现于表 9 - 2 中。

表 9 - 1　　　　　　　　　　　城市群下辖地级及以上城市

城市群名称	下辖地级及以上城市
京津冀城市群	北京、天津、石家庄、唐山、秦皇岛、邯郸、邢台、保定、张家口、承德、沧州、廊坊、衡水、安阳
长江中游城市群	武汉、黄石、鄂州、黄冈、孝感、咸宁、襄阳、宜昌、荆州、荆门、长沙、株洲、湘潭、岳阳、益阳、常德、衡阳、娄底、南昌、九江、景德镇、鹰潭、新余、宜春、萍乡、上饶、抚州、吉安
珠三角城市群（粤港澳大湾区）	广州、深圳、珠海、佛山、江门、肇庆、惠州、东莞、中山
成渝城市群	重庆、成都、自贡、泸州、德阳、绵阳、遂宁、内江、乐山、南充、眉山、宜宾、广安、达州、雅安、资阳
长三角城市群	上海、南京、无锡、常州、苏州、南通、盐城、扬州、镇江、泰州、杭州、温州、宁波、嘉兴、湖州、绍兴、金华、舟山、台州、合肥、芜湖、马鞍山、铜陵、安庆、滁州、池州、宣城
哈长城市群	哈尔滨、大庆、齐齐哈尔、绥化、牡丹江、长春、吉林、四平、辽源、松原
黔中城市群	贵阳、遵义、安顺、毕节
北部湾城市群	南宁、北海、钦州、防城港、玉林、崇左、湛江、茂名、阳江、海口
中原城市群	郑州、开封、洛阳、南阳、安阳、商丘、新乡、平顶山、许昌、焦作、周口、信阳、驻马店、鹤壁、濮阳、漯河、三门峡、济源、长治、晋城、运城、邢台、邯郸、聊城、菏泽、安徽省的淮北、蚌埠、宿州、阜阳、亳州
关中平原城市群	西安、咸阳、宝鸡、渭南、铜川、商洛、天水、运城、临汾
呼包鄂榆城市群	呼和浩特、包头、鄂尔多斯、榆林
兰西城市群	兰州、西宁、白银、定西、临夏
辽中南城市群	沈阳、大连、鞍山、抚顺、本溪、丹东、辽阳、营口、铁岭、盘锦
山东半岛城市群	济南、青岛、烟台、淄博、潍坊、东营、威海、日照、泰安、聊城、德州、滨州、东营、临沂、枣庄、济宁、菏泽

城市群名称	下辖地级及以上城市
滇中城市群	昆明、曲靖、玉溪
天山北坡城市群	乌鲁木齐、克拉玛依
粤闽浙沿海城市群 （海峡西岸经济区）	福州、厦门、泉州、莆田、漳州、三明、南平、宁德、龙岩、温州、丽水、衢州、上饶、鹰潭、抚州、赣州、汕头、潮州、揭阳、梅州
山西中部城市群	太原、晋中、汾阳、吕梁、阳泉、忻州
宁夏沿黄城市群	银川、石嘴山、吴忠、中卫

表 9 - 2   **变量描述性统计**

变量	观测值	均值	标准差	最小值	最大值
$landdistort$	3934	0.314	0.575	-7.246	0.977
$landdistort\_net$	3934	-0.184	0.639	-7.246	0.956
$lnprice$	3934	5.061	0.702	0.000	13.989
Dit_reply	3934	0.486	0.500	0.000	1.000
Dit_intro	3934	0.660	0.474	0.000	1.000
is	3934	1.324	0.709	0.187	10.603
fd	3934	2.300	1.174	0.560	21.301
$balance$	3934	-1.870	1.863	-17.399	0.351
edu	3934	0.181	0.042	0.018	0.377
$lnpp$	3934	5.896	0.683	2.944	8.137
$lnppdens$	3934	5.759	0.901	1.792	7.882
$lnsalary$	3934	10.695	0.497	8.371	13.980
$lnpcgdp$	3934	10.333	0.728	8.114	12.959
$Lq\_manugdp$	3934	0.962	0.467	0.001	11.003
$Percent\_firm$	3934	0.004	0.005	0.000	0.050

第四节　实证模型估计结果与分析

一、基准回归分析

首先，本章利用模型（9.1）检验地方政府间是否存在工业用地价格竞争现象。进行参数估计前，本章对模型（9.1）依次进行下述三项检验：①LM检验，表明面板数据存在显著的空间滞后与空间误差特征；②LR和Wald检验，表明面板数据不能退化为空间误差或空间滞后模型；③Hausman检验，表明应当在模型中控制固定效应[①]。因此，本章采用控制双向固定效应的空间杜宾模型进行参数估计。

表9-3中列（1）~（4）汇报了单区制空间杜宾模型参数估计结果。在地理邻接、反地理距离和反驾车距离三种空间权重矩阵的设定下，全国范围内工业用地价格竞争的反应系数ρ在1%的显著性水平上显著为正，而在经济距离矩阵设定下则不显著。可以说明，我国城市间工业用地价格竞争的现象广泛存在，地方政府倾向于利用工业用地出让价格的相对低价优势争夺区域内的流动性经济要素，以达到促进经济增长、缓解本级政府财政压力等目的。同时，这种竞相模仿的竞争策略可能与城市间的地理联系更相关。

其次，本章利用模型（9.2）检验区域一体化后城市群内工业用地价格竞争反应系数是否显著低于城市群外。表9-3中列（5）~（8）显示了两区制空间杜宾模型参数估计结果。在地理邻接、反地理距离、反驾车距离三种空间权重矩阵的设定下，城市群内与城市群外的工业用地价格竞争反应系数均在1%的显著性水平上显著为正，表明无论城市群内外均存在明显的工业用地价格策略模仿行为。进一步针对$\rho_1 - \rho_2$是否显著不异于0的假设，检验城市群内外反应系数估计是否存在显著差异。结果表明$\rho_1 - \rho_2$系数为负且均至少通过10%的显著性水平检验，说明城市群得到上级政府批复后其内部工业用地价格的策略模仿行为较之城市群外得到显著缓解。在经济距离矩阵设定下，尽管城市群内并不存在扭曲工业用地价格的策略模仿现象，但其系数仍显著小于城市群外。

控制变量方面，金融发展、人口规模、人口密度、经济发展等均在1%的显著性水平下抑制工业用地出让价格的扭曲，符合本章预期。此外，其余控制变量参数估计符号均与本章预期相符。

表9-3 基准回归结果

变量	单区制估计结果				双区制估计结果			
	(1)	(2)	(3)	(4)	(5)	(6)	(7)	(8)
	地理邻接	反地理距离	反驾车距离	经济距离	地理邻接	反地理距离	反驾车距离	经济距离
ρ	0.163*** (8.115)	0.529*** (6.081)	0.449*** (3.914)	−0.008 (−0.245)				

---

① 囿于文章篇幅，针对空间计量模型的 LM、LR、Wald、Hausman 检验结果均未放入正文。

变量	单区制估计结果				双区制估计结果			
	(1)	(2)	(3)	(4)	(5)	(6)	(7)	(8)
	地理邻接	反地理距离	反驾车距离	经济距离	地理邻接	反地理距离	反驾车距离	经济距离
ρ_1					0.341*** (12.194)	1.426*** (16.974)	1.726*** (19.172)	0.005 (0.117)
ρ_2					0.417*** (14.661)	1.775*** (22.089)	2.396*** (31.335)	0.143*** (2.924)
$\rho_1 - \rho_2$					−0.076* (−1.842)	−0.349*** (−2.778)	−0.669*** (−5.225)	−0.137* (−1.807)
is	−0.014 (−0.877)	−0.030* (−1.928)	−0.024 (−1.470)	−0.039** (−2.488)	0.026* (1.767)	0.028* (1.921)	0.020 (1.370)	0.032** (2.149)
fd	−0.038*** (−3.459)	−0.044*** (−4.042)	−0.046*** (−4.202)	−0.041*** (−3.826)	−0.049*** (−4.923)	−0.04*** (−4.105)	−0.033*** (−3.301)	−0.058*** (−5.914)
$balance$	0.002 (0.302)	0.002 (0.241)	0.001 (0.141)	−0.001 (−0.165)	0.049*** (6.918)	0.054*** (7.663)	0.056*** (7.941)	0.061*** (8.788)
edu	0.705** (2.548)	0.598** (2.188)	0.642** (2.335)	0.651** (2.489)	0.001 (0.000)	0.001 (0.000)	0.001 (0.000)	0.001 (0.000)
$\ln pp$	−0.261*** (−3.481)	−0.322*** (−4.735)	−0.317*** (−4.484)	−0.426*** (−5.927)	−0.128*** (−5.868)	−0.122*** (−5.829)	−0.132*** (−6.295)	−0.134*** (−7.277)
$\ln ppdens$	−1.379*** (−8.864)	−1.246*** (−7.994)	−1.226*** (−7.799)	−1.481*** (−10.035)	−0.077*** (−4.472)	−0.067*** (−4.368)	−0.061*** (−3.986)	−0.024* (−1.888)
$\ln salary$	0.111*** (3.381)	0.107*** (3.225)	0.107*** (3.228)	0.109*** (3.259)	−0.143*** (−6.942)	−0.151*** (−7.222)	−0.157*** (−7.623)	−0.121*** (−5.524)
$\ln pcgdp$	−0.365*** (−6.394)	−0.266*** (−4.762)	−0.300*** (−5.318)	−0.282*** (−5.746)	−0.086*** (−4.441)	−0.092*** (−4.757)	−0.086*** (−4.449)	−0.105*** (−5.562)
$W \times is$	−0.076*** (−3.407)	−0.068 (−0.497)	−0.315 (−1.640)	−0.060* (−1.742)	−0.001 (−0.046)	−0.093 (−0.941)	−0.001 (−0.004)	−0.006 (−0.154)
$W \times fd$	0.009 (0.436)	0.105 (0.919)	0.330** (2.093)	0.138*** (3.549)	0.002 (0.193)	0.013 (0.205)	−0.009 (−0.116)	0.026 (0.379)
$W \times balance$	−0.008 (−0.691)	−0.086 (−1.486)	−0.123 (−1.626)	−0.014 (−0.836)	0.002 (0.162)	−0.019 (−0.435)	−0.039 (−0.616)	0.009 (0.455)
$W \times edu$	−0.702 (−1.511)	1.807 (0.813)	−1.226 (−0.399)	1.103 (1.424)	0.001 (0.000)	0.001 (0.000)	0.001 (0.000)	0.001 (0.000)

续表

变量	单区制估计结果				双区制估计结果			
	(1)	(2)	(3)	(4)	(5)	(6)	(7)	(8)
	地理邻接	反地理距离	反驾车距离	经济距离	地理邻接	反地理距离	反驾车距离	经济距离
$W \times \ln pp$	-0.233* (-1.928)	-0.317 (-0.767)	-0.277 (-0.454)	0.219 (1.334)	0.041 (1.306)	0.143 (1.302)	0.226* (1.678)	0.003 (0.064)
$W \times \ln ppdens$	-0.112 (-0.420)	-2.673** (-2.479)	-2.923** (-2.026)	-0.852* (-1.766)	0.089*** (3.995)	0.259*** (3.319)	0.246** (2.551)	-0.017 (-0.474)
$W \times \ln manufirm$	-0.006 (-0.122)	0.373* (1.876)	-0.016 (-0.060)	0.092 (1.404)	0.004 (0.187)	-0.099 (-0.954)	-0.035 (-0.288)	-0.075* (-1.697工
$W \times \ln salary$	-0.082 (-1.307)	-0.22 (-0.543)	-0.056 (-0.097)	0.310*** (3.183)	0.132*** (3.369)	0.375* (1.896)	0.418 (1.324)	0.052 (0.870)
$W \times \ln pcgdp$	0.280*** -3.187	0.122 -0.284	1.421** (2.485)	0.159 (1.154)	-0.004 (-0.143)	0.099 (0.785)	0.079 (0.485)	-0.025 (-0.478)
Dit_reply	√	√	√	√	√	√	√	√
城市固定效应	√	√	√	√	√	√	√	√
年份固定效应	√	√	√	√	√	√	√	√
样本量	3934	3934	3934	3934	3934	3934	3934	3934
Log L	-899.612	-919.687	-928.978	-934.001	-2988.475	-3003.069	-2935.994	-3189.401
R^2	0.103	0.145	0.123	0.111	0.421	0.408	0.421	0.337

注：1. *：$p < 0.1$，**：$p < 0.05$，***：$p < 0.01$。
2. 括号中表示的是 t 值。

二、稳健性分析

1. 变更工业用地价格竞争的代理变量

首先，基准回归中，本章利用经过缺失值填补的微观土地交易数据计算工业用地价格扭曲程度（landdistort）。然而，六位数代码的行政区域只精确到区县级别，可能会为计算带来系统误差。因此，本章将所有土地等级缺失的土地交易信息剔除后重新计算工业用地价格扭曲程度（landdistort_net），并对模型进行重新估计。其次，注意到通过"招拍挂"方式出让的工业用地可以相对精确地反映土地价值，本章将工业用地价格竞争的代理变量改为工业用地招拍挂出让的平均价格（lnprice），并对模型进行重新估计。表9-4中列（1）~（8）报告了将工

业用地价格竞争的代理变量分别更改为新计算的工业用地价格扭曲程度和工业用
地招拍挂出让均价的参数估计结果，在与地理联系相关的三种空间权重矩阵形式
下，其结果与基准回归一致，可以说明基准模型（9.2）估计结果稳健。

表 9 – 4   基准回归稳健性检验 1

变量	更改地价扭曲程度定义				更改因变量为工业用地招拍挂出让价格			
	（1）	（2）	（3）	（4）	（5）	（6）	（7）	（8）
	地理邻接	反地理距离	反驾车距离	经济距离	地理邻接	反地理距离	反驾车距离	经济距离
ρ_1	0.296*** (10.787)	1.294*** (17.117)	1.511*** (21.550)	0.051 (1.045)	0.109*** (3.575)	0.312*** (3.217)	0.278*** (3.189)	−0.097** (−1.983)
ρ_2	0.519*** (20.109)	2.072*** (33.296)	2.659*** (52.072)	0.125*** (2.595)	0.238*** (7.724)	0.817*** (9.672)	1.010*** (14.885)	0.004 (0.093)
$\rho_1 - \rho_2$	−0.223*** (−5.868)	−0.778*** (−7.569)	−1.147*** (−12.567)	−0.075 (−1.006)	−0.129*** (3.006)	−0.506*** (−3.797)	−0.732*** (−6.183)	−0.103 (−1.364)
控制变量	√	√	√	√	√	√	√	√
Dit_reply	√	√	√	√	√	√	√	√
城市固定效应	√	√	√	√	√	√	√	√
年份固定效应	√	√	√	√	√	√	√	√
样本量	3934	3934	3934	3934	3934	3934	3934	3934
Log L	−3146.841	−3136.216	−3079.337	−3403.408	−3464.238	−3473.795	−3462.438	−3512.963
R^2	0.446	0.438	0.447	0.343	0.382	0.378	0.381	0.362

2. 更改区域一体化时间

基准回归中，本章根据上级政府区域一体化规划建设或区域合作协议的时间
定义区域一体化变量。然而现实中，城市群合作协议或规划建设方案的产生与推
进往往经历了较长的周期。在上级政府正式决议推出前，各级政府、各类企业主
体可能已经具有一定的预见性并进行前期布局，例如各级政府会提前筹备城市群
内的基础配套设施。因此，本章重新根据各级政府首次提出正式建设城市群的构
想或愿景设置区域一体化变量（Dit_intro），并对模型进行重新估计。表 9 – 5 中
列（1）~（4）报告了重新设定区域一体化变量的估计结果，反地理距离与反驾
车距离矩阵设定下结果均与基准回归一致，地理邻接矩阵下城市群内外的竞争反
应系数并未存在明显差异，但城市群内反应系数在数学意义上仍小于城市群外系
数。上述结果可以证明基准模型（9.2）估计结果较稳健。

3. 改变空间权重矩阵形式

基准回归中，本章针对四种空间权重矩阵的设定为仅对地理相邻的样本设定

大于 0 的权重值。然而现实中，地方政府所受竞争压力通常直接来源于同省范围的其他地市政府，其工业用地价格的策略模仿通常更受省内其他城市的影响。因此，本章将空间矩阵定义规则修改为处在同省的城市均默认为地理相邻，并对模型重新进行估计。表 9-5 中列（5）~（8）报告了修改空间权重矩阵形式后的参数估计结果，在三种地理联系的空间权重矩阵形式下，结果与基准回归一致，可以证明基准模型（9.2）估计结果稳健。值得一提的是，在省内竞争的假设下，经济距离也变得重要，可以参见本章拓展性分析部分。

表 9-5　　　　　　　　　　　基准回归稳健性检验 2

变量	更改区域一体化时间为提出时间				更改空间权重矩阵形式			
	(1)	(2)	(3)	(4)	(5)	(6)	(7)	(8)
	地理邻接	反地理距离	反驾车距离	经济距离	省内地理邻接	省内反地理距离	省内反驾车距离	省内经济距离
ρ_1	0.344*** (10.888)	0.626*** (39.551)	1.748*** (16.296)	0.015 (0.271)	0.465*** (18.309)	0.447*** (17.892)	0.466*** (18.533)	0.366*** (16.784)
ρ_2	0.406*** (16.116)	1.518*** (81.325)	2.265*** (33.167)	0.109*** (2.579)	0.669*** (30.903)	0.616*** (27.136)	0.643*** (28.792)	0.587*** (30.948)
$\rho_1-\rho_2$	-0.062 (-1.480)	-0.892*** (-32.091)	-0.517*** (-3.811)	-0.094 (-1.242)	-0.205*** (-5.935)	-0.168*** (-4.485)	-0.177*** (-5.108)	-0.221*** (-7.564)
控制变量	√	√	√	√	√	√	√	√
Dit_reply	×	×	×	×	√	√	√	√
Dit_intro	√	√	√	√	×	×	×	×
城市固定效应	√	√	√	√	√	√	√	√
年份固定效应	√	√	√	√	√	√	√	√
样本量	3934	3934	3934	3934	3934	3934	3934	3934
Log L	-2997.979	-3046.756	-2947.892	-3200.568	-2737.038	-2772.102	-2755.512	-2667.202
R^2	0.418	0.395	0.417	0.333	0.500	0.492	0.496	0.529

第五节　机　制　分　析

城市群批复后释放大量行政红利与市场红利，缓解城市间工业用地价格竞争：一方面是中央政府的政策支持与地方政府间的合作共赢提高了工业用地的利用效率；另一方面则是要素快速流动产生的集聚效应与锁定效应使城市参与工业用地价格竞争的激励降低。由于行政红利与市场红利不能直接利用定量指标表征，直接进行机制检验比较困难。然而，可以通过观察区域内工业企业的选择，侧面验证城市群批复产生行政红利与市场红利并缓和工业用地价格竞争这一路径机制。

本章提出以下逻辑假设：如果与城市群外城市相比，城市被纳入城市群建设规划或区域合作协议后出现了显著的要素集聚与锚定效应，那么区域一体化所释放的行政红利与市场红利存在。具体来说，城市群批复所释放的行政红利与市场红利反映在工业用地价格竞争中，应当表现为在区域一体化后城市群内竞争反应系数显著小于城市群外的前提下，城市群内出现了工业企业产值与数量较显著的集聚与锚定现象。

基于此，本章构建多期双重差分模型以检验区域一体化这一外生冲击分别对制造业产值集聚度与工业企业集聚度的影响。模型如下：

$$Lq\_manugdp_{it} = \alpha_1 + \sum_{s=1}^{5} \beta_s^{Pre} Dit_s^{Pre} + \beta_k Dit\_reply + \sum_{s=1}^{5} \beta_s^{Post} Dit_s^{Post} +$$
$$\theta_1 X_{it} + \mu_i + \lambda_t + \varepsilon_{it} \tag{9.3}$$

$$Percent\_firm_{it} = \alpha_2 + \sum_{s=1}^{5} \beta_s^{Pre} Dit_s^{Pre} + \beta_k Dit\_reply + \sum_{s=1}^{5} \beta_s^{Post} Dit_s^{Post} +$$
$$\theta_2 X_{it} + \mu_i + \lambda_t + \varepsilon_{it} \tag{9.4}$$

其中，$Lq\_manugdp_{it}$ 为城市 i 第 t 年制造业产业根据产值在全国范围内计算的区位熵；$Percent\_firm_{it}$ 为城市 i 第 t 年城市规模以上工业企业占全国规模以上工业企业数量比重。Dit_s^{Pre} 和 Dit_s^{Post} 分别为区域一体化前后 5 年的虚拟变量，用于进行平行趋势检验。Dit_reply 为区域一体化变量，前文提到利用城市群正式批复作为冲击节点可能具有一定的滞后性，因此，本章预期模型中平行趋势检验的显著性变化节点可能会出现 1～3 年的提前。

表 9-6 中列（1）～（4）报告多期双重差分模型的参数估计结果。结果表明，在控制其他变量的前提下，区域一体化虚拟变量对制造业产值集聚度以及工业企业集聚度的系数均在 1% 的显著性水平上为正，这说明区域一体化显著增加了工业企业在产值以及数量两方面的集聚与锚定现象。图 9-2 中展示表 9-6 中不同时期虚拟变量估计系数相对于 0 的显著性分布。可以发现，城市群正式批复对工业企业集聚与锚定现象的提升作用存在 1～3 年的提前，这可能是各类主体针对区域一体化的积极预期所导致的。同时，区域一体化后的 5 年中，其对工业

企业集聚与锚定现象的提升作用持续存在。综上，假设 2 得证。

表 9 - 6　　城市群批复对制造业产值区位熵和规模以上工业企业比例的影响

变量	（1） 制造业产值集聚度	（2） 制造业产值集聚度	（3） 工业企业集聚度	（4） 工业企业集聚度
before5		− 0.076 ** (− 2.552)		− 0.000 (− 0.153)
before4		− 0.044 (− 1.501)		− 0.000 (− 0.127)
before3		− 0.011 (− 0.389)		0.000 * (1.705)
before2		0.032 (1.149)		0.000 ** (2.364)
before1		0.065 ** (2.382)		0.001 *** (3.356)
Dit_reply	0.040 *** (3.831)	0.077 *** (2.709)	0.001 *** (4.525)	0.001 *** (3.877)
after1		0.076 ** (2.508)		0.000 *** (3.457)
after2		0.077 ** (2.454)		0.000 *** (3.690)
after3		0.113 *** (3.215)		0.000 *** (3.353)
after4		0.094 *** (2.898)		0.000 *** (3.232)
after5		0.081 *** (3.465)		0.000 ** (2.494)
控制变量	√	√	√	√
城市固定效应	√	√	√	√
年份固定效应	√	√	√	√
常数项	− 2.005 (− 0.814)	− 2.454 (− 1.026)	− 0.042 *** (− 5.159)	− 0.043 *** (− 5.161)
样本量	3934	3934	3934	3934
R^2	0.068	0.083	0.492	0.478

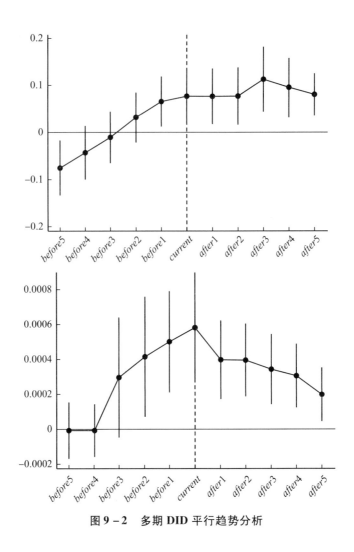

图 9 - 2　多期 DID 平行趋势分析

第六节　拓展性分析

　　前文实证结果表明，城市群批复可以有效缓解城市间工业用地价格策略模仿的竞争行为。本章拓展性分析旨在针对地方政府经济绩效激励的背景，探究这种缓解效应是否存在一定的作用条件这一问题。基于我国"条块分割"的行政部门安排以及自上而下的行政管理体制，上级政府往往能通过 GDP 等经济发展指标对下级政府进行考核，而地方政府间的经济竞争压力往往局限在同一个上级政府管辖范围内。这样的行政体制安排往往导致经济发展程度相近的城市进行强烈的"逐底竞争"以获取未来的城市发展资源。基于此，本章拓展性分析利用各城市 2007～2020 年人均 GDP 均值数据构建经济距离矩阵，并将其与不同的地理关系矩阵相乘，以此探究城市群批复对工业用地价格竞争行为缓解效应的作用范围。

本章构建三个基于不同地理关系的经济距离矩阵：①经济距离×地理邻接矩阵，即当且仅当两市地理相邻时赋经济距离值；②经济距离×省内矩阵，即同省所有城市赋经济距离值；③经济距离×省内地理邻接矩阵，即当且仅当两市地理相邻且为同省时赋经济距离值。表 9-7 中列（1）～（8）分别报告了基于单区制与两区制空间杜宾模型的参数估计结果。结果表明：一方面，在全国范围内经济距离较近的城市并未出现显著的工业用地价格竞争现象，而仅当其考虑地理与行政区划关系时经济距离的影响才呈现出来，这说明尽管基于经济绩效的考核体制在全国范围普遍存在，但是真正对考核竞争做出反应的往往是自然禀赋、基础特征相近的地理相邻城市，或者是同处在一个行政考核区域下的城市；另一方面，无论城市群内外，仅考虑城市间经济距离时其工业用地价格竞争的现象并不明显，而将经济距离矩阵与地理相关矩阵相乘后，城市群内外工业用地价格竞争的反应系数出现了显著差别。此外，处于同一省份的城市若进入城市群中，其与城市群外的同省城市之间的竞争反应系数差值达到最大的 -0.221，这说明城市群批复能有效缓解省级行政区划内各城市间产生的工业用地价格竞争行为。上述结果体现了基准回归中的缓解效应具有显著的地理与行政区划特征这一假设。

表 9-7　　　　　　　　　　工业用地出让价格竞争的范围

变量	单区制经济距离矩阵估计结果				双区制经济距离矩阵估计结果			
	（1）	（2）	（3）	（4）	（5）	（6）	（7）	（8）
	经济距离	经济距离×地理邻接	经济距离×省内矩阵	经济距离×省内地理邻接	经济距离	经济距离×地理邻接	经济距离×省内矩阵	经济距离×省内地理邻接
ρ	-0.007 (-0.193)	0.099*** (5.789)	0.083*** (4.467)	0.096*** (6.140)				
ρ_1					0.005 (0.117)	0.278*** (12.383)	0.365*** (16.783)	0.328*** (16.758)
ρ_2					0.143*** (2.924)	0.442*** (20.592)	0.586*** (30.948)	0.403*** (20.486)
$\rho_1-\rho_2$					-0.137* (-1.807)	-0.164*** (-5.173)	-0.221*** (-7.564)	-0.074*** (-2.65)
控制变量	√	√	√	√	√	√	√	√
Dit_reply	√	√	√	√	√	√	√	√

续表

变量	单区制经济距离矩阵估计结果				双区制经济距离矩阵估计结果			
	(1)	(2)	(3)	(4)	(5)	(6)	(7)	(8)
	经济距离	经济距离×地理邻接	经济距离×省内矩阵	经济距离×省内地理邻接	经济距离	经济距离×地理邻接	经济距离×省内矩阵	经济距离×省内地理邻接
城市固定效应	√	√	√	√	√	√	√	√
年份固定效应	√	√	√	√	√	√	√	√
样本量	3934	3934	3934	3934	3934	3934	3934	3934
Log L	−930.298	−911.745	−914.699	−905.891	−3189.401	−2908.869	−2667.202	−2828.199
R^2	0.110	0.090	0.089	0.095	0.337	0.452	0.529	0.479

第七节　小　　结

本章基于两区制空间杜宾模型，以城市群批复为例利用全国 281 个城市 2007~2020 年面板数据探究区域一体化对工业用地价格竞争的影响效应。基准回归结果表明，城市群得到正式批复后，城市群内城市工业用地出让价格竞争反应系数显著小于城市群外城市，表明城市群批复一定程度上缓解了地方政府间工业用地出让价格竞争。机制分析结果表明，城市群批复能产生行政红利与市场红利，其体现为城市群内城市制造业产值集聚度与工业企业集聚度的显著提升。拓展性分析发现，经济发展程度相近城市间工业用地价格竞争发生的条件是存在地理近邻联系或处于同一省级行政区划。同时，城市群批复对省内经济发展城市相近城市间工业用地价格竞争的缓解程度最大。

基于前文理论分析与实证结果，为进一步提高城市工业用地利用效率，提高城市经济发展质量，本章提出如下政策建议供参考。

第一，针对工业用地市场，应当优化土地管理制度，促进工业用地交易逐步合理化。本章单区制空间杜宾模型的结果表明，全国范围内存在显著的工业用地价格"逐底竞争"现象。多数文献表明，针对工业用地价格的过度低价竞争将会导致市场价格不能反映土地质量的真实价值，进而造成土地利用效率的降低与经济发展质量的下滑。这说明在全国范围内，应当根据新形势完善区域协调发展新机制，根据经济发展趋势和资源需求变化，以城市化与工业化的协同发展为基础，加快土地管理体制改革，科学配置土地资源。同时，逐步推进工业用地市场化配置改革，通过市场方式配置资源，提高资源配置效率。

第二，针对城市群批复产生的行政红利，应当充分利用中央对地方"自上而下"规划的顶层设计权力，规范地方合理推动本地城市群培育或发展。本章实证结果表明，未获得批复进入城市群的城市相比于已进入城市群的城市更倾向于强化工业用地出让价格扭曲的策略模仿行为。显然，地方政府过度利用工业用地供给权进行招商引资或获取财政收入的竞争是低效且不可持续的，中央政府把握区域一体化的行政权力有助于调整地方政府所受激励，矫正其盲目竞争现象。然而，世界范围内城市群生长历史经验表明，上级政府的行政批复权限不能阻碍城市群内自发形成的经济秩序。本章认为，应当在保留上级政府区域一体化权力的同时，逐步将批复权下放到省级政府当中，降低因为中央对地方情况不清晰而可能产生的行政批复权力损耗。

第三，针对城市群批复所能产生的经济红利与行政红利，应当针对城市群的培育与发展，强化城市合作模式。本章机制分析结果表明，城市群批复产生的行政红利与市场红利能够外化体现为城市群内城市制造业产值集聚度与工业企业集聚度的显著提升。鉴于此，本章认为应当以城市群为作为地方城镇化的关键平台，在既定区域发展规划的基础上，加强顶层设计，构建城市群多中心极核发展模式，充分发挥中心城市集聚资源的溢出效应，辐射带动周边城市发展，促进跨区域城市间产业分工、基础设施、环境治理等协调联动，实现资源整合、联动发展、优势互补、互利共赢。

参考文献

［1］丁任重，许渤胤，张航．城市群能带动区域经济增长吗？——基于7个国家级城市群的实证分析［J］．经济地理，2021，41（05）：37－45.

［2］杜雪君，黄忠华．以地谋发展：土地出让与经济增长的实证研究［J］．中国土地科学，2015，29（07）：40－47.

［3］方创琳，王振波，马海涛．中国城市群形成发育规律的理论认知与地理学贡献［J］．地理学报，2018，73（04）：651－665.

［4］龚锋，陶鹏，潘星宇．城市群对地方税收竞争的影响——来自两区制面板空间杜宾模型的证据［J］．财政研究，2021（04）：17－33.

［5］侯赟慧，刘志彪，岳中刚．长三角区域经济一体化进程的社会网络分析［J］．中国软科学，2009（12）：90－101.

［6］李洪涛，王丽丽．城市群发展规划对要素流动与高效集聚的影响研究［J］．经济学家，2020（12）：52－61.

［7］李拓．土地财政下的环境规制"逐底竞争"存在吗？［J］．中国经济问题，2016（05）：42－51．

［8］刘倩，朱书尚，吴非．城市群政策能否促进区域金融协调发展？——基于方言视角下的实证检验［J］．金融研究，2020（03）：39－57．

［9］刘守英，王志锋，张维凡，等．"以地谋发展"模式的衰竭——基于门槛回归模型的实证研究［J］．管理世界，2020，36（06）：80－92，119，246．

［10］刘永健，耿弘，杨小忠．城市群发展对建设用地价格扭曲的影响［J］．北京理工大学学报（社会科学版），2021，23（04）：103－112．

［11］龙小宁，朱艳丽，蔡伟贤，等．基于空间计量模型的中国县级政府间税收竞争的实证分析［J］．经济研究，2014，49（08）：41－53．

［12］苗峻玮，冯华．集聚效应是否推动了区域高质量发展——以长三角城市群为例［J］．经济问题探索，2021（02）：100－110．

［13］年福华，姚士谋，陈振光．试论城市群区域内的网络化组织［J］．地理科学，2002（05）：568－573．

［14］亓寿伟，毛晖，张吉东．财政压力、经济刺激与以地引资——基于工业用地微观数据的经验证据［J］．财贸经济，2020，41（04）：20－34．

［15］钱学锋，黄玖立，黄云湖．地方政府对集聚租征税了吗？——基于中国地级市企业微观数据的经验研究［J］．管理世界，2012（02）：19－29，187．

［16］苏雪串．城市化进程中的要素集聚、产业集群和城市群发展［J］．中央财经大学学报，2004（01）：49－52．

［17］田文佳，余靖雯，龚六堂．晋升激励与工业用地出让价格——基于断点回归方法的研究［J］．经济研究，2019，54（10）：89－105．

［18］吴福象，刘志彪．城市化群落驱动经济增长的机制研究——来自长三角16个城市的经验证据［J］．经济研究，2008，43（11）：126－136．

［19］颜燕，贺灿飞，刘涛，等．工业用地价格竞争、集聚经济与企业区位选择——基于中国地级市企业微观数据的经验研究［J］．城市发展研究，2014，21（03）：9－13．

［20］颜燕，刘涛，满燕云．基于土地出让行为的地方政府竞争与经济增长［J］．城市发展研究，2013，20（03）：73－79．

［21］杨明海，张红霞，孙亚男．七大城市群创新能力的区域差距及其分布动态演进［J］．数量经济技术经济研究，2017，34（03）：21－39．

［22］原倩．城市群是否能够促进城市发展［J］．世界经济，2016，39（09）：99－123．

［23］张茂榆，冯豪．城市群政策助推经济高质量发展的机制研究——基于四个国家级城市群的经验证据［J］．经济问题探索，2021（09）：87－102．

［24］张文彬，张理芃，张可云．中国环境规制强度省际竞争形态及其演变——基于两区制空间（杜宾）固定效应模型的分析［J］．管理世界，2010（12）：34－44．

172

［25］赵娜，王博，刘燕．城市群、集聚效应与"投资潮涌"——基于中国 20 个城市群的实证研究［J］.中国工业经济，2017（11）：81-99.

［26］赵勇，魏后凯．政府干预、城市群空间功能分工与地区差距——兼论中国区域政策的有效性［J］.管理世界，2015（08）：14-29，187.

［27］钟小平．集聚租、政策租与产业集聚：基于科技服务业的研究［J］.产经评论，2014，5（04）：67-78.

［28］Anne，C，Case，et al. Budget spillovers and fiscal policy interdependence：Evidence from the states［J］. Journal of Public Economics，1993，52（3）：285-307.

［29］Bathelt H，Malmberg A，Maskell P. Clusters and Knowledge：Local Buzz，Global Pipelines and the Process of Knowledge Creation［J］. Progress in Human Geography，2002，28（1）：31-56.

［30］Bordignon M，Cerniglia F，Revelli F. In search of yardstick competition：a spatial analysis of Italian municipality property tax setting［J］. Journal of Urban Economics，2003，54（2）：199-217.

［31］Cliff A D，Ord J K. Spatial Processes：Models & Applications［J］. Quarterly Review of Biology，1982.

［32］Elhorst J P，Freret S. Evidence of Political Yardstick Competition in France Using a Two-Regime Spatial Durbin Model with Fixed Effects［J］. Journal of Regional Science，2010，49（5）：931-951.

［33］Su S，Liu Z，Xu Y，et al. China's megaregion policy：Performance evaluation framework，empirical findings and implications for spatial polycentric governance［J］. Land Use Policy，2017，63：1-19.

［34］Wilson J D. A theory of interregional tax competition［J］. Journal of Urban Economics，1986，19（3）：296-315.

第十章
财政转移支付与城市土地出让

第一节　引　言

基于"财政分权"的体制格局，我国地方政府通常面临财政支出和经济增长的双重压力（范子英，2015）。1998 年国务院颁布《中华人民共和国土地管理法实施条例》，地方政府获得了国有土地出让的"唯一出让权"，土地逐渐成为地方获取预算外财政收入以减小财政收支缺口、争夺企业流动性税源以赢得地方竞争的关键要素（刘守英等，2020）。截至 2019 年，我国土地出让收入占地方财政收入比重达 41.8%，占 GDP 比重从 1988 年的 0.14% 上升至 2019 年的8.5%。地方政府以土地为杠杆，通过差异化的配置方式撬动经济增长（亓寿伟等，2020），一方面带来辖区内工业化、城镇化的高速发展和预算外收入的增加；另一方面却产生使地方政府超量出让土地的扭曲激励，由此带来的土地要素错配、资源低效利用等问题已十分突出。如何合理调控地方政府土地出让行为并实现土地资源的有效利用和保护，已成为热点话题。

财政转移支付制度通过无偿支付地方政府财政资金，实现财政分权体制下中央政府缓解地方财政压力、平衡区域间财力的制度性功能。财政转移支付不仅可以促进地区经济增长（马光荣等，2016），同时也可能带来地方政府行为的改变（李永友，2015）。截至 2020 年，中央转移支付预算资金规模已达约 8.4 万亿元，占中央一般公共预算支出比重高达 70%。规模庞大的财政转移支付作为中央政府调控地方政府行为的重要手段，探究其能否对地方政府合理出让土地带来积极影响，无疑可以深入厘清地方政府土地出让的内在逻辑，为财政体制改革、化解地方债务重大风险、完善治理体系探索等提供可行方案（范子英，2011）。

现有研究针对财政转移支付调控地方政府行为的效应进行了探讨，主要集中在地方政府税收努力（乔宝云等，2006）、公共服务提供（郭庆旺和贾俊雪，2008）、财政均等化效果（尹恒等，2007；曾红颖，2012）、财政收支决策（李永友和沈玉平，2009；吴敏等，2019）、政府债务（钟辉勇和陆铭，2015）等方面。相对上述研究视角，仅少量研究涉及财政转移支付对土地出让的影响。刘佳和吴建南（2015）将财政分权体制和"土地财政"相结合，基于地市级面板数据分析发现转移支付抑制地方政府"土地财政"行为。吉富星和鲍曙光（2020）将地方政府竞争、财政收支体系和土地财政纳入统一分析框架，基于省级面板数据，发现财政转移支付能够缓解纵向财政竞争，但强化横向经济竞争并加剧"土地财政"依赖。综合现有研究，可以发现：①大多数文献将转移支付与财政分权、政府竞争等制度特征纳入同一实证框架进行分析，其中针对财政转移支付对土地出让影响效应的分析还比较简单，缺乏深入分析；②现有学者多从"土地财政"这一间接视角出发，缺乏针对财政转移支付对地方政府土地出让规模调控效果的直接研究；③限于数据公开的滞后性和数据可获得性，现有关于财政转移支付实施效应的研究主要采用县级截面数据（李永友和沈玉平，2015）和省级面板数据（储德银和费冒盛，2020；吉富星和鲍曙光，2020）。少数研究将样本细化到地市级层面（刘佳和吴建南，2015），但由于统计资料公布时间的限制，其样本区间为 2003~2009 年，不能充分反映当前财政转移支付对土地出让影响效应的现实情况。

基于此，本章利用我国 281 个城市 2015~2019 年市级财政决算数据及城市面板数据，构建双向固定效应计量模型，探讨财政转移支付对城市土地出让的影响并探索其路径机制。本章的边际贡献可能为：①从土地出让规模调控视角切入，定量分析财政转移支付对土地出让规模的直接影响效果，与前人关于"土地财政"收入调控的研究相互补充；②手动搜集 281 个地级及以上城市 2015~2019 年市级财政决算数据，将财政转移支付数据尺度细化至地市级；③对变量细分讨论，将财政转移支付分解为一般性转移支付、专项转移支付和税收返还，同时将土地出让分解为商业用地、住宅用地、工业用地、公共服务用地和基础设施用地；④系统分析转移支付对土地出让规模作用的调节因素和路径机制，为土地制度改革和政府财政决策提供实证依据。

第二节　理论分析与研究假设

一、中央财政转移支付对地方政府土地出让规模的影响

实行最严格的耕地保护制度和最严格的节约用地制度是我国土地管理制度的核心支柱（任平等，2012）。1998 年，《中华人民共和国土地管理法》修正，我国确定最严格的土地管理制度的法律框架，并从法律上赋予了地方政府唯一国有土地供应主体的地位。2020 年第三次修正进一步规定根据分级审批制定的土地

总体规划和国土空间规划确定土地分区和土地用途（杜俊涛等，2021），更加明确地指出保护、开发土地资源，合理利用土地，切实保护耕地。1994 年分税制改革后，纵向财政失衡和横向竞争机制的双重推进使得土地出让获取资金成为弥补收入短缺、缓解支出压力的重要手段，是地方政府最主要的预算外收入来源（储德银和费冒盛，2020），占到了地方财政总收入的 60% ~80%（Wang et al.，2016），分权体制直接影响着地方经济的发展（Jin and Zhou，2000）。然而，土地出让规模扩张与地方政府过度支出之间形成相互依赖与恶性循环的关系，使得不合理的土地出让极易诱发地方经济重复建设（储德银和费冒盛，2021）、大量工业用地被低效利用甚至闲置（张莉等，2019）、产业结构失衡、生态环境破坏、城市集聚效力削弱（邵朝对等，2016）等负面影响，对地区环境治理和区域环境福利绩效产生严重损害，阻碍着地方政府治理能力的提升、资源的有效配置和我国土地资源保护机制的构建与完善（杨继东等，2020）。

在双重背景之下，财政转移支付在一定程度上对地方政府土地出让行为产生抑制影响，成为促进耕地保护和土地资源高质高效利用的重要基础。1994 年分税制改革以来，财政转移支付作为中央为弥补地方财政的支出缺口的重要制度性安排，其目的在于缓解财政失衡与横向差异，并逐步成为地方政府财政收入重要来源，从而影响地方政府行为以促进区域平衡发展（范子英，2011）。分税制在集中了地方财政的收入、提高了中央财政占地方财政总收入的比重之后，通过税收返还和转移支付补助的形式来弥补地方财政的支出缺口。2019 年，中央对地方的财政转移支付平均占到地方财政支出的 36.5%。在中央政府通过财政转移支付将部分事权支出责任转交给地方的同时，中央也配套了相应的支持措施（刘佳和吴建南，2015），通过资金或物资等配套要求推进地方政府资源的优化利用。因此，政府间的财政转移支付在一定程度上意味着地方政府财权和事权之间差距的逐步缩小，有利于地方政府减弱以土地出让换取财政资源的内在冲动，推进地方政府更加高效地利用存量用地，减少无效扩张带来的资源浪费。由此，本章提出以下研究假设：

假设 1：财政转移支付弱化了地方政府土地出让激励，有利于土地出让规模的降低。

二、财政转移支付影响土地出让规模的调节机制

由于不同城市具有差异化的国土资源禀赋、土地财政惯性以及经济增长压

力，在获得财政转移支付后，不同城市可能依据自身特征，差异化地改变土地出让行为，从而使得财政转移支付对土地出让产生着不同的影响。

就国土资源禀赋而言，作为土地出让的基础物质来源，国土资源禀赋的不同形成了对地方土地出让规模选择的内在约束，进而影响着地方政府在收到财政转移支付后减少土地出让的程度。对于国土资源禀赋更多的城市，较为充足的土地储备使得地方政府在土地出让时受到的约束较小，使得财政转移支付对土地出让规模的负向作用越弱。反之，在国土资源禀赋较弱的地区，土地资源瓶颈的约束效应更早出现，通过低成本、高收益的征地行为来扩充城市建设用地储备量的内在动力较强（郭贯成和汪勋杰，2013）。因此，在城市发展规划、资源储备等方面的考虑下，地方政府在获得财政转移支付时则会更大程度地降低对土地出让的依赖。

就土地财政惯性而言，土地财政存在惯性增长的"棘轮效应"和动态累积态势，使得地方政府难以摆脱土地财政路径依赖，而土地财政惯性程度的不同影响着地方政府在收到财政转移支付时对于土地出让的规模选择。对于土地财政惯性更大的城市，财政转移支付对土地出让规模的负向效应可能更弱。这些城市受到土地财政所取得预算外收入的惯性驱动，地方财政更依赖土地五税与土地出让金而强化了其路径依赖，从而使得地方政府更倾向于扩大土地出让规模以维持或提高自身财政收入，拉动本地经济、扩大税源（杨其静等，2014）；反之，如果地方政府土地财政惯性较弱，则地方政府则更愿意接受财政转移支付弥补财政支出缺口，扩大土地出让规模的内在动力将会有所减弱。

就经济增长压力而言，经济增长压力越高的城市，为了实现其制定的发展目标，在没有其他更多可供选择的情况下，其越具有大规模出让土地以推动本地区经济增长的意愿（赵文哲和杨继东，2015）。土地利用变化与城市经济增长之间的互为因果关系（黄志基等，2013），经济增长压力的增长会促使城市政府更积极地利用刺激计划而更多地出让工业用地（张立新等，2020）。对于经济增长压力越低的城市，财政转移支付对土地出让规模的负向效应可能越强。这意味着在城市面临经济增长压力较弱的情况下，地方政府将有可能可以依赖财政转移支付获得财政收入的保障，从而减少对土地出让的依赖。

假设2：国土资源禀赋越多、土地财政惯性越大、经济增长压力越大，财政转移支付对城市土地出让规模的负向效应越弱。

三、财政转移支付影响土地出让规模的路径机制

图 10-1 展示了财政转移支付影响地方政府土地出让的基本机制。财政转移支付影响地方政府土地出让规模的主要原因在于为地方政府带来财政资金补助与方向引导，从而影响着地方政府的公共治理行为、资源利用与发展方式的选择。其中，财政转移支付制度的科学性与专业性影响着其实施效用的发挥（靳涛和陈嘉佳，2013）。1994 年我国财政分权体制建立并逐步完善，通过明确划分不同层级政府的财政资源并在不同层级政府设置相应的税务机构（乔宝云等，2006），中央政府在中央地方关系中获得强劲的宏观调控与支配能力，但对地方财政平衡造成制度冲击。同时，"财权上移，事权留置"带来的天然型财政缺口不断扩大（杜彤伟等，2019；亓寿伟等，2020），地方财政压力不断提升。

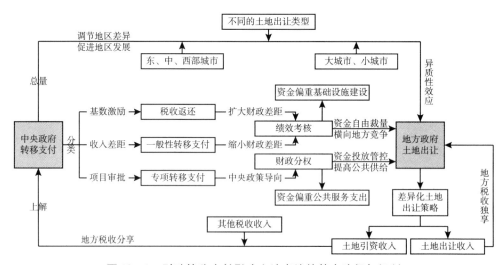

图 10-1　财政转移支付影响土地出让的基本路径与机制

因此，弥补财政转移支付制度本身设计中存在的缺陷有利于其起到均等化正效应（范子英和张军，2010），避免因财政转移支付对地方财政收支的非对称影响以及政府与民众之间的信息不对称而导致"财政幻觉"的产生（Dahlby，2011），纠正地方政府采取过度安排支出（Turnbull，1998）、降低税收努力（乔

宝云等，2006）等激励扭曲的收支行为（范子英和张军，2010），减弱因财政纵向失衡程度过高导致的制度成本的增加（Tommasi and Sanguinetti，2003），进而降低"公共池"和"预算软约束"等道德风险问题的爆发（Alesina and Perotti.，1996；Rodden，2002），积累经济增长的潜力。整合财政转移支付项目（胡祖铨等，2013）、专业化运用财政转移支付这一政策工具，有助于通过降低纵向财政压力与缓解横向政府竞争两条路径机制，负向作用于土地出让规模，促进地方政府财政的可持续发展。

就纵向财政压力而言，财政转移支付对地方政府产生的收入效应具有财力均等化的功效（Boex et al.，2006）。尤其是一般性转移支付作为上级政府为实现基本公共服务均等化目标而对下级政府提供的一种无偿的财力性补助（伏润民等，2008），在一定程度上弥补了地方财政收支缺口。同时，以支出绩效为导向的财政转移支付还可以通过问责机制更好地规范地方政府收支行为，提升地方治理水平，有益于地方政府对资源的优化利用与财政自给率稳步提升，使得土地出让激励得到了缓解，抑制土地出让规模的增加。

就横向政府竞争而言，财政转移支付通过政策引导、激励约束机制来影响地方政府行为和支出偏好，从而缓解地方横向竞争强度，弱化地方寻求土地财政的动机（吉富星和鲍曙光，2020），优化资源利用结构。通过增加财政支出，提供交通、电信等良好的基础设施来吸引企业落户投资容易产生时间成本与资金投入，在引资初期为地方财政带来着更多的财政压力与治理挑战（吴柏钧和曹志伟，2021）。相比之下，财政转移支付带来公共池效应（范子英和王倩，2019），地方政府可以以无成本的方式得到相应的资金（Bahl et al.，1974），相比于带来竞争成本的引资竞争，更有利于地方政府获得财政水平的提升与资源的优化配置（储德银和迟淑娴，2018）。因此，降低地方引资行为而更多依赖于财政转移支付成为地方政府更倾向的路径选择。财政转移支付发挥了矫正地方政府的扭曲性竞争行为的作用（贾俊雪等，2010），强化了地方政府的公共目标和责任约束机制（储德银和费冒盛，2021）。

假设3：财政转移支付能够通过提升地方政府的财政自给率，降低纵向财政压力；同时可以矫正地方政府的扭曲性竞争行为，降低以土地出让换取短期经济利益的需求，从而减少了地方政府的土地出让规模。

第三节 模型设置与数据来源

一、基准回归模型设定

根据前文假设1，为检验财政转移支付对地方政府土地出让规模的影响，本章设置如下基准模型：

$$LTA_{i,t} = C + \alpha_1 TT_{i,t-1} + \alpha_2 \sum CV_{i,t-1} + \lambda_t + \mu_i + \varepsilon_{i,t} \quad (10.1)$$

其中：$LTA_{i,t}$ 表示 i 城市第 t 年地方政府土地出让规模；$TT_{i,t-1}$ 表示 i 城市第 $t-1$ 年所获得的财政转移支付强度，在后续模型检验中其还包括税收返还收入强度（$TR_{i,t-1}$）、一般性转移支付强度（$GT_{i,t-1}$）、专项转移支付强度（$ST_{i,t-1}$）等分项；$CV_{i,t-1}$ 为 i 城市第 $t-1$ 年的一组控制变量；λ_t，μ_i 分别代表不可观测的时间效应与城市效应；$\varepsilon_{i,t}$ 代表残差项；C 为常数项。

现有研究表明，地方政府土地出让受经济、社会、资源等多种因素影响，因此需要合理选择控制变量以控制参数估计过程中可能出现的遗漏变量偏差问题。控制变量组 $CV_{i,t-1}$ 包括：①经济增长（$GDPG_{i,t-1}$）：采用 GDP 增长率作为代理指标；②人口规模（$POP_{i,t-1}$）：选择年平均人口表征城市人口规模。城市人口的扩张推动用地需求上涨，导致土地出让规模的增加；③土地资源（$LR_{i,t-1}$）：以城市行政区划面积作为土地资源的代理指标；④产业结构（$IS_{i,t-1}$）：选择第三产业增加值与第二产业增加值之比作为产业结构的代理指标，城市产业结构的变化不仅改变不同类型用地需求，也改变土地出让规模；⑤金融存贷（$FD_{i,t-1}$）：利用城市当年金融存贷款余额与 GDP 的比值表征，金融部门的信贷支持会推动地方政府利用土地出让进行相关融资；⑥支出结构（$OS_{i,t-1}$）：以一般公共预算支出与 GDP 之比作为代理指标，地方政府的财政支出结构越大，对土地出让的依赖程度可能越高；⑦收入财力（$FR_{i,t-1}$）：以一般公共预算收入与年平均人口之比作为代理指标，地方政府的财政收入能力越强，对土地出让的依赖程度可能越小。

二、调节效应模型设定

根据前文假设 2，为探究城市相关属性的调节效应，本章在基准模型的基础上加入调节变量并构建调节效应检验模型如下：

$$LTA_{i,t} = C + \chi_1 TT_{i,t-1} + \chi_2 \sum CV_{i,t-1} + \chi_3 Z_{i,t} + \lambda_t + \mu_i + \varepsilon_{i,t} \qquad (10.2)$$

$$LTA_{i,t} = C + \delta_1 TT_{i,t-1} + \delta_2 \sum CV_{i,t-1} + \delta_3 Z_{i,t} + \delta_4 Z_{i,t} \times TT_{i,t-1} + \lambda_t + \mu_i + \varepsilon_{i,t}$$
$$(10.3)$$

其中，调节变量 $Z_{i,t}$ 包括国土资源禀赋 $LR_{i,t}$、土地财政惯性 $LF_{i,t}$ 和经济增长压力 $GP_{i,t}$。根据前人研究，选择城市行政区划面积表征国土资源禀赋 $LR_{i,t}$，其值越高表示政府能利用的国土资源越多；利用土地出让总金额与年平均人口的比值表征土地财政惯性 $LF_{i,t}$，其值越高表示政府在土地出让中获得的收入越多，即土地财政惯性越大；采用城市当年 GDP 增长率与城市所在省份当年平均 GDP 增长率之差衡量经济增长压力 $GP_{i,t}$，其值越高表示城市 GDP 增长率与省内 GDP 平均增长率的正向偏离越大，即经济增长压力越大。模型控制核心解释变量以及调节变量的主效应，在交互项中加入调节变量以探究城市间调节变量异质性对城市土地出让规模的影响。

三、中介效应模型设定

根据前文假设 3，为探究纵向财政压力与横向政府竞争的中介效应，本章加入相关中介变量进行检验。借鉴巴伦等（Baron et al.，1986）与温忠麟和叶宝娟（2014）等研究，设定中介效应检验模型如下：

$$LTA_{i,t} = C + cTT_{i,t-1} + \beta_1 \sum CV_{i,t-1} + \lambda_t + \mu_i + \varepsilon_{i,t} \qquad (10.4)$$

$$MV_{i,t} = C + aTT_{i,t-1} + \beta_2 \sum CV_{i,t-1} + \lambda_t + \mu_i + \varepsilon_{i,t} \qquad (10.5)$$

$$LTA_{i,t} = bMV_{i,t} + C + c'TT_{i,t-1} + \beta_3 \sum CV_{i,t-1} + \lambda_t + \mu_i + \varepsilon_{i,t} \qquad (10.6)$$

其中，中介变量 $MV_{i,t}$ 包括纵向财政压力 $FP_{i,t}$ 和横向政府竞争 $GC_{i,t}$，分别采用 i 城市第 t 年财政自给率和 i 城市第 t 年实际利用外资总额占 GDP 的比例作为代理变量。

四、指标选取与数据来源

本章土地出让数据源于中国土地市场网，财政转移支付数据源于每个城市的财政决算报表，其余数据来自历年《中国城市统计年鉴》。为形成平衡面板，本章对少量缺失值进行插值处理；为减少异方差的影响、保持量级的一致性以及削弱模型的内生性问题，本章对被解释变量及相关控制变量分别取自然对数处理和做滞后一期处理；同时为保证变量的可比性，本章利用2015年CPI指数对数值型变量进行价格平减。本章数据范围涵盖2015~2020年全国281个城市，样本的变量选取和变量统计描述见表10-1。

表10-1 指标描述及数据说明

变量类别	变量符号	变量名称	变量含义及测算方法	数据来源
被解释变量	LTA	土地出让规模	每一宗土地出让的面积数据在城市层面加总并取自然对数	中国土地市场网
	LTP	土地出让价格	土地出让总金额/土地出让规模并取自然对数	中国土地市场网
	CLA	商业用地出让规模	商业用地汇总并取自然对数	中国土地市场网
	RLA	住宅用地出让规模	住宅用地汇总并取自然对数	中国土地市场网
	ILA	工业用地出让规模	工业用地汇总并取自然对数	中国土地市场网
	PLA	公共服务用地出让规模	公共服务用地汇总并取自然对数	中国土地市场网
	FLA	基础设施用地出让规模	基础设施用地汇总并取自然对数	中国土地市场网
解释变量	TT	财政转移支付强度	受上级政府转移支付总额/GDP	市级财政决算报表
	TR	税收返还收入强度	受上级政府税收返还总额/GDP	市级财政决算报表
	GT	一般性转移支付强度	受上级政府一般性转移支付总额/GDP	市级财政决算报表
	ST	专项转移支付强度	受上级政府专项转移支付总额/GDP	市级财政决算报表
调节变量	LR	国土资源禀赋	城市行政区划面积的自然对数	《中国城市统计年鉴》

续表

变量类别	变量符号	变量名称	变量含义及测算方法	数据来源
调节变量	LF	土地财政惯性	土地出让总金额/年平均人口	中国土地市场网
	GP	经济增长压力	城市 GDP 增长率 – 省内平均 GDP 增长率	《中国城市统计年鉴》
中介变量	FP	纵向财政压力	（一般公共预算收入 – 一般公共预算支出）/一般公共预算支出	《中国城市统计年鉴》
	GC	横向政府竞争	当年实际利用外资总额/GDP	《中国城市统计年鉴》
控制变量	GDPG	经济增长	GDP 增长率	《中国城市统计年鉴》
	POP	人口规模	城市当年平均人口的自然对数	《中国城市统计年鉴》
	LR	土地资源	城市行政区划面积的自然对数	《中国城市统计年鉴》
	IS	产业结构	三产增加值/二产增加值	《中国城市统计年鉴》
	FD	金融存贷	金融存贷款余额/GDP	《中国城市统计年鉴》
	OS	支出结构	一般公共预算支出/GDP	《中国城市统计年鉴》
	FR	收入财力	一般公共预算收入/年平均人口并取自然对数	《中国城市统计年鉴》
分类变量	Big	大城市	常住人口 100 万以上赋值为 1，否则为 0	本章赋值
	Mid/Small	中小城市	常住人口 100 万以下赋值为 1，否则为 0	本章赋值
	East	东部	若处东部则取 1，否则取 0	本章赋值
	Mid/West	中西部	若处中西部则取 1，否则取 0	本章赋值

第四节 实证结果与分析

一、基准模型回归结果

首先，本章考察财政转移支付强度（*TT*）对地方土地出让规模（*LTA*）的影响效应。根据 Hausman 检验结果，本章采用双向固定效应模型进行系数估计。为避免和减弱面板数据中可能存在的异方差、序列自相关与截面相关问题，采用 Rogers 聚类稳健标准误估计系数标准误。逐步加入控制变量后基准模型的回归结果见表 10 - 2。由于仅有被解释变量和相关控制变量做取对数处理，因此模型的估计系数性质为半弹性。根据表 10 - 2 的列（1）可知，不加入任何控制变量的条件下模型核心解释变量 *TT* 的估计系数为 - 1.970 且通过 1% 的显著性水平检验；根据列（2）~（4）可知，逐步加入控制变量后，核心解释变量 *TT* 的估计系数变为 - 1.834，t 值绝对值从 3.157 降至 2.880，模型调整后拟合优度从 0.164 增为 0.720，核心解释变量估计系数仍通过 1% 的显著性检验。这一方面表明逐步加入控制变量后模型中混杂偏差因素的影响被减轻且模型拟合程度逐渐增高，另一方面表明接受财政转移支付后，地方政府土地出让规模显著下降。

表 10 - 2　　　　　　　基准回归结果

基准模型	（1）	（2）	（3）	（4）
	LTA	*LTA*	*LTA*	*LTA*
L. TT	- 1.970 *** (- 3.157)	- 1.839 *** (- 2.959)	- 1.847 *** (- 2.975)	- 1.834 *** (- 2.880)
L. GDPG		0.159 (0.932)	0.205 (1.197)	0.194 (1.109)
L. POP		0.375 (0.907)	0.378 (0.875)	0.307 (0.672)
L. LR		0.838 * (1.801)	0.791 * (1.911)	0.778 * (1.831)

续表

基准模型	（1）	（2）	（3）	（4）
	LTA	*LTA*	*LTA*	*LTA*
L. IS			0.089 (0.533)	0.082 (0.490)
L. FD			−0.003 (−0.048)	0.002 (0.038)
L. OS				0.346 (0.705)
L. FR				−0.074 (−0.598)
城市效应	控制	控制	控制	控制
年份效应	控制	控制	控制	控制
常数项	2.410 *** (10.081)	3.464 (1.175)	2.859 (0.859)	3.922 (0.995)
样本数	1124	1124	1124	1124
调整后 R^2	0.164	0.469	0.575	0.720

注：1. $*$: $p < 0.1$，$**$: $p < 0.05$，$***$: $p < 0.01$。
2. 括号中表示的是 t 值。

从核心解释变量 *TT* 估计系数的经济含义看，财政转移支付强度（*TT*）每增加 1 个百分点单位，土地出让规模（*LTA*）相应下降 1.834%。一方面，说明财政转移支付作为中央在集中税收收入权力后弥补地方财政支出缺口、平衡各地区财政支付能力的重要制度性安排，部分地缓解地方政府财权与事权的不平衡现象，扩充地方政府实际可支配的资金池，弱化地方政府大量出让土地的激励，事实上减少了地方政府土地出让规模（吉富星和鲍曙光，2020）；另一方面，随着地方可自主支配资金的增加和土地出让规模的减小，地方盲目扩大土地出让规模的激励相应减少，这将促使地方政府寻求城市土地更合理的出让配置，提高土地利用效率，摆脱过度土地投入发展的路径依赖（黄思明和王乔，2020）。

控制变量方面，列（4）表明在 10% 的显著性水平下，城市土地资源（*LR*）每提高 1%，土地出让规模相应增加 0.778%，这说明土地资源更多、行政区划面积更大的城市倾向于出让更多的土地（刘佳和吴建南，2015）。此外，城市的实际经济增长率（*GDPG*）、人口规模（*POP*）、第三产业结构比重（*IS*）、金融存贷余额占 GDP 比重（*FD*）、一般公共预算支出占 GDP 比重（*OS*）与城市土地出让规模呈正相关关系，人均一般公共预算收入（FR）则与城市土地出让规模呈负相关关系，与前人系数符号估计方向相符（储德银和迟淑娴，2018；李永友和沈玉平，2015）。综上，假设1得证。

二、调节效应模型结果

其次，本章考察财政转移支付强度（TT）与地方土地出让规模（LTA）之间的调节效应。前文理论分析表明，城市受国土资源禀赋条件（LR）、土地财政依赖程度（LF）以及地区增长压力（GP）的影响，在接受上级转移支付后仍存在诸多改变其土地出让行为的可能。因此，有必要进一步探究上述三类影响因素在前述基准回归中可能存在的调节效应。

在基准模型中加入调节因素及相关交互项后的估计结果见表10-3。其中，交叉项系数分别表示国土资源禀赋、土地财政惯性和经济增长压力调节转移支付对土地出让规模影响的作用。若交叉项系数显著且与核心解释变量 TT 系数符号一致，则为增强型调节效应，反之则为减弱型调节效应。列（6）、列（8）、列（10）结果说明交叉项系数均在10%的显著性水平上通过检验，结合其系数符号可以发现：国土资源禀赋越好的城市，其土地出让规模受上级转移支付的负向效应越弱（黄思明和王乔，2020），这表明拥有土地资源越多的城市越不受土地资源的约束，而具有相当的激励大量出让土地资源；土地财政惯性越大的城市，其土地出让规模受上级转移支付的负向效应越弱（杨其静等，2014），这表明地方受土地财政所取得预算外收入的惯性驱动，为最大限度追求可自由支配的财政收入来源，而具有扩大土地出让规模的冲动；经济增长压力越小的城市，其土地出让规模受上级转移支付的负向效应越强，这表明地方受省内其他城市经济增长的压力越高，其越具有大规模出让土地以推动本地区经济增长的意愿（黄志基等，2013）。综上，假设2得证。

表10-3 调节效应回归结果

调节检验	（5）	（6）	（7）	（8）	（9）	（10）
	LTA	LTA	LTA	LTA	LTA	LTA
$L.\ LR$	0.805 * (1.896)	0.796 * (1.850)				

续表

调节检验	(5)	(6)	(7)	(8)	(9)	(10)
	LTA	LTA	LTA	LTA	LTA	LTA
L. LF			-0.094** (-2.043)	-0.130** (-2.348)		
L. GP					-0.778** (-2.233)	-0.381 (-0.594)
交叉项系数		0.123* (1.902)		0.264* (1.690)		-3.418* (-1.890)
L. TT	-1.841*** (-2.887)	-3.045* (-1.727)	-1.788*** (-2.895)	-3.627* (-1.884)	-2.047** (-2.146)	-2.386** (-2.440)
L. 控制变量	控制	控制	控制	控制	控制	控制
城市效应	控制	控制	控制	控制	控制	控制
年份效应	控制	控制	控制	控制	控制	控制
常数项	-0.879 (-0.181)	-0.844 (-0.173)	4.686 (1.169)	5.301 (1.368)	6.881 (1.527)	7.198 (1.627)
样本数	1124	1124	1124	1124	1124	1124
调整后 R^2	0.720	0.720	0.725	0.725	0.743	0.746

注：1. *：$p<0.1$，**：$p<0.05$，***：$p<0.01$。
2. 括号中表示的是 t 值。

三、中介效应模型结果

再次，本章考察财政转移支付强度（TT）对地方土地出让规模（LTA）影响的路径机制。前文理论分析表明，在"收入集权—支出分权"的分税制环境下，财政转移支付能有效缓解地方政府在财政支出事项中面临的纵向财政压力，同时也能增加地方财政资金规模而缓解政府间争夺流动性税源的竞争行为（贾晓俊和岳希明，2015）。因此，本章进一步探讨财政转移支付是否通过上述两个路径对土地出让造成影响。

本章以纵向财政压力（FP）和横向政府竞争（GC）作为中介变量对基准回归的路径机制进行研究，结果见表10-4。针对纵向财政压力路径的两步法检验在列（11）与列（12）中呈现，财政转移支付强度在5%的显著性水平下与纵向财政压力正相关，纵向财政压力在10%的显著性水平下与土地出让规模负相关。这表明财政转移支付强度提高了地方政府财政自给率与财政资金规模，降低了地方政府获取更多预算外财政收入的激励，导致区域内土地出让规模的整体下降（吉富星和鲍曙光，2020）。针对横向政府竞争路径的两步法检验在列（13）与列（14）中呈现，财政转移支付强度在5%的显著性水平下与横向政府竞争负相关，纵向财政压力与土地出让规模负相关但并不显著。这表明财政转移支付强度降低了地方政府实际利用外资总额占GDP的比重，减弱了政府通过大规模出让土地引资增资的需求，转变地方政府间土地出让的恶性竞争模式（吴柏钧和曹志伟，2021），并使区域内土地出让规模具有下降趋势。综上，假设3部分得证。

表10-4　　　　　　　　　　　机制检验结果

机制检验	(11)	(12)	(13)	(14)
	FP	LTA	GC	LTA
L. FP		-1.382* (-1.712)		
L. GC				-3.546 (-0.684)
L. TT	0.028** (2.042)	-1.821*** (-2.847)	-0.018** (-2.254)	-1.771*** (-2.750)
L. 控制变量	控制	控制	控制	控制
城市效应	控制	控制	控制	控制
年份效应	控制	控制	控制	控制
常数项	-0.410** (-2.522)	3.372 (0.870)	0.677*** (20.722)	1.522 (0.283)
样本数	1124	1124	1124	1124
调整后 R^2	0.988	0.720	0.672	0.720

注：1. *：$p<0.1$，**：$p<0.05$，***：$p<0.01$。
2. 括号中表示的是t值。

四、异质效应模型结果

最后，本章考察财政转移支付强度（TT）对地方土地出让规模（LTA）影响的异质性。本章认为：①由于我国实行严格的土地出让用途管制制度且政府存在差异化的土地出让策略，因此政府受财政转移支付后，针对不同用途土地的出让决策也相应存在差别；②由于财政转移支付包括税收返还、一般性转移支付和专项转移支付等多种分类，地方政府针对不同种类的转移支付对土地出让的影响程度不同；③城市禀赋差异与区域差别可能导致不同地区对所受转移支付的敏感程度存在异质性。鉴于此，本章对土地用途、转移支付分类及 281 个城市进行异质性分析。

转移支付强度对不同用途土地出让规模影响的估计结果见表 10 - 5。列（15）~（19）中结果表明，财政转移支付强度对不同用途土地出让规模的影响存在异质性，财政转移支付强度在 1% 的显著性水平下增加商业用地出让规模而减少工业用地和公共服务用地出让规模，同时在 10% 的显著性水平下减少基础设施用地出让规模。土地出让市场化程度的增加及相关征地成本的上升使地方政府差异化出让土地以谋求大量预算外财政收入的效力减弱，同时转移支付所带来的财力供给一定程度上弥补了地方政府的财政缺口，使其大规模出让工业用地以争夺流动性税源的需求减少，因此降低工业用地的出让规模为较优选项。结合公共服务用地与基础设施用地出让规模减小而商业用地增加这一系数估计结果，可能证明地方政府减少工业用地出让规模的同时，相应减少其应当配套出让的公共服务用地与基础设施用地，而转向增加商业用地以调整自身的产业结构并朝资金密集型的第三产业升级（靳涛和陈嘉佳，2013）。这说明转移支付形成的财政资金供给一定程度上缓解地方政府原有的财政与考核压力，使得"缩减工业用地、扩张商业用地"成为较优土地出让行为组合（唐宇娣等，2020），在一定程度上促进了产业结构的优化升级。

表 10 - 5　　　　　　　　　　　土地异质性结果

土地异质性	（15）	（16）	（17）	（18）	（19）
	CL	RL	IL	PL	FL
L. TT	0.045 *** (4.491)	- 0.060 (- 1.552)	- 0.049 *** (- 4.773)	- 0.057 *** (- 2.948)	- 0.067 * (- 1.742)
L. 控制变量	控制	控制	控制	控制	控制
城市效应	控制	控制	控制	控制	控制
年份效应	控制	控制	控制	控制	控制
常数项	5.749 (0.929)	- 5.998 (- 1.167)	0.025 (0.005)	3.804 (0.512)	7.826 (0.831)
样本数	1124	1124	1124	1124	1124
调整后 R²	0.511	0.685	0.640	0.527	0.406

注：1. * : $p < 0.1$，** : $p < 0.05$，*** : $p < 0.01$。
2. 括号中表示的是 t 值。

转移支付对土地出让规模影响的估计结果见表 10 - 6。列（20）~（23）中结果表明，财政转移支付强度、税收返还收入强度与一般性转移支付强度至少在 5% 的显著性水平下抑制土地出让规模的增长，且一般性转移支付的抑制效应最强烈。税收返还资金规模与地区自身经济发展水平密切相关，经济发展水平更高的城市其税收返还的基数相应越大，所得到的财政资金越多，大量出让土地以追求额外财政收入的需求越少。一般性转移支付也称财力性转移支付，是中央政府为平衡不同城市财力水平所设置的再分配机制。对接受一般性转移支付的地方政府来说，一般性转移支付"意外之财"的性质可以无成本地缓解其在财政资金的窘境，有效减少其出让土地以获得财政收入的激励。专项转移支付一般为由中央政府指定用途的财政资金，用于抢险救灾、社会福利与公共事业等方面，其对土地出让规模的影响不显著符合预期（贾晓俊和岳希明，2015）。

表 10 - 6 转移支付异质性结果

转移支付异质性	(20)	(21)	(22)	(23)
	LTA	LTA	LTA	LTA
L. TT	-1.834 *** (-2.880)			
L. TR		-2.375 ** (-2.217)		
L. GT			-4.450 *** (-4.424)	
L. ST				-1.627 (-1.505)
L. 控制变量	控制	控制	控制	控制
城市效应	控制	控制	控制	控制
年份效应	控制	控制	控制	控制
常数项	3.922 (0.995)	2.867 (0.596)	5.814 (1.383)	5.104 (1.214)
样本数	1124	1124	1124	1124
调整后 R^2	0.720	0.695	0.716	0.709

注：1. * : $p<0.1$，** : $p<0.05$，*** : $p<0.01$。
2. 括号中表示的是 t 值。

城市规模下不同类型转移支付对土地出让规模影响的估计结果见表 10 - 7。

列（24）~（31）中结果表明，就总量、一般性和专项转移支付而言，中小城市接受上级转移支付后对土地出让的敏感程度更高。这是因为，中小城市人口数量低于 100 万人，所辖行政区内土地资源相对大城市较少且发展水平较低，其对转移支付的资金供给效应更加敏感。相反，超过 100 万人口的大城市承担区域经济发展的领头与辐射责任，其相应丰富的土地资源与上级政府给予的增长期望结合较多的土地指标意味着其对转移支付的敏感度更低。但就税收返还而言，由于大城市普遍经济发展水平较高而拥有优于中小城市的税收返还基数，因此大城市接受的税收返还普遍更多，则其相应降低土地出让规模的意愿也更高（刘佳和吴建南，2015；李永友和沈玉平，2015）。

表 10 - 7 城市异质性结果

城市异质性	（24）	（25）	（26）	（27）	（28）	（29）	（30）	（31）
	Big	Mid/Small	Big	Mid/Small	Big	Mid/Small	Big	Mid/Small
L. TT	-0.542 (-0.468)	-1.544** (-2.352)						
L. TR			-3.906*** (-3.337)	-2.080* (-1.694)				
L. GT					-1.645 (-0.922)	-2.758*** (-2.772)		
L. ST							-0.612 (-0.172)	-2.460** (-2.108)
L. 控制变量	控制	控制	控制	控制	控制	控制	控制	控制
城市效应	控制	控制	控制	控制	控制	控制	控制	控制
年份效应	控制	控制	控制	控制	控制	控制	控制	控制
常数项	12.944 (1.432)	4.181 (1.172)	13.267 (1.216)	4.695 (1.120)	15.537 (1.644)	6.467 (1.613)	14.744 (1.602)	6.067 (1.578)
样本数	408	716	408	716	408	716	408	716
调整后 R^2	0.625	0.638	0.589	0.609	0.624	0.619	0.623	0.613

注：1. *：$p<0.1$，**：$p<0.05$，***：$p<0.01$。
2. 括号中表示的是 t 值。

地区下不同类型转移支付对土地出让规模影响的估计结果见表 10 - 8。列（32）~

（39）结果表明，除税收返还外，东部城市针对转移支付的敏感程度更高且对土地出让规模的抑制作用更大。其主要原因有：一方面，中央政府在制定土地利用规划时普遍采用"偏向中西部"的指标供地方式。东部城市的土地指标天然偏少，其对转移支付产生的财政资金替代效应敏感度更高。另一方面，近年来东部城市大多以率先走向土地存量发展时代，可供出让的土地锐减，其相应接受转移支付后对土地出让的需求也减少更多。

表 10 - 8   地区性结果

城市异质性	(32)	(33)	(34)	(35)	(36)	(37)	(38)	(39)
	East	Mid/West	East	Mid/West	East	Mid/West	East	Mid/West
$L. TT$	-2.397^{***} (-3.173)	-1.680^{**} (-2.029)						
$L. TR$			-4.030 (-1.180)	-2.052^{**} (-2.042)				
$L. GT$					-5.063^{***} (-3.868)	-4.220^{***} (-3.057)		
$L. ST$							-3.824^{*} (-1.717)	-1.087 (-0.494)
$L.$ 控制变量	控制	控制	控制	控制	控制	控制	控制	控制
城市效应	控制	控制	控制	控制	控制	控制	控制	控制
年份效应	控制	控制	控制	控制	控制	控制	控制	控制
常数项	7.384 (1.341)	0.224 (0.040)	13.661 (1.304)	-0.169 (-0.029)	10.144* (1.757)	1.916 (0.336)	8.916 (1.427)	1.700 (0.297)
样本数	452	672	452	672	452	672	452	672
调整后 R^2	0.744	0.702	0.716	0.675	0.737	0.702	0.727	0.695

注：1. $*$：$p<0.1$，$**$：$p<0.05$，$***$：$p<0.01$。
2. 括号中表示的是 t 值。

五、稳健性检验

本章从增加年份数据、重新估计标准误和置换因变量三方面对模型稳健性进行检验（见表 10 - 9）。

表 10 - 9   稳健性检验结果

稳健性检验	（40）	（41）	（42）	（43）	（44）
	加入 2020 年数据	Bootstrap	Drisc/Kraay	置换因变量	置换因变量
L. TT	- 0. 962 * (- 1. 665)	- 1. 904 ** (- 2. 517)	- 1. 834 *** (- 6. 083)		
L. 财政转移支付强度/ 一般公共预算收入				- 0. 063 * (- 1. 845)	
L. 财政转移支付强度/ 年平均人口					- 0. 089 * (- 1. 782)
L. 控制变量	控制	控制	控制	控制	控制
城市效应	控制	控制	控制	控制	控制
年份效应	控制	控制	控制	控制	控制
常数项	6. 500 ** (2. 202)	3. 448 (0. 701)	7. 382 *** (6. 011)	6. 588 ** (2. 287)	7. 926 *** (19. 240)
样本数	1405	1124	1124	1124	1124
调整后 R^2	0. 722	0. 572	0. 101	0. 721	0. 718

注：1. *：$p < 0.1$，**：$p < 0.05$，***：$p < 0.01$。
2. 括号中表示的是 t 值。

针对增加年份数据，由于 2020 年新冠肺炎疫情对包括土地出让在内的生产生活产生巨大影响，因此在前述模型中对 2020 年数据予以舍弃，此时考虑加入这一期数据以检验模型稳健性，可以发现基准回归此时在 10% 的显著性水平下稳健；针对重新估计标准误，本章分别采用 Bootstrap 法和德里斯科尔（Driscoll）与克雷（Kraay）提出的方法重新估计系数标准误，其模型拟合程度与显著性均有所下降，但仍至少在 5% 的显著性水平下稳健；针对置换因变量，本章分别采用财政转移支付强度与一般公共预算收入之比和财政转移支付强度与年平均人口之比替换原有被解释变量，其结果均在 10% 的显著性水平下稳健。以上检验表明模型具有较高的稳健性。

第五节　进一步讨论：转移支付
对土地价格的影响

根据供给与需求学派理论，均衡价格由供给与需求共同决定。从土地出让需求来看，地方政府有强烈倾向出让更多土地。从土地出让供给来看，我国实行最严格的耕地保护机制并施行建设用地总量管控机制，严格控制农用地转为建设用地，因此土地实际供应量低于土地潜在需求量。同时，地方政府接受转移支付后出让土地意愿降低，土地供应量的进一步减少与土地需求刚性相结合，可以预见土地平均出让价格可能出现上涨。因此本章进一步估计不同类型转移支付对土地出让平均价格的影响效应。

不同类型转移支付对土地出让平均价格的影响见表 10 - 10。列（44）与列（46）结果显示，至少在 10% 的显著性水平下，财政转移支付强度、一般转移支付强度与土地出让平均价格呈正相关关系，即随着财政转移支付的增加，土地出让价格有所升高。这说明在土地出让需求高涨而供给受限的情况下，转移支付引致的土地出让规模下降将可能进一步抬高土地出让价格。

表 10 - 10　　　　　　　　进一步讨论结果

土地出让价格	（44）	（45）	（46）	（47）
	LTP	LTP	LTP	LTP
L. TT	0.998 * （1.681）			
L. TR		0.926 （0.616）		
L. GT			2.086 ** （2.457）	
L. ST				1.349 （0.819）
L. 控制变量	控制	控制	控制	控制
城市效应	控制	控制	控制	控制

土地出让价格	(44)	(45)	(46)	(47)
	LTP	*LTP*	*LTP*	*LTP*
年份效应	控制	控制	控制	控制
常数项	3.695 (0.826)	6.054 (1.091)	5.829 (1.240)	6.257 (1.324)
样本数	1124	1124	1124	1124
调整后 R^2	0.778	0.756	0.761	0.759

注：1. $*$：$p<0.1$，$**$：$p<0.05$，$***$：$p<0.01$。

2. 括号中表示的是 t 值。

第六节 小 结

本章采用 2015～2019 年我国 281 个城市的面板数据，探讨了财政转移支付与土地出让规模之间的关系，分析了其内在作用机制。研究发现：①财政转移支付及一般性转移支付、税收返还收入对地方土地出让规模具有显著的负向影响，且转移支付抑制了工业、公共服务和基础设施用地出让，但促进商业用地的出让；②国土资源禀赋越好、土地财政惯性越大和经济增长压力越高的城市，其转移支付的土地出让抑制效应越弱；③转移支付通过降低纵向财政压力和缓解横向政府竞争两方面抑制地方土地出让的规模扩张行为；④财政转移支付总规模及一般性转移支付、税收返还收入的土地出让抑制效应在中小城市、东部地区更加明显。

转移支付制度作为平衡我国不同地区财力、缓解我国各地财政压力的纵向再分配制度，通过提升地方政府财政自给率并缓解地方政府间的策略竞争，可以形成对地方政府合理高效出让土地的合理激励，是规制地方政府行为、促进地区高质量发展的重要举措。为了有效发挥财政转移支付制度对地方政府出让土地的合理调控作用，提出如下政策建议：①在现有财政分权体制下，进一步强化财政转移支付政策。财政转移支付不仅可以缓解地方财政压力，也能在一定程度上降低地方政府"逐底竞争"的激励，是当前缓解地方政府土地过度出让、实现土地资源可持续利用的一项积极措施。②科学优化财政转移支付政策体系，适当增加税收返还收入和一般性转移支付比例。税收返还收入和一般性转移支付比例对城市土地出让具有显著的负向作用，因此合理调控财政转移支付各项比例，对于优化土地出让、促进产业转型升级具有显著作用。③适当优化调整城市间和区域间财政转移支付的相对规模。对于中小城市来说，财政转移支付对其土地出让决策的影响更大，因此需更谨慎更全面评估财政转移支付的系统性影响。对中西部城市来说，财政转移支付对其土地出让决策影响不显著，可能与其发展相对滞后和土地财政依赖更强有关，未来也应该更精准评估转移支付的影响效应。总之，本章为透视财政政策与城市土地出让内在关系提供了一个直接的视角，未来需要从整体上创新财政转移支付机制，重塑地方政府财政激励，从而为优化包括土地出让在内的地方政府行为提供动力。

参考文献

［1］白宇飞，杨武建. 转移支付、财政分权与地方政府非税收入规模［J］. 税务研究，2020（01）：115 – 120.

［2］储德银，费冒盛. 财政纵向失衡、土地财政与经济高质量发展［J］. 财经问题研究，2020（03）：75 – 85.

［3］储德银，费冒盛. 财政纵向失衡、转移支付与地方政府治理［J］. 财贸经济，2021，42（02）：51 – 66.

［4］储德银，迟淑娴. 转移支付降低了中国式财政纵向失衡吗［J］. 财贸经济，2018，39（09）：23 – 38.

［5］杜彤伟，张屹山，杨成荣. 财政纵向失衡、转移支付与地方财政可持续性［J］. 财贸经济，2019，40（11）：5 – 19.

［6］杜俊涛，Muhammad Shahbaz，宋马林. 自然资源离任审计与地方政府土地出让［J］. 财经研究，2021，47（05）：153 – 168.

［7］伏润民，常斌，缪小林. 我国省对县（市）一般性转移支付的绩效评价——基于DEA 二次相对效益模型的研究［J］. 经济研究，2008，43（11）：62 – 73.

［8］范子英. 土地财政的根源：财政压力还是投资冲动［J］. 中国工业经济，2015（06）：18 – 31.

［9］范子英. 中国的财政转移支付制度：目标、效果及遗留问题［J］. 南方经济，2011（06）：67 – 80.

［10］范子英，王倩. 转移支付的公共池效应、补贴与僵尸企业［J］. 世界经济，2019，42（07）：120 – 144.

［11］范子英，张军. 中国如何在平衡中牺牲了效率：转移支付的视角［J］. 世界经济，2010，33（11）：117 – 138.

［12］郭贯成，汪勋杰．地方政府土地财政的动机、能力、约束与效应：一个分析框架［J］．当代财经，2013（11）：25－35.

［13］郭庆旺，贾俊雪．中央财政转移支付与地方公共服务提供［J］．世界经济，2008（09）：74－84.

［14］黄思明，王乔．地级市政府财政压力、土地财政与土地供应策略［J］．当代财经，2020（12）：26－38.

［15］黄志基，贺灿飞，王伟凯．土地利用变化与中国城市经济增长研究［J］．城市发展研究，2013，20（07）：35－43.

［16］胡祖铨，黄夏岚，刘怡．中央对地方转移支付与地方征税努力——来自中国财政实践的证据［J］．经济学（季刊），2013，12（03）：799－822.

［17］吉富星，鲍曙光．地方政府竞争、转移支付与土地财政［J］．中国软科学，2020（11）：100－109.

［18］贾俊雪，郭庆旺，高立．中央财政转移支付、激励效应与地区间财政支出竞争［J］．财贸经济，2010（11）：52－57.

［19］贾晓俊，岳希明．我国不同形式转移支付财力均等化效应研究［J］．经济理论与经济管理，2015（01）：44－54.

［20］靳涛，陈嘉佳．转移支付能促进地区产业结构合理化吗——基于中国1994—2011年面板数据的检验［J］．财经科学，2013（10）：79－89.

［21］刘佳，吴建南．财政分权、转移支付与土地财政：基于中国地市级面板数据的实证研究［J］．经济社会体制比较，2015（03）：34－43.

［22］刘守英，王志锋，张维凡，等．"以地谋发展"模式的衰竭——基于门槛回归模型的实证研究［J］．管理世界，2020，36（06）：80－92＋119＋246.

［23］李永友．转移支付与地方政府间财政竞争［J］．中国社会科学，2015（10）：114－133.

［24］李永友，沈玉平．转移支付与地方财政收支决策——基于省级面板数据的实证研究［J］．管理世界，2009（11）：41－53.

［25］马光荣，郭庆旺，刘畅．财政转移支付结构与地区经济增长［J］．中国社会科学，2016（09）：105－125＋207－208.

［26］乔宝云，范剑勇，彭骥鸣．政府间转移支付与地方财政努力［J］．管理世界，2006（03）：50－56.

［27］亓寿伟，毛晖，张吉东．财政压力、经济刺激与以地引资——基于工业用地微观数据的经验证据［J］．财贸经济，2020，41（04）：20－34.

［28］任平，吴芬娜，周介铭．我国"两个最严格"土地管理制度：理论矛盾与现实困境［J］．经济管理，2012，34（08）：173－182.

［29］邵朝对，苏丹妮，邓宏图．房价、土地财政与城市集聚特征：中国式城市发展之路

[J]. 管理世界，2016（02）：19－31，187.

　[30] 唐宇娣，朱道林，程建，等. 差别定价的产业用地供应策略对产业结构升级的影响——基于中国277个城市的实证分析 [J]. 资源科学，2020，42（03）：548－557.

　[31] 吴柏钧，曹志伟. 转移支付与地方政府引资竞争 [J]. 上海经济研究，2021（06）：118－128.

　[32] 吴敏，刘畅，范子英. 转移支付与地方政府支出规模膨胀——基于中国预算制度的一个实证解释 [J]. 金融研究，2019（03）：74－91.

　[33] 温忠麟，叶宝娟. 中介效应分析：方法和模型发展 [J]. 心理科学进展，2014，22（05）：731－745.

　[34] 尹恒，康琳琳，王丽娟. 政府间转移支付的财力均等化效应——基于中国县级数据的研究 [J]. 管理世界，2007（01）：48－55.

　[35] 杨继东，崔琳，周方伟，等. 经济增长、财政收入与土地资源配置——基于工业用地出让的经验分析 [J]. 经济与管理研究，2020，41（08）：29－43.

　[36] 杨其静，卓品，杨继东. 工业用地出让与引资质量底线竞争——基于2007~2011年中国地级市面板数据的经验研究 [J]. 管理世界，2014（11）：24－34.

　[37] 张莉，黄亮雄，刘京军. 土地引资与企业行为——来自购地工业企业的微观证据 [J]. 经济学动态，2019（09）：82－96.

　[38] 张立新，毕旭，黄志基. 经济转型背景下城市工业用地利用效率——以长江经济带城市为例 [J]. 资源科学，2020，42（09）：1728－1738.

　[39] 曾红颖. 我国基本公共服务均等化标准体系及转移支付效果评价 [J]. 经济研究，2012，47（06）：20－32.

　[40] 钟辉勇，陆铭. 财政转移支付如何影响了地方政府债务？ [J]. 金融研究，2015（09）：1－16.

　[41] 赵文哲，杨继东. 地方政府财政缺口与土地出让方式——基于地方政府与国有企业互利行为的解释 [J]. 管理世界，2015，259（04）：11－24.

　[42] Alesina，A. F.，& R. Perotti. Budget Deficits and Budget Institutions [J]. NBER Chapters，1999.

　[43] Baron，R. M.，& Kenny，D. A. The moderator-mediator variable distinction in social psychological research：Conceptual，strategic，and statistical considerations [J]. Journal of Personality and Social Psychology，1986，51：1173－1182.

　[44] Bahl，Roy W.，& Richard Gustely. "FORECASTING URBAN GOVERNMENT EXPENDITURES." Proceedings of the Annual Conference on Taxation Held under the Auspices of the National Tax Association－Tax Institute of America [J]. National Tax Association，1974：229－243.

　[45] Dahlby，B.. The marginal cost of public funds and the flypaper effect [J]. International Tax & Public Finance，2011，18.3：304－321.

[46] Wang, Wen, & Y. E. Fangzhi. The Political Economy of Land Finance in China [J]. Public Budgeting & Finance, 2016, 36 (2): 91 – 110.

[47] Jameson Boex, Jorge Martinez – Vazquez, Michael Schaeffer. An Assessment of Fiscal Decentralization in Georgia [J]. Problems of Economic Transition, 2006, 49 (1).

[48] Jin, J. , and H. Zou. Fiscal Decentralization and Economic Growth in China [Z]. The World Bank Working Paper, 2005.

[49] Rodden. J. The Dilemma of Fiscal Federalism: Grants and Fiscal Performance around the World [J]. American Journal of Political Science, 2002, 46 (7): 670 – 687.

[50] Tommasi, M. , & P. Sanguinetti. Intergovernmental Transfers and Fiscal Behavior: Insurance versus Aggregate Discipline [J]. Working Papers, 2003, 62 (1): 149 – 170.

[51] Turnbull, G. K. . The Overspending and Flypaper Effects of Fiscal Illusion: Theory and Empirical Evidence [J]. Journal of Urban Economics, 1998, 44 (1): 1 – 26.

第十一章
工业用地出让、技术关联与产业进入动态

第一节 引 言

工业用地是企业创立与发展的关键要素之一。基于城市工业用地供给的地方政府唯一主体属性（左翔和殷醒民，2013），地方政府将工业用地出让作为吸引企业投资和促进产业进入的重要政策工具（田文佳等，2020）。现有文献普遍认为，地方政府受"财政压力"和"绩效考核"双重驱动（王梅婷和张清勇，2017），以促进产业进入并形成投资与经济增长为目的，形成大规模低价出让工业用地的行为模式（杨其静等，2014）。针对这一现象，中央政府于2006年设定工业用地最低价格标准，并于2007年落实工业用地出让"招拍挂"制度，限制地方政府压低地价、放宽供给的策略（黄金升等，2017）。然而，面对2008年全球金融危机带来的非预期冲击，地方政府受上级经济刺激计划和本级经济增长压力的驱动仍具备强烈的招商引资倾向。因此，中央限制地方工业用地供应策略与地方自身经济发展需要间存在激励不相容的现象，地方政府依赖工业用地招商引资的行为在金融危机后延续并仍有加码。在这种情况下，探究2008年后地方政府大规模低价出让工业用地的策略是否能够显著影响地区产业发展这一科学问题具有重要理论与现实意义。

现有研究从区域内企业进入、产业转型升级和区域间产业梯度转移三个视角考察了2007年土地市场化改革后工业用地出让对地区产业发展的影响：①现有文献认为工业用地出让价格的低价扭曲对企业产生补贴效应，企业生产成本下降与投资成本外部化推动企业争相进入和过度投资（黄健柏等，2015；张莉等，2019）；②结合地方政府差异化的土地出让策略，现有研究实证发现"低工业、高商住"的产业用地差别定价对产业转型升级具有非线性影响，即随着经济的增长，低价供应工业用地将抑制产业的转型升级（唐宇娣等，2020）；③基于地区间发展，现有研究认为工业用地价格上涨促进区域间产业转移，但同时地区内政府非市场化的用地补贴行为可能会抑制产业转移所需地价梯度力的形成（黄金升等，2017；程宇丹等，2020）。

可以发现，现有文献已关注工业用地出让对地区产业发展的影响，但仍存在以下几点不足：①研究视角集中于产业转移和产业升级两方面，缺乏针对地区产业进入动态的分析视角；②研究尺度集中在微观企业或宏观城市层面，缺乏针对产业层面的探讨；③研究主要以工业用地价格作为地方政府工业用地出让的代理变量，未能综合考虑出让总额、面积等因素的影响。鉴于此，本章以 2008 ~ 2013 年我国 286 个地级市 29 个二位数制造业产业为样本，构建计量模型研究工业用地出让对产业进入动态的影响及其调节机制，为地方政府的工业用地出让决策提供实证依据。

本章可能的边际贡献为：①从产业进入动态的研究视角出发，分析工业用地出让对区域产业进入并形成规模比较优势的影响，扩充了现有文献；②从城市二位数制造业产业的研究尺度出发，构建离散选择模型进行分析，为后续决策提供更精确的科学依据；③以工业用地出让价格、出让总金额、出让总面积作为地方政府工业用地出让的代理变量，更全面系统地评估工业用地出让产生的经济与区域效应。

第二节　理论框架与研究假设

本章从两个部分依次分析工业用地出让对产业进入动态的影响及其路径机制，进而根据理论分析提出研究假设：首先，分析工业用地出让对产业进入动态的可能影响效应；其次，分析工业用地出让对产业进入动态影响的调节机制。

本章形成工业用地出让影响产业进入的路径机制（见图 11 - 1）。图中工业企业作为工业用地需求方，通过比较工业用地成本高低进行区位选择与投资增资，当大量企业进入地区内产业中并使产业具有比较优势时，即为产业进入这一动态变化过程的具体表现；而地方政府作为工业用地唯一供应方，通过压低工业用地出让价格、扩大工业用地出让规模分别迎合了工业企业降低生产成本和扩大再生产并形成规模效应的需求，从而实现缓解财政、绩效考核双重压力的目的。可以说，地方政府在一定程度上主导了产业进入动态的过程。

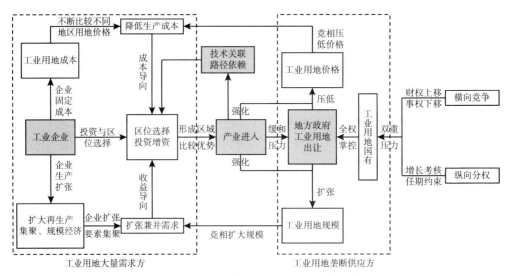

图 11 - 1 工业用地出让影响产业进入的研究机制

一、工业用地出让对地区产业发展的影响

工业用地一直以来都是地方政府影响地区产业发展的重要工具,"压低工业用地出让价格、扩大工业用地供应面积"则是其吸引企业进入并形成、巩固产业比较优势的关键策略(赵祥和曹佳斌,2017;冯志艳和黄玖立,2018)。

从工业用地出让规模看,地方政府有意识地通过增加工业用地出让宗数、扩大工业用地出让面积(杨其静和彭艳琼,2015)干预企业进入以培养或巩固产业比较优势。从产业这一土地需求方角度,地方政府扩大工业用地规模促进产业进入的有效性根植于工业用地规模的大小是产业集聚与扩散的重要因子这一事实上(王家庭等,2012),其本质是增量工业用地用于产业扩大再生产而影响产业集聚经济和规模经济的形成(颜燕等,2014)。从政府这一土地供给方角度,由于我国工业用地市场结构的独特性(左翔和殷醒民,2013),工业用地的数量和价格并不存在必然联系,地方政府可以在不增加价格的情况下扩大工业用地供应规模(杜雪君等,2009)。因此,地方政府出于区域竞争的考虑倾向于多供应工业用地以招商引资并形成短期经济增长(彭山桂等,2021)。杨其静(2014)利用2007~2011年地级市空间面板数据验证了这一现象,即省内经济实力相近的城市通过竞相扩大工业用地的出让规模与协议出让比例形成土地引资的恶性竞争。提高土地供应规模、促进地区经济快速增长在一定程度上吸引更多企业、产业进入。但是随着2006年以来中央管控和工业用地出让市场化程度的增高,地方扩大工业用地规模的行为受限，地方政府大规模出让工业用地产生的影响变得更加复杂且更值得深入研究（杨亚平和周泳宏，2013）。因此有必要结合工业用地出让市场化改革这一背景，深入研究工业用地出让规模对地区产业进入的影响。综上，提出如下研究假设：

假设1：工业用地出让规模扩张促进区域产业进入。

从工业用地出让价格看，地方政府有意识地通过压低工业用地价格吸引企业、产业进入并形成投资型短期增长的路径依赖（雷潇雨和龚六堂，2014；胡思佳和徐翔，2021）。从产业这一土地需求方角度，上述地方政府行为的有效性根植于工业用地价格的高低是企业进驻与退出的重要因子这一事实上，其本质是土地使用成本纳入企业固定成本而影响企业区位选择（吕卫国和陈雯，2009）。从政府这一土地供给方角度，基于地方政府对工业用地一级市场的唯一供应权力，地方政府受财政压力与考核压力形成压低工业用地价格争夺制造业企业的行为（席强敏和梅林，2019）。除此之外，结合土地出让市场化改革与工业用地价格不断上涨的事实，学者们对工业用地出让对产业发展的影响进行了进一步探讨。黄金升等（2017）利用2007~2013年我国地级市面板数据研究发现，工业用地成本的上涨促进产业转移，非市场化的土地出让行为阻碍地价梯度力的形成而不利于产业转型升级。程宇丹（2020）则利用2000~2015年地级市面板数据研究发现，工业用地补贴抑制经济发达地区工业用地价格的增长而阻碍工业的区域间转移，减少补贴后工业出现从东部向西部地区转移的趋势。可以发现，地方政府综合利用"压低工业用地地价、提高工业用地补贴"等非市场化手段促进企业产业进入以达到争夺流动性税源乃至经济增长的目的。但同时，工业用地市场化改革以来出让价格的上涨使地方政府行为受限并倒逼地方政府加大补贴力度以留住辖区内产业。因此有必要结合上述两个方面，考虑工业用地出让价格对产业进入的影响。综上，提出如下研究假设：

假设2：工业用地出让价格上涨抑制区域产业进入。

二、技术关联的调节效应

技术关联是调节工业用地出让对产业进入动态影响的重要因素。演化经济地理学指出，技术关联作为一种集聚经济的外部性是形成区域新兴产业发展与经济增长路径依赖的关键特征（赵建吉等，2019；苏灿和曾刚，2021）。

以国外区域的技术关联作为研究对象，现有研究指出新兴产业的进入并不全是因为机遇或偶然性，而是至少在一定程度上根植于既有经济发展路径遗留下来的资源要素、能力禀赋及产业结构（Martin R & Sunley P，2006；Boschma R & Frenken K，2011；Maskell P & Malmberg A，2007）。这可以被理解为决定企业技术关联程度的基础，现有技术关联形成企业间知识溢出并使新兴经济活动从现有活动中产生。其中，最可能发展的产业具有与本地产业结构高度技术关联的特质，这体现区域增长的路径依赖现象。技术关联与产业动态的关系得到了内夫克等（Neffke et al.，2011）及艾斯莱比克勒（Essletzbichler，2015）的实证检验：前者利用技术关联度刻画相关多样化，发现在瑞典与区域现存产业技术关联度越高的产业，进入该区域的概率越高，表明区域产业的进入退出与区域技术关联度密切相关；后者对美国大都市地区的实证研究也证实了技术关联与产业动态之间紧密的关系，即技术关联与产业在位和产业进入呈显著正相关关系，而与产业退出呈显著负相关关系。

以我国区域自身的技术关联作为研究对象，黎斌（2016）、贺灿飞（2016）、毛琦粱（2017）等学者利用中国出口贸易数据证实了技术关联对中国出口产品演化的影响，其总体演化表现为路径依赖，即技术关联越高的产业其吸引产业进入的能力越强。刘鑫（2016）等进一步发现了技术关联对城市产业增长的促进作用且与既有区域产业结构的交互作用。学者结合比较优势理论发现，处在产品空间核心处的产业更容易进入和获得比较优势（Hausmann R & Klinger B，2007；Hidalgo C A & Hausmann R，2009）。随后又有学者利用不同国家或地区的数据构建产品空间，证实了区域产业演化是由技术关联决定的路径依赖的过程（Abdon A & Felipe J，2011；Jankowska A et al.，2012）。综上所述，区域倾向于发展与先前产业结构、要素禀赋实力相关的新兴产业，而技术关联在其中起到重要的推动作用。

国内外研究表明，企业在决定是否于某一区域投资增资这一考量中，将自身与相应产业技术关联度的高低作为一项重要事实依据，且其通常倾向于选择与之技术关联度更高的产业。进而言之，技术关联度作为地区产业进入在市场端的重要影响因素，可能对本章讨论的地区产业进入在工业用地出让这一政府端的效应产生异质性影响，即企业面临不同的产业技术关联度时针对同样的工业用地出让情况将可能展现不同的区位选择现象。具体表现为：企业依据工业用地成本高低或工业用地规模大小进行区位选择的行为受到产业技术关联度高低水平的调节，且当产业技术关联度水平越高时，产业进入越不易受地方政府土地出让行为的影响。

综上，提出研究假设3如下：

假设3：本地技术关联更强的产业，其产业进入受工业用地出让价格、规模的影响更小。

第三节　模型设置与数据来源

一、基准回归模型设定

为研究工业用地出让对产业进入动态的影响，本章设立如下离散选择模型进行实证分析：

$$entry_{i,c,t2} = \beta_0 + \beta_1 X_{i,c,t1} + \beta_2 \ln XC_{c,t1} + \beta_3 \ln XI_{i,t1} + \beta_4 Y + \varepsilon_{i,c,t1} \qquad (11.1)$$

式（11.1）中分别考察工业用地出让价格、工业用地出让总规模与工业用地出让总金额对产业进入动态的影响。其中，被解释变量 $entry_{i,c,t2}$ 表示产业进入动态；解释变量 $X_{i,c,t1}$ 中：$\ln pri_{i,c,t1}$ 表示工业用地出让均价，$\ln amo_{i,c,t1}$ 表示工业用地出让总金额，$\ln area_{i,c,t1}$ 表示工业用地出让总面积；$\ln XC_{c,t1}$ 与 $\ln XI_{i,t1}$ 分别为一组城市层面控制变量与一组产业层面控制变量；Y 为城市虚拟变量与产业二位数代码虚拟变量的向量，引进其对区域与产业的特征进行控制。本章进行异质性分析时，由于每个模型中样本的减少，Y 所代表的固定效应被放宽到"省份－年份"层面；$\varepsilon_{i,c,t1}$ 为残差项；t_2 为 t_1 的滞后三期。为减少面板模型异方差的影响，降低变量波动，对相应解释变量与控制变量取自然对数处理。

二、调节效应模型设定

为研究技术关联调节工业用地出让对产业进入动态影响的效应，本章引入交叉项并设立如下计量方程：

$$entry_{i,c,t2} = \chi_0 + \chi_1 X_{i,c,t1} + \chi_2 \ln density_{i,c,t1} + \chi_3 Z_{i,c,t1} + \chi_4 \ln XC_{c,t1} +$$
$$\chi_5 \ln XI_{i,t1} + \chi_6 Y + \varepsilon_{i,c,t1} \qquad (11.2)$$

本章利用土地出让变量与技术关联的交叉项来衡量技术关联度对产业动态受土地出让影响的调节程度，探讨不同技术关联的产业动态受土地出让影响的异质性。交叉项集合 $Z_{i,c,t1}$ 中，$den\_pri_{i,c,t1}$ 为工业用地出让均价（$\ln pri_{i,c,t1}$）与技术关联

（$\ln density_{i,c,t1}$）的交叉项；$den\_amo_{i,c,t1}$ 表示工业用地出让总金额（$\ln amo_{i,c,t1}$）与技术关联的交叉项；$den\_area_{i,c,t1}$ 表示工业用地出让总面积（$\ln area_{i,c,t1}$）与技术关联的交叉项。

三、变量选取

被解释变量为产业进入，以产业比较优势作为代理变量，并以产业退出作为工业用地出让对产业进入影响的佐证。本章认为如果产业 i 在城市 c 总从业人员中的份额大于该类产业在全国总从业人员中的份额（Hidalgo C A et al.，2007；Zhu S et al.，2018），则 c 市在产业 i 中具有比较优势（RCA）。进一步看，如果产业 i 于 t_2 年在 c 市不具有比较优势而在 t_2+1 年取得比较优势，则本章为该产业设定产业进入值（$entry_{i,c,t2}$）为 1，否则为 0。如果产业 i 于 t_2 年在 c 市具有比较优势而在 t_2+1 年不具有比较优势，则本章为该产业设定产业退出值（$exit_{i,c,t2}$）为 1，否则为 0。$RCA_{c,i}$ 计算方式如下：

$$RCA_{c,i} = \frac{employment_{c,i} \Big/ \sum_i employment_{c,i}}{\sum_c employment_{c,i} \Big/ \sum_{c,i} employment_{c,i}} \tag{11.3}$$

本章选取工业用地出让作为解释变量，其中包括工业用地出让规模与工业用地出让价格：分别采用 c 市 t 年 i 产业在土地出让的总面积（$\ln area_{i,c,t}$）与总金额（$\ln amo_{i,c,t}$）衡量工业用地出让的规模；利用 c 市 t 年 i 产业所获得的单位面积工业用地均价（$\ln pri_{i,c,t}$）衡量工业用地出让的价格。

影响产业进入的另一个关键变量为一个产业与区域产业结构之间的技术距离，即产业的技术关联。参考伊达尔戈（Hidalgo，2009）文章中运用的指标，本章采用产业密度衡量 c 市 i 产业与 c 市现有产业结构的技术关联度。i 产业的产业密度值越高，其与区域产业结构的技术关联越强。首先计算产业间邻近度（ϕ），如果 c 市 t 年 i 产业与 j 产业都具有比较优势，那么可以认为 i 产业与 j 产业邻近，两者间邻近度的计算公式如下：

$$\phi_{i,j} = \min \left\{ P(RCA_{c,i} > 1 \mid RCA_{c,j} > 1),\ P(RCA_{c,j} > 1 \mid RCA_{c,i} > 1) \right\} \tag{11.4}$$

其次利用产业间邻近度计算产业密度并将其作为技术关联的代理变量。路径依赖理论认为，如果一个产业与一个地区已经具有比较优势的若干产业相关联，那么其产业密度更高，技术关联更强，该地区也倾向于向该产业发展。产业密度的计算公式如下所示：

$$density_{i,c,t} = \frac{\sum_j \chi_{j,c,t} \phi_{i,j,t}}{\sum_j \phi_{i,j,t}} \qquad (11.5)$$

工业用地出让和产业与区域的技术关联度会影响区域产业动态，同时区域和产业的异质性也会对区域产业动态造成影响。为消除其他变量对实证估计的影响，本章从城市与产业两个层面设置如下控制变量，城市层面控制变量在估计模型中以 $\ln XC_{c,t1}$ 统一呈现：（1）通过增加人均 GDP（$lpgdp$）的自然对数项来控制区域经济发展对产业动态的影响；（2）常住人口（$\ln pop$）常被认为比户籍人口更切合实际人口规模，因此本章采用其作为控制变量控制城市规模的影响；（3）加入固定资产投资（$\ln cap$）项以控制区域的投资和建设能力对产业动态产生的影响；（4）加入人均财政支出（$\ln fin$）以控制地方政府对产业经济的干预；（5）采用城市外商直接投资占 GDP 比重（$FDI\text{percent}$）这一指标来控制地方经济开放程度对产业动态的影响。

产业层面控制变量在估计模型中以 $\ln XI_{c,t1}$ 统一呈现：（6）增加非国有产业总产值占工业总产值的比重（$nsop$）以控制产业市场化水平对产业动态的影响；（7）采用产业总从业人员数（$\ln ilab$）控制 t_1 年产业的规模；（8）引入产业总劳动生产率（$\ln labpro$）控制行业生产率对产业动态的影响。

四、数据来源与说明

本章企业数据来源于中国工业企业数据库的企业年度调查数据，该数据库由中国国家统计局管理并涵盖所有工业企业；土地数据来源于中国土地市场网内国有土地的出让记录。研究区间为 2008~2013 年。

本章研究样本集中在二位数级别的制造业产业。由于我国产业分类代码在 2011 年进行了一些调整，因此在本章研究的时间区间内存在两种可供选择的产业分类代码。本章将所有产业统一按照分类代码调整前（2002 年版本的行业分类代码）的版本分类，其中制造业的二位数级别代码范围为 13~43。考虑到地方政府出让工业用地后对产业进入动态的影响可能具有滞后性，本章将被解释变量作滞后 3 年期处理，因此，被解释变量涵盖了 2011~2013 年 286 个地级市 29 个二位数代码产业。综上，本章主要变量选取见表 11-1。

表 11 - 1 主要变量选取表

变量类别	变量符号	变量名称	变量含义及测算方法	数据来源
被解释变量	Entry	产业进入	产业 t_1 年不具有而 t_2 年具有比较优势则赋值为 1，否则为 0	中国工业企业数据库
	Exit	产业退出	产业 t_2 年不具有而 t_1 年具有比较优势则赋值为 1，否则为 0	中国工业企业数据库
	RCA	比较优势	城市某产业从业人员数占城市总从业人员数比/全国某产业从业人员数占全国总从业人员数比的	本章计算
解释变量	lnarea	土地出让规模（总面积）	c 市 t 年 i 产业土地出让总面积	中国土地市场网
	lnamo	土地出让规模（总金额）	c 市 t 年 i 产业土地出让总金额	中国土地市场网
	lnpri	土地出让价格	土地出让总金额/土地出让总面积	中国土地市场网
调节变量	lndensity	技术关联	某产业与城市产业结构的技术距离	本章计算
控制变量	lpgdp	经济发展水平	实际 GDP/城市总人口取对数	城市统计年鉴
	lnpop	城市人口规模	城市当年常住人口取对数	城市统计年鉴
	lncap	国内投资水平	固定资产投资总额取对数	城市统计年鉴
	lnfin	财政支出水平	人均财政支出总额取对数	城市统计年鉴
	FDIpercent	对外开放水平	外商直接投资占 GDP 比重	城市统计年鉴
	nsop	非国有化比重	非国有产业总产值/工业总产值	中国工业企业数据库
	lnilab	产业规模	产业总从业人员数	中国工业企业数据库
	lnlabpro	产业效率	产业劳动生产率	中国工业企业数据库
	Y	城市-产业或省份-年份虚拟变量	虚拟变量值 0 或 1	计量模型设定

第四节 中国城市工业用地出让的时空演变趋势（2008~2013 年）

尽管 2006 年以来中央政府出台的一系列工业用地政策对地方政府供应工业

用地的行为产生了诸多限制，然而经济增长与财政缺口（李冀等，2012）的双重压力经由 2008 年全球金融危机的传导仍坚定着地方政府依赖工业用地招商引资的决心，地方政府仍然通过压低工业用地价格、扩大工业用地规模等方式吸引企业落户、产业进入，以期推动工业化和经济增长并带动城镇化进程，因此形成了 2008 年以来我国工业用地出让总面积、总金额以及价格的时间演变特征。

可以发现，2008～2013 年我国工业用地出让总面积整体呈上涨趋势，从 2008 年的 10.67 万公顷高速增至 2013 年的 19.28 万公顷，涨幅高达 80.62%（见图 11-2）。相比之下，商业、住宅用地出让总面积远低于工业用地，且均未出现明显波动。

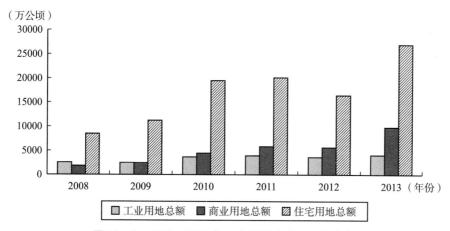

图 11-2 2008～2013 年工业用地出让总面积变化

资料来源：整理自中国土地市场网。

同时，2008～2013 年我国工业用地出让总金额整体维持低位波动，并未随出让总面积的增加而升高，年均工业用地出让总金额维持在 3416.66 亿元。远低于其他类型用地出让总金额，与住宅用地年均 17139.21 亿元的总金额极差高达 13722.55 亿元，呈现明显的"剪刀差"趋势（见图 11-3）。

此外，2008～2013 年我国工业用地出让价格均维持在 206.58 元/平方米左右的低位，而住宅与商业用地出让的价格则明显呈现逐年增加的态势（见图 11-4）。

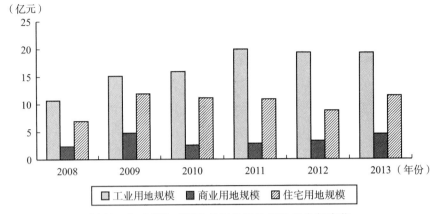

图 11 - 3　2008~2013 年工业用地出让总金额变化

资料来源：整理自中国土地市场网。

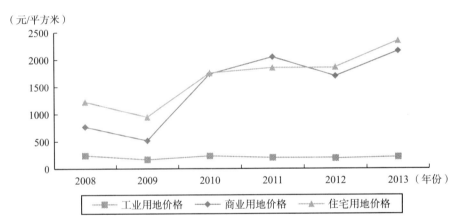

图 11 - 4　2008~2013 年工业用地出让价格变化

资料来源：整理自中国土地市场网。

　　结合图表数据，地方政府在 2008 年全球金融危机后的 6 年内，显然强化了其大规模低价出让工业用地的招商引资行为。可以发现，地方政府土地出让的基本逻辑为：一方面，大规模低价出让工业用地以招商引资吸引流动性税源；另一方面，高价出让商业、住宅用地以补贴工业用地出让带来的财政损失并充实自身财政收入。

　　基于地理禀赋、地区社会经济条件等方面的差异，我国城市工业用地在空间分布上存在异质性，形成了 2008~2013 年 6 年间工业用地出让的空间形态特征

（见表11-2）①。由此发现，无论是工业用地出让总面积还是工业用地出让总金额，均呈现由东部区域向西部区域逐渐减少的分布特征（见图11-5、图11-6）。此外，一些东部区域外的一线发达城市如重庆市、成都市、西安市等也均属于工业用地出让规模高值地区。这说明东部沿海城市或经济发展水平较高城市的年平均工业用地出让规模更多。值得一提的是，工业用地平均出让价格的高值区贴近沿海地区和"两横三纵"城市群。其中尤以长三角、珠三角、京津冀、成渝等经济发展水平较高的城市群形成价格"高地"，而其余城市群如长江中游、哈长、中原、关中平原等相应形成价格"洼地"，工业用地出让价格在空间上同样遵从"东-中-西"逐级递减的分布规律（见图11-7）。

表11-2　　　　　　　　　工业用地出让省份特征图

区域	省份	出让面积（万公顷）	工业用地出让平均金额（万元）	工业用地出让平均价格（元/平方米）
东部	北京市	604.060	158003.641	280.183
	福建省	361.086	65142.361	183.687
	广东省	207.301	61279.573	275.684
	海南省	57.666	11899.835	286.474
	河北省	433.450	79819.745	190.719
	江苏省	452.765	112054.975	230.681
	山东省	658.726	136218.917	207.451
	上海市	854.764	433444.856	508.911
	天津市	4096.890	415632.690	267.952
	浙江省	515.574	177802.196	335.627
中部	河南省	266.716	46395.787	168.517
	安徽省	300.238	51337.896	165.892
	湖北省	428.710	79206.062	176.824
	湖南省	164.343	40130.393	201.775
	江西省	501.483	45580.519	122.512
	山西省	89.570	16229.250	180.990
东北地区	黑龙江省	148.552	25730.391	142.236
	吉林省	179.763	36679.249	173.544
	辽宁省	363.632	90272.392	227.871

① 本章尝试采用2008~2010年、2011~2013年两阶段作图与2008~2013年平均作图并比较，发现两阶段作图比较在地理趋势上的差距不明显，最终采用2008~2013年共6年的平均值作图。

续表

区域	省份	出让面积（万公顷）	工业用地出让平均金额（万元）	工业用地出让平均价格（元/平方米）
西部	甘肃省	90.805	7604.657	106.515
	广西壮族自治区	132.091	22581.331	147.438
	贵州省	159.573	23649.050	130.528
	内蒙古自治区	274.353	27345.559	100.581
	宁夏回族自治区	188.654	12991.253	94.975
	青海省	71.243	6015.752	54.677
	陕西省	142.779	26378.481	179.714
	四川省	214.517	33343.222	142.378
	西藏自治区	0.364	46.618	128.000
	新疆维吾尔自治区	150.214	11421.980	75.099
	云南省	42.928	9630.124	217.543
	重庆市	1614.150	437886.879	257.196

资料来源：整理自中国土地市场网。

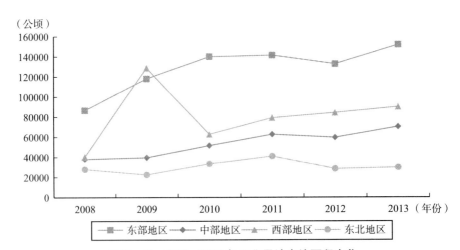

图 11-5　2008~2013 年工业用地出让面积变化

资料来源：整理自中国土地市场网。

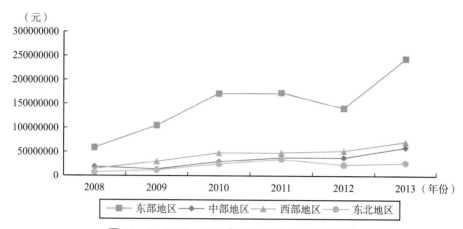

图 11 – 6　2008～2013 年工业用地出让金额变化

资料来源：整理自中国土地市场网。

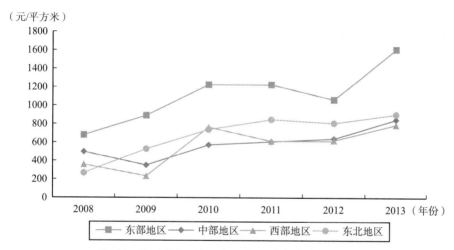

图 11 – 7　2008～2013 年工业用地出让价格变化

资料来源：整理自中国土地市场网。

第五节　实证结果与分析

一、基准回归结果分析

前文理论框架表明产业进入受制于企业生产成本与扩张兼并需求，而地方政府则通过大规模低价供应工业用地的行为放宽产业进入的约束，造成地区内产业的动态变化。因此本章首先检验工业用地规模、价格对产业进入的影响。为消除不同城市及不同产业的异质性影响，保证模型系数估计的一致性与无偏性，本章引入虚拟变量控制样本期间内城市与产业固定效应，采用 logit 模型进行系数估计并与 LPM 模型对比，回归结果见表 11 - 3。其中，列（1）~（3）为利用 LPM 模型探究土地出让对产业进入的影响，列（4）~（6）为利用 logit 模型探究土地出让对产业进入的影响。

表 11 - 3　　　　　　　　　　产业进入基准回归结果表

Model	LPM			LOGIT		
	（1）	（2）	（3）	（4）	（5）	（6）
lnamo	0.0149 *** (0.00)			0.170 *** (0.04)		
lnarea		0.0172 *** (0.00)			0.201 *** (0.04)	
lnpri			-0.00542 (0.01)			-0.13 (0.11)
nsop	0.123 *** (0.03)	0.122 *** (0.03)	0.122 *** (0.03)	1.347 *** (0.35)	1.349 *** (0.35)	1.356 *** (0.35)
lnilab	0.116 *** (0.01)	0.113 *** (0.01)	0.112 *** (0.01)	1.654 *** (0.13)	1.628 *** (0.13)	1.624 *** (0.13)
lnlabpro	0.0285 *** (0.01)	0.0272 *** (0.01)	0.0272 *** (0.01)	0.322 *** (0.09)	0.307 *** (0.09)	0.308 *** (0.09)
FDIpercent	1.805 (1.21)	1.9 (1.21)	1.863 (1.20)	23.10 * (12.00)	24.31 ** (11.95)	24.30 ** (12.01)
lnfin	0.200 ** (0.08)	0.186 ** (0.08)	0.180 ** (0.08)	3.907 *** (1.00)	3.705 *** (1.01)	3.673 *** (1.02)
lncap	-0.0118 (0.07)	-0.0178 (0.07)	-0.0143 (0.07)	-0.855 (0.75)	-0.876 (0.76)	-0.864 (0.76)
lnpop	-0.194 (0.22)	-0.193 (0.22)	-0.186 (0.22)	-0.593 (2.40)	-0.831 (2.42)	-0.788 (2.42)
lpgdp	0.0303 * (0.02)	0.0272 (0.02)	0.0282 * (0.02)	0.208 (0.29)	0.161 (0.29)	0.167 (0.29)

续表

Model	LPM			LOGIT		
	（1）	（2）	（3）	（4）	（5）	（6）
城市固定效应	YES	YES	YES	YES	YES	YES
产业固定效应	YES	YES	YES	YES	YES	YES
常数项	-1.893 (1.71)	-1.744 (1.71)	-1.725 (1.71)	-42.58** (20.00)	-39.75** (20.10)	-39.23* (20.19)
观测值	4257	4258	4257	3568	3569	3568

注：1. $*$：$p < 0.1$，$**$：$p < 0.05$，$***$：$p < 0.01$。
2. 括号中表示的是稳健标准误。

核心解释变量方面，根据 logit 模型估计结果，在 1% 的显著性水平下，工业用地出让总金额每提高 1%，产业进入的概率增加 18.53%；工业用地出让总面积每提高 1%，产业进入的概率增加 22.26%。此外，工业用地出让价格增加对产业进入有负向作用但并不在统计上显著。结果表明：一方面，以土地出让总面积与土地出让总金额为表征的土地出让规模显著促进产业进入，说明地方政府 2008 年金融危机后通过扩大工业用地出让面积引进产业并使之形成比较优势的招商引资策略依然有效，这进一步展现了中央针对工业用地交易市场管控与地方自身产业发展需要之间的激励不相容现象；另一方面，工业用地出让价格在 2008~2013 年的变化并未成为影响产业进入的决定性因素，即地方政府通过压低工业用地出让价格招商引资的策略在产业进入方面的效果不明显。结合前人关于工业用地补贴的研究可以发现，地方政府对工业用地实行的多种政策补贴可以在一定程度上替代工业用地的价格优惠，使企业缺乏转移动力。因此，地方政府压低工业用地出让价格引进产业的努力可能在一定程度上不如制定其他优惠政策有效。

控制变量方面，在 1% 的显著性水平下，产业中非国有化比重的增加促进产业进入，非国有企业通常比国有企业具备更强的经济活力，其比重增加能在一定程度上吸引其他地区企业进入并形成产业比较优势；同时，产业中规模与效率的增加往往意味着规模效应与集聚效应的形成，二者均能促进产业进入；此外，地方政府财政支出水平的增加也能促进产业进入，这是因为财政支出水平增加说明地方政府针对产业培育、扶持、振兴等方面的资金投入能力相应增加，这对促进产业进入有积极作用；其余控制变量在估计方向上与前人研究结论基本一致（杨其静等，2014；黄金升等，2017）。综上，假设 1 和假设 2 得证。

二、异质性分析

前文关于区域不平衡发展现实与区域战略差异的分析表明，工业用地出让在我国不同地区有不同特质，具体体现在西部用地指标倾斜更多、东部地理禀赋和经济发展水平更高等方面。因此本章基于基准回归结果，加入不同地区虚拟变量进行异质性分析，结果见表 11-4。

工业用地出让规模方面，工业用地出让总面积和总金额在 1% 的显著性水平下每增加 1%，其促进产业进入的概率在中部与东北部城市分别为 11.74% 和 13.20%，而东部、西部城市则不具备这种效应；工业用地出让价格方面，东部、中部与东北部城市工业用地出让价格的增加对产业进入有负向作用但不显著，而西部城市工业用地出让价格在 1% 的显著性水平下每增加 1%，产业进入的概率相应减少 39.38%，这说明西部工业用地价格的升高将挤出新企业并使产业失去比较优势。上述结果表明：策略在东部地区城市不具备可行性；而大规模低价出让工业用地促进产业进入的策略即使在中、东北部地区和西部地区仅具备部分可行性。这说明在考虑地区异质性的条件下，东部地区相比中、东北部和西部地区更不适宜采用大规模低价出让工业用地的供地策略，且即使于中、东北部地区和西部地区采用此策略也并不能达到最有效率的结果。

针对上述结果，本章给出可能的解释逻辑：工业用地规模方面，由于产业发展的既有差异，不同地区产业进入对工业用地规模的需求存在异质性。具体来说，东部地区 2008 年后便处于产业转型升级的关键时期（张继良和赵崇生，2015），例如广东省自 2008 年率先提出产业转移和劳动力转移的"双转移"战略以淘汰工业落后产能。因此，东部地区产业高级化后用地需求量下降，产业进入对工业用地规模的依赖度也相应下降。同时，中部地区位于承接东部地区产业转移的关键地理位置（蔡昉等，2009），其产业进入受土地出让规模影响在这一时期上升，2012 年于郑州投产的富士康集团是其案例代表之一。进一步来看，西部地区尽管也能起到承接产业转移的作用，然而西部自身较低的产业结构和较弱的产业链布局均阻碍其通过工业用地规模扩张吸引产业进入的目的（程李梅等，2013）。因此，工业用地大规模出让促进产业进入的策略仅在中部地区有效。工业用地出让价格方面，随着社会与经济的持续发展，集聚经济、规模经济等范围外部性特征显著降低了工业用地价格在企业区位选择当中的影响力，使价格对企业的影响呈现出异质性。具体来说，在东部地区，由于集聚经济的存在，

表 11-4　产业进入异质性检验回归结果表

entry, LOGIT

Model	东			西			中、东北		
	(7)	(8)	(9)	(10)	(11)	(12)	(13)	(14)	(15)
$lnamo$	0.0648 (0.0485)			-0.0528 (0.0696)			0.111** (0.0519)		
$lnarea$		0.0818 (0.0526)			0.0257 (0.0793)			0.124** (0.0574)	
$lnpri$			-0.0237 (0.0687)			-0.332*** (0.104)			-0.00450 (0.149)
$nsop$	0.305 (0.458)	0.324 (0.459)	0.315 (0.460)	0.946** (0.482)	0.890* (0.479)	0.946** (0.476)	1.223*** (0.449)	1.258*** (0.452)	1.240*** (0.449)
$lnilab$	0.383*** (0.0770)	0.353*** (0.0797)	0.349*** (0.0799)	0.491*** (0.125)	0.487*** (0.126)	0.442*** (0.122)	0.515*** (0.0832)	0.472*** (0.0837)	0.456*** (0.0834)
$lnlabpro$	0.139 (0.113)	0.122 (0.112)	0.121 (0.113)	0.706*** (0.143)	0.684*** (0.142)	0.671*** (0.140)	0.0591 (0.0958)	0.0459 (0.0960)	0.0386 (0.0957)
$FDIpercent$	-1.657 (4.812)	-1.669 (4.810)	-1.574 (4.796)	35.83*** (11.48)	39.13*** (11.49)	38.58*** (11.25)	9.465 (5.785)	9.167 (5.795)	9.546* (5.788)
$lnfin$	1.194*** (0.362)	1.207*** (0.357)	1.175*** (0.356)	0.212 (0.501)	0.211 (0.504)	0.148 (0.507)	-2.381*** (0.645)	-2.460*** (0.643)	-2.530*** (0.646)
$lncap$	0.0960 (0.277)	0.0960 (0.279)	0.0702 (0.280)	-0.530 (0.428)	-0.469 (0.419)	-0.464 (0.418)	0.520 (0.386)	0.565 (0.387)	0.538 (0.387)

续表

Model	东			西			中、东北		
	(7)	(8)	(9)	(10)	(11)	(12)	(13)	(14)	(15)
				entry, LOGIT					
lnpop	-0.318 (0.269)	-0.324 (0.270)	-0.299 (0.270)	-0.540 (0.581)	-0.620 (0.580)	-0.620 (0.571)	-1.319*** (0.412)	-1.372*** (0.411)	-1.335*** (0.411)
lpgdp	-1.270*** (0.338)	-1.286*** (0.332)	-1.221*** (0.335)	-1.232** (0.531)	-1.351*** (0.524)	-1.273** (0.520)	-0.658 (0.413)	-0.683* (0.412)	-0.578 (0.414)
省份固定效应	YES	YES	YES	YES	YES	YES	YES	YES	YES
年份固定效应	YES	YES	YES	YES	YES	YES	YES	YES	YES
常数项	-0.0689 (0.815)	-0.0732 (0.802)	-0.0479 (0.869)	1.725*** (0.003)	1.716*** (0.003)	1.713*** (0.003)	2.496*** (0.000)	2.505*** (0.000)	2.553*** (0.000)
观测值	1952	1952	1955	735	735	738	1575	1576	1581

注：1. * ：p<0.1， * * ：p<0.05， * * *：p<0.01。
2. 括号中表示的是稳健标准误。

土地价格竞争对企业区位选择的影响有限。同时，中部地区多种集聚经济形态均有利于新企业的进驻与存活，且多样化与相关多样化集聚在其中较之专业化发挥了更明显的作用（张艳等，2020）。更进一步来看，在欠发达的西部地区，由于集聚经济较弱或不存在，土地价格成为影响企业区位选择的核心要素（彭山桂等，2021）。对于上述特征事实，何文韬（2019）、王家庭（2012）等学者认为产业正向集聚作用带来的企业进入优势升高与风险降低是其内在逻辑。综上，工业用地低价吸引企业进驻的现象确实存在，但由于不同地区间产业集聚水平的不同而存在相当的差异。

三、调节效应分析

路径依赖理论指出，新兴产业的发展根植于地区原有经济发展路径形成的若干特征（苏灿和曾刚，2021；Martin R & Sunley P，2006；Boschma R & Frenken K，2011）。基于此，为检验地方政府工业用地出让行为导致的产业进入现象是否具有路径依赖特征，本章设置调节效应模型进行检验，回归结果见表 11–5。其中，列（16）~（27）为采用 logit 模型引入技术关联变量进行调节效应检验的回归结果，列（16）~（21）为控制城市与产业固定效应的结果而列（22）~（27）为控制城市固定效应、不控制产业固定效应的结果，可以发现二者的估计在显著性上相一致。

调节效应检验中，列（16）、列（22）表明技术关联升高显著促进产业进入，即地区中产业地方关联度的升高更能吸引企业入驻并形成产业比较优势。土地出让价格与规模对产业进入影响的回归结果与基准回归结果一致。列（17）、列（27）的回归结果说明技术关联在土地出让价格对产业进入的影响中不存在调节效应，而列（19）、列（21）、列（25）、列（27）的回归结果则显示技术关联在土地出让规模对产业进入的影响中具有调节效应且其交叉项系数显著为负，这说明对于更高本地技术关联度的产业，其产业进入受土地出让规模的影响更小，同时其产业进入受土地出让价格的影响不显著。上述结果印证了产业进入所具有的路径依赖特质，并与前人研究结论相一致（苏灿和曾刚，2021；Martin R & Sunley P，2006；Boschma R & Frenken K，2011；Maskell P & Malmberg A，2007）。

同时，这一估计结果表明地方政府在产业引进时应优先制定政策考虑与本地技术关联度高的产业，这一方面能比盲目引进产业更有效率且更容易形成产业体系，另一方面也有利于地方政府自身摆脱对以地招商引资的依赖，弱化既往仅靠土地引资兴财的错位情景。综上，假设 3 得证。

表 11 - 5　技术关联调节效应分析回归结果表

Model	LOGIT											
	(16)	(17)	(18)	(19)	(20)	(21)	(22)	(23)	(24)	(25)	(26)	(27)
ln *density*	0.433* (0.222)	0.797 (1.543)	0.411* (0.222)	1.778*** (0.663)	0.402* (0.223)	0.807*** (0.291)	0.974*** (0.180)	0.771 (1.123)	0.981*** (0.180)	2.233*** (0.577)	0.976*** (0.180)	1.373*** (0.245)
ln *amo*	0.168*** (0.0415)	-0.0533 (0.107)					0.0700** (0.0346)	-0.140 (0.0963)				
den_amo		-0.190** (0.0860)						-0.178** (0.0773)				
ln *area*			0.199*** (0.0439)	-0.0308 (0.113)					0.0873** (0.0367)	-0.150 (0.103)		
den_area				-0.198** (0.0902)						-0.201** (0.0822)		
ln *pri*					-0.127 (0.115)	-0.208 (0.335)					-0.112 (0.109)	-0.0647 (0.274)
den_pri						-0.0710 (0.296)						0.0402 (0.218)
nsop	1.324*** (0.350)	1.323*** (0.350)	1.327*** (0.350)	1.324*** (0.350)	1.334*** (0.350)	1.332*** (0.348)	0.855*** (0.310)	0.857*** (0.310)	0.876*** (0.312)	0.870*** (0.312)	0.874*** (0.312)	0.877*** (0.311)
ln *ilab*	1.618*** (0.136)	1.618*** (0.136)	1.594*** (0.136)	1.602*** (0.136)	1.592*** (0.136)	1.600*** (0.136)	0.464*** (0.0587)	0.464*** (0.0587)	0.436*** (0.0596)	0.440*** (0.0599)	0.431*** (0.0595)	0.437*** (0.0598)

续表

LOGIT

Model	(16)	(17)	(18)	(19)	(20)	(21)	(22)	(23)	(24)	(25)	(26)	(27)
ln *labpro*	0.325*** (0.0906)	0.324*** (0.0907)	0.310*** (0.0912)	0.299*** (0.0916)	0.312*** (0.0913)	0.301*** (0.0918)	0.150** (0.0730)	0.151** (0.0733)	0.136* (0.0728)	0.129* (0.0729)	0.133* (0.0729)	0.129* (0.0731)
FDIpercent	21.26* (12.01)	21.10* (11.99)	22.60* (11.96)	22.84* (12.07)	22.60* (12.02)	23.16* (12.12)	11.41 (11.71)	11.50 (11.71)	11.59 (11.64)	11.89 (11.73)	11.72 (11.65)	12.41 (11.73)
ln *fin*	3.826*** (1.001)	3.817*** (1.000)	3.634*** (1.018)	3.604*** (1.023)	3.604*** (1.018)	3.599*** (1.022)	2.143** (0.893)	2.150** (0.893)	2.044** (0.902)	1.989** (0.904)	2.012** (0.901)	1.985** (0.902)
ln *cap*	-0.822 (0.748)	-0.817 (0.747)	-0.845 (0.764)	-0.807 (0.763)	-0.834 (0.765)	-0.810 (0.763)	-0.490 (0.654)	-0.493 (0.654)	-0.522 (0.660)	-0.471 (0.658)	-0.514 (0.658)	-0.471 (0.656)
ln *pop*	-0.701 (2.397)	-0.733 (2.399)	-0.918 (2.413)	-1.048 (2.424)	-0.870 (2.418)	-0.927 (2.432)	-0.212 (2.221)	-0.195 (2.224)	-0.294 (2.223)	-0.496 (2.242)	-0.265 (2.223)	-0.415 (2.242)
lpgdp	0.203 (0.294)	0.204 (0.294)	0.155 (0.292)	0.158 (0.293)	0.162 (0.293)	0.162 (0.294)	0.0420 (0.271)	0.0407 (0.271)	0.0225 (0.270)	0.0256 (0.271)	0.0267 (0.270)	0.0246 (0.271)
城市固定效应	YES	YES	YES	YES	YES	YES	YES	YES	YES	YES	YES	YES
产业固定效应	YES	YES	YES	YES	YES	YES	NO	NO	NO	NO	NO	NO
常数项	-40.91** (19.99)	-40.25** (20.15)	-38.32* (20.08)	-36.15* (20.19)	-37.86* (20.15)	-37.35* (20.26)	-18.64 (18.44)	-19.02 (18.57)	-17.11 (18.45)	-14.50 (18.63)	-16.82 (18.46)	-15.73 (18.60)
观测值	3568	3568	3569	3569	3568	3568	3568	3568	3569	3569	3568	3568

注：1. *：p<0.1，**：p<0.05，***：p<0.01。
2. 括号中表示的是稳健标准误。

225

四、稳健性检验

本章从假设检验结果与计量模型处理两方面对模型稳健性做出检验。

就假设检验结果而言，本章通过引入产业退出变量发现，随着土地出让规模的扩大与土地出让价格的上涨，企业退出的趋势被显著抑制，这可能说明了地方产业在进入后所形成的路径依赖现象。同时，这一结果进一步从侧面证实研究假设。

就计量模型处理而言，首先，本章将滞后三年的被解释变量调整为滞后两年并进行稳健性检验，二者的回归结果基本相同；其次，本章对区域重新划分为中、西部与东、东北部进行稳健性检验，其显著性与系数具有较强的一致性；再次，本章通过去掉当年土地出让总金额小于一万元的行业进行稳健性检验，其结果与上述结果相一致；最后，本章通过去掉 2008 年金融危机时期的样本进行稳健性检验，其关键变量系数与显著性均保持不变。

第六节　小　　结

基于 2008～2013 年我国 286 地市的面板数据，探究工业用地出让对产业进入动态的影响。（1）就工业用地出让规模来看，工业用地出让总面积与总金额的扩大均能显著促进产业进入。同时，这种促进产业进入的效应在中部与东北部地区显著，而在东部、西部区域不显著。此外，工业用地规模的扩大显著抑制了产业退出，这从一个对立面为前述观点提供了支撑依据。（2）就工业用地出让价格来看，工业用地价格上涨整体上对产业进入无显著影响。同时，西部城市工业用地出让价格的上升显著抑制产业进入，这说明西部地区工业用地价格的升高将挤出新企业。（3）地方产业的本地技术关联度上升能促进产业进入。同时，具有更高本地技术关联度的产业，其产业进入受土地出让规模的影响更小。这说明地方政府通过扩大工业用地吸引更多企业进驻的能力在已经具备高技术关联度的企业当中较小。本研究对工业用地出让的产业影响和区域效应文献进行了有益补充，也是对产业动态理论的拓展与延伸。

结合本章实证结果，本章的政策含义体现在如下几个方面。

首先，应当逐步调控地方土地供应结构，尤其是逐步控制工业用地规模的过度扩张，但不能"一刀切"式地阻断地方政府以地招商引资的行为。本章基准回归发现 2008 年全球金融危机之后，地方政府扩大工业用地供给的行为在全国尺度下可以吸引企业投资，促进区域内产业进入的概率（18.53% ~ 22.26%）。这说明地方政府作为城市工业用地的唯一合法供给方，其通过调控企业关键生产要素的规模供给而影响地区内产业发展的策略仍旧有效。但是应该看到的是，盲目扩大工业用地供给带来的代价是土地资源的大量消耗，不利于资源可持续利用，因此需要采取渐进式供给侧结构性改革的方式逐步调控地方土地供应结构。

其次，应当逐步推动地方土地供应市场化改革进程，尤其是逐步促进工业用地出让价格向市场均衡价格靠拢。本章基准回归发现地方政府工业用地出让价格变化在全国尺度上并未对产业进入产生显著影响，说明工业用地价格相对于产业结构、规模效应、集聚效应等其他经济因素对企业投资决策的影响较小，工业用地出让价格上升后地方政府既有招商引资带来的流动性税基并未出现明显损失。因此，一方面需要中央政府在供给侧推动土地要素市场化改革，规范工业用地市场行为，推动工业用地价格向市场均衡价格靠拢；另一方面地方政府在招商引资时则不应当仅将目光锁定于工业用地低价优惠上，而是进一步考虑促进地区企业环境发展、企业规模、集聚效应形成等配套政策的制定。

再次，应当充分考虑地区异质性的影响，转变各地区依赖土地招商引资的既有格局，尤其针对东部城市需要完成摆脱以地招商引资依赖的重大转型。本章分组回归发现，以地招商引资的产业引进逻辑在东部已经开始失效，而以地招商引资的产业引进逻辑在中部、东北部和西部也并不完全有效。这说明东部应当尽快转变自身发展逻辑，率先摆脱对工业用地出让的路径依赖，形成切合自身产业结构升级实际的产业引进逻辑；同时，其他地区应当逐步摆脱对东部城市以地招商引资的盲目模仿，打破既往对工业用地出让过度依赖的格局。

最后，应当将产业技术关联作为地方招商引资考量的关键要素之一，尤其是逐步减轻以地招商引资的路径依赖。本章调节效应发现具有更高本地技术关联度的产业，其进入受土地出让规模的影响更小。这说明地方政府应当将政策资源向与本地具有高技术关联度的产业倾斜，这一方面有利于培育地区自身的产业体系，形成地区间产业的比较优势，另一方面有助于地方政府从工业用地价格逐底竞争（race to bottom）的博弈困局抽身，摆脱以地招商引资的既有路径，转向以技术关联度为关键要素的产业引进逻辑，逐步纠正地方政府过往对土地要素的过度依赖格局。

本章研究仍存在如下几点不足：首先，本章运用比较优势这种二分类变量衡量产业进入动态，由于比较优势与地区经济基本面因素之间存在互为因果的问题，因此进一步的研究中应充分考虑模型内生性问题并采取更为完善的估计策略；其次，不同产业既有属性显然对其产业进入动态具有差异化影响，因此进一步的研究中应从产业特质层面进行更完善的异质性分析，而不仅拘泥于区域异质性；最后，全国范围的产业进入动态尺度较大，需进一步考虑落实到省、市、县等层面探讨工业用地出让对产业进入动态的影响，这可能会对现有文献网络提供不一样的思路与观点。这些问题的深入探讨都可以作为进一步努力的方向。

参考文献

［1］蔡昉，王德文，曲玥. 中国产业升级的大国雁阵模型分析［J］. 经济研究，2009，44（09）：4–14.

［2］程李梅，庄晋财，李楚，等. 产业链空间演化与西部承接产业转移的"陷阱"突破［J］. 中国工业经济，2013（08）：135–147.

［3］程宇丹，田文佳，韩健. 工业用地补贴阻碍了中国制造业的区域转移吗？—来自微观土地交易的证据［J］. 财经研究，2020，46（03）：94–108.

［4］杜雪君，黄忠华，吴次芳. 中国土地财政与经济增长——基于省际面板数据的分析［J］. 财贸经济，2009（01）：60–64.

［5］冯志艳，黄玖立. 工业用地价格是否影响企业进入：来自中国城市的微观证据［J］. 南方经济，2018（04）：73–94.

［6］何文韬. 产业集聚对企业初始规模选择与持续生存的影响——基于辽宁省中小企业的分析［J］. 经济地理，2019，39（10）：112–122.

［7］贺灿飞，董瑶，周沂. 中国对外贸易产品空间路径演化［J］. 地理学报，2016，71（06）：970–983.

［8］胡思佳，徐翔. 招商引资竞争与土地供给行为：基于城市经济发展的视角［J］. 改革，2021（07）：91–106.

［9］黄健柏，徐震，徐珊. 土地价格扭曲、企业属性与过度投资——基于中国工业企业数据和城市地价数据的实证研究［J］. 中国工业经济，2015（03）：57–69.

［10］黄金升，陈利根，赵爱栋. 工业地价上涨、地方政府供地行为与产业转移［J］. 上海财经大学学报，2017（05）：4–14.

［11］雷潇雨，龚六堂. 基于土地出让的工业化与城镇化［J］. 管理世界，2014（09）：29–41.

［12］黎斌，贺灿飞，周沂. 相关多样化、地方政府竞争与中国重化工业企业动态［J］. 经济地理，2016，36（06）：91–99.

［13］李冀，严汉平，刘世锦. 关于地方政府国有土地差异化出让行为动机的经验分析［J］. 经济科学，2012（01）：27–38.

［14］刘鑫，贺灿飞．技术关联与城市产业增长研究［J］．地理研究，2016，35（04）：717-730．

［15］陆铭，张航，梁文泉．偏向中西部的土地供应如何推升了东部的工资［J］．中国社会科学，2015（05）：59-83，204-205．

［16］吕卫国，陈雯．制造业企业区位选择与南京城市空间重构［J］．地理学报，2009，64（02）：142-152．

［17］毛琦梁，王菲．比较优势、可达性与产业升级路径——基于中国地区产品空间的实证分析［J］．经济科学，2017（01）：48-62．

［18］彭山桂，孙昊，王健，吴群．地方政府土地出让行为中的官员个人效应［J］．资源科学，2021，43（01）：134-147．

［19］苏灿，曾刚．演化经济地理学视角下区域新路径发展的研究评述与展望［J］．经济地理，2021，41（02）：23-34．

［20］唐宇娣，朱道林，程建，等．差别定价的产业用地供应策略对产业结构升级的影响——基于中国277个城市的实证分析［J］．资源科学，2020，42（03）：548-557．

［21］田文佳，张庆华，龚六堂．土地引资促进地区工业发展了吗？——基于土地、企业匹配数据的研究［J］．经济学（季刊），2020，19（01）：33-60．

［22］王家庭，曹清峰，田时嫣．产业集聚、政府作用与工业地价：基于35个大中城市的经验研究［J］．中国土地科学，2012，26（09）：12-20．

［23］王梅婷，张清勇．财政分权、晋升激励与差异化土地出让——基于地级市面板数据的实证研究［J］．中央财经大学学报，2017（01）：70-80．

［24］席强敏，梅林．工业用地价格、选择效应与工业效率［J］．经济研究，2019，54（02）：102-118．

［25］颜燕，贺灿飞，刘涛，等．工业用地价格竞争、集聚经济与企业区位选择——基于中国地级市企业微观数据的经验研究［J］．城市发展研究，2014，21（03）：9-13．

［26］杨其静，彭艳琼．晋升竞争与工业用地出让——基于2007—2011年中国城市面板数据的分析［J］．经济理论与经济管理，2015（09）：5-17．

［27］杨其静，卓品，杨继东．工业用地出让与引资质量底线竞争——基于2007~2011年中国地级市面板数据的经验研究［J］．管理世界，2014（11）：24-34．

［28］杨亚平，周泳宏．成本上升、产业转移与结构升级——基于全国大中城市的实证研究［J］．中国工业经济，2013（07）：147-159．

［29］张继良，赵崇生．我国工业转型升级、绩效、问题与对策［J］．调研世界，2015（12）：3-7．

［30］张莉，黄亮雄，刘京军．土地引资与企业行为——来自购地工业企业的微观证据［J］．经济学动态，2019（09）：82-96．

［31］张艳，胡志强，苗长虹．不同集聚类型与中部地区新企业动态的关系［J］．经济地

理，2020，40（05）：155－164.

［32］赵建吉，王艳华，苗长虹．区域新兴产业形成机理：演化经济地理学的视角［J］. 经济地理，2019，39（06）：36－45.

［33］赵祥，曹佳斌．地方政府"两手"供地策略促进产业结构升级了吗——基于 105 个城市面板数据的实证分析［J］. 财贸经济，2017，38（07）：64－77.

［34］左翔，殷醒民．土地一级市场垄断与地方公共品供给［J］. 经济学（季刊），2013，12（02）：693－718.

［35］Abdon A，Felipe J. The product space：What does it say about the opportunities for growth and structural transformation of sub－Saharan Africa？［J］. SSRN Electronic Journal，2011，26（35）.

［36］Boschma R，Frenken K. Technological relatedness and regional branching//Bathelt H，Feldman M P，Kogler D F. Beyond territory，dynamic geographies of knowledge creation，diffusion and innovation［M］. London：Routledge，2011.

［37］Essletzbichler J. Relatedness，industrial branching and technological cohesion in US Metropolitan Areas［J］. Regional Studies，2015，49（5）：752－766.

［38］Hausmann，R. Klinger，B. The structure of the product space and the evolution of comparative advantage［R］. CID Working Paper，2007，No. 146.

［39］Hidalgo C A，Klinger B，Barabasi A L，et al. The Product Space Conditions the Development of Nations［J］. Science，2007，317（5837）：482－487.

［40］Hidalgo C A，Hausmann R. The building blocks of economic complexity［J］. PANS，2009，106（26）：10570－10575.

［41］Jankowska A，Nagengast A，Perea J R，et al. The product space and the middle-income trap：Comparing Asian and Latin American experience［J］. OECD Development Centre Working Papers，2012.

［42］Martin R，Sunley P. Path dependence and regional economic evolution［J］. Journal of Economic Geography，2006，6（4）：395－437.

［43］Maskell P，Malmberg A. Myopia，knowledge development and cluster evolution［J］. Journal of Economic Geography，2007，7（7）：603－618.

［44］Neffke F，Henning M，Boschma R. How do regions diversify over time？ Industry relatedness and the development of new growth paths in regions［J］. Economic Geography，2011，87（3）：237－265.

［45］Zhu S，He C，Luo Q. Good neighbors，bad neighbors：local knowledge spillovers，regional institutions and firm performance in China［J］. Small Business Economics，52（3）：617－632.

［46］Zhu，S，He，C，Zhou，Y. How to jump further and catch up？ Path-breaking in an uneven industry space［J］. Journal of Economic Geography，2017. 5，17（3）：521－545.

第十二章
产能管制、土地出让
与地方产业转型

第一节 引 言

20 世纪 90 年代以来，我国产业发展过程中的过度投资、重复建设等问题长期存在，直接导致了相当多产业存在着产能过剩问题。产能过剩不仅导致经济投入产出效率的低下，也带来资源环境的可持续发展挑战。因此，化解产能过剩也就成为我国产业经济结构调整的主要任务之一。中央政府非常关注产能过剩问题。早在 2000 年左右，为化解钢铁、煤炭、水泥等行业的产能过剩，中央政府就出台了一系列产能调控政策进行干预。2009 年 9 月，为应对国际金融危机的冲击和影响，并且进一步化解产能过剩问题，中央政府发布了《关于抑制部分行业产能过剩和重复建设引导产业健康发展若干意见的通知》（以下简称《通知》），强调坚决把抑制部分行业产能过剩和重复建设作为经济结构调整的重点工作抓紧抓好，明确要求各级政府"对不符合产业政策和供地政策的项目一律不批准用地"。作为重要的产能管制政策，现有文献探讨了《通知》在抑制产能过剩方面发挥的积极作用，但对其可能带来的一系列经济与区域效应还缺乏较为系统和深入的认识，因此也难以全面判断产能管制政策在推动供给侧结构性改革的作用及其效应。鉴于此，本章重点探讨中央政府产能管制政策下，地方政府的应对策略及其经济效应，可以为深化产能管制政策效应研究提供参考。

1986 年土地制度改革后，地方政府掌握了集体土地的征管权和一级市场土地出让的唯一出让权，事实上拥有了对地方土地出让的决策权。在财政压力和绩效考核的体制背景下，土地出让逐步成为地方政府促进招商引资、缓解财政压力、参与横向竞争的重要工具。那么，当中央政府出台严格的产能管制政策时，作为具有典型发展型特征的地方政府，一个理性的反应就是调整土地出让策略，从而在执行中央政策的基础上，也能为自身的发展目标服务。因此，研究地方政府土地出让行为，可以为考察中央产能管制政策实施的有效性及其经济效应提供一个可行的视角。

具体来说，本章探讨中央政府产能管制政策是否显著影响地方政府的土地出让行为，以及分析不同产业结构类型、增长压力和国企占比特征的城市是否对中央产能管制政策存在不一致的反应。现有文献关于产能管制政策的研究大多集中于其对化解产能过剩问题的贡献，即产能过剩的产业发展得到有效控制，而事实上产能管制政策还可能带来城市产业结构发生相应的变化。如果这一假设成立，那么就意味着产能管制政策不仅直接促进了城市产业向非管制工业行业的转换，而且还间接促成了城市产业向第三产业或服务业的转型，从而实现整个城市产业的结构调整。在此设想下，本章尝试回答以下问题：产能管制能否间接促进地方政府产业转型？如果可以，将会向哪些产业方向进行转型？地方土地出让能够多大程度促进这种转型？对这些问题的回答不仅可以丰富产能管制政策效应的研究，也可以为优化地方政府土地出让政策提供一些启示。

本章的边际贡献主要体现在以下三个方面：（1）理论上，本章验证了具有较强治理能力的中央政府，能够通过出台政策，引导资源配置导向以实现其目标。（2）实证上，本章利用爬虫搜集、加总至城市行业层面的土地出让数据，实证分析地方政府如何利用其掌握的土地配置权力以应对中央的产能管制政策。本章认为产能管制政策通过改变地方政府对于不同用途行业的土地配置，对企业的微观投资行为产生影响，从而丰富了有关我国产业政策传导路径的研究和城市土地出让的实证文献。（3）从政策含义来说，通过考虑产业结构和增长压力等异质性因素的作用，指出具有前瞻性作用的产业政策制定过程需要更加慎重、科学和全面，以适应异质性城市的差异化需求。

第二节　文献综述和研究假说

一、产能过剩与产能管制政策的文献综述

现有文献对产能过剩形成机理的研究可以概括为两种观点：一是以"市场失灵"解释产能过剩、重复建设的形成机理。林毅夫（2007）、林毅夫等（2010）提出"潮涌"理论，认为发展中国家处于产业链底部，必须沿资本和技术密集程度不同的台阶逐级攀爬。企业要投资的大多是发达国家发展成熟、技术相对稳定、产品市场业已存在的产品，进入门槛较低。一旦企业普遍对行业前景表现出乐观的预期，将会引发企业大量投资和重复建设，直到突破市场需求容量，造成企业产能过剩。由于进入同一行业的企业数量多，同质化严重，出现了所谓的"潮涌现象"。二是以"体制扭曲"解释产能过剩的形成机理。"体制扭曲"主要表现在各地区对投资的补贴性竞争（江飞涛等，2012）、竞争冲动（白

雪洁和于志强，2018）、地方政府不当干预（王文甫等，2014）、要素价格扭曲（韩国高和胡文明，2017）等；也有研究从地方官员任期（干春晖等，2015）、地方官员变更（徐业坤和马光源，2019）等角度阐述了产能过剩可能的形成机理。针对如何去产能，各种观点也提出了不同的看法："市场失灵"论认为，政府应该通过干预市场方式来治理产能过剩、矫正市场失灵。而"体制扭曲"论则认为，要从根本上解决产能过剩问题，需要在土地产权、环境保护体制、金融体制、财政体制等体制进一步推进改革。

另一部分文献对产能管制政策是否有效进行了评估。总体上说，去产能政策取得了积极成效，一定程度推动了供给侧结构性改革（徐奇渊，2018）。也有研究指出，地方政府去产能存在时间和空间差异性（蔡之兵，2016）。更具体的研究还发现，产能管制政策在抑制钢铁行业投资过热和产量增长方面具有一定的效果，但强度较弱（梅良勇和张四海，2007）。在企业投资方面，淘汰落后产能政策加速了政策所属行业企业的投资，但对于拥有较高资产专用性的淘汰落后产能政策所属行业企业，淘汰落后产能政策抑制了其资本投资（陈霞和许松涛，2013）。杨其静和吴海军（2016）对2009年底我国实施的产能管制措施做了政策效果评估，发现在产能管制后，受管制行业的城市工业用地出让宗数的增势受到显著抑制。刘尚希等（2018）认为，财政政策通过地方和中央企业化解煤炭、钢铁行业过剩产能给予奖补，以出清市场，取得了阶段性成果，但仍需进一步去掉妨碍市场公平竞争的各类产业政策、对国有企业预算软约束带来的隐性担保和扶持政策及各部门单兵突击式的管控思维。

现有文献大多从产能管制政策对企业、产业的经济发展绩效进行了有效性分析，但是对其可能产生的经济效应与区域效应研究较少。仅有的部分研究发现，产能管制政策可能促进环保技术的提升，带来一定的生态效应（耿静等，2016）；产能管制政策还可能对职工安置和权益保障产生影响，带来一定的社会效应（安淑新，2012）。然而，到目前为止，还没有研究系统论述产能管制政策对地方产业转型的影响，以及通过何种机制产生影响。本章尝试从土地资源配置的角度，研究产能管制对地方产业转型的影响机制，是对现有文献的拓展和补充。

二、产能管制与地方产业转型：基于土地资源配置视角的研究假说

为研究产能管制与地方产业转型之间的关系，需要将理论溯源到中央－地方

分权体制和地方政府行为特征的制度背景上。我国从计划经济向市场经济体制转型的过程是一个从经济集权逐步转向经济分权的过程。1994 年分税制改革划分了中央与地方的职责与事权，进而在中央与地方之间划分财政收入，扩大地方政府对地方财政的支配权力和经济事务的管理权限。因此，地方政府获得了地方发展的自主权和一定的收益权。钱颖一等（Qian & Weingast，1996，1997）提出市场维护型联邦主义理论，进一步解释这一现象，认为中国经济的成功部分是由于分权化在一定程度上为市场化过程创造了条件。地方政府竞争的出现，不仅有助于地方政府提供良好的公共品，而且也降低了地方政府操控企业的可能性。

如前所述，在经济激励和绩效考核双重激励下，地方政府间形成了以 GDP 和财政收入为主要指标的激烈竞争（陶然等，2009）。在相对缺乏资金、技术等要素的情况下，地方政府为了能在激烈的竞争中获胜，总是千方百计改善投资环境，加大招商引资力度。而 20 世纪八九十年代开始的城镇国有土地使用制度改革，则为地方政府提供了一个重要的竞争工具。1986 年《土地管理法》和 1990 年《城镇国有土地使用权出让和转让暂行条例》出台之后，地方政府掌握了集体土地的征管权和一级市场土地出让的唯一出让权，使地方政府拥有了招商引资中颇具吸引力的手段（杨继东和杨其静，2016；Lu & Wang，2020）。Han（2010）研究表明，地方政府官员、国企领导和土地开发商往往以实现短期目标为主，而利用城市土地扩张来改善地方政府竞争边界则起到关键作用。土地出让逐步成为地方政府在纵向和横向竞争中普遍采用的手段，也形成了地方政府依赖土地投入发展的重要特征。

在地方政府大规模土地出让的同时，有些学者也注意到了地方政府出让土地的差异化特征。一方面，对于工业用地需求，大多采用协议出让方式，以极其优惠的价格和相当友好的政策吸引制造业投资，尤其是外商直接投资和来自区外的投资；另一方面，对于商住经营性用地，则采用极具竞争性的招标、拍卖和挂牌等出让形式，纷纷成立"土地储备中心"，控制供应总量，使买方激烈竞争，从而获取高额的土地出让金（李学文和卢新海，2012）。现有文献提出了"土地引资"和"土地财政"两个假说试图解释这一特征。"土地引资"假说认为，地方政府将土地出让作为吸引工业的主要手段，通过大量出让工业用地，并压低工业用地价格，实现在激烈的竞争中赢得招商引资，在促进本地经济增长的同时，实现在以经济绩效为核心的竞争中获胜（张莉等，2011）。"土地财政"假说则强调，由于出让工业用地招商引资并不能使地方政府直接获利，因此往往需要用商住用地"招拍挂"获得的收支盈余横向补贴工业用地协议出让后的收入亏损。这就使得地方政府在面对以非流动的服务业消费者为对象的商业房地产用地时，往往采取高价出让方式，以获得高额的土地出让金收入（陶然和汪晖，2010）。

在地方政府将土地出让作为重要发展工具的背景下，面对中央政府出台严格的产能管制政策，发展性地方政府倾向于调整土地出让策略，在执行中央政策的同时，保障自身发展目标的有效实现。正如《通知》中所要求，"对不符合产业政策和供地政策、未达到现行《工业项目建设用地控制指标》或相关工程建设项目用地指标要求的项目，一律不批准用地；对未按规定履行审批或核准手续的项目，一律不得供应土地"。在中央发出禁止或限制向受管制行业出让土地的行政命令后，地方政府将减少对这些受管制行业的土地资源配置，从而减缓了向这些行业出让工业用地。由此本章提出假设1：

假设1：在中央产能管制下，地方政府将显著减少对受管制行业的工业用地供给。

然而，在中央—地方分权体制下，具有发展性和竞争性特征的地方政府，是否可能利用手中掌握的土地资源配置权力，在异质性限制条件和发展目标的驱动下，做出不一致的土地配置行为呢？已有文献表明，受管制行业产生的企业增值税收入显著高于非管制行业，同时这些行业的利润、企业所得税规模甚至每单位工业增加值中的利润都明显高于非管制行业企业（席鹏辉等，2017）。换言之，受管制行业并不等同于低水平的利润和税收。因此，地方政府发展这类行业的动机能够得到社会资本的积极配合与支持，社会资本具有充分激励流入盈利水平较高的产能过剩相关行业。由于企业能够得到地方政府在土地的政策支持，这使得资本流入过程更加顺畅和便捷，形成了政府与企业在管制行业发展中的共赢局面（席鹏辉等，2017）。另外，国企占比高的城市，也可能表现出地方政府与国有企业互利激励，从而导致这些城市持续向国有企业出让土地（赵文哲和杨继东，2015）。而在当前国有企业大多处于资源型行业的背景下，国有企业所在行业很大部分集中于受管制行业范畴。由于管制行业占比较高以及国有企业占比、较高的城市税收来源更为单一，地方政府对于管制行业的企业税收依赖更强，面对中央的管制禁令，虽然地方政府知道违规向管制行业出让用地可能会带来中央的处罚，但是为了保持当地较为稳定的税源和经济增长，一些地方政府不仅不会放弃在这些行业的已有投资，而且还会继续向这些行业出让工业用地，从而扩大投资。此外，如果地方政府设立的经济增长目标更高，那么地方政府有可能在增长压力的驱动下，采取继续向受管制行业出让工业用地的行为。由此本章提出假设2。

假设2：若城市对管制行业依赖程度越大、国企占比越高、经济增长压力越大，则这些城市的地方政府继续向受管制行业出让工业用地的冲动越大。

第二产业创造的税收收入中管制行业占据了大部分，对管制行业工业用地出让限制将极大地降低城市的土地出让收益和未来税收收入，因此地方政府必须加大其财政努力以稳定财政收入。可以预期，管制政策将改变地方政府的行为，尤其是在当前转轨时期，政府在市场经济发展中较强的主导地位确保了政府行为能够最大程度地影响经济发展，其中就包括了土地出让行为（席鹏辉等，2017）。通过招商引资和经济发展以扩大税基来抵消税收收入来源减少的负面影响，是政府行为的基本模式，因此那些减少向管制行业出让工业用地的城市，地方政府可能会选择将土地资源投向房地产、商业、服务业等第三产业，从而在较短时间内引来较大投资提升经济增长业绩，从而弥补工业发展受到一定阻力所带来的短期损失。那么，哪些类型的城市可能更容易出现土地资源投入的转向呢？一是对管制行业依赖低的城市，因为中央产能管制对这些城市的影响较小。在对那些管制行业依赖不强的情况下，地方政府更有意愿服从中央政府的政策导向，减少向受管制行业提供土地资源配给。而为了满足用地供给要求（即保持每年的土地供给总量波动不大），这些城市更有可能将节省下来的土地指标转而分配给商业、服务业等第三产业。二是国企占比较高的城市。当中央管制趋于严格的背景下，地方政府与国有企业互利激励将更可能使得地方政府寻求国有企业的帮助（赵文哲和杨继东，2015），寄希望于国有企业能够加大投资，从而缓解中央管制政策可能带来的短期经济发展压力。三是自身经济增长压力较大的城市政府。因为这些城市政府对自身经济增长有更高对发展预期，那么在中央管制政策对工业增长带来一定短期限制下，它们更有激励寻求通过第三产业或房地产业的投资和消费拉动，从而保障它们更高的经济增长目标。由此提出本章第三个假设：

假设3：若城市对管制行业依赖程度越低，国企占比越高，经济增长压力越大，在中央管制政策出台后，这些城市政府倾向于向房地产或商业等服务业出让更多的土地。

第三节 识别策略与数据描述

一、计量模型设计

借鉴杨其静、吴海军（2016）的研究，本章借助双重差分方法（difference-in-differences）来识别中央产能管制措施是否对地方政府向受管制行业出让工业用地具有抑制作用，从而对上述假设进行检验。由此本章设计如下计量模型：

$$Ind_{ict} = \alpha + \beta_1 treat_{ic} \cdot time + \beta_2 X_{ct} + \mu_i + \eta_t + \gamma_c + \varepsilon_{ict} \tag{12.1}$$

其中，Ind_{ict} 表示城市 c 在 t 年向行业 i 出让的工业用地面积；$treat_{ic}$ 表示城市 c 的行业 i 是属于受管制行业（$treat_{ic}=1$），还是非管制行业（$treat_{ic}=0$）；变量 $time$ 是刻画某年中央是否实施产能管制措施的虚拟变量。本章以 2009 年《通知》发布年份作为政策实施界限，即年份大于等于 2019 则 $time=1$，小于 2019 则为 $time=0$。由于我们主要考察中央产能管制措施对城市政府向受管制行业出让工业用地的影响，因此交叉项 $treat_{ic} time$ 的回归系数 β_1 是关注焦点。

为了使结论更稳健，我们还借鉴现有文献在模型中引入一些影响城市工业用地出让的控制变量 X_{ct}。这些控制变量分为两类：第一类反映土地供应的能力，主要包括行政区域面积、建成区面积占比、供水量、道路面积和财政缺口水平。第二类变量体现对土地的需求，包括人口结构和产业结构等经济特征，如人均 GDP、人口密度、工业产值与 GDP 之比、第二产业产值与 GDP 之比、第三产业产值与 GDP 之比、大中型工业企业数占比、外企资产占比、国企资产占比、普通中小学师生比例、普通中学人数占总人口比例、每万人在校大学生数、FDI 占 GDP 比重、出口额占 GDP 比重等。由于模型（12.1）分别通过虚拟变量 μ_i、η_t 和 γ_c 控制了行业、年份和城市固定效应，因此没有再单独引入解释变量 $time$ 和 $treat_{ic}$。

如果假设 1 不能被拒绝，则表明在 2010~2017 年城市政府过剩产能扩张冲动受到了有效抑制，这就促使我们想进一步了解：不同城市特征以及不同经济增长压力条件是否会导致城市政府在中央政策颁布后的土地出让行为产生差异？为此，本章设计如下模型：

$$Ind_{ict} = \alpha + \beta_1 treat \cdot time \cdot Z_{ct} + \beta_2 Z_{ct} + \beta_3 X_{ct} + \mu_i + \eta_t + \gamma_c + \varepsilon_{ict} \tag{12.2}$$

其中，Z_{ct} 刻画城市 c 在 t 年对受管制行业的依赖性、国企占比和增长压力指标等异质性特征。城市受管制行业的依赖度根据工业企业数据库计算得出，这个指标分别用企业资本总额、年度工业销售额以及职工人数计算。增长压力指标用该城市所在省份该年度的 GDP 增长目标与当年中央政府的 GDP 增长目标之差来刻画，这个差值越大，意味着地方政府面临的增长压力越高。城市国有企业占比基于工业企业数据库计算而得。本章选择 2008 年一年的数据作为基准进行分析。由于 2008 年之后的工业企业数据问题较多，因此我们没有使用 2009 年后的连续数据计算城市受管制行业的比重，而仅仅根据 2008 年的工业企业数据计算。尽管城市管制行业占比以及国企占比本身是随时间变化的变量，但我们主要使用其作为城市的一个特征变量，从供给方考察不同类型城市对政策冲击的反应，因此我们更关注的是城市层面上的差异。

若以上假设成立，我们将进一步验证本章提出的第三个问题：迫于中央管制压力减少对管制行业的工业用地出让，是否会增强地方政府向其他用途配置用地的力度以促进 GDP 增长和弥补财政收入损失呢？本章进一步设计如下模型予以检验：

$$NInd_{ict} = \alpha + \beta_1 \cdot time \cdot Z_{ct} + \beta_2 X_{ct} + \eta_t + \gamma_c + \varepsilon_{ct} \qquad (12.3)$$

被解释变量 $NInd_{ict}$ 是城市 c 在时间 t 年的非工业用地的出让规模，包括商品住房用地出让面积、保障性住房用地出让面积、商业用地出让面积。Z_{ct} 为城市异质性变量，表示地方政府面临的经济增长压力，管制行业占比和国有企业占比。交叉项 $time \cdot Z_{ct}$ 的回归系数 β_1 是关注焦点。若 β_1 显著为正，则表示在中央实施产能管制措施之后，与管制行业依赖程度低的城市相比，地方政府向其他用途类型出让土地的面积显著上升，从而说明中央产能管制措施能够在一定程度上促进地方政府进行产业转型。本处控制了时间固定效应和城市固定效应，时间固定效应吸收了政策变化前后的虚拟变量（$time$）影响，城市固定效应吸收了城市特征 Z_{ct} 的影响，因此方程（12.3）的回归结果中会漏掉这个变量的独立项，只剩下虚拟变量 $time$ 和异质性变量的交叉项。

如果以上假设得到验证，那么本章将进一步探讨其可能的作用机制。中央政府的产能管制政策抑制了地方政府向受管制产业出让工业用地的动机，使得原有用于这些受管制产业的用地指标得以空余出来。一般情况下，用地指标不可跨年使用，而且在现有土地政策下，用地指标也不可在区域之间市场化配置，因此，地方政府需要为这些用地指标找到其他的消化途径，不然可能影响到下一年度的用地指标配额。我们认为，地方政府可能通过投资结构的改变从而影响用地出让的结构。途径可能有三：其一，在受管制产业大多与国内投资相关的基本特征下，地方政府可能通过积极吸引外商直接投资（FDI），投资技术水平较高的产业或相关高端服务业，促进经济增长；其二，为了达到短期增长目标，地方政府可能的另外一种方式是通过促进房地产相关领域的投资来实现，既可能促进投资增长，也在一定程度上完成用地指标的使用；其三，从长期增长目标看，地方政府也可能通过促进非房地产领域的投资带动经济增长，如通过投资基础设施建设、乡村振兴项目等。总之，我们认为在中央管制措施的约束下，地方政府可以通过促进投资结构的改变，实现对用地供给结构的改变，进而促进经济的短期和长期增长。为了验证这个设想，本章设计了以下计量模型进行检验：

$$Invest_{ct} = \alpha + \beta_1 \cdot time \cdot Z_{ct} + \beta_2 X_{ct} + \eta_t + \gamma_c + \varepsilon_{ct} \qquad (12.4)$$

被解释变量 $Invest_{ct}$ 是城市 c 在时间 t 年的投资结构指标，包括 FDI 占 GDP 比重、房地产投资占 GDP 比重、非房固定资产投资占 GDP 比重。其他变量的定义同上。交叉项 $time \cdot Z_{ct}$ 的回归系数 β_1 是关注焦点。结果同样控制了年份和城市固定效应。

二、数据来源与描述性统计

本章从土地市场网搜集了 2007.1.1 ~ 2017.12.31 的、被公示在市场网上的全国所有区县的单笔（宗地）土地交易数据，共计 1859935 条数据，剔除：（1）没有明确标示工业用地出让所属行业的数据（共 877 宗）；（2）行政序列关系比较特殊的 4 个直辖市工业用地数据（共计 10171 宗）；（3）省或自治区直管的县或者县级市。工业企业数据来自 2008 年工业企业数据库，其他城市层面的数据主要来自中经网数据库以及历年《中国城市统计年鉴》。本章所有变量经过 0.5%和 99.5%分位数的缩尾处理（Winsorization）。描述性统计分析结果见表 12 - 1。

表 12 - 1　　　　　　　　描述性统计分析

变量名称	变量描述	观测值	均值	标准差	最小值	最大值
被解释变量	工业用地出让面积	73031	16.79	45.50	0.00	6490.83
	保障房用地出让面积	3565	3.16	1.46	0.00	7.20
	商品房用地出让面积	3609	4.88	1.35	0.00	8.40
	商业用地出让面积	3635	4.09	1.24	0.02	7.70
解释变量	管制行业企业占比	3443	0.53	0.21	0.14	1.00
	国有企业占比	3430	0.24	0.18	0.00	1.00
	经济增长压力	3403	0.02	0.01	-0.01	0.07
控制变量	行政区域面积	2959	16672.92	21867.34	1113.00	253356
	建成区面积占比	2946	0.02	0.04	0.00	0.75
	人均供水量	2452	3.34	4.39	0.06	42.83
	人均城市道路面积	2940	10.54	7.70	0.00	108.37
	财政缺口	2972	0.11	0.10	-0.01	0.97
	人均 GDP	2961	40748.69	28045.59	3398.00	215488
	人口密度	2949	416.70	316.59	4.70	2648.11
	工业产值占 GDP 比重	2803	1.41	0.59	0.13	3.96

变量名称	变量描述	观测值	均值	标准差	最小值	最大值
控制变量	第二产业占 GDP 比重	2977	0.49	0.11	0.15	0.91
	第三产业占 GDP 比重	2977	0.38	0.09	0.09	0.81
	大中型工业企业数占比	3426	0.65	0.18	0.03	0.97
	外企资产占比	3223	0.10	0.11	0.00	0.85
	国企资产占比	3430	0.24	0.18	0.00	1.00
	GDP 增长率	2721	11.65	9.31	-31.10	298.84
	普通中小学师生比例	2955	0.07	0.01	0.02	0.13
	普通中学人数占总人口比例	2424	0.06	0.01	0.02	0.11
	每万人在校大学生数	2171	191.18	228.08	-356.81	1311.24
	FDI 占 GDP 比重	2798	2.87	2.70	0.00	19.45
	出口额占 GDP 比重	2899	17.11	28.56	0.00	243.14

第四节　实证估计结果

一、产能管制与工业用地出让

基于 DID 模型的产能管制对城市政府工业用地出让规模影响的估计结果见表 12-2。首先，我们对产能管制的整体效应进行考察，结果如表 12-2 列（1）~（2）所示。在控制了城市、行业和年份固定效应的情况下，无论城市控制变量是否被引入，受管制行业与管制时期交叉项（管制行业×管制时期）的回归系数都在 1% 水平上显著为负且回归系数稳定。这一结果表明，2009 年中央政府出台的产能管制措施显著减缓了城市政府向受管制行业出让工业用地的规模，具体说，相对于那些非管制行业，在 2010~2017 年中央产能管制措施导致每个地方政府每年向受管制行业减少出让约 3 公顷工业用地。这一结果验证了研究假设 1。

表12-2　产能管制对城市政府工业用地出让规模的影响回归结果

主要变量	(1) 规模	(2) 规模	(3) 规模	(4) 规模	(5) 规模	(6) 规模	(7) 规模	(8) 规模
管制行业×管制时期	-2.695** [1.265]	-3.007** [1.453]	-15.287*** [2.359]	-16.525*** [3.025]	-5.686*** [1.783]	-6.449*** [2.135]	-4.350** [1.768]	-5.471** [2.505]
管制行业×管制时期×管制行业比重			19.961*** [5.880]	31.004*** [6.861]				
管制行业×管制时期×国有企业占比					0.510 [8.510]	17.005** [7.715]		
管制行业×管制时期×增长压力							-0.395 [0.836]	-0.369 [1.200]
城市控制变量	否	是	否	是	否	是	否	是
观测值	70148	38470	68914	38470	68914	38470	68914	46410
R^2	0.042	0.045	0.044	0.048	0.042	0.045	0.042	0.060

注：1. 被解释变量为城市政府各年向各个行业所出让的工业用地面积；因样本的产业分类较细，导致部分城市内部分行业的数值为零，即一些产业没有获得工业用地出让。为了纳入这些样本，控制组为非管制行业，故模型为非管制行业。

2. 处理组为受管制行业，控制组为非管制行业。

3. 所有方程都控制了城市、行业和年份固定效应。

4. 少部分特征数据缺失，观测值存在一定变化。

5. *：p<0.1，**：p<0.05，***：p<0.01。

6. 括号中表示的是稳健标准误。

虽然从总体效应看，产能管制确实显著减少了受管制行业获得工业用地的可能性，但是，城市的异质性特征是否会对这一总体效应带来差异性影响呢？这是本章研究假设 2 所关注的重点问题。为了验证假设 2，本章引入 3 个城市异质性变量，即城市的管制行业占比、城市国有企业占比和城市经济增长压力，分别代表城市经济依赖、经济所有制主体和经济压力等 3 类异质性。从表 12 - 2 列（3）~（8）的结果看，异质性交叉项的引入，并没有改变受管制行业与管制时期交叉项（管制行业×管制时期）回归系数的符号和显著性，表明模型估计较为稳健。表 12 - 2 列（3）~（4）展示了管制行业占比异质性的检验结果。从结果来看，管制行业、管制时期和管制行业比重的交叉项（管制行业×管制时期×管制行业比重）系数显著为正，表明产能管制政策导致管制行业依赖程度较高的城市向管制行业出让土地的下降幅度较低。这一结果看似与假设 1 矛盾，但如果从地方政府具备一定自主权的角度考察，恰恰说明了地方政府在 GDP 等政绩考核的导向下，可能采取一些规避策略，继续满足对城市发展有举足轻重的行业的用地需求，而不管它们是否属于受管制行业。这一结果也表明，中央政策的实施过程中可能产生不同的绩效，采取更加灵活和因地制宜的政策实施策略才能进一步促成政策绩效的提升。表 12 - 2 列（5）~（6）展示了城市国有企业占比异质性的检验结果。结果表明，国有企业占比较高的城市在管制政策后向受管制行业出让土地的下降幅度较低。在我国经济制度背景下，国有企业往往在地方经济占有重要的作用，国有企业越高，地方经济依赖国有经济实现发展的趋向越强。在我国当前国有企业发展现状来看，国有企业与受管制行业具有一定的相关性，因此，即使这些行业受到一定的管制，国有企业也可以通过其较强的经济实力影响地方政府的工业用地出让决策，而地方政府也需要促进国有企业的发展以实现地方经济增长，从而实现双赢。因此，在国有企业和地方政府互利行为的背景下，地方政府依然有向受管制行业持续出让工业用地的激励。表 12 - 2 列（7）~（8）展示了城市经济增长压力异质性的检验结果。管制行业、管制时期和经济增长压力的交叉项（管制行业×管制时期×增长压力）系数为负，但不显著。这一结果一定程度上说明面临更大增长压力的城市，趋向于减少向受管制行业出让工业用地，并将用地指标用于其他用途。以上结果部分验证了本章的研究假设 2，即城市对管制行业依赖程度越大，国企占比越高，则这些地方政府继续向受管制行业出让工业用地的冲动越大，表明在地方异质性特征下，中央产能管制政策的有效性受到一定的影响。

二、产能管制与地方产业结构

上述研究表明，从整体效应看，中央政府的产能管制政策使得地方政府降低了向受管制行业出让工业用地。但是，对于中央－地方财政分权体制下的地方政府来说，土地出让仍然是获得土地财政、招商引资以及促进经济增长的重要手段。因此，我们需要进一步考察地方政府将采取什么样的土地出让策略，以缓解上述 GDP 增长和考核压力。一种可能设想的情况是，地方政府是否会向工业（制造业）以外的其他行业出让更多土地以吸引资本流入和获得财政收入补充呢？尤其是那些增长压力较大、国有企业占比较高和对管制行业依赖性较大的城市是否更可能趋向于这一选择呢？

为了回答上述问题，本章进一步对中央产能管制政策实施以后，地方政府向城市非工业用途进行土地出让的情况开展研究。我们重点回答三种异质性类型的城市，即增长压力差异、国有企业占比差异和产业结构差异，是否会发生土地出让类型的转移。如果回答是肯定的，那么我们可以得出的一个结论是，一些异质性城市可能不止继续向非受管制行业出让土地，而且还通过向非工业行业出让了更多的土地，以达到缓解经济增长压力和考核压力的目的。我们选择的非工业用途用地包括商品房用地、保障房用地和商业用地三类。这三类用地代表着城镇的服务业和住房用地。

回归结果见表 12－3。我们首先考察增长压力差异下产能管制与城市非工业用地出让之间的关系。中央产能管制政策实施后，增长压力更大的城市显著地向商品房用途和商业用途出让了更多的土地，但是并没有显著增加对保障房用途的土地供给。这一结果与实际情况基本符合，因为对于增长压力较大的城市来说，增加商品房供给和出售，以及增加商业空间的提供，都可以直接带来投资和消费提升，从而带来经济增长；而保障房供给所带来的投资和消费对经济增长贡献并不大，因此也难以显著影响地方政府的行为。

表 12－3   增长压力差异下产能管制与城市非工业用地出让

主要变量	商品房用地面积对数		保障房用地面积对数		商业用地面积对数	
	（1）	（2）	（3）	（4）	（5）	（6）
管制时期 × 增长压力	0.977 [2.569]	10.295 *** [2.465]	1.588 [4.594]	4.561 [4.117]	3.928 [3.577]	7.658 ** [3.096]

主要变量	商品房用地面积对数		保障房用地面积对数		商业用地面积对数	
	（1）	（2）	（3）	（4）	（5）	（6）
城市控制变量	否	是	否	是	否	是
城市固定效应	是	是	是	是	是	是
年份固定效应	是	是	是	是	是	是
观测值	3395	1482	3403	1482	3395	1481
R^2	0.795	0.821	0.611	0.719	0.693	0.734

　　然后，我们进一步考察国有企业占比差异下产能管制与城市非工业用地出让之间的关系（见表 12 - 4）。在国有企业占比更高的城市，地方政府同时显著向商品住房、保障性住房和商业用途出让更多的土地。这一结果与假设 2 结合，表明对于国有企业占比较高的城市，中央管制政策导致其向管制行业出让用地的下降幅度较低，但这些城市也同时增加了其他非工业用地出让的规模。我们的解释是产能管制下，地方经济必然受到短期的冲击，那么如何缓解这一冲击则是地方政府需要考虑的重要问题。对于国有企业占比比较高的城市来说，与国有企业进行互利合作是一个理性的选择，那么通过向国有企业出让更多的土地以换来更多的投资和产出，则是有利可图的行为。而在地方发展中，国有企业需要兼顾经济效益和社会效益，因此，同时向商品住房、保障性住房和商业用途出让更多的土地就是可以接受的情形。

表 12 - 4　　　　国有企业占比差异下产能管制与城市非工业用地出让

主要变量	商品房用地面积对数		保障房用地面积对数		商业用地面积对数	
	（1）	（2）	（3）	（4）	（5）	（6）
管制时期×国有企业占比	0.138 [0.219]	19.591*** [3.894]	0.164 [0.341]	23.264*** [7.796]	0.309 [0.287]	9.548* [5.659]
城市控制变量	否	是	否	是	否	是
城市固定效应	是	是	是	是	是	是
年份固定效应	是	是	是	是	是	是
观测值	3422	1515	3345	1487	3423	1514
R^2	0.783	0.814	0.611	0.718	0.681	0.734

　　最后，我们考察产业结构差异下产能管制与城市非工业用地出让之间的关

系，结果见表 12 - 5。与前两类异质性情况不同，对于受管制行业占比较高的城市，产能管制后地方政府显著减少了对住房用途和商业用途出让土地。这个结果与表 12 - 2 的分析结果一致，预示着产能管制下，对受管制行业依赖性越强的城市，在没有其他更有利的缓解外来冲击的办法情况下，只能通过继续甚至是更大幅度地支持受管制行业予以缓解。这类城市往往是资源依赖型城市或者是产业结构单一的城市，缓解经济增长压力的手段较为有限。

表 12 - 5　　　　　产业结构差异下产能管制与城市非工业用地出让

主要变量	商品房用地面积对数		保障房用地面积对数		商业用地面积对数	
	(1)	(2)	(3)	(4)	(5)	(6)
管制时期×管制行业占比	0.031 [0.187]	-8.441*** [1.678]	-0.185 [0.295]	-10.023*** [3.359]	0.232 [0.225]	-4.114* [2.438]
城市控制变量	否	是	否	是	否	是
城市固定效应	是	是	是	是	是	是
年份固定效应	是	是	是	是	是	是
观测值	3435	1515	3357	1487	3436	1514
R^2	0.787	0.814	0.610	0.718	0.683	0.734

注：1. 因样本转为了地市，不存在较多的零值。为使得回归结果更稳健，因变量均取对数值处理。
2. *：$p<0.1$，**：$p<0.05$，***：$p<0.01$。
3. 括号中表示的是 cluster 标准误。

三、影响机制分析

为了理解产能管制下地方政府土地出让逻辑，本章从投资结构角度尝试讨论其可能的影响机制。按照国家土地出让的相关规定，土地出让前需落实投资来源，也就是说，投资行为的改变可能是土地出让行为改变的一个重要原因。如果没有投资驱动，即使地方政府具有出让土地的意愿，也难以最终落实。从这个思路出发，本章尝试分析产能管制下地方投资结构的变化情况，从而对地方政府土地出让行为变化提供一种可能的解释。具体来说，我们将考察产能管制下，不同异质性城市的外商直接投资（FDI）、房地产投资和非房地产投资是否发生显著变化。

产能管制实施后，增长压力不同的城市其投资结构的变化特征见表 12 - 6。结果显示，增长压力越大的城市，产能管制下 FDI 占 GDP 比例显著提高，表明为了获得更高的增长目标，这类城市倾向于吸引更多的 FDI。另一方面，我们也发现这类城市在产能管制后，房地产投资和非房固定资产投资也有一定程度的提高。这在一定程度上解释了假设 2 所提出的，增长压力越高的城市，在产能管制后，其越倾向于将土地转移出让给房地产和商业用地这个结论。总之，对于增长压力较大的城市来说，通过扩大投资，尤其是大力引进 FDI，是其缓解产能管制政策短期压力，实现增长目标的重要途径。

表 12 – 6　　　　　　增长压力差异下产能管制对投资水平的影响

主要变量	(1) FDI 占 GDP 比重	(2) FDI 占 GDP 比重	(3) 房地产投资	(4) 房地产投资	(5) 非房固定资产投资	(6) 非房固定资产投资
受管制时期 × 增长压力	16.054** [7.318]	10.056** [4.371]	– 0.350*** [0.112]	0.042 [0.234]	1.089 [0.788]	0.805 [0.695]
城市控制变量	否	是	否	是	否	是
城市固定效应	是	是	是	是	是	是
年份固定效应	是	是	是	是	是	是
观测值	2728	1422	2905	1481	2905	1481
R^2	0.772	0.922	0.867	0.923	0.765	0.882

国有企业占比差异下不同城市的投资行为见表 12 – 7。我们发现，在国有企业占比较高的城市，FDI 显著减少，非房地产的固定资产投资整体下降，但房地产投资显著升高。这一结论意味着，在国有企业占比较高的城市，缓解产能管制政策短期压力的一个重要手段是加大土地财政的实施力度，尤其是通过与国有企业互利合作达到这一目的。

表 12 – 7　　　　　　国有企业占比差异下产能管制对投资水平的影响

主要变量	(1) FDI 占 GDP 比重	(2) FDI 占 GDP 比重	(3) 房地产投资	(4) 房地产投资	(5) 非房固定资产投资	(6) 非房固定资产投资
受管制时期 × 国有企业占比	1.950*** [0.623]	– 9.620* [5.144]	0.011 [0.012]	1.085*** [0.324]	0.053 [0.061]	– 1.280 [1.157]
城市控制变量	否	是	否	是	否	是
城市固定效应	是	是	是	是	是	是
年份固定效应	是	是	是	是	是	是
观测值	2798	1451	2982	1514	2982	1514
R^2	0.771	0.922	0.862	0.921	0.748	0.878

最后，我们观察管制行业占比差异下各类城市的投资行为，结果见表 12 - 8。我们发现，在受管制行业占比较高的城市，产能管制政策实施后，FDI 和房地产投资均显著下降，但非房地产固定资产投资则有所升高，虽在控制了城市特征变量后系数变得不显著。一方面，这一结论再次表明在管制产业比重较高的城市，地方政府仍然对受管制行业寄予厚望，继续对这些行业提供包括土地供给在内的各项支持，而 FDI 和房地产拉动经济的作用难以发挥，甚至有所削弱。另一方面，这些城市也试图加大对非房地产固定资产投资，例如公路、地铁和其他基础设施等，以拉动本地的经济增长，缓解产能管制所带来的短期压力。

表 12 - 8　　　　　　　　产业结构差异下产能管制对投资水平的影响

主要变量	(1) FDI 占 GDP 比重	(2) FDI 占 GDP 比重	(3) 房地产投资	(4) 房地产投资	(5) 非房固定资产投资	(6) 非房固定资产投资
受管制时期 × 管制行业占比	2.554 *** [0.540]	- 5.164 * [2.761]	- 0.004 [0.009]	- 0.468 *** [0.139]	0.184 *** [0.056]	0.551 [0.498]
城市控制变量	否	是	否	是	否	是
城市固定效应	是	是	是	是	是	是
年份固定效应	是	是	是	是	是	是
观测值	2798	1451	2982	1514	2982	1514
R^2	0.775	0.922	0.862	0.921	0.751	0.878

注：1. * ：$p < 0.1$，** ：$p < 0.05$，*** ：$p < 0.01$。
2. 括号中表示的是 cluster 标准误。
3. 为了数据直观，FDI 占 GDP 比重乘以 1000；增长目标偏差数据乘以 0.01；增长压力乘以 0.01。

第五节　小　　结

产能管制是中央应对产能过剩和推动供给侧结构性改革的重要举措。虽然现有文献对产能管制政策的有效性进行了大量的研究，但是对产能管制可能引发的经济效应和区域效应的研究还相对不足。本章基于土地资源配置的视角，利用中国土地市场网公示的 2007 ~ 2017 年土地出让数据，以及 2008 年的《中国工业企业数据》和历年的《中国城市统计年鉴》，以 2009 年中央实施的产能管制措施为政策冲击，借助双重差分方法（DID），研究了产能管制对地方产业转型的影响。我们发现：中央实施产能管制政策之后，地方政府向受管制行业出让工业用地的规模显著减少。这一结论从土地资源配置维度表明中央产能管制政策确实发挥了抑制产能过剩产业进一步扩张的作用，实现了政策的预定目标，这与现有文献的研究结果基本一致。但是，我们进一步研究则发现，城市异质性下产能管制政策的有效性出现差异。我们重点考察了管制行业占比差异、国企占比差异和经济增长目标差异下地方政府对产能管制政策的应对策略及其经济效应。结果发现：（1）相比于其他城市，产能管制政策导致管制行业依赖程度较高的城市向管制行业出让土地的下降幅度较低。与此相对应的是，这些城市显著减少了向非工业用途出让土地。进一步的机制研究也发现在产能管制后，这些城市的投资结构并没有出现产业转型的迹象，而是表现出"产业锁定"的趋势。（2）相比于其他城市，国有企业占比较高的城市在管制政策后向受管制行业出让土地的下降幅度较低，而且，这些城市向住房和服务业等领域也显著增加了土地供给。我们认为，这是地方政府与国有企业互利合作的重要体现，地方政府通过向国有企业的加大投入，期望能缓解产能管制可能带来的短期经济冲击。进一步机制研究也证实，产能管制后，国企占比越高的城市，其 FDI 投资显著减少，而房地产投资则显著增加，一定程度上表现出地方政府试图通过增加房地产投资，从而缓解经济压力的应对策略。（3）对于增长压力越大的城市，地方政府则采取了不一样的应对策略：一方面，减少了向受管制行业出让工业用地；另一方面，则显著增加了对商品房用地和商业用地的土地供给规模，表现出强烈的经济刺激冲动。进一步机制研究则表明，加大对 FDI 的引入是其对接土地出让，实现较高增长目标的可能途径。

　　本章所研究的政策含义包括：（1）正视中央产能管制措施的有效性，合理利用产能管制政策，实现控制产能过剩的目标。针对某些行业产能过剩带来的投入产出低效问题，未来仍可以通过合理制定管制政策，引导地方政府的要素配置行为，实现供给侧结构性改革的目的。（2）产能管制政策的实施需要有更强的约束性，并配套有相应的监督和奖惩措施。对于中央管制政策来说，地方政府因自身发展需要而采取不配合或不完全落实的情况时有发生，这将极大削弱其有效性和权威性，因此，必要的监督和奖惩措施将可以进一步规范地方政府的行为和违规冲动。（3）产能管制政策的实施还需要具有一定的灵活性，合理配套相应的引导和补偿措施。对于不同发展阶段、不同经济特征的城市来说，产能管制所带来的经济冲击不尽相同。这就需要在制定相关政策过程中，对异质性城市的发展需求提供必要的支撑，加强中央与地方的协调，从而引导地方政府做出更加符合中央预期的行为。

参考文献

［1］安淑新.“十二五”时期我国淘汰落后产能政策建议研究［J］.当代经济管理,2012(03):36-44.

［2］白雪洁,于志强.晋升博弈、竞争冲动与区域性产能过剩［J］.经济与管理研究,2018,039(01):78-92.

［3］蔡之兵.地方政府去产能效果与特征:2006~2014年［J］.改革,2016(10):43-53.

［4］陈霞,许松涛.资产专用性、淘汰落后产能政策与上市公司资本投资［J］.经济与管理,2013(11):66-71.

［5］干春晖,邹俊,王健.地方官员任期、企业资源获取与产能过剩［J］.中国工业经济,2015(03):44-56.

［6］耿静,吕永龙,任丙南,等.淘汰落后产能政策对我国重点工业行业二噁英类减排的影响［J］.环境科学,2016,37(03):1171-1178.

［7］韩国高,高铁梅,王立国等.中国制造业产能过剩的测度、波动及成因研究［J］.经济研究,2011(12):18-31.

［8］韩国高,胡文明.要素价格扭曲如何影响了我国工业产能过剩?——基于省际面板数据的实证研究［J］.产业经济研究,2017(02):49-61.

［9］江飞涛,曹建海.市场失灵还是体制扭曲——重复建设形成机理研究中的争论、缺陷与新进展［J］.中国工业经济,2009(01):53-64.

［10］江飞涛,耿强,吕大国,等.地区竞争、体制扭曲与产能过剩的形成机理［J］.中国工业经济,2012(06):44-56.

［11］李学文,卢新海.经济增长背景下的土地财政与土地出让行为分析［J］.中国土地科学,2012,26(08):42-47.

［12］林毅夫,巫和懋,邢亦青.“潮涌现象”与产能过剩的形成机制［J］.经济研究,2010(10):118.

［13］林毅夫.潮涌现象与发展中国家宏观经济理论的重新构建［J］.经济研究,2007(01):126-131.

［14］刘尚希,樊轶侠,封北麟.“去产能”财政政策分析、评估及建议［J］.经济纵横,2018(01):81-91.

［15］刘守英,土地制度与中国发展［M］.中国人民大学出版社,2018.

［16］梅良勇,张四海.我国钢铁产业发展政策效应的实证研究［J］.工业技术经济,2007,026(12):117-121.

［17］宋凌云,王贤彬,徐现祥.地方官员引领产业结构变动［J］.经济学(季刊),2012(04):1-92.

［18］陶然，陆曦，苏福兵，等．地区竞争格局演变下的中国转型：财政激励和发展模式反思［J］．经济研究，2009（07）：21 - 33.

［19］陶然，汪晖．中国尚未完成之转型中的土地制度改革：挑战与出路［J］．国际经济评论，2010（02）：93 - 123.

［20］王立国，鞠蕾．地方政府干预、企业过度投资与产能过剩：26 个行业样本［J］．改革，2012（12）：52 - 62.

［21］王文甫，明娟，岳超云．企业规模、地方政府干预与产能过剩［J］．管理世界，2014（10）：17 - 36.

［22］王媛，杨广亮．为经济增长而干预：地方政府的土地出让策略分析［J］．管理世界，2016（05）：18 - 31.

［23］席鹏辉，梁若冰，谢贞发等．财政压力、产能过剩与供给侧改革［J］．经济研究，2017（09）：88 - 104.

［24］徐奇渊．去产能政策的进展及其影响［J］．国际经济评论，2018（02）：68 - 81.

［25］徐业坤，马光源．地方官员变更与企业产能过剩［J］．经济研究，2019（05）：129 - 145.

［26］杨继东，杨其静．保增长压力、刺激计划与工业用地出让［J］．经济研究，2016（01）：99 - 113.

［27］余东华，吕逸楠．政府不当干预与战略性新兴产业产能过剩——以中国光伏产业为例［J］．中国工业经济，2015（10）：53 - 68.

［28］张莉，徐现祥，王贤彬．地方官员合谋与土地违法［J］．世界经济，2011（03）：72 - 88.

［29］赵卿，曾海舰．产业政策管控能够提升产能利用率吗？——基于双重差分模型的实证检验［J］．中国经济问题，2018，307（02）：46 - 57.

［30］赵文哲，杨继东．地方政府财政缺口与土地出让方式——基于地方政府与国有企业互利行为的解释［J］．管理世界，2015（04）：11 - 24.

［31］HAN S S. Urban expansion in contemporary China：What can we learn from a small town？［J］，Land Use Policy，2020，27（03）：780 - 787.

［32］LU S H，WANG H. Local economic structure，regional competition and the formation of industrial land price in China：combining evidence from process tracing with quantitative results［J］. Land Use Policy，2020，97：1 - 13.

［33］OI J. C，Fiscal reform and the economic foundations of local state corporatism in China［J］. World Politics，1992，45（01）：99 - 126.

［34］OI J. C，The role of the local state in China's transitional economy［J］. The China Quarterly，1995，144：1132 - 1149.

［35］ QIAN Y，WEINGAST B R. China's transition to markets：Market-preserving federalism，Chinese style［J］. Journal of Policy Reform，1996，1（2）：149 – 185.

［36］ QIAN Y. WEINGAST B R. Federalism as a commitment to preserving market incentives［J］. Journal of Economic Perspectives，1997，11（4）：83 – 92.

第十三章
工业用地扩张、产业选择与城市空气质量

第一节 引 言

改革开放以来，我国工业化水平大幅提升，城市化进程稳步推进，取得了巨大的经济绩效。然而，经济绩效的取得是以粗放式的经济增长模式为代价。粗放式经济增长造成了过多的资源消耗和严重的环境污染，城市发展面临的资源环境约束日益趋紧。生态环境部发布的《2019年中国生态环境公报》统计显示，在全国337个城市中，180个城市的环境空气质量超标，比例高达53.4%，所有城市累计空气质量重度污染天数较上年增长了88天，PM2.5和O_3超标天数比例也有所上升。除了大气污染严重外，河流水质下降、耕地数量急剧减少、城市光污染和噪声污染加剧等都是为换取经济增长而付出的生态环境代价。党的十八大以来，党中央实行了有史以来决心最强、力度最大、措施最全的生态保护政策，将生态文明建设摆在了经济社会发展的第一位。党的十九大报告进一步将污染治理列为三大攻坚战之一，再次强调必须树立和践行"绿水青山就是金山银山"的理念，坚持节约资源和保护环境的基本国策，实行最严格的生态环境保护制度。因此，正确认识和处理工业化、经济增长和环境保护之间的关系，对生态文明建设意义重大。

经济发展与环境污染之间的关系在学术界长期受到关注。20世纪90年代，环境库兹涅茨曲线理论（environment kuznets curve，EKC）的提出揭示了经济增长和环境质量之间的倒"U"型关系，即在经济发展初期，工业集聚会加大能源消耗量，不断增长的工业排放也会导致地区环境质量下降。而当经济发展水平达到一定高度时，能源密集型产业被资本、技术密集型产业所取代，消费者对环境质量的需求上升，环境治理投资增加，这时经济增长和环境质量从负向转为正向促进的关系。然而，加大环保力度将提高企业生产成本，削弱其市场竞争力，可能又阻碍经济增长。对此，哈佛大学波特教授提出相反的观点，认为严格的环境保护能够引发创新，抵消成本，不但不会造成厂商成本增加，反而可能产生净收益，使厂商在国际市场上更具竞争优势，即"波特假说"（Porter M E & Linde C，1995）。不过，污染避难所假说（pollution haven hypothesis，PHH）则认为，高标准的环保要求和严厉的环境规制未必会激发企业创新，反而可能推动污染密集型产业转移至环保力度小的欠发达地区，使其成为了污染型产业的"避难所"。

结合我国经济发展实践，地方政府是经济增长和环境保护的责任主体，对经济发展与环境保护协调起着至关重要的作用。无论是环境规制的制定实施，还是工业产业的转移承接，都与地方政府的偏好、治理能力密不可分。长期以来，地方政府通过农地征收和唯一主体出让土地推进工业化，地方政府主导的供地策略对工业经济增长和城市化发展做出了重大贡献（刘守英，2018）。但随着经济进入新常态，以工业用地大规模扩张为特点的粗放式增长模式弊端渐显。那么，地方政府的工业用地供给行为的特征是什么？这种行为会对城市环境造成怎样的影响？如何剖析影响的作用机制从而促进地方政府在促经济和保生态之间做出更加审慎科学的选择？为了探究这些问题的答案，本章以空气质量指数（AQI）为因变量，工业用地出让为解释变量，利用2012～2019年284个地级及以上城市的面板数据进行实证分析。与现有研究相比，本章可能的边际贡献在于：①首次将综合了六大污染物的空气质量指数（AQI）引入工业用地的环境效应研究，提供了新的数据支撑。空气质量指数具有实时性的特点，能够更加准确地反映城市环境状况；②基于空气质量数据，验证了工业用地协议出让方式引资质量较差这一观点；③基于出让方式，进一步探讨了工业用地出让的产业选择特征及效应，强调了产业选择可能是工业用地出让影响城市空气质量的重要路径，从而填补了现有文献的空白。

第二节　理论分析与研究假设

我国独特的土地制度安排和城乡分割的二元土地结构赋予了地方政府国有土地所有者、供给者和唯一供应者"三位一体"的特殊身份（邵朝对等，2016），因此，地方政府有相当大的自主权对土地资源要素进行配置。此外，地方政府还拥有土地一级市场的唯一供应权，使其拥有对土地资源进行议价定价的话语权。

在"土地财政"和"土地引资"的双重激励下，地方政府采取策略性的土地出让行为，竞相扩大工业用地出让规模、降低工业用地出让价格，以吸引制造业投资，拉动地方工业经济增长。过去的几十年中，这种策略性的土地出让行为确实对经济增长产生了积极的影响，但随着经济快速发展，这一策略的效果渐弱而问题渐显（雷潇雨和龚六堂，2014）。同质化的投资导致经济过快增长和产能过剩（顾智鹏等，2016），土地资源错配对中东西部地区造成了不同程度的水污染和空气污染，并且阻碍产业升级和技术创新，不利于环境质量的改善（余泳泽等，2018)，等等。由此可见，地方政府的土地出让行为不仅会影响产业结构和经济建设，还会通过工业生产对城市环境造成影响。在对地方政府工业用地出让的行为动机和行为特征进行分析的基础之上，本章就工业用地出让产生的环境效应提出了以下研究假设。

一、工业用地出让与城市空气质量

工业排放是城市环境污染的主要来源，工业用地出让会增加当地的工业生产，产生更多的污染排放。陈前利等(2019)研究结果表明工业用地规模扩大会使工业能源碳排放量显著增加。宋弘等(2019)认为低碳城市建设能够显著降低城市空气污染，其作用机制包括限制和降低企业排污、优化产业结构。反之，如果引进工业企业，即便考虑环境规制的作用效果，那么也会给城市空气带来大于0的污染排放。加之引资竞争下的工业项目往往具有"低配置、低效率、高代价、不可持续"的弊病(余泳泽等，2018)，扭曲的土地资源配置模式会导致工业企业过度投资、中低端产业集聚等现象，阻碍产业升级和技术创新，不利于城市空气质量改善。因此，地方政府主导的土地出让行为可能对城市环境质量造成负面影响。同时，我国各区域之间的发展阶段不一样，产业结构存在一定的差异性；在产业演化路径依赖的作用下(贺灿飞，2018)，各区域即使在出让相同用地规模的情形下，也可能出现不一致的产业发展趋势，从而对城市空气质量带来差异性的影响。各区域地方政府在招商引资目标上可能有一定差别(赵文哲和杨继东，2015)，导致招来的项目质量也可能存在差异性。那些招商引资任务更重的区域，可能招来的项目质量更差，因此也可能对空气质量带来更负面的影响。由此提出假设1。

假设1：工业用地出让显著降低了城市空气质量，并且这种影响存在空间异质性。

二、工业用地出让方式与城市空气质量

杨其静等(2014)研究发现，协议出让的土地中有很高比例的项目结果公示没有显示约定的竣工时间，即其信息披露程度低，或是地方政府有意隐瞒项目信息而为之；在显示有竣工时间的项目中，协议出让约定竣工时间小于2年的宗数要远远高于"招拍挂"方式出让的，即其装备水平不高、投资强度不大、建

设时间不长。这说明在以经济增长为考核指标的激励下，地方政府更加关注引资规模而非引资质量，协议出让这种非透明出让方式便是地方政府快速引进工业投资的惯用竞争手段。地方政府间激烈的引资竞争显著压低了工业用地出让价格，工业用地低成本会导致生产工艺落后、技术装备落后的产能过度集中，进而导致低效率企业的过度进入，也会助长大量低水平重复建设，特别是一些高耗能企业的重复性建设，进而对当地的环境质量造成负面影响。卢建新等（2017）利用2004～2013年252个地级市的面板数据，证实了协议出让土地的面积越多，所造成的环境污染也越严重。张鸣（2017）也以2007～2013年地级市的面板数据进行了分析，发现当工业用地协议出让面积的比例提高时，工业污染物的排放量也会增加。可见，工业用地出让方式会对城市环境质量产生影响，由此提出假设2。

假设2：工业用地出让方式对城市环境质量具有显著影响，协议出让规模越大，城市空气质量越差。

三、工业用地出让、产业选择与城市空气质量

若协议出让方式对城市空气质量的负面影响为真，我们将进一步推论其内在机制。现有研究大多认为，协议出让意味着引资质量更差（杨其静等，2014），但本章认为实际机制可能不止于此。从产业角度来看，现阶段我国大部分城市尤其是中西部城市还处于城市发展初期或中期，制造业整体处于全球价值链的中低端，产品技术含量和附加值较低，核心竞争力不强（李勇刚和罗海艳，2017）。随着国内土地出让市场不断规范化，低价出让工业用地的现象有所缓解，那么造成环境污染的原因更可能来自产业结构而非单个项目的质量好坏。我国大部分地区的工业化还处于中期阶段，多处于产业链的中低环节，在高科技效应还未完全发挥的情况下很容易产生大量的污染。加之污染型产业自身有较高的寻租空间，污染型企业高产值的特征使其在接受寻租的同时还能继续盈利（王军洋，2015）。因此，地方政府可能更倾向于通过协议出让这种市场化程度低的方式，将土地出让给污染密集型产业，由此导致了更加严重的空气污染。结合2012～2018年土地出让数据来看（见表13-1），协议出让给污染型产业的土地宗数一直远少于非污染型产业，但其总面积除了2016年和2017年出现明显下降外，其余年份均大于非污染型产业的出让面积。而以"招拍挂"方式出让的土地中，无论是总数还是总面积，非污染型产业均大于污染型企业。这在一定程度上说明，地方政府对污染型产业存在选择偏好，这种产业选择往往通过协议出让手段

得以实现，于是产生了更多的空气污染。因此进一步推论出假设3。

假设3：产业选择是工业用地出让影响城市环境质量的内在机制，地方政府协议出让给污染密集型产业的工业用地规模越大，城市空气质量越差。

表 13-1   **工业用地出让数据统计表**

指标	年份	协议出让	协议出让污染型	协议出让非污染型	招拍挂出让	招拍挂污染型	招拍挂非污染型	协议和招拍挂出让	污染型	非污染型
宗数（宗）	2012	1846	694	1152	30748	9519	21229	32594	10213	22381
	2013	1743	619	1124	32620	9977	22643	34363	10596	23767
	2014	1065	425	640	26058	7871	18187	27123	8296	18827
	2015	782	229	553	22923	7200	15723	23705	7429	16276
	2016	784	245	539	19715	6083	13632	20499	6328	14171
	2017	912	264	648	20565	6191	14374	21477	6455	15022
	2018	1109	281	828	22545	5725	16820	23654	6006	17648
	总计	8241	2757	5484	175174	52566	122608	183415	55323	128092
总面积（ha）	2012	7818	4577	3241	121554	45980	75574	129372	50556	78816
	2013	5683	3261	2422	116706	41635	75070	122389	44897	77492
	2014	2572	1466	1106	85066	29470	55596	87638	30935	56702
	2015	2408	1337	1071	70258	23829	46429	72666	25166	47500
	2016	1526	639	888	63528	21998	41530	65055	22637	42417
	2017	1356	478	878	70986	25085	45901	72343	25563	46780
	2018	2121	1063	1058	80629	24824	55805	82750	25887	56863
	总计	23484	12820	10665	608727	212821	395905	632211	225641	406570

资料来源：根据中国土地市场网整理而得。

第三节　模型设置与数据来源

一、计量模型设定

为验证假设1，本章将工业用地出让规模与城市空气质量指标纳入计量模型，并设置相应的年份滞后项，设置计量模型见式（13.1）。

$$AQI_{it} = \alpha_0 + \beta_1 Land_{it-1} + \beta_2 Land_{it-2} + \beta_3 Land_{it-3} + \gamma Cont_{it-2} + D_t + \mu_{it}$$

$$(13.1)$$

i 代表地级及以上城市；t 代表年份，$t-1$、$t-2$、$t-3$ 分别代表取值为滞后一年、两年和三年。被解释变量 AQI_{it} 表示第 i 个城市第 t 年的年均 AQI 指数。$Land$ 代表工业用地出让总规模。$Cont_{it-2}$ 表示一系列滞后两年的控制变量。D_t 表示城市固定效应，μ_{it} 表示随机误差项。

假设 2 关注土地出让方式对空气质量的影响，因此将模型的核心解释变量替换为协议出让土地规模和"招拍挂"出让土地规模，其余设计与式（13.1）一致，具体形式见式（13.2）。

$$AQI_{it} = \alpha_0 + \beta_1 XLand_{it-1} + \beta_2 XLand_{it-2} + \beta_3 XLand_{it-3} + \beta_4 ZLand_{it-1} +$$
$$\beta_5 ZLand_{it-2} + \beta_6 ZLand_{it-3} + \gamma Cont_{it-2} + D_t + \mu_{it} \tag{13.2}$$

其中，$XLand_{it-1}$ 表示第 i 个城市滞后 1 年的工业用地协议出让土地面积，滞后年份依此类推。$ZLand_{it-1}$ 表示第 i 个城市滞后 1 年的工业用地招拍挂出让土地面积，滞后年份依此类推。其余符号含义与式（13.1）一致。

假设 3 关注不同出让方式下，产业选择对城市空气质量的影响。因此，将出让方式和产业选择同时纳入了回归模型，具体形式见式（13.3）。

$$AQI_{it} = \alpha_0 + \beta_1 XPLand_{it-1} + \beta_2 XPLand_{it-2} + \beta_3 XPLand_{it-3} + \beta_4 XNPLand_{it-1} +$$
$$\beta_5 XNPLand_{it-2} + \beta_6 XNPLand_{it-3} + \beta_7 ZPLand_{it-1} + \beta_8 ZPLand_{it-2} +$$
$$\beta_9 ZPLand_{it-3} + \beta_{10} ZNPLand_{it-1} + \beta_{11} ZNPLand_{it-2} + \beta_{12} ZNPLand_{it-3} +$$
$$\gamma Cont_{it-2} + D_t + \mu_{it} \tag{13.3}$$

其中，$XPLand_{it-1}$ 表示第 i 个城市滞后 1 年的协议出让给污染密集型产业的土地面积，滞后年份以此类推。$XNPLand_{it-1}$ 表示第 i 个城市滞后 1 年的协议出让给非污染密集型产业的土地面积，滞后年份依此类推。$ZPLand_{it-1}$ 表示第 i 个城市滞后 1 年的招拍挂出让给污染密集型产业的土地面积，滞后年份以此类推。$ZNPLand_{it-1}$ 表示第 i 个城市滞后 1 年的招拍挂出让给非污染密集型产业的土地面积，滞后年份以此类推。其余符号含义与式（13.1）相一致。

本章将实证分析的重点逐次放在了工业用地出让规模、出让方式以及出让产业类型对城市空气质量的影响，借鉴卢建新（2017）、张鸣（2017）等的研究，设计了变量滞后的固定效应计量模型。关于变量滞后模型，不少研究将变量滞后期数设置为两期，因为绝大多数的工业项目建设期都是 2 年，但考虑到可能存在的 2 年内逾期未完工、建设期大于 2 年的情况，本章对核心解释变量取了三期滞后项。控制变量不存在建设工期的问题，但考虑到经济社会类指标可能与空气质量存在互为因果的关系，例如 AQI 指数超标而强制关停部分高排放高污染企业，从而影响生产总值、能源消费量等指标，所以仍选择第二期滞后项进行回归，以避免内生性对回归结果的干扰。

二、变 量 选 取

模型的变量选取情况见表 13-2。被解释变量为样本城市的空气质量指数（AQI），该指数是对二氧化硫、二氧化氮、PM10、PM2.5、一氧化碳、臭氧六大污染物的综合评价。模型中 *AQI_avr* 是根据日 AQI 指数计算得出的 AQI 年平均值。

核心解释变量为土地出让面积。具体分为总出让规模（*AREA*）、协议出让规模（*AGRE*）、协议出让给污染密集型产业规模（*AGRP*）、协议出让给非污染密集型产业（*AGRNP*）、招拍挂出让规模（*ZPG*）、招拍挂出让给污染密集型产业规模（*ZPGP*）、招拍挂出让给非污染密集型产业（*ZPGNP*）。其中，污染密集型产业和非污染密集型产业的划分参考刘航等（2012）、刘巧玲等（2012）的研究成果，取空气污染密集度最高的前十个制造业作为污染密集型产业，具体包括非金属矿物制品业（30）、黑色金属冶炼及压延加工业（31）、化学原料及化学制品制造业（26）、有色金属冶炼及压延加工业（32）、石油加工、炼焦及核燃料加工业（25）、造纸及纸制品业（22）、化学纤维制造业（28）、纺织业（17）、饮料制造业（15）、农副食品加工业（13）。其余制造业产业为非污染密集型产业。控制变量包括：①三产产值占 GDP 的比例（*TER*），因为产业结构的高级化意味着生产技术的提升、能源消耗的下降，故而以三产占比来控制产业结构对空气污染的影响；②人均 GDP（*PGDP*），用以控制经济发展水平；③进出口贸易总额占 GDP 比例（*FTD*），外贸交易水平与产业类型、经济水平密切相关，故而需要对外贸依存度进行控制；④环境污染治理投资占 GDP 比例（*EPI*），环境污染治理投资强度在一定程度上体现了城市对环境治理的重视及投入力度，会对城市环境产生改善作用，故而用该变量控制社会对污染治理的投入强度；⑤人均能源消费（*EC*），能源消费是城市环境污染的重要来源之一，能源消费的多少直接影响着污染物的排放量，因而要对不同地区的能源消费数量加以控制；⑥城市建成区面积（*CONA*），用以控制城市规模大小；⑦人均道路面积（*ROAD*），交通水平是影响空气质量的重要因素，故用市辖区道路面积/市区人口控制城市交通水平；⑧年均降雨量（*RAIN*）；⑨年均气温（*TEMP*）；⑩年均风速（*WIND*）。后三个变量是对大气运动有重要作用的自然因素，对空气质量指数监测值也会产生不可忽视的作用，因此要对其进行控制，控制自然因素对空气质量的影响（He C et al，2012）。

表 13 - 2　　　　　　　　　　　　变量定义表

因变量	变量名称	变量定义	变量单位
	AQI_avr	城市 AQI 指数年平均值为无量纲指数	—
核心解释变量	AREA	工业用地出让总规模	ha
	AGRE	协议出让的工业用地规模	ha
	AGRP	协议出让给污染密集型产业的工业用地规模	ha
	AGRNP	协议出让给非污染密集型产业的工业用地规模	ha
	ZPG	招拍挂出让的工业用地规模	ha
	ZPGP	招拍挂出让给污染密集型产业的工业用地规模	ha
	ZPGNP	招拍挂出让给非污染密集型产业的工业用地规模	ha
控制变量	TER	三产产值占 GDP 的比例	%
	PGDP	人均 GDP	元
	FTD	进出口贸易总额占 GDP 的比例	%
	EPI	环境污染治理投资占 GDP 的比例	%
	EC	人均能源消费量	t 标准煤
	CONA	城市建成区面积	km^2
	ROAD	市辖区道路面积/市区人口	m^2/人
	RAIN	年均降雨量	mm
	TEMP	年均气温	℃
	WIND	年均风速	m/s

三、数据来源与说明

本章使用的空气质量数据来源于中国环境监测总站（http：//www. cnemc. cn/），土地出让数据来源于中国土地市场网（https：//www. landchina. com/）。剔除掉以划拨、租赁等方式出让的土地，剔除掉新疆生产建设兵团，地方州、旗、盟等非地级市，拉萨等统计数据缺失严重的城市后，整理得出 284 个地级及以上城市的土地交易数据集。研究所需的其他控制变量来源于 CEIC 数据库下的中国经济数据库、《中国城市建设统计年鉴》《中国城市统计年鉴》，以及 NCDC（美国国家气候数据中心，National Climatic Data Center）公开的气象数据。受统计数据来源所限，人均能源消耗量、环境污染治理投资所占 GDP 的比例这两个控制变量由省级数据替代。缺失数据均进行插补处理。所有变量进行了上下 1% 的缩尾处理。

四、变量的描述性分析与相关性检验

AQI 指数于 2012 年起陆续作为空气质量评价标准监测发布，该数据在 2014年尚未能完整覆盖所有样本城市，所以被解释变量的观测起止时间为 2015 ~ 2019 年；土地出让数据均采用了 1 ~ 3 年的滞后期，所以观测的起止时间为 2012 ~ 2016 年；部分控制变量滞后两期，故起止时间为 2013 ~ 2017 年。故整体数据观测区间为 2012 ~ 2019 年，具体数据描述性统计见表 13 - 3。变量相关性检验见表 13 - 4，控制变量的独立性较高，没有出现严重的多重共线性问题。

表 13 - 3 变量描述性统计

	变量名称	平均值	标准差	最小值	最大值	年份跨度
因变量	AQI_avr	78. 924	19. 629	36. 560	146. 341	2015 ~ 2019
工业用地出让面积核心解释变量	$\ln(AREA + 1)$	5. 212	1. 140	1. 330	7. 251	2012 ~ 2016
	$\ln(AGRE + 1)$	1. 274	1. 383	0	4. 902	2012 ~ 2016
	$\ln(AGRP + 1)$	0. 721	1. 123	0	4. 383	2012 ~ 2016
	$\ln(AGRNP + 1)$	0. 878	1. 160	0	4. 315	2012 ~ 2016
	$\ln(ZPG + 1)$	5. 154	1. 175	1. 048	7. 215	2012 ~ 2016
	$\ln(ZPGP + 1)$	3. 979	1. 259	0	6. 322	2012 ~ 2016
	$\ln(ZPGNP + 1)$	4. 608	1. 375	0	6. 922	2012 ~ 2016
控制变量	$\ln TER$	3. 682	0. 220	3. 106	4. 263	2013 ~ 2017
	$\ln PGDP$	10. 704	0. 558	9. 446	12. 066	2013 ~ 2017
	$\ln FTD$	- 2. 689	1. 440	- 6. 801	0. 430	2013 ~ 2017
	$\ln EPI$	- 9. 048	0. 490	- 10. 214	- 8. 049	2013 ~ 2017
	$\ln EC$	1. 212	0. 614	0. 517	3. 601	2013 ~ 2017
	$\ln CONA$	4. 517	0. 849	2. 839	7. 017	2013 ~ 2017
	$\ln ROAD$	2. 376	0. 572	- 1. 236	3. 663	2013 ~ 2017
	$\ln RAIN$	6. 865	0. 487	5. 315	7. 917	2015 ~ 2019
	$\ln TEMP$	2. 629	0. 368	1. 179	3. 199	2015 ~ 2019
	$\ln WIND$	0. 768	0. 222	0. 078	1. 467	2015 ~ 2019

表 13－4

变量相关性检验

变量名称	(1)	(2)	(3)	(4)	(5)	(6)	(7)	(8)	(9)	(10)	(11)	(12)	(13)	(14)	(15)	(16)	(17)
(1) $\ln(AREA+1)\_3$	1.000																
(2) $\ln(AGRE+1)\_3$	0.330	1.000															
(3) $\ln(AGR+1)P\_3$	0.203	0.785	1.000														
(4) $\ln(AGRNP+1)\_3$	0.334	0.838	0.398	1.000													
(5) $\ln(ZPG+1)\_3$	0.990	0.260	0.139	0.281	1.000												
(6) $\ln(ZPGP+1)\_3$	0.826	0.187	0.152	0.156	0.834	1.000											
(7) $\ln(ZPGNP+1)\_3$	0.914	0.258	0.112	0.304	0.922	0.613	1.000										
(8) $\ln TER\_2$	-0.017	0.050	-0.052	0.123	-0.024	-0.122	0.013	1.000									
(9) $\ln PGDP\_2$	0.269	0.207	0.082	0.250	0.261	0.118	0.265	0.291	1.000								
(10) $\ln FTD\_2$	0.343	0.221	0.075	0.274	0.333	0.101	0.420	0.286	0.509	1.000							
(11) $\ln EPI\_2$	0.057	-0.076	0.013	-0.122	0.056	0.154	-0.017	-0.086	-0.076	-0.231	1.000						
(12) $\ln EC\_2$	-0.007	0.031	0.049	0.005	-0.003	0.077	-0.073	0.011	0.185	-0.170	0.262	1.000					
(13) $\ln CONA\_2$	0.414	0.272	0.123	0.316	0.400	0.176	0.448	0.478	0.628	0.505	-0.114	0.046	1.000				
(14) $\ln ROAD\_2$	0.341	0.136	0.078	0.136	0.338	0.273	0.314	0.119	0.470	0.305	0.205	0.086	0.346	1.000			
(15) $\ln RAIN$	0.080	-0.073	-0.142	0.005	0.090	-0.072	0.185	-0.007	-0.006	0.355	-0.469	-0.438	0.025	-0.133	1.000		
(16) $\ln TEMP$	0.170	-0.136	-0.217	-0.037	0.189	0.012	0.276	-0.027	0.060	0.331	-0.370	-0.322	0.070	-0.088	0.761	1.000	
(17) $\ln WIND$	0.046	0.170	0.145	0.124	0.042	0.078	0.001	0.219	0.251	0.100	0.124	0.142	0.190	0.273	-0.348	-0.437	1.000

注：横纵向相同。

第四节　工业用地出让与城市空气质量的空间差异性

首先，本章以 2019 年为例，在地级市尺度刻画城市空气质量的空间差异性。2019 年，年均 AQI 指数的城市分布呈现出由华北平原向四周递减扩散的空间特征，表现出一定的"圈层性"结构，以河北、河南、山东、山西等省份的城市空气污染程度最高，东北、西南、东南等地区的城市空气质量相对较好。从数量上来看，仅有 3% 的城市年均 AQI 指数在 50 以内，空气质量等级为"优"；90% 的城市年均 AQI 指数界于 50~100，属于"优"或"良"；其余 7% 左右的城市的年均 AQI 指数在 100~125，属于轻度污染。

其次，以 2018 年为例，本章在地级市尺度刻画工业用地出让规模的空间差异性。2018 年，我国工业用地出让总规模呈现出自东部向中部、西部依次递减的"阶梯式"结构。工业用地出让规模最大的地区主要分布在环渤海、长三角以及重庆地区，而东北、西北、西南地区工业用地出让规模较小，出让规模最大的城市与最小的城市在规模差距上可达数十倍。

分出让方式来看，"招拍挂"出让的工业用地规模大于协议出让的工业用地规模，这与我国土地出让政策中工业用地出让应以"招拍挂"出让为主的规定是相一致的。2018 年，99 个城市没有以协议方式出让工业用地，所有城市协议出让土地规模的平均值为 7.07 公顷。通过"招拍挂"方式出让工业用地则覆盖所有城市样本，其平均值为 262.74 公顷。协议出让规模大的地区主要分布在东部沿海地区，东北地区对协议出让有更加明显的偏好。"招拍挂"出让规模大的地区也集中在东部，但在内陆地区也有一定的延伸。

对比城市政府向污染密集型产业和非污染密集型产业出让工业用地的规模，非污染密集型产业的出让规模大于污染密集型产业出让规模，其中位数分别为 108.12 公顷和 46.81 公顷，平均数为 188.98 公顷和 81.46 公顷。从空间分布上来看，向污染密集型产业出让工业用地规模大的地区主要集中在环渤海地区，以重工业为主；而向非污染密集型产业出让工业用地规模大的地区主要集中在长三角地区，民营经济和轻工业居多。因此，空间分析显示出让工业用地的产业类型对城市空气质量可能具有显著的影响，需进一步通过实证分析进行检验。

第五节 实 证 结 果

一、工业用地出让与城市空气质量

对工业用地出让总规模和 AQI 平均值以及分区域回归的结果见表 13-5，其中，结果（1a）采用了随机效应模型，其余结果采用城市固定效应模型。在随机效应模型中，三期滞后的工业用地出让总规模与 AQI 指数均呈现显著的正相关关系，印证了假设 1，说明工业用地大规模出让确实会显著导致城市空气质量下降，平均而言，工业用地出让规模每增加 1%，对空气质量的负面效应高于一个单位。固定效应模型在控制城市固定效应后，回归结果仍可以观察到两者之间的显著相关性。AQI 平均值指标与工业用地出让规模第二、第三期滞后项表现出显著正相关，不仅表明工业用地出让规模越大，AQI 值越大，也表明工业用地出让对 AQI 的影响具有滞后特征。三产产值占比与 AQI 指数呈现显著负相关，城市产业结构升级有利于空气质量改善。人均 GDP 与 AQI 指数呈现显著的负相关关系，考虑到"环境库兹涅茨曲线"的存在，这一结果说明可能在宏观层面上我国经济发展水平已经到了促进环境质量改善的阶段，但是我国各地区经济发展阶段各不相同，因此不宜简单断论。进出口贸易总额与 AQI 指数具有不显著的负相关关系，这可能是因为进出口贸易额与高技术产品有较强的相关性，外贸依存度高的地区产业结构可能更加优化，城市空气质量更优。环境污染治理投资占 GDP 的比例与 AQI 指数呈显著的正相关关系，一种可能的解释是我国环境治理投入与环境质量的改善存在着门槛效应，在环境污染治理投资占 GDP 的比例超过一定水平后才能遏制环境污染加剧的情况（贺俊等，2016）。人均能源消费总量与空气质量指数的回归系数并不显著，但在固定效应模型中符号为负，这可能是因为人均能源消费总量高的地区比较富裕，因其对汽油、电量等能源需求更大，富裕地区的人均 GDP、外贸依存度等一般都高于贫困地区，因此这一结果与前述几个控制变量的结果是一致的。城市建成区面积在固定效应中与空气质量指数呈负相关，说明城市扩张建设对环境质量并没有带来显著的负面效应，空气质量恶化的主要来源还是在于生产生活排放的增加。降雨量与空气质量指数呈显著的负相关关系，这一结果和白（Bai et al.，2019）的研究结论一致，此外，温度和风速也对空气质量有着显著影响。

表 13 – 5 模型（1）回归结果

变量名称	（1a）	（1b）	（1c）	（1d）	（1e）
	ALL	ALL	WEST	MIDDLE	EAST
ln(AREA+1)_1	1.017*** (2.93)	0.475 (1.30)	0.131 (0.20)	0.422 (0.60)	0.217 (0.37)
ln(AREA+1)_2	1.287*** (4.15)	0.579* (1.79)	−0.814 (−1.58)	0.562 (0.85)	1.251*** (2.68)
ln(AREA+1)_3	2.018*** (6.07)	0.862** (2.32)	−0.246 (−0.46)	1.052 (1.61)	1.034 (1.44)
lnTER_2	−15.703*** (−5.87)	−19.249*** (−6.72)	−12.663*** (−3.69)	−15.662*** (−2.94)	−29.160*** (−3.68)
lnPGDP_2	−4.764*** (−3.22)	−4.820*** (−2.97)	−9.876*** (−3.31)	−7.180* (−1.91)	−4.420 (−1.63)
lnFTD_2	−0.227 (−0.49)	−0.370 (−0.64)	0.281 (0.37)	−1.483 (−1.36)	1.122 (0.76)
lnEPI_2	3.331*** (4.65)	1.278* (1.67)	1.264 (0.68)	0.088 (0.08)	3.308* (1.96)
lnEC_2	2.173 (1.10)	−1.666 (−1.53)	−4.046 (−0.27)	−1.363 (−1.19)	24.299 (1.38)
lnCONA_2	3.828*** (3.48)	−1.985* (−1.78)	−3.926 (−1.17)	2.106 (0.81)	−2.565* (−1.75)
lnROAD_2	0.990 (0.95)	−0.404 (−0.40)	−2.449 (−1.21)	0.748 (0.47)	−0.789 (−0.43)
lnRAIN	−11.533*** (−9.93)	−6.411*** (−4.98)	−12.831*** (−3.38)	−6.543** (−2.28)	−5.482*** (−3.78)
lnTEMP	5.872** (2.31)	16.653*** (3.16)	43.112** (2.56)	13.347* (1.76)	−1.796 (−0.12)
lnWIND	−7.240*** (−2.88)	−13.638*** (−4.80)	−15.151** (−2.31)	−20.242*** (−2.73)	−8.118** (−2.13)
Constant	242.185*** (14.66)	224.810*** (7.82)	252.720*** (3.61)	218.873*** (4.02)	289.258*** (4.82)

续表

变量名称	(1a)	(1b)	(1c)	(1d)	(1e)
	ALL	ALL	WEST	MIDDLE	EAST
Observations	1420	1420	305	545	570
R^2	0.177	0.225	0.401	0.142	0.328
Number of city	284	284	61	109	114
city FE	NO	YES	YES	YES	YES

注：1. $*$：$p<0.1$，$**$：$p<0.05$，$***$：$p<0.01$。
2. 括号中表示的是稳健标准误。

考虑到我国城市在工业化程度、经济发展水平和自然地理条件等方面都有很大的差异性，且上文所示的空间分布图也展示出显著的地区异质性，因此本章将所有城市按照地理分布分为东、中、西三组，以 AQI 年平均值为因变量分组进行异质性分析，结果见表 13 - 5 的列（1c）～列（1e）。东部地区滞后二期的工业用地出让规模与城市 AQI 指数显著正相关；中部地区工业用地出让规模与城市 AQI 指数具有不显著的正相关关系；西部地区工业用地出让规模的回归系数也不具有显著性，但滞后一期的符号为正，滞后二期、滞后三期的符号为负，这说明工业用地出让对环境的负面效应存在东部＞中部＞西部的地区异质性。这可能是因为东部地区的工业集聚程度高于中部和西部地区，出让同样面积的工业用地时，东部地区工业集聚的拥挤效应大于集聚效应，带来环境污染（李顺毅和王双进，2014）。东、中、西地区的控制变量回归结果也存在一定的差异，东部地区三产产值占比增加对空气质量带来的正面效应最大，中部和西部地区次之。东部地区人均 GDP 与空气质量之间的关系并不显著，中部和西部地区人均 GDP 增加会对空气质量产生显著的正面效应，原因可能是环境库兹涅茨曲线在中国存在地区异质性，例如严雅雪等（2021）研究发现，在东部城市雾霾情况与经济增长水平呈现脱钩状态，在中部地区呈"U"型而西部地区呈"N"型特征。污染治理投资占 GDP 比例增大，就东部地区而言，并没有促进空气质量改善，这可能是因为东部地区污染治理投资占 GDP 的比例小于中西部地区，其环境规制产出弹性并不明显（孙伟等，2015），增加一单位污染治理投资占比，可能并不会给空气质量带来显著的改善。人均能源消费量与空气质量的关系在中西部地区呈负相关，在东部地区呈正相关但不具有显著性，这一结果的非稳健性可能源于数据尺度问题。建成区面积扩张对东部地区的空气质量都会带来显著的正面效应，这可能是因为东部地区建成区面积扩张有利于稀释人口密度，促进环境改善，中部和西部则并不明显。降雨量、气温、风速这几个气候因素在不同的地区呈现出较为一致的效应。

二、协议出让与城市空气质量

进一步地，本章将全部工业用地分为协议出让用地和招拍挂出让用地，以考察工业用地出让方式对城市空气质量的影响，从而深化工业用地出让和环境污染的研究（见表 13-6）。模型（2a）考察了协议出让工业用地规模与城市空气质量之间的关系，可以看出，滞后二期、滞后三期的协议出让土地规模会显著提高城市 AQI 指数。模型（2b）考察了"招拍挂"出让工业用地规模与城市空气质量之间的关系，同样是滞后二期、滞后三期的"招拍挂"土地出让规模与 AQI 指数呈现显著的正相关关系。但是，将三期协议出让土地规模和三期"招拍挂"出让土地规模同时纳入模型进行回归，结果显示滞后二期、滞后三期的协议出让工业用地仍然会对空气质量产生显著的负面效应，仅回归系数的值略有下降，整体显著性并未发生改变。而"招拍挂"出让只有滞后第三期的工业用地出让规模对空气质量存在显著的负面效应，整体显著性有了明显下降。对比模型（2a）和模型（2b），"招拍挂"出让的工业用地规模之所以会对城市空气质量产生更大的负面效应，可能的原因在于"招拍挂"出让的土地宗数和土地面积远远大于协议出让的土地面积，单独考察不同出让方式对空气质量的影响时，"招拍挂"出让的工业用地规模会带来更加严重的空气污染。但当两种方式出让的工业用地规模同时纳入模型后，"招拍挂"的整体显著性反而有所下降，这正说明了协议出让方式较之"招拍挂"方式出让工业用地对空气质量的总负面效应更大，所以尽管其土地出让面积规模小，但仍然具有显著且稳健的负面效应。该结果充分证明了假设 2，说明以协议方式出让工业用地对空气质量产生更加显著的负面作用，这与杨其静等（2014）的研究结果基本一致。

表 13-6　　　　　　　　　　　模型（2）回归结果

变量名称	(2a)	(2b)	(2c)
	AGRE	ZPG	AGRE&ZPG
$\ln(AGRE+1)\_1$	0.213 (0.94)		0.153 (0.68)

续表

变量名称	(2a)	(2b)	(2c)
	AGRE	ZPG	AGRE&ZPG
$\ln(AGRE+1)\_2$	0.549 ** (2.44)		0.502 ** (2.24)
$\ln(AGRE+1)\_3$	0.434 ** (2.43)		0.374 ** (2.10)
$\ln(ZPG+1)\_1$		0.501 (1.43)	0.448 (1.30)
$\ln(ZPG+1)\_2$		0.633 ** (1.97)	0.490 (1.50)
$\ln(ZPG+1)\_3$		0.822 ** (2.30)	0.743 ** (2.08)
$\ln TER\_2$	−19.804 *** (−6.98)	−19.355 *** (−6.79)	−17.317 *** (−5.91)
$\ln PGDP\_2$	−4.809 *** (−2.93)	−4.867 *** (−3.02)	−4.609 *** (−2.86)
$\ln FTD\_2$	−0.305 (−0.52)	−0.366 (−0.63)	−0.419 (−0.73)
$\ln EPI\_2$	1.501 * (1.95)	1.251 (1.64)	1.383 * (1.80)
$\ln EC\_2$	−1.418 (−1.35)	−1.704 (−1.56)	−1.808 * (−1.65)
$\ln CONA\_2$	−1.823 (−1.58)	−2.021 * (−1.83)	−1.715 (−1.53)
$\ln ROAD\_2$	−0.637 (−0.63)	−0.388 (−0.38)	−0.532 (−0.51)
$\ln RAIN$	−6.293 *** (−4.87)	−6.407 *** (−4.96)	−6.337 *** (−4.90)
$\ln TEMP$	16.444 *** (3.00)	16.910 *** (3.21)	17.343 *** (3.21)
$\ln WIND$	−13.575 *** (−4.43)	−13.694 *** (−4.84)	−13.391 *** (−4.59)
Constant	236.619 *** (8.28)	224.892 *** (7.88)	213.136 *** (7.29)

变量名称	(2a)	(2b)	(2c)
	AGRE	ZPG	AGRE&ZPG
Observations	1420	1420	1420
R^2	0.227	0.225	0.232
Number of city	284	284	284
city FE	YES	YES	YES

注：1. *：$p < 0.1$，**：$p < 0.05$，***：$p < 0.01$。

2. 括号中表示的是稳健标准误。

三、协议出让、产业选择与城市空气质量

为了验证地方政府是否通过工业用地出让给不同类型的产业，从而导致城市空气质量的差异，本章进一步将工业用地出让规模按出让产业类型进行分解（见表 13-7）。其中，模型（3a）和模型（3b）分别以协议出让给污染密集型产业用地规模、协议出让给非污染密集型产业用地规模为自变量，模型（3c）将污染密集型和非污染密集型产业用地规模同时纳入回归模型。模型（3c）显示，当污染密集型和非污染密集型产业用地规模同时纳入模型时，协议出让给污染密集型产业用地规模滞后二期、滞后三期显著为负，非污染密集型产业出让规模仅在滞后两期时在 95% 的水平上正向显著；从滞后效应和回归系数大小来看，协议出让给污染密集型产业的工业用地会比协议出让给非污染密集型产业产生更多的空气污染。模型（3d）、模型（3e）、模型（3f）的处理同上，只是出让方式由协议出让变为"招拍挂"出让。从模型（3d）和模型（3e）的结果看，"招拍挂"出让给非污染密集型产业的滞后二期、滞后三期的用地规模与空气质量指数呈正相关，而"招拍挂"出让给污染密集型产业的工业用地规模并未对空气质量产生显著作用。将两种类型的产业同时纳入模型后，仅有非污染密集型产业滞后三期的工业用地规模与空气质量指数在 95% 的水平上正向显著。进一步对比模型（3c）和模型（3f），在协议出让方式中，污染密集型产业用地规模与空气质量呈现很强的显著性，其回归系数大于"招拍挂"出让给污染密集型产业的回归系数，且具有更加稳健的滞后效应；而在"招拍挂"出让方式中，仅非污染密集型产业对空气质量指数显著正相关，但其回归系数相对而言小于协议出让给非污染密集型产业的回归系数。总体来看，协议出让给污染型产业用地

规模对城市空气质量的影响最为显著。这一结果预示着，产业选择可能是工业用地出让影响城市环境质量的内在机制，地方政府倾向于通过协议出让的方式将工业用地供给污染型密集型产业，从而导致了城市空气质量变差。

表 13-7　　　　　　　　　　　模型（3）回归结果

变量名称	(3a) AGRP	(3b) AGRNP	(3c) AGRALL	(3d) ZPGP	(3e) ZPGNP	(3f) ZPGALL
$\ln(AGRP+1)\_1$	0.381 (1.24)		0.208 (0.66)			
$\ln(AGRP+1)\_2$	0.687** (2.44)		0.529* (1.80)			
$\ln(AGRP+1)\_3$	0.843*** (3.63)		0.728*** (2.94)			
$\ln(AGRNP+1)\_1$		0.401 (1.63)	0.264 (1.02)			
$\ln(AGRNP+1)\_2$		0.943*** (3.39)	0.722** (2.47)			
$\ln(AGRNP+1)\_3$		0.323 (1.57)	0.109 (0.52)			
$\ln(ZPGP+1)\_1$				0.411 (1.61)		0.334 (1.29)
$\ln(ZPGP+1)\_2$				0.320 (1.21)		0.157 (0.56)
$\ln(ZPGP+1)\_3$				0.310 (1.22)		0.122 (0.47)
$\ln(ZPGNP+1)\_1$					0.322 (1.10)	0.244 (0.84)
$\ln(ZPGNP+1)\_2$					0.575* (1.92)	0.505 (1.56)
$\ln(ZPGNP+1)\_3$					0.658** (2.35)	0.610** (2.15)
$\ln TER\_2$	-19.033*** (-6.69)	-20.287*** (-7.35)	-18.234*** (-6.38)	-21.162*** (-7.74)	-19.477*** (-6.90)	-19.088*** (-6.75)

变量名称	(3a)	(3b)	(3c)	(3d)	(3e)	(3f)
	AGRP	AGRNP	AGRALL	ZPGP	ZPGNP	ZPGALL
ln*PGDP*_2	−4.868***	−4.803***	−4.657***	−4.897***	−4.998***	−4.851***
	(−3.00)	(−2.96)	(−2.89)	(−3.01)	(−3.07)	(−3.02)
ln*FTD*_2	−0.351	−0.264	−0.348	−0.315	−0.368	−0.401
	(−0.60)	(−0.45)	(−0.60)	(−0.54)	(−0.64)	(−0.69)
ln*EPI*_2	1.574**	1.552**	1.652**	1.333*	1.262	1.261
	(2.03)	(2.02)	(2.13)	(1.74)	(1.64)	(1.63)
ln*EC*_2	−1.414	−1.741	−1.756*	−1.389	−1.805	−1.894*
	(−1.33)	(−1.65)	(−1.66)	(−1.31)	(−1.63)	(−1.70)
ln*CONA*_2	−1.695	−1.795	−1.528	−2.058*	−2.037*	−1.969*
	(−1.45)	(−1.56)	(−1.31)	(−1.83)	(−1.83)	(−1.79)
ln*ROAD*_2	−0.570	−0.766	−0.773	−0.437	−0.385	−0.364
	(−0.58)	(−0.74)	(−0.76)	(−0.43)	(−0.38)	(−0.36)
ln*RAIN*	−6.322***	−6.300***	−6.264***	−6.399***	−6.327***	−6.354***
	(−4.92)	(−4.85)	(−4.86)	(−4.94)	(−4.96)	(−4.95)
ln*TEMP*	15.648***	17.475***	16.748***	15.699***	17.538***	17.195***
	(2.79)	(3.16)	(2.92)	(2.95)	(3.26)	(3.21)
ln*WIND*	−13.623***	−13.608***	−13.433***	−13.968***	−13.851***	−13.954***
	(−4.52)	(−4.40)	(−4.39)	(−4.81)	(−4.82)	(−4.87)
Constant	236.674***	236.929***	228.351***	241.869***	227.845***	224.198***
	(8.29)	(8.38)	(7.88)	(8.81)	(7.76)	(7.75)
Observations	1420	1420	1420	1420	1420	1420
R^2	0.235	0.231	0.242	0.221	0.225	0.226
Number of city	284	284	284	284	284	284
city FE	YES	YES	YES	YES	YES	YES

注：1. *：$p < 0.1$，**：$p < 0.05$，***：$p < 0.01$。
2. 括号中表示的是稳健标准误。

四、实证结果稳健性分析

为了尽量避免城市工业发展水平和地方政府供地行为之间可能存在的互为因果关系，本章将所有土地出让数据均滞后一期、滞后二期、滞后三期后带入回归模型。为了进一步增强结果的稳健性，本章对模型（3）中的产业分类标准进行了适当调整，一是依据国务院颁布的《第二次全国污染源普查方案》，按照大气污染物排放强度，将非金属矿物制品业（30）、黑色金属冶炼及压延加工业（31）、化学原料及化学制品制造业（26）、橡胶和塑料制品业（29）、石油、煤炭及其他燃料加工业（25）划分为污染密集型产业。二是依据各行业耗能及污染排放情况统计数据，将工业用地出让数据的行业编号划分为重污染、少污染、轻污染产业三类。其中，重度污染型产业包括：农副食品加工业（13），食品制造业（14），酒、饮料和精制茶制造业（15），皮革毛皮羽毛（绒）及其制品业（19），木材加工和木、竹、藤、棕、草制品业（20），石油加工、炼焦及核燃料加工业（25），化学原料及化学制品制造业（26），医药制造业（27），化学纤维制造业（28），非金属矿物制品业（30），黑色金属冶炼和压延加工业（31），有色金属冶炼和压延加工业（32），专用设备制造业（35），废弃资源综合利用业（42）。将两次调整分类标准后汇总得出的污染密集型产业出让规模带入回归，得出与之前类似的结果，因此产业选择作为工业用地出让影响环境质量的中介机制这一结果具有稳健性。因篇幅所限，不再罗列相关结果。

第六节　小　　结

　　基于 2015 ~ 2019 年 284 个地级及以上城市的面板计量模型实证分析，本章的主要研究结论包括：第一，工业用地大规模出让显著降低城市空气质量，且这种影响存在空间异质性，东部地区工业用地扩张的污染效应高于中部和西部地区。第二，工业用地出让方式对空气质量产生影响，以协议方式出让工业用地将对空气质量产生显著的负面效应，以更具竞争性的"招拍挂"方式出让对城市空气质量带来的负面效应较小。第三，协议出让给污染型产业的用地规模对城市空气质量的影响最为显著，这预示着产业选择可能是工业用地出让影响城市环境质量的内在机制，地方政府倾向于通过协议出让的方式将工业用地供给污染密集型产业，从而导致了城市空气质量变差。

　　城市空气质量是人民群众最为关心的问题之一，直接关系到人们的身心健康。本章的政策启示如下：一是地方政府应进一步提高建设用地指标配置效率，贯彻执行建设项目用地准入标准，加强对投资项目的质量审定，尽可能避免将有限的土地资源配置到低效能、高污染的产业，创造积极的营商环境以吸引高能效、低污染的产业。二是完善土地市场化运作机制，使土地出让行为公开透明，通过市场化竞争来提高土地资源的配置效率和利用效率。土地作为一种稀缺资源，在如何使用的问题上都应该审慎对待，地方政府应该以生态文明建设为首要目标，在不破坏或尽可能少地破坏生态环境的前提下，科学合理地配置土地资源以促进经济发展，不可重蹈粗放式增长的覆辙。

虽然在数据收集和方法的稳健性检验方面做了较细致的分析，但本章仍存在一定的改进空间。一是 AQI 指数衡量的是现状城市空气质量，与工业用地历年出让数据存在一定的对应差异。因数据所限，本章的研究还难以进行完全对应。但考虑到本章以工业用地历年出让数据反映地方政府的供地行为，实质探讨的是地方政府供给行为对空气质量的影响，因此从这个角度看也可以在一定程度上达到目的。二是在机制探讨方面，产业选择是地方政府与企业双向选择的过程，企业选择在多大程度上影响这一效应也可以在以后的研究中进一步深入。

参考文献

［1］陈前利，马贤磊，石晓平，等．工业用地供应行为影响工业能源碳排放吗：基于供应规模、方式与价格三维度分析［J］．中国人口·资源与环境，2019，29（12）：57－67.

［2］顾智鹏，武舜臣，曹宝明．中国产能过剩问题的一个解释：基于土地要素配置视角［J］．南京社会科学，2016（02）：31－38.

［3］贺灿飞．演化经济地理学［M］．北京：经济科学出版社，2018.

［4］蒋省三，刘守英，李青．土地制度改革与国民经济成长［J］．管理世界，2007（09）：1－9.

［5］雷潇雨，龚六堂．基于土地出让的工业化与城镇化［J］．管理世界，2014（09）：29－41.

［6］李顺毅，王双进．产业集聚对中国工业污染排放影响的实证检验［J］．统计与决策，2014（08）：128－130.

［7］李勇刚，罗海艳．土地资源错配阻碍了产业结构升级吗［J］：来自中国35个大中城市的经验证据［J］．财经研究，2017，43（09）：110－121.

［8］刘守英．土地制度与中国发展［M］．北京：中国人民大学出版社，2018.

［9］卢建新，于路路，陈少衔．工业用地出让、引资质量底线竞争与环境污染：基于252个地级市面板数据的经验分析［J］．中国人口·资源与环境，2017，27（03）：90－98.

［10］邵朝对，苏丹妮，邓宏图．房价、土地财政与城市集聚特征：中国式城市发展之路［J］．管理世界，2016（02）：19－31.

［11］宋弘，孙雅洁，陈登科．政府空气污染治理效应评估：来自中国"低碳城市"建设

的经验研究 ［J］. 管理世界，2019，35（06）：95 – 108.

［12］孙伟，江三良，韩裕光. 环境规制、政府投入和技术创新：基于演化博弈的分析视角 ［J］. 江淮论坛，2015（02）：34 – 38.

［13］陶然，曹广忠. "空间城镇化" "人口城镇化" 的不匹配与政策组合应对 ［J］. 改革，2008（10）：83 – 88.

［14］王军洋. 政府行为选择与市场逆淘汰：为什么欠发达地区更会出现污染聚集现象？［J］. 人文杂志，2015（11）：102 – 110.

［15］严雅雪，李琼琼，李小平. 中国城市雾霾库兹涅茨曲线的区域异质性研究 ［J］. 统计与决策，2021，37（02）：60 – 64.

［16］杨其静，卓品，杨继东. 工业用地出让与引资质量底线竞争：基于 2007 ~ 2011 年中国地级市面板数据的经验研究 ［J］. 管理世界，2014（11）：24 – 34.

［17］余泳泽，宋晨晨，容开建. 土地资源错配与环境污染 ［J］. 财经问题研究，2018（09）：43 – 51.

［18］张鸣. 工业用地出让、引资质量底线竞争与工业污染排放：基于城市面板数据的实证研究 ［J］. 中共浙江省委党校学报，2017，33（04）：107 – 114.

［19］赵文哲，杨继东. 地方政府财政缺口与土地出让方式：基于地方政府与国有企业互利行为的解释 ［J］. 管理世界，2015（004）：11 – 24.

［20］Bai L，Jiang L，Yang D，et al. Quantifying the spatial heterogeneity influences of natural and socioeconomic factors and their interactions on air pollution using the geographical detector method：A case study of the Yangtze River Economic Belt，China ［J］. Journal of Cleaner Production，2019，232.

［21］Porter M E，Linde C. Toward a new conception of the environment-competitiveness relationship ［J］. The Journal of Economic Perspectives，1995，9（4）：97 – 118.

第十四章
工业用地扩张与城市空间演化

第一节　引　言

自改革开放以来，我国城市进入快速发展阶段，城市空间作为城市发展的外在表现也一直处于不断演化的过程中。城市空间演化包括城市建设用地规模扩大和结构演进两个方面（朱英明和姚士谋，1999），而城市空间结构的演变在城市外部空间上体现在城市空间拓展和中心迁移所带来的空间结构演化，在内部空间结构上则反映在城市用地结构和功能格局等方面（徐晓安，2013）。城市本身具有复杂性，城市体系内部和外部各种力量的相互作用共同促使城市空间演化（仝德等，2017），如人口增长、产业结构调整、经济发展等。而在早期城市化进程中，工业发展一直是推动城市经济发展的重要因素，工业用地扩张则直观地体现了工业化和城市发展的空间过程与特征（刘涛和曹广忠，2010）。由于国外城市化和工业化发展早于国内，其关于工业空间演化的研究也更为丰富，有以韦伯（Weber）为代表的工业区位论、邦吉（Bunge）的理论地理学、W. 阿隆索（W. Allson）的竞租模式及波特（Porter）的产业集群等研究理论。

目前，我国正处于经济与社会体制转型的时期，城市空间伴随着经济和社会体制转型而改变，由此也引发了众多学者展开相关研究，在城市空间演化过程及特征（李伟国和李小云，2005；杨显明等，2015）、城市用地扩张驱动机制（王丽萍等，2005）、城市工业用地的演变特征（许骏等，2018）、工业用地空间结构形成机制（叶昌东和赵晓铭，2015）、工业用地扩张驱动机制等方面具有较多研究。但是，政府和市场作为城市发展过程中两个重要的参与主体，已有文献在政府和市场等主体对工业用地扩张和城市空间演化的影响机制上研究尚且不足，并且也未能深入分析工业用地扩张如何影响城市空间演化。现有文献大多基于指标构建的定量研究或基于单案例的定性分析，缺乏采用多案例的更为全面的分析。此外，近年来随着各地探索创新发展模式，出现了许多极具"中国特色"、难以用已有理论解释的城市空间特征：如厦门同安工业集中区出现工业园包围乡村建设，乡村在工业园的夹缝中生长而形成的"产村拼接"现象；佛山南海区出现分散无序的"村级工业园"，形成"村村点火，户户冒烟"现象等，也引发学界对新城市空间变化模式的探讨。基于此，本章以"格局—过程—机制"分析范式为基础，构建涉及多方利益相关者的"产村拼接"中国特色城市空间演化分析框架，并以厦门同安工业集中区、佛山南海区村级工业园为例，分析工业用地扩张的内在机制，挖掘工业用地扩张与城市空间演化之间的关系，由此验证所构建的"产村拼接"理论。

第二节　理 论 分 析

一、理 论 基 础

（一）利益相关者理论

利益相关者是一个管理学分析理论模型。最初用于分析企业发展，20 世纪 80 年代由经济学家弗里曼（Freeman）进行完善，并将利益相关者定义为能对某个组织目标的实现产生影响，或是能受某个组织目标的实现而被影响的个人或群体（Freeman et al，2018）。在工业用地空间变化过程中涉及多方参与主体，由于所处地位不同导致各方利益诉求差异，而各方利益诉求的满足又是工业用地演变得以实现的主要动力。因此，在工业用地扩张过程中需要综合平衡各利益相关者的利益分配，达到城市更新整体效益。目前学界关于工业用地中涉及的利益相关者分类不一，主要包括政府、企业原产权人、社会大众等主体。本章将主要关注政府、村民及企业三方利益相关者，而其中政府力量和村集体力量则是本章探讨的重点。

（二）吉登斯结构化理论

吉登斯结构化理论是一种尝试超越社会学传统的主观主义和客观主义、宏观与微观的对立的社会结构理论（张云鹏，2005），该理论的核心则是"结构与行动的二重性"。其中，"结构"可以理解为社会系统再生产过程中涉及的各种规则和资源，而行动则是指实践主体的认知和实践活动等。人通过实践行为构建或产生规则和资源的同时，这些规则和资源也规范、制约或影响着人的行动。在工业用地扩张过程中，规则包括各种法规制度、土地政策、产业规划和城市规划等正式制度，其中的户籍制度和产权制度等规定了土地的权属及土地产权人的权利，同时土地资源、矿产资源、社会资本及权威等资源也限制着工业用地的扩张。土地产权人在宅基地上建房出租、集体建设用地入市等行为不仅改变着原有的土地制度，也为城市产生了新的工业建筑、工业经济等资源，从而影响着城市空间演化格局。

（三）"格局—过程—机制"分析范式

"格局—过程—机制"是空间演化分析的经典范式，本章将从工业用地扩张与城市空间演化的空间格局与特征分析出发，探讨工业用地扩张动态、演变规律及分布特点影响城市空间格局演化的过程，进而从自然因素、经济因素、政治因素、社会因素、利益相关者博弈及吉登斯"结构与行动的二重性"的角度深入挖掘工业用地扩张影响城市空间结构演化的作用机制。

二、分析框架的构建

基于上述假设，并在参考前人的研究（海贝贝，2014）和考虑我国工业用地扩张实际情况的基础上，本章遵循"格局—过程—机制"的经典分析范式，探讨在政府力量与村集体力量主导下工业用地扩张的空间演化差异。从政府、村民及企业多方利益相关者的利益博弈机制分析出发，厘清各方主体在工业用地扩张中的作用与影响，并尝试通过提出"产村拼接"的城市空间演化分析框架（见图14-1），研究分析工业用地扩张影响空间格局演化的过程及机制。

产村拼接是工业用地扩张与农村集体土地转型共同作用下的空间结果。一方面，工业用地扩张主要受到自上而下的政府力量主导，加之市场经济力量刺激，城市工业用地逐渐由城市内部向郊区转移，通过不断的征地且以工业园区和开发区为工业用地聚集的主要空间载体，从而引起城市外部形态与内部空间结构功能的变化（文雯等，2017）。而在市场经济较为发达的地区还会形成由村集体力量主导的自下而上的工业用地扩张，主要是由于村集体为获得更高的集体经济收入与村民收入，通过村集体经营性建设用地非农化开发，在集体土地上通过建设厂房、物业等用于出租来获取租金收益。另一方面，农村集体土地转型主要受到土地产权人自下而上的自组织力量主导，既可以以村集体为主体自行开发运营租赁住房，也可通过联营、入股等方式与第三方合作建设运营集体租赁住房（岳永兵，2021）。与城市商品房相比，集体土地租赁住房凭借开发成本低、租金低、周期快的优势，在缓解城市住房紧张，为外来务工人员、产业人员等提供区域性住房需求的同时，也为村民和村集体带来更多的财产性收益。因此，在两方面力量的相互作用下，逐渐形成产业园区包围村庄，村庄在产业园区内"夹缝生存"

的空间布局。

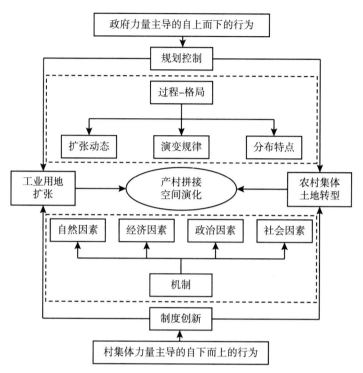

图 14 –1　产村拼接空间演化分析框架

三、理 论 研 究

由于我国特殊的城乡二元土地制度，地方政府掌握着土地一级市场建设开发的唯一供给权，一方面受财政分权制度的影响，地方政府为了地方经济增长，会趋于通过低价出让工业用地吸引企业建设、投产来发展地方 GDP，以及获得企业运营后带来的营业税、增值税等税收收入，在现实中则表现为开发区、工业园区和高新技术园区等的大规模建设，从而导致工业用地面积不断增加。另一方面，《土地管理法》明确规定我国实行土地用途管制制度，"农民集体所有的土地使用权不得出让、转让或者用于出租用于非农建设"，因此集体土地要想进行工业开发必须先征用为国有土地。但现实中却出现村集体直接将土地使用权让渡给企业或个人，以获得其中土地增值收益。不少农民通过联营或入股、出租、转让、置换等形式自发流转集体建设用地，形成一种"隐形市场"，以打"擦边球"的方式重申对集体土地空间收益的权利（武廷海等，2011），从而导致城市周边的农村不断扩展其工业用地。但乡镇层面的工业用地扩张往往因为缺少统一的规划引导，而呈现出零散碎片化的无序扩张格局。然而，地方政府也希望获得更多土地出让级差地租、避免土地增值落入乡镇以及减少城市扩张成本。因此，地方政府会对这种"自下而上"的建设进行遏制（刘雨平，2013），通过加强对农村集体土地的使用控制来避免乡镇自发建设所普遍出现的无序低密度蔓延的扩张现象，从而影响城市空间格局。

总的来说，政府对城市工业用地的控制既有动力，也有权力。所以政府介入强度不同，工业用地扩张程度也不同，介入强度越强，工业用地扩张会更加符合城市规划的标准，城市空间格局也更加规整。此外根据吉登斯"行动和结构二重性"理论，政府通过制定城市规划、土地用途管制等土地利用政策会对工业用地行为产生一定的影响和限制，进而影响工业用地扩张的方式与模式。

第三节 案例一：厦门同安工业集中区

一、概 况

厦门同安工业集中区位于福建省厦门市同安区，是厦门市乃至福建省规模最大的通用厂房建设项目。它由四条交通干道围合而成，北至新民大道、南至沈海高速、东至同集路、西至白云大道，交通便利。总规划占地总面积约 12 平方千米，实际可开发用地 7.88 平方千米，建设通用厂房总面积 480 多万平方米，建成区可吸纳劳动人口 6 万~8 万人。该集中区由思明园、湖里园、同安园、火炬园四个园区组成，是以机械电子、服装鞋帽、皮革化纤、有色金属、运动器械、塑料制品等劳动力和技术密集型产业为主的综合性产业基地。

二、"金包银"工程

考虑到失地农民的谋生发展问题，厦门市政府在同安工业集中区的建设过程中同步实施了首创的"金包银"工程建设（见图 14-2）。"金包银"工程是按照工业集中区开发建设的要求，统一对工业集中区周边的村庄外围进行规划改造，在维护和发展失地农民利益的同时为工业集中区提供配套的生活服务设施，并逐步对村庄内部进行环境整治和改造，使村庄环境和居民住房都得到改善的改造工程（中共厦门市委党校课题组等，2006）。

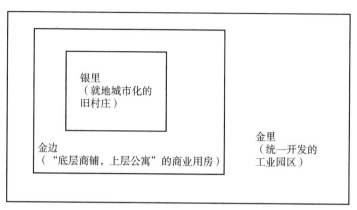

图 14 – 2　"金包银"工程示意图

其中，"金里"指的是政府将农地征为国有后统一开发建设的工业园区，由于土地性质从农用地向工业用地的转变使其价值得以大增，从而成为当地人民的金土地（陈金田，2006）。"银里"则是紧邻工业园区并实行就地城市化的旧村庄，由政府统一进行规划整治、完善村内配套的公共服务设施，资金主要依靠村集体投资与村民集资，辅之以政府投入（陈金田，2006）。"金边"是指在工业园区与旧村庄之间即旧村庄外围，新开发的"底层商铺，上层公寓"的商业用房，村民可用来出租或开店，但不可用于转卖他人。"金边"既是失地农民获得经营性收入的来源，又为工业园区提供餐饮、零售、住宿等配套服务设施（陈金田，2006）。

同安工业集中区的整个"金包银"工程涉及 7 个行政村 31 个自然村，总人口约 2 万人。整个"金包银"项目规划范围为 379.22 公顷，其中规划"金边"用地面积 35 万平方米，总建筑面积 75 万平方米，可提供店面面积 24 万平方米、公寓面积 51 万平方米；"银里"部分现有 7 个行政村，村民住宅总面积约 95.3 万平方米，可用于出租的面积约 45 万平方米，可吸收外来员工 4 万 ~ 6 万人。

三、案例分析

　　同安工业集中区内部分布着众多旧村庄，工业园区的建设类似于一种"插空式"建设，而旧村庄更像在"夹缝"中生存，旧村庄与工业园区在空间布局上相互拼接、相互融合，形成了一种难以剥离的空间关系（于明晓，2019）。工业园区的建设受到旧村庄的牵制，无法相连成片；旧村庄的扩张也受到工业园区的限制，无法向外蔓延。来自工业用地扩张和集体土地转型的两股力量相互抗衡，形成了产村拼接的空间状况。下面将从政府、村民及企业三方利益主体的角度出发，分析产村拼接空间布局形成的内在机制（见图14–3）。

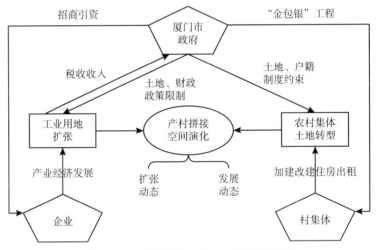

图14–3　厦门同安工业集中区模型演绎

（一）政府

　　2005年，厦门市政府把握工业经济的发展规律和发展机遇，确立进一步做大做强工业经济，带动产业结构优化升级。而发展工业必须抓好工业园区的建设，随着城市化进程与"退二进三"进程的不断加快，厦门市政府对岛内的城市空间重新进行规划布局，推动岛内工业外移至同安区，由于产业向园区集聚是工业化发展到一定阶段的必然要求，故而提出对相对分散的工业园区进行整合，建设土地集约利用、生产要素优化组合、集聚效益高的工业集中区。从此，同安工业集中区作为承接岛内工业项目外迁的重要基地，政府建设工业园区的需求推动了同安工业集中区工业用地的扩张。

为吸引企业入驻园区，政府制定了更合理优惠的税收利益分配机制。以原位于厦门市思明区现位于同安工业集中区思明园的企业为例（黄小梅，2010），该企业迁移至同安工业集中区后，迁出地思明区政府获得的地方税收分成是原来的两倍多，迁入地同安区政府获得新的财政收入，预期新增的财政收入推动迁出地和迁入地两地的政府齐力推动同安工业集中区的建设，厦门市政府的税收让利政策加速了同安工业集中区的建设即工业用地的扩张（见表 14 - 1）。

表 14 - 1　　　　　　　　　　　企业地方税收分成表

所属区位	厦门市政府	思明区政府	同安区政府
同安工业集中区	全额返还	80%	20%
岛内 - 思明区	63%	37%	—

资料来源：根据公开资料整理。

（二）村民

厦门市政府在建设工业集中区的过程中同步实施"金包银"工程政策，并于 2005 年出台《关于加快农村发展提高农民生活水平的若干意见》，明确对被征地农村按人均 15 平方米一次性预留发展用地，并免收市、区两级的土地配套费等有关政策。发展用地用于"金边"的建设，"金边"物业资产的股份量化到人，使被征地农民真正成为"金边"项目的主人，拥有对"金边"项目分配的直接受益权。既减少了征地过程可能出现的冲突矛盾，又使被征地农民获得长期稳定的收入，解决了失地农民的后顾之忧。

同安工业集中区建成后吸引了大量外来务工人员来此就业、居住、消费，失地农民一方面通过在"金边"经营超市零售、餐饮娱乐等服务业，或是出租商租楼房进行再就业，另一方面充分利用宅基地加建改建成可供出租的多人住房，为外来务工人员提供比"金边"公寓价格更低廉的居住场所，村民对资源优化配置的倾向促进了农村宅基地的转型。

（三）企业

同安区政府在同安工业集中区厂房价地价方面推出优惠政策，如企业购置通用厂房的价格统一不高于建设成本，并根据企业提供税收的能力给予相应的房价优惠；对国家级和世界知名品牌、特大型、技术含量高的大企业给予更优惠的地价等（黄小梅，2010），同时搭建民营和中小企业沟通平台，完善同安工业集中区内民营和中小企业社会化服务体系，并利用中小企业融资担保资金帮助入门中小企业解决贷款问题。结合国务院发布的《促进产业结构调整暂行规定》《产业结构调整指导目录》、新企业所得税法、新出口退税率等政策文件，鼓励同安工业集中区企业结合自身增资扩产，充分利用优惠政策推进技术进步，提高自主创新能力，创造更高的经济收入。同安区政府在以优惠的地价税收政策、配套的融资贷款服务吸引企业入驻后，再通过企业提供就业岗位、缴纳税收来反哺当地经济，实质上也是一股工业用地扩张的推动力。

不仅如此，由于我国土地管理制度规定了各类产业园区内原则上不得建设配套生活区，只建设工业生产区（刘阳，2017），对于进厂务工人员来说就必须在厂区外承担一部分的生活居住成本，而"金包银"工程的实施正好为外来务工人员提供了更为廉价的租房，减轻了其生活负担，从而为工业集中区内的工业企业降低劳动力成本，提高其工业竞争力（何子张和曹伟，2009），促进园区工业发展。

第四节　案例二：佛山南海区村级工业园

一、概　　况

广东省佛山市南海区位于粤港澳大湾区腹地，东连广州市区，南接顺德区、鹤山市、新会区，西邻三水区、高明区，北邻花都区，环抱佛山禅城区。2018年，南海区 GDP 达 2809.09 亿元，常住人口 290.5 万人，人均 GDP 达 9.67 万元，已形成以制造业、民营经济、中小企业为主的经济特点，是珠三角地区城镇化、工业化最为发达的地区之一。作为改革开放的先行地区，南海区在土地制度上有许多大胆创新的尝试，其工业用地扩张演变历程与土地制度的改革历程密切相关。

二、土地产权制度改革历程

（一）村集体与政府合作办厂（1978～1990年）

改革开放初始，受地理形式的限制，中央政府推行的家庭联产承包责任制与南海区传统的桑基鱼塘生产方式产生冲突。为解决此问题，桑基鱼塘地区的农民于 1988 年开始自发尝试土地有偿投包的经营模式，并于 1989 年在南海区得到普遍推广。土地有偿投包制的全面推广有效提高了农业生产效率，促进了农村劳动力的解放（陈绮娴，2016）。为解决这部分剩余劳动力的就业问题，在国家发展乡镇企业的政策支持下，南海村集体与政府合作开办乡镇企业，村集体提供资金和劳动力资源并进行企业日常运营管理，政府给予更优惠的土地、税收政策，并以政府名义为其担保获取银行贷款（杨廉和袁奇峰，2012）。该模式得到村民自下而上的大力支持，在短时间内南海区各地出现"点状分散"的乡镇企业，工业用地快速扩张。

（二）集体建设用地流转（1990～2000 年）

20 世纪 90 年代，由于市场经济的发展带来的南海私营和外资经济的壮大，乡镇企业发展逐渐衰弱，南海区村集体在面临如何继续获得经营性建设用地收益的问题之时（杨廉和袁奇峰，2012），经由市委、市政府总结与推广，以土地为中心的农村股份合作制改革逐渐遍及全市农村（蒋省三和刘守英，2003）。村集体以土地所有权人的身份重新获得土地经营权，调整收编分散的土地和物业，打破土地零散的经营格局，将集体土地集中经营，提升土地的利用效率。同时，集体建设用地使用权流转也在逐步放宽（张开泽，2019）。1993 年，南海区出台的《关于推行农村股份合作制的意见》明确提出实行自下而上的土地股份合作制。南海村集体开始进行农村集体建设用地入市的试点，将集体建设用地的开发经营权折价入股，通过修建厂房出租或出租土地给企业或个人来获取土地租金。由于土地租金较低，大量企业吸引至此，南海区农村工业化发展迅速，工业用地扩张明显。但由于村集体的短视性，为在短期内迅速获得土地租金和分红，而大量引进以污染严重、劳动密集型为主的低端产业。这种"以土地换租金、以空间换增长"的工业增长方式欠缺规划指导，导致工业用地分散，土地利用率低（袁奇峰等，2005）。

（三）土地紧缩时期物业开发（2000 年至今）

1998 年国家出台土地紧缩政策后，南海于 2002 年"撤市设区"并加大对建设用地供给的限制力度（刘毅华等，2019），村集体难以通过合法或非法渠道获得增量土地，因此由土地流转转向出租地上物业用以维持村集体经济增长（杨廉和袁奇峰，2012）。一方面村集体可以通过自筹资金用于物业建设，另一方面村集体也可与村民、其他投资商通过共同出资联合开发。在 2004 年整顿清理开发区的热潮中，佛山市共撤销 28 个镇一级及以下的工业园区，工业用地布局发生变化，但在村集体建设用地上开办的企业仍在不断增长，违法用地和违法建设难以得到合理的控制（张开泽，2019）。2009 年，佛山南海成为广东"三旧改造"试点示范区，政府凭借"三旧改造"的契机自上而下征收建有旧工厂的集体土地，或者用"托管"的方式收归零碎的建设用地，统一进行招商入市，形成集体与国有制共存的土地产权结构特征。工业园区的开发建设模式也逐渐由村集体自下而上发起转为由政府自上而下统一主导，由政府对工业园区进行连片规划开发（刘毅华等，2019），节约集约利用土地并提升土地的产出率。此阶段南海区工业用地扩张速度有所放缓，土地空间结构得到一定的优化。

三、案例分析

佛山南海前期的工业用地扩张是一种自下而上的行为导致，村集体通过提供低廉的集体建设用地，吸引外来企业入驻建厂运营。许多村级工业园零散分布于南海区各村庄，呈现出一种"马赛克"式的土地利用景观，形成一种农村与非农化地区混杂的"半城市半乡"式空间格局（杨廉和袁奇峰，2012），形成"产村拼接"的现象。下面将从政府、村集体、企业、社会四方利益主体的角度出发，分析产村拼接空间布局形成的内在机制（见图 14 - 4）。

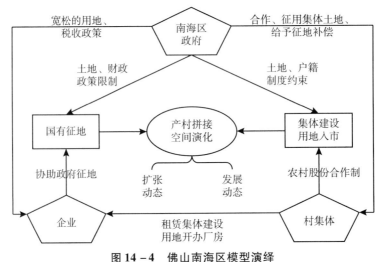

图 14 - 4　佛山南海区模型演绎

（一）政府

佛山南海区政府对南海区工业用地的管理经历了先放松再收紧的变化过程，

初始为了地区经济、工业的发展，与村集体合作开办乡镇企业。之后又默许农村股份合作制改革，允许集体建设用地使用权流转，但由于这种过度放权，由村集体自下而上自发的工业园区建设缺乏规划管理，加之以村为单位的非农化开发对土地分割显著，以及"土地租赁"的风险，导致许多乡村工业园区布局过于散乱，土地开发利用零碎而未得到节约集约利用（杨忍等，2018）。为解决早期农村工业化发展带来的碎片式的工业用地布局问题（陈绮娴，2016），南海区政府在工业化发展后期加大了对南海工业园区建设的介入强度，通过"三旧改造"整顿撤销部分污染严重、劳动密集型产业，国有征地重新规划工业园区的布局，工业用地效率显著提高，建设用地面积逐步扩大，但总体增长趋势减缓。此阶段由村集体自发引起的工业用地扩张逐渐转为由政府主导的工业用地扩张。

（二）村集体

佛山南海村民的产权意识更强，政府征地受到的阻力更大。村集体的自组织能力也强于我国其他地区，村集体为将集体土地从各户手中收回，提高土地的利用效率和收益，自下而上地进行了土地产权制度的创新，推动了农村股份合作制改革，南海的集体土地由过去的集体所有、农户家庭分散承包变成了集体所有、集体经营，所有权与经营权统一利于村集体对土地集中利用管理。同时，对村集体土地使用权的肯定也意味着政府对土地征用的权力的减弱（郭炎等，2017）。由于这项特殊的土地产权制度，集体建设用地使用权流转产生的土地增值收益大部分由村集体和村民享有，既保障了村民对土地的收益权利，使其获得可持续的收入，又使集体土地建设工业园区成为可能，满足工业发展的需求，加速了工业用地的扩张。

（三）企业

相较于协助政府征地完成一系列征地开发工作，赔偿村集体征地的损失，从村集体处租用集体建设用地开办厂房显然成本更低。加之政府对小规模企业征地的可能性较低，导致企业不得已租用集体土地（蒋省三和刘守英，2003）。并且由于企业自身有将成本最小化的倾向，也更愿意选择租用村集体土地。但由于企业租用的土地仍是集体性质，属于非法行为，租用集体建设用地未能得到法律保护，存在一定的政策风险。这也限制了实力更强、技术水平更高的企业入驻南海的工业园。

第五节　小　　结

在分析了厦门同安工业集中区与佛山南海区村级工业园的工业用地空间扩展模式后，可以发现两者在政府介入与土地政策制度方面的不同导致两者最终形成的城市空间形态相异：厦门"金包银"工程下的工业用地与当地村民能够形成较为完整且相互契合的拼接状态，而南海区村级工业园则呈现"繁星点缀"式分布在各个村庄之间，在空间上乡村与工业处于分割状态，并没有与当地乡村形成如"金包银"工程的产村拼接情形。基于上述分析，本章得出以下三点结论。

一、政府介入强度影响城市空间布局

厦门同安工业集中区的建设是一种完全由政府主导的自上而下的行为，通过实施"金包银"工程，政府在规划设计工业园区布局后，经过征地实现工业园区的建设，从而形成较为规整、有序的工业产业与农村拼接的空间布局。与之相比，佛山南海区的工业园区早期主要由村集体进行建设，是一种自下而上的行为。村集体发现有利可图便修建厂房出租给外来的企业入驻。这种村集体自发的行为并未经过统一合理的规划，因而导致建设的工业园区较为分散无序，且呈现蔓延的趋势。而在其工业化发展后期，南海区政府又重新加大对农村工业用地建设的介入，农村工业用地扩张速度减缓。由此可见，政府介入的强度会影响城市空间布局，政府介入强度越强，工业园区布局越规整；政府介入强度越弱，即市场自发能力越强，工业园区布局越分散。

二、土地政策制度影响工业用地扩张

随着城市化的发展，城市内大部分国有用地均已用于开发建设，已无可利用的剩余土地，开发目标转为征收农村集体土地，这也是目前工业园区开发建设最难的一步。厦门同安工业集中区首创"金包银"工程，在工业园区和农村宅基地之间建设"金边",供村民经营分红,在征地的同时保障失地农民的谋生发展问题,削弱征地过程遇到的阻力,在一定程度上加速工业用地扩张。佛山南海区探索农村股份合作制改革,进行农村集体建设用地入市的试点,即将集体建设用地的开发经营权折价入股,私自出租给企业或个人用于工业园区的开发建设。村集体通过土地制度的改革,从各个土地产权人手中收编分散的土地和物业,统一经营管理,引入企业,进一步促进了工业用地的扩张。

三、产村拼接空间演化作用力影响"产-村"形态

厦门同安工业集中区和佛山南海区形成"产-村"空间特征的作用力略有差异,厦门同安工业集中区的产村拼接特征是受到工业用地扩张和农村宅基地转型两种驱动力的作用下形成的,工业用地向内扩张侵蚀集体土地,农村宅基地向外扩张最大化利用土地,形成"唇齿相依"的"产村拼接"现象。佛山南海区的产村拼接特征是受到国有征地和集体建设用地入市两种驱动力的作用下形成的,佛山南海区的产村拼接现象较为分散,未像厦门同安工业集中区形成"唇齿相依"的情况。这是因为由国有征地和集体建设用地入市引发的工业用地扩张,村集体主导的集体建设用地入市存在短视趋利的倾向,各村形成的工业园区较分散,没有实现土地利用效率的最大化。

综合上述分析,工业用地扩张主要经由政府介入强度和土地制度两条传导机制,对城市空间的演化产生作用(见图14-5)。一方面,工业用地扩张在受到政府自上而下不同介入强度的情况时,政府对工业用地的规划约束程度不同,介入强度高低将分别导致有序规整或无序杂乱的产业与农村共存的城市空间形态。

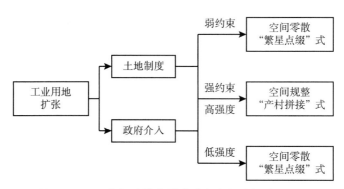

图14-5　工业用地扩张影响城市空间演化过程机制

另一方面，在不同的土地制度下，村集体或政府引入市场企业资本进行工业开发建设的自由程度或约束程度不同，企业资本直接租用集体土地开发建设的自由程度高，因而工业用地建设更趋于无序；企业资本经由国有征地再进行工业建设的自由程度更低，因而工业用地扩张更加有序。

参考文献

［1］陈金田．失地农民留地安置的个案研究——对厦门市"金包银"工程的分析［J］．中国农村观察，2006（04）：56-64，80.

［2］陈绮娴．土地产权视角下的佛山市南海区土地利用变化研究［D］．广州大学，2016.

［3］郭炎，袁奇峰，李志刚，等．破碎的半城市化空间：土地开发治理转型的诱致逻辑——佛山市南海区为例［J］．城市发展研究，2017，24（09）：15-25.

［4］海贝贝．快速城市化进程中城市边缘区聚落空间演化研究［D］．河南大学，2014.

［5］黄小梅．探索"飞地经济"模式下多方共赢的动力机制——以厦门市同安工业集中区思明园为例［J］．厦门特区党校学报，2010（03）：57-60.

［6］蒋省三，刘守英．土地资本化与农村工业化——广东省佛山市南海经济发展调查［J］．管理世界，2003（11）：87-97.

［7］李伟国，李小云．建设项目的分布与城市空间的演化——以温岭市区为例［J］．浙江大学学报（工学版），2005（01）：104-108.

［8］刘涛，曹广忠．城市用地扩张及驱动力研究进展［J］．地理科学进展，2010，29（08）：927-934.

［9］刘阳．厦门市留地安置模式实施困境研究［D］．华侨大学，2017.

［10］刘毅华，陈绮娴，林华荣．产权变化视角下的珠江三角洲土地利用时空变化及其机制——以佛山市南海区为例［J］．热带地理，2019，39（02）：206-217.

［11］刘雨平．地方政府行为驱动下的城市空间演化及其效应研究［D］．南京大学，2013.

［12］仝德，韩晴，戴筱頔，等．基层治理主体对城市建成空间的影响研究——以深圳原特区外为例［J］．城市发展研究，2017，24（07）：109-117.

［13］王丽萍，周寅康，薛俊菲．江苏省城市用地扩张及驱动机制研究［J］．中国土地科学，2005（06）：26-29.

［14］文雯，周丁扬，苏珊，等．基于行业分类的工业用地演变研究——以北京市为例［J］．中国土地科学，2017，31（11）：32-39.

［15］武廷海，杨保军，张城国．中国新城：1979~2009［J］．城市与区域规划研究，2011，4（02）：19-43.

［16］徐晓安．芜湖市工业空间演化及其对城市空间结构影响研究［D］．安徽建筑大学，2013.

［17］许骏，贺清云，朱政. 长株潭城市群工业用地的演变特征［J］. 经济地理，2018，38（11）：89－97.

［18］杨廉，袁奇峰. 基于村庄集体土地开发的农村城市化模式研究——佛山市南海区为例［J］. 城市规划学刊，2012（06）：34－41.

［19］杨忍，陈燕纯，徐茜. 基于政府力和社会力交互作用视角的半城市化地区工业用地演化特征及其机制研究——以佛山市顺德区为例［J］. 地理科学，2018，38（04）：511－521.

［20］杨显明，焦华富，许吉黎. 煤炭资源型城市空间结构演化过程、模式及影响因素——基于淮南市的实证研究［J］. 地理研究，2015，34（03）：513－524.

［21］叶昌东，赵晓铭. 行业尺度下广州市工业用地空间结构及其形成机制［J］. 现代城市研究，2015（10）：83－88.

［22］于明晓. 同安工业集中区转型发展策略研究［D］. 华侨大学，2019.

［23］袁奇峰，易晓峰，王雪，等. 从"城乡一体化"到"真正城市化"——南海东部地区发展的反思和对策［J］. 城市规划学刊，2005（01）：63－67.

［24］岳永兵. 乡村振兴背景下农村土地制度改革与完善［J/OL］. 中国国土资源经济：1－14［2021－09－19］.

［25］张开泽. 村级工业园的演进历程与未来发展——以广东省佛山市为分析样本［J］. 经济研究导刊，2019（14）：40－43.

［26］张云鹏. 试论吉登斯结构化理论［J］. 社会科学战线，2005（04）：274－277.

［27］中共厦门市委党校课题组，石仑山，牛君. 厦门市"金包银"工程研究［J］. 厦门特区党校学报，2006（05）：70－72.

［28］朱英明，姚士谋. 苏皖沿江地带城市空间演化研究［J］. 经济地理，1999（03）：48－53.

［29］Freeman R E, Harrison J S, Zyglidopoulos S. Stakeholder Theory：Concepts and Strategies［M］，London：Cambridge University Press，2018.

第十五章
工业用地地价扭曲、区域创新能力与城市出口产品质量升级

第一节　引　言

改革开放以来，我国凭借资源禀赋和劳动力成本优势成功嵌入全球价值链分工体系，出口总额从 2001 年的 2660 亿美元增长到 2020 年的 25900 亿美元，出口产品技术水平不断提高，显著带动了经济增长。我国的经济增长伴随着一个重要现象，即地方政府倾向于通过大规模低价出让工业用地的方式来招商引资谋发展。地方政府工业地价引资竞争行为是转型期地方政府"为增长而竞争"的重要行为模式，它在一定程度上影响了我国未来经济增长模式的转变。工业用地作为经济活动的空间载体，其策略性出让的方式可推动制造业出口贸易的快速发展（黄忠华和杜雪君，2014），产品依托低成本优势提高了国际贸易市场的广度，但是这种通过大量资源粗放投入的出口增值方式也使得出口产品面临低质低附加值的问题（许家云等，2017）。那么，我国应该如何配置工业用地来更有效地提升城市出口产品质量呢？

近几年，我国出口产品技术水平不断提高，但这并不代表着出口产品质量升级，出口产品技术水平强调产品间技术含量，而出口产品质量则更多关注产品间垂直差异（周沂，2020）。随着经济全球化和国际分工的深入发展，一国的出口竞争优势将更多地取决于出口产品质量，"低质量"始终是我国出口产品的明显特征之一（杜威剑和李梦洁，2015）。当前，我国出口贸易正面临发达国家"高端回流"和发展中国家"中低端分流"的双重压力（宋跃刚和郑磊，2020），长期出口低质量产品难以为我国在全球价值链中分工地位的跃升提供有效支撑。2020 年，为抵抗新冠肺炎疫情冲击和保障全球供应链的稳定，中央政治局会议首次提出构建国内外双循环互促共进发展格局。我国作为全球制造贸易大国，如何提升出口产品质量以实现产业升级和经济的高质量发展，并攀升至全球价值链中高端，成为双循环背景下的研究热点。城市是出口的重要载体，其创新能力的高低也往往意味着城市覆新能力的强弱（郑传贵，2016），城市创新能力的高低不仅关乎城市内部企业和产业的发展速度与质量，也决定着城市出口贸易结构的升级和出口产品质量的提高，政府的行为在一定程度上决定着本地区企业的发展活力，影响着本地区区域创新能力（亓寿伟等，2020）。如何优化我国的土地资源配置来赋能区域创新，继而推动我国出口贸易高质量发展是值得关注的研究课题。

因此，本章以 2009~2015 年 279 个地级市为样本，研究工业用地地价扭曲对城市出口质量的影响，并检验区域创新能力的中介作用，并在此基础上以不同区域、不同城市规模以及不同的财政状况进行异质性检验，对于提升我国的工业用地资源配置效率，拓展我国外贸新动能，稳固外贸发展根基，实现出口提质升级具有重要意义。

第二节 理论分析与研究假说

1994 年分税制改革的实施，进一步激发了地方政府推动本地区经济增长的热情。地方政府对当地经济和产业的干预不仅是调控，甚至是直接参与其中，低价招商引资是地方政府发展经济的首选策略，无论是在地理相邻还是省份内经济相邻的城市之间均存在竞相增加低地价出让工业用地的趋势（杨其静和彭艳琼，2015）。

工业用地地价扭曲对城市出口质量的直接影响：（1）从企业融资的角度看，地价的存在使得企业在利用过程中必须考虑用地成本，陶然等（2009）分析指出，工业用地地价扭曲行为降低用地成本，是导致私人投资成本降低和固定资产投资增加的主要原因，从现实来看，工业用地地价扭曲会对企业从消费端产生实质性的补贴效应，很多不具备高技术生产能力的企业一开始是冲着工业用地而来，带着“试探性”目的进入辖区发展，企业出现过度投资的现象，企业的投资行为产生较为严重的扭曲（黄健柏，2015）。国务院发展研究中心《进一步化解产能过剩的政策研究》课题组（2015）发现，许多项目在明显面临支出大于收入的情况下仍然蜂拥而上，原因在于不少企业投资的主要目的并不是真正在于项目的投产，而是为了获取当地的资源或期待其未来的升值，或是为了获取政府的各项补贴。但与此同时，企业过度投资便会使得企业陷入融资约束的陷阱，为了缓解偿还贷款的压力而更加倾向于短期行为。由于提升出口质量需要在技术端进行流程升级，时间周期长，企业往往会选择加大出口量的短期行为，长期来看不利于城市出口质量的升级。（2）从区位集聚的角度来看，产业集群的贸易效应研究指明，企业在市场机制下的有效集聚可以通过共享、匹配与学习效应，以较低成本去搜寻可匹配的劳动力与中间供应商。集聚效应的存在可以降低企业的生产成本与创新风险，促进企业产品质量提升（郭琪等，2020）。然而，工业用地地价扭曲使得政府的调整方向与力度与市场力量不一致，企业"扎堆式"集聚使得各地区陷入低水平竞争的恶性循环，难以产生真正意义上的技术外溢效应和规模经济效应，使范围集聚效应随之降低，资源配置效率低下，不利于出口质量水平的进一步升级。基于以上分析，本章认为地方政府工业用地价格扭曲不利于城市出口质量的升级，由此构建理论机制图a（见图15-1）：

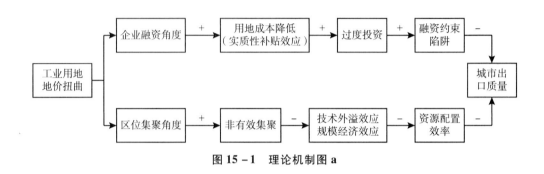

图 15-1 理论机制图 a

创新需求来自工业生产，创新活动存在于工业生产过程中，因此城市的工业基础是支撑城市创新的一个重要因素。（1）从企业决策端来看，在工业化和城市化初期，城市创新活动需要政府在基础设施与补贴方面给予支持，因此借助"以地生财"的方式来获得更多的财政收入为城市创新提供资金保障。对初创期的企业而言，工业用地的大规模低地价出让帮助其更直接完成原始资本的积累，从土地端节省的成本给予了企业进行创新的资金实力，但是企业都是以利润最大化为目标的，在做出决策前会更倾向于在创新与其他行为的投资回报率间做权衡（谢呈阳和胡汉辉，2020）。创新转化是一个周期较长的投资，需要一定的时间和过程积累才有可能实现0到1的成果转化，因此尽管创新对企业的可持续发展非常重要，但与高风险、高投入、长周期的创新相比，将从土地低成本中获得的"隐形收益"投资于房地产或许是短期内能够"立竿见影"的决策，创新投入会被挤出，区域整体创新能力受到抑制。（2）从企业生产过程端来看，工业基础越扎实的企业给区域创新提供了较好的"起跑线"，但在工业化和城市化前期，由于创新活动具有"高风险"的特征，当可以简单地通过扩大生产规模、消耗土地资源来增加利润的时候，依赖土地投入发展模式的工业用地配置方式降低了企业粗放式扩张的成本。大多数企业为了规避风险，惰于通过生产转型、技术升级和组织创新来向高端环节跃进（洪俊杰等，2022），这极大可能强化地区低端制造业的主导地位，而低端行业的大规模集聚及同质性容易导致低端行业关联，不利于工业结构的优化和技术创新，阻碍了区域创新的创新基础和创新环境（耿凤娟等，2020），抑制企业和区域的创新能力升级。

而从区域创新对城市出口质量来看，作为影响出口产品质量升级的关键因素，创新是强化企业竞争优势的利器，可以帮助企业提高生产效率（Bastos & Silva，2010）、提升出口国内附加值（张晴和于津平，2021），是激励公司进入全球市场、拉动出口质量升级的主要动力（Carboni & Medda，2020；曲如晓和臧睿，2019）。因此，本章认为工业用地地价扭曲会通过阻碍区域创新能力提高的途径来抑制城市出口质量的升级，由此构建理论机制图 b（见图 15 – 2）。

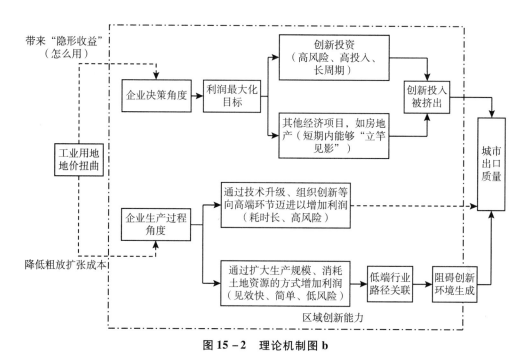

图 15 – 2　理论机制图 b

第三节　模型设置与数据来源

一、基准回归模型设定

本章基于 2009～2015 年全国 279 个地级市的土地出让数据与海关数据实证研究工业用地地价扭曲与城市出口质量之间的关系，Hausman 检验结果显示选择固定效应模型优于随机效应模型，因此本章选择固定效应模型进行回归分析。

$$quality_{it} = \alpha_0 + \sum \beta_1 Landdist_{it} + \sum \gamma_i V_{it} + u_i + u_t + \varepsilon_{it} \qquad (15.1)$$

其中，i、t 分别代表城市和年份；$quality_{it}$ 为本章的被解释变量，表示城市的出口质量水平；$Landdist_{it}$ 为工业用地地价扭曲程度，V_{it} 为地区层面的一组控制变量；u_i 代表个体固定效应，u_t 为时间固定效应，ε_{it} 为随机扰动项。

二、中介效应模型

为进一步识别工业用地地价扭曲对城市出口质量的作用机制，参照温忠麟和叶宝娟（2014）的方法建立中介模型（15.2）和模型（15.3），具体检验步骤为：首先将城市出口质量水平作为被解释变量，工业用地地价扭曲程度作为解释变量进行回归，与基准回归模型式（15.1）一致。其次，将区域创新能力作为被解释变量，工业用地地价扭曲程度作为解释变量进行回归。最后，将工业用地地价扭曲程度和区域创新能力同时纳入回归模型，考察工业用地价格扭曲程度和中介变量对碳排放强度的影响。假如系数 β_1、δ_2 均显著，且 ϑ_2 较 β_1 变小或显著性下降，说明中介效应存在。

$$innovation_{it} = \delta_1 + \delta_2 Landdist_{it} + \sum \gamma_{3i} V_{it} + \varepsilon_{3it} \qquad (15.2)$$

$$quality_{it} = \vartheta_1 + \vartheta_2 Landdist_{it} + \vartheta_3 innovation_{it} + \sum \gamma_{4i} V_{it} + \varepsilon_{4it} \qquad (15.3)$$

式（15.2）、式（15.3）中，$innovation_{it}$ 表示 i 城市 t 年的区域创新能力，为本章的中介变量，其余变量的含义同式（15.1）。

三、变 量 测 度

（一）被解释变量：城市出口质量（*quality*）

本章采用哈拉克（Hallak）和西瓦达桑（Sivadasan）（2009）、坎德瓦尔（Khandelwal）等（2013）的测算思路来测算企业的出口产品质量。借鉴施炳展（2013）、施炳展和邵文波（2014）的做法，用产品需求函数来建立计量模型，因此企业 f 在 t 年对 m 国出口的产品 g 的数量为：

$$q_{fmt}^g = p_{fmt}^{-\sigma_g} \lambda_{fmt}^{\sigma_g - 1} \left(\frac{E_{mt}^g}{P_{mt}^g} \right) \qquad (15.4)$$

其中，p_{fmt} 和 λ_{fmt} 为企业 f 在 t 年对 m 国出口产品 g 的质量与价格；P^g_{mt} 为 t 年出口目的国 m 的加总价格指数；E^g_{mt} 为出口目的国 m 的消费者在 t 年的总支出。对式（15.4）取对数之后可得：

$$\ln q^g_{fmt} = -\sigma_g \ln p_{fmt} + \ln E^g_{mt} - \ln P^g_{mt} + \ln(\sigma_g - 1)\lambda_{fmt} \tag{15.5}$$

取 $\epsilon_{mt} = \ln E^g_{mt} - \ln P^g_{mt}$ 为进口国 – 时间虚拟变量，$\mu_{fmt} = (\sigma_g - 1)\lambda_{fmt}$ 测度企业 f 在 t 年对 m 国出口产品的质量，为随机扰动项。如果用 OLS 直接对式（15.5）进行估计可能忽视了产品种类的影响和价格内生性的问题。对于产品种类的差异问题，可借鉴施炳展和邵文波（2014）的做法，在式（15.5）中加入市场需求规模变量以控制产品不同种类水平；对于内生性问题，同样参照施炳展和邵文波（2014）做法，可选用企业在其他市场（进口国除外）出口产品平均价作为 P_{fmt} 的工具变量。在将产品种类差异与内生性问题考虑后，根据（15.5）的回归结果定义质量指标，如式（15.6）所示；

$$quality_{fmt} = \ln \hat{\lambda}_{fmt} = \frac{\hat{\mu}_{fmt}}{(\sigma - 1)} = \frac{\ln q_{fmt} - \ln \hat{q}_{fmt}}{(\sigma - 1)} \tag{15.6}$$

随后对式（15.6）进行标准化处理，得到式（15.7）：

$$R\text{-}quality_{fmt} = \frac{quality_{fmt} - minquality_{fmt}}{maxquality_{fmt} - minquality_{fmt}} \tag{15.7}$$

其中，$R\text{-}quality_{fmt}$ 是介于 0 和 1 之间的值，无测量单位，企业质量指标如式（15.8）所示。

$$Q_{ft} = \frac{v_{fmt}}{\sum_{fmt \in \vartheta} v_{fmt}} \times R\text{-}quality_{fmt} \tag{15.8}$$

Q_{ft} 是企业出口产品质量，ϑ 代表企业层面样本的集合；v_{fmt} 代表某一种产品 g 在 t 年对 m 国的出口价值量。本章基于企业出口产品质量，利用加权平均的方法首先得到城市出口产品质量，而后以各企业出口产品占城市总出口的份额为权重，加总得到城市出口产品质量指数 $quality_{it}$。

根据测算数据，由于城市出口质量的取值从 0 到 1，借鉴贺灿飞（2017）的研究做法，本章对被解释变量城市出口质量取值进行逻辑变换，同时对非比重变量做对数变换。

（二）核心解释变量：工业用地地价扭曲（*Landdist*）

工业用地市场扭曲主要反映城市建设用地在工业领域的低价偏向性配置所导致的资源配置扭曲状况。经过综合考量各种表征方法的优劣，本章利用分别汇总出当年城市样本的政策基准价（工业用地出让最低价 × 土地出让面积）之和以及实际交易价之和，再利用（当年政策要求的最低基准价之和 - 工业用地出让实际交易价之和）/最低政策基准价之和这一公式计算工业用地出让的扭曲程度，其中最低基准价格以国务院发布的《全国工业用地出让最低价标准》为依据。该值越大说明政府扭曲工业用地低价的程度越高。

（三）中介变量：区域创新水平（*innovation*）

本章研究的区域创新主要是指科技创新，目前研究中大多选用城市投入端数据衡量城市层面的创新水平。需要注意的是，财政投入实际上并非能直接转化为创新产出，对此，本章借鉴寇宗来等的（2017）做法，采用中国国家知识产权局《中国城市和产业创新力报告2017》公布的全国338个城市四位数行业的创新指数来衡量城市创新水平，整体思路是：①按照专利的存续时间计算每个专利的价值；②按地区及行业对专利价值进行加总；③将2001年全国专利价值总量标准化为100，计算得到不同年份城市创新指数和产业创新指数。本章在此基础上按城市进行加总，得到2009~2015年不同城市的创新指数，并对之取对数处理以衡量区域创新水平。该指标修正了创新投入与产出由于重复计算所产生的测量误差问题。

（四）相关控制变量

城市层面的控制变量选择见表15-1。

表 15-1　　　　　　　　　　　研究变量选取表

变量类别	变量符号	变量名称	变量含义及测算方法	数据来源
被解释变量	*quality*	城市出口质量	先测度企业出口产品质量，而后以各企业出口产品占城市总出口的份额为权重加总后得到	本章计算
核心解释变量	*Landdist*	工业用地地价扭曲程度	（政策基准价之和 - 实际交易价之和）/政策基准价之和	本章计算
中介变量	*innovation*	区域创新水平	城市创新发展指数	《中国城市和产业创新报告2017》
控制变量	lnfra	基础设施建设	城市人均拥有道路面积	《中国城市统计年鉴》
	human	人力资本	每万人中学和大学在校人数占总人口的比例	《中国城市统计年鉴》
	expe	政府财政支出	市辖区财政支出占GDP的比重	《中国城市统计年鉴》
	fd	金融规模	金融机构存贷款余额之和/GDP	《中国城市统计年鉴》

变量类别	变量符号	变量名称	变量含义及测算方法	数据来源
控制变量	*is*	产业结构	第二产业增加值占总 GDP 的比重	《中国城市统计年鉴》
	ln*employee*	从业人数	从业人员取对数	《中国城市统计年鉴》
	ln*density*	城市人口规模	人口密度的对数	《中国城市统计年鉴》

四、数据来源及描述性统计

本章采用的基础数据来源于中国土地市场网获取的工业用地出让数据。基于我国的土地制度背景，从 2006 年起我国工业用地开始采取"招拍挂"形式；基于数据的可得性，我国从 2009 年开始，地级市的数据才相对完善。为了保证将尽可能多的地级市纳入研究范围，本章选取 2009～2015 年的时间范围，在处理过程中由于数据缺失，最终选取 279 个地级市作为研究对象，其中各地级市工业用地的最低价格参照 2006 年由国土资源部下发的《全国工业用地出让价格最低标准》，同时不同地块的土地等级参考中国土地市场网所提供的数据资料。城市出口质量数据来源于中国海关进出口数据库，采用的其他城市层面数据来源于《中国城市统计年鉴》（2010～2016 年）。变量描述性统计见表 15－2。

表 15－2　　　　　　　　　　　描述性统计表

变量	观测值	均值	标准差	最小值	最大值
quality	1953	0.6374978	0.0541874	0	1
Landdist	1953	－0.056601	0.6193489	－8.0977	0.9761905
innovation	1953	9.681889	0.4785234	0.01	849.06
ln*fra*	1936	2.296681	0.5907698	－1.171183	4.685551
human	1914	0.0746163	0.1265735	0.0254	5.2645
expe	1899	0.1547128	0.1057456	0	1.4852
fd	1953	2.100689	0.9982684	0.58788	8.77744
is	1953	50.51251	9.979918	15.17	89.34
ln*employee*	1953	438.007	332.9722	4.97	2648.11
ln*density*	1953	3.577781	0.8224687	1.510722	6.894538

第四节 实证结果与分析

一、基准回归结果

在计量估计前，首先选择合适的面板数据模型。计量模型检验结果发现Hausman检验更支持固定效应模型估计，因此本章通过控制年份和城市固定效应，采用面板固定效应进行估计。表15-3显示了工业用地地价扭曲对城市出口质量影响的基准回归结果。在控制个体和时间固定效应的情况下，模型（1）表示在未加入城市层面控制变量时工业用地地价扭曲对城市出口质量的影响系数为-0.069，并且在1%的置信水平下显著，这便是工业用地价格扭曲程度每上升10个百分点，城市出口质量水平就会下降0.69个百分点。模型（2）则表示加入控制变量后，工业用地地价扭曲对城市出口质量的影响系数为-0.049，回归系数同样在1%的水平下显著，这表明在其他条件不变的情况下，工业用地地价扭曲程度每增长10个百分点，城市出口质量水平将下降0.49。回归结果初步证实了工业用地地价扭曲现象对城市出口质量水平产生了显著的抑制作用。

表15-3　　　　　　　　基准回归的估计结果

变量	（1）quality	（2）quality
Landdist	-0.069 *** (-6.921)	-0.049 *** (-4.688)
Controls	YES	YES
Constant	0.569 *** (144.243)	0.397 ** (2.514)
城市固定效应	YES	YES
年份固定效应	YES	YES
observations	1923	1880
F	47.895	15.196
R^2	0.028	0.071

注：1. * : p<0.1, ** : p<0.05, *** : p<0.01。
2. 括号中表示的是t值。

二、稳健性检验

第一，在样本方面，参照纪玉俊和廉雨晴（2021）的做法，本章在地级及以上城市样本的基础上，剔除北京、天津、上海、重庆四个直辖市的数据，以减少样本中的估计偏差。第二，去除极端值。参考韩峰（2021）的做法，为了消除极端值对回归结果的影响，本章对城市出口质量进行双边截尾与双边缩尾后进行回归分析。第三，内生性问题讨论。为消除内生性问题，检验估计结果稳健性，本章采取滞后一期的工业用地地价扭曲指标作为工具变量后对计量模型进行估计。一般而言，工业用地上一年的扭曲程度会对城市当期的出口质量产生影响，而当期的城市出口不会对工业用地上一年的扭曲程度产生作用，使用该工具变量能够在一定程度上避免内生性问题。

稳健性检验结果见表15-4，工业用地地价扭曲对城市出口质量的影响均显著为负，与基础回归基本一致，所以基础回归结果稳健，说明工业用地地价扭曲抑制了城市出口质量的升级。

表 15-4　　　　　　　　　　稳健性检验结果

变量	（1）去除直辖市	（2）quality 双边缩尾 1%	（3）quality 双边截尾 1%	（4）工具变量法
Landdist	-0.048*** (-4.525)	-0.062*** (-5.277)	-0.031** (-2.408)	
L. Landdist				-0.251*** (-4.228)
Controls	YES	YES	YES	YES
Constant	0.399** (2.519)	0.467*** (3.133)	0.543*** (3.961)	—
城市固定效应	YES	YES	YES	YES
年份固定效应	YES	YES	YES	YES
Observations	1852	1880	1636	1622
F	14.735	15.865	10.761	7.799
R^2	0.070	0.074	0.059	—

注：1. *：$p<0.1$，**：$p<0.05$，***：$p<0.01$。
2. 括号中表示的是 t 值。

三、机 制 检 验

为进一步检验工业用地地价扭曲是否会通过影响区域创新能力，进而对城市出口质量水平产生影响，本部分运用中介效应模型对式（15.1）~式（15.3）进行回归，具体的回归结果见表 15-5。其中模型（2）检验了工业用地地价扭曲对区域创新能力的影响，结果显示工业用地地价扭曲的估计系数在 1% 的水平下显著为负，当工业用地价格扭曲程度每上升 1 个百分点，区域创新能力则下降 0.214 个百分点，表明政府干预下的工业用地地价扭曲行为抑制了区域创新能力的提高。模型（3）验证了工业用地地价扭曲、区域创新能力对城市出口质量的共同影响，结果显示，区域创新能力对城市出口质量的影响系数为 0.053，并在 1% 的置信水平上显著为正；政府干预下的工业用地地价扭曲行为对城市出口质量水平的影响系数为 -0.037，与基准模型的回归系数（-0.049）相比有所下降，表明区域创新能力起到了部分中介效应的作用，区域创新能力的高低是地方政府工业用地地价扭曲影响城市出口质量水平的重要传导路径。具体来看，当地方政府选择以低价供应工业用地时，会由于在企业决策时对创新投入的非偏向性，导致土地低成本下的"隐形收益"更多流向其他短期可获益的经济项目，创新投入被挤出；并且中低端企业的同质化集聚导致低端行业路径被锁定，无法形成经济集聚，制约了城市公共基础的高层次攀升，同时抑制了区域高层次创新活动的开展。而区域创新作为拉动出口质量升级的主要动力，工业用地地价扭曲通过制约区域创新对出口质量的正向促进作用，进一步抑制了城市出口质量的升级。

表 15-5 中介效应模型的回归结果

变量	(1) quality	(2) innovation	(3) quality
Landdist	-0.049 *** (-4.688)	-0.214 *** (-7.526)	-0.037 *** (-3.570)
innovation			0.053 *** (5.853)
Controls	YES	YES	YES

变量	（1）	（2）	（3）
	quality	*innovation*	*quality*
Constant	0.397 ** （2.514）	-3.687 *** （-8.509）	0.592 *** （3.705）
城市固定效应	YES	YES	YES
年份固定效应	YES	YES	YES
Observations	1880	1880	1880
F	15.196	226.632	17.596
R²	0.071	0.532	0.190

注：1. $*$：$p<0.1$，$**$：$p<0.05$，$***$：$p<0.01$。
2. 括号中表示的是 t 值。

四、异质性分析

表 15-3 从整体上考察了工业用地地价扭曲对城市出口产品质量的影响，但并未从异质性角度来考察其具体影响结果。由于我国各大区域经济发展水平、承载人口的压力和财政收支状况等条件各不相同，本部分将从区位层面、城市规模层面以及财政自给率层面进一步讨论工业用地地价扭曲对城市出口质量的异质性影响。

（一）细分城市区位的异质性分析

借鉴国家统计局的划分标准，本章将全国 279 个地级城市划分为东部、中部与西部三个地区，细分样本后具体的回归结果见表 15-6。回归结果表明，工业用地地价扭曲对东部、中部及西部地区城市出口质量水平的影响系数均为负，其中东部地区在 10% 的水平上显著，西部地区在 1% 的水平上显著，而中部地区没有统计学的显著意义。对于综合系数和显著性，从不同地区工业用地地价扭曲的影响效应来看，西部地区最大，东部地区次之，中部地区最小。主要原因可能在于：在东中部地区，根植于较好的经济发展平台与较优质的人力、资本要素基础，技术水平更先进，也更易获得较优质的外部资源和技术支持，要素的市场化流动更为顺畅，所以在筛选入住辖区的企业时也会相应地提升门槛，依靠产业链式招商、顺应资源配置式招商、按照资源补缺式招商，一些资源配置效率低、产业结构差、技术水平潜力弱的企业会受到"挤出",所以工业用地地价扭曲对于城市出口质量的抑制作用较小;但对西部地区而言,受限于本身的经济发展基础、优质劳动力基础,发展进度相对滞后,就土地资源的发展层面,不论是在创新技术的升级还是要素的市场化流动方面都存在明显不足。相较于东中部地区,在同样面临经济竞争与考核竞争的压力绩效诉求下,西部地区会更有倾向,或者说更有冲动去握住土地这根"稻草",大力度降低筛选的门槛,实际引资效果一般,对城市出口质量的抑制作用较强。

表 15 - 6　　　　　　　　　　分区位回归的估计结果

变量	(1)	(2)	(3)
	东部地区	中部地区	西部地区
$Landdist$	-0.016 * (-1.696)	-0.024 (-1.163)	-0.070 *** (-1.663)
$Controls$	YES	YES	YES
$Constant$	0.689 *** (5.214)	0.599 * (1.812)	1.183 * (0.497)
城市固定效应	YES	YES	YES
年份固定效应	YES	YES	YES
Observations	760	938	183
F	9.863	6.168	4.081
R^2	0.179	0.099	0.290

注:1. * :$p < 0.1$,** :$p < 0.05$,*** :$p < 0.01$。
2. 括号中表示的是 t 值。

(二) 细分城市规模的异质性分析

参照我国 2014 年划分城市人口规模等级的标准,本章将分类稍做调整,设定城区常住人口 100 万人以下 (含 100 万人)、100 万 ~ 500 万人、500 万人以上 (含 500 万人) 的划分标准,分别将城市划分为"小型城市""中型城市"与"大型城市"三种规模类型,而后对各类城市子样本分别进行回归,回归结果如表 15 - 7 所示。其中,大中型城市工业用地地价扭曲对城市出口质量的影响系数均为负,但是仅中部地区在 1% 的水平上显著。小型城市可能受限于样本量较少的缘故,在回归系数上出现了符号变化,同样未通过显著性检验。这种情况可能的原因在于,中部地区作为城市人口介于大型城市与小型城市之间的城市,是承载东部地区产业与城市化的关键力量,大部分生产效率高的企业首先会迁移到大城市地区，而低生产效率的企业则更多位于大城市外围地区或者中小城市（Baldwin & Okubo，2006）。在大城市，生产效率高的企业所形成的集聚经济已接近最优的城市集聚程度，但中小型城市所形成的集聚经济尚存在较大的发展空间，尤其在中等城市（王世平和钱学锋，2016）。在这种情况下，虽然大城市产业拥挤问题严重，但是发展前景较好，技术水平较高的企业仍然选择入住门槛很高，用地成本偏高的大城市，核心原因在于有效的集聚经济所形成的范围经济能够提升企业获得知识溢出和集聚收益的能力（Glaeser & Maré，2001）；在中型城市，为了追求更多高效益工业企业入驻，往往会采用工业用地价格补贴的方式来引资企业，虽然会在一定时间内带来经济增长，但引资效果有限，长期维持在较低的地价波动空间是引致过剩投资和低质投资的重要根源（欧阳铭珂和张亚斌，2018），从而产生竞相降低引资质量的底线竞争结果（杨其静等，2014），不利于城市出口质量升级。

表 15 – 7　　　　　　　　　　　分规模回归的估计结果

变量	（1）	（2）	（3）
	大型城市	中型城市	小型城市
Landdist	− 0.024 （ − 1.465）	− 0.038 *** （ − 3.008）	0.094 （0.619）
Controls	YES	YES	YES
Constant	0.531 *** （2.777）	0.670 *** （3.222）	0.216 （0.091）
城市固定效应	YES	YES	YES
年份固定效应	YES	YES	YES
Observations	673	1136	71
F	4.301	11.087	2.136
R^2	0.098	0.141	0.394

注：1. *：$p < 0.1$，**：$p < 0.05$，***：$p < 0.01$。
2. 括号中表示的是 t 值。

（三）财政自给率的异质性

财政自给率反映了地方政府自主财力的大小。工业用地地价扭曲对城市出口质量影响的效果是否会因地方政府财力的不同而有所差异，以往研究并未考察。因此，本章将样本分解为财政自给率位于后 50% 的地级市和财政自给率位于前 50% 的地级市两组，并设置虚拟变量，将位于后 50% 的地级市设置为虚拟变量

1，则位于前 50% 的地级市设置为虚拟变量 0，分别在后 50% 与前 50% 的组内估计政策效果，实证结果见表 15 – 8。结果表明，在财政自给率后 50% 的地级市，工业用地地价扭曲行为对城市出口质量的影响系数为 – 0.056，且在 1% 的置信水平上显著。可能的原因在于，财政自给率高的地区，地方自有财力充足便意味着政府有更强的选择能力，经济效益和经济质量往往作为筛选的同等重要指标；而在财政自给率较低的地区，地方政府往往面临较大财政压力，单纯依靠本级政府收入来满足其支出需求的能力不足，所以在依靠低价出让工业用地筹集财政收入以弥补预算缺口的过程中，更看重的是其带来经济效益的能力而并非其经济总体质量。财政压力越大，地方政府采取短视行为的可能性更大，对于手头土地的依存度会更高，加剧资源错配，抑制创新能力提升，不利于城市出口质量的升级。

表 15 – 8　　　　　　　　　**财政自给率的异质性分析**

变量	（1）	（2）
	财政自给率前 50%	财政自给率后 50%
Landdist	0.002 （0.193）	– 0.056 *** （– 3.152）
Controls	YES	YES
Constant	0.664 *** （3.947）	0.589 * （1.794）
城市固定效应	YES	YES
年份固定效应	YES	YES
Observations	949	931
F	11.535	7.830
R²	0.175	0.129

注：1. * : p < 0.1，** : p < 0.05，*** : p < 0.01。
2. 括号中表示的是 t 值。

第五节　小　　结

　　本章基于工业用地资源配置视角，系统探讨了工业用地地价扭曲程度对城市出口质量的影响及机制，利用 2009 ~ 2015 年全国 279 个地级市面板数据，通过中国土地市场网数据、中国城市和产业创新力报告以及中国海关数据库进行实证分析，研究发现：（1）从全样本来看，政府干预下的工业用地地价扭曲显著抑制了城市出口质量的提升。（2）工业用地地价扭曲通过阻碍区域创新能力的提升来抑制城市出口质量升级。（3）深入区域、城市规模和财政自给率的异质性分析发现，工业用地地价扭曲对东部和西部地区均产生抑制作用，对西部地区城市的出口质量抑制作用最强，对中部地区的影响不显著。工业用地地价扭曲对大型城市和中型城市出口质量水平的升级均有抑制作用，对小型城市的影响不显著。工业用地地价扭曲对城市出口质量的抑制程度在财政自给率较低的城市更强。为使得土地要素在供给中切实发挥重要作用，本章提出以下政策建议。

第一，完善现有土地制度，推进要素市场化稳步配置。过去20年的土地出让催生"以地融资"的高效体系，极大推动了经济增长，但是地方政府采取干预工业用地出让的方式，继而偏离了市场作用机制。因此，政府作为单一供给人，要想真正释放土地红利，就要使得"以地引资""以地生财"的理念逐渐弱化，尝试构建一个更加完善且更具持续性的税收体系，并逐渐解决地方财权事权不匹配的问题。值得注意的是，经济效益与质量的发展是动态过程，政府要以土地资源配置作引领，在过程中实现最优干预。

第二，完善政绩考核体制。改变"以GDP论英雄"的考核标准。GDP作为一切发展的物质条件固然重要，但是这会使得政府将提升GDP作为行政执法的唯一动力，忽略了与发展GDP同等重要的管理领域。因此，在设定政府政绩考核指标时，要在注重经济指标的同时兼顾地区发展质量，约束地方政府的供地行为，以此来缓解低价供地带来的土地资源不合理配置对城市创新的抑制作用。

第三，结合地区的比较优势和发展定位来招商引资。要构建符合本地发展目标的企业"准入门槛"体系，变招商引资为选"商"选"资"，避免盲目竞争，力争将要素资源更多地引至高生产率企业。例如，在西部地区，释放土地红利的同时，注重当地的特色化建设，探索出适合当地资源禀赋和比较优势的协同发展模式；在中小型城市，政府应采取更多的人才引进政策，吸引优质人才到中小城市发展，结合当地资源特点积极引导制造业的内部交流以及与其他产业的外部交流，鼓励企业创新合作，形成发展合力，推动城市出口质量升级；在财政自给率较弱的城市，适度加大援助力度，对给地方就业及经济发展提升作用大的项目均给予了支持。

参考文献

［1］杜威剑，李梦洁．对外直接投资会提高企业出口产品质量吗——基于倾向得分匹配的变权估计［J］．国际贸易问题，2015，392（08）：112-122.

［2］耿凤娟，苗长虹，胡志强．黄河流域工业结构转型及其对空间集聚方式的响应［J］．经济地理，2020，40（06）：30－36.

［3］郭琪，周沂，贺灿飞．出口集聚、企业相关生产能力与企业出口扩展［J］．中国工业经济，2020（05）：137－155.

［4］国务院发展研究中心《进一步化解产能过剩的政策研究》课题组．当前我国产能过剩的特征、风险及对策研究——基于实地调研及微观数据的分析［J］．管理世界，2015（04）：1－10.

［5］韩峰，庄宗武，李启航．土地市场扭曲如何影响制造业出口产品质量升级——基于土地市场交易数据和制造业企业数据的实证分析［J］．经济理论与经济管理，2021，41（03）：68－83.

［6］贺灿飞著．转型经济地理研究［M］．北京：经济科学出版社.2017.

［7］洪俊杰，蒋慕超，张宸妍．数字化转型、创新与企业出口质量提升［J］．国际贸易问题，2022（03）：1－15.

［8］黄健柏，徐震，徐珊．土地价格扭曲、企业属性与过度投资——基于中国工业企业数据和城市地价数据的实证研究［J］．中国工业经济，2015（03）：57－69.

［9］黄忠华，杜雪君．土地资源错配研究综述［J］．中国土地科学，2014，28（08）：80－87.

［10］纪玉俊，廉雨晴．制造业集聚、城市特征与碳排放［J］．中南大学学报（社会科学版），2021，27（03）：73－87.

［11］寇宗来，刘学悦，刘瑾．产业政策导致了产能过剩吗？——基于中国工业行业的经验研究［J］．复旦学报（社会科学版），2017，59（05）：148－161.

［12］欧阳铭珂，张亚斌．财政补贴、扭曲竞争与汽车产业产能过剩［J］．财政研究，2018（12）：84－96，113.

［13］亓寿伟，褚凯丽，蒋汉洋．招商引资促进了区域创新能力吗？——基于地级市工业用地出让数据的分析［J］．财政科学，2020（01）：105－120.

［14］曲如晓，臧睿．自主创新、外国技术溢出与制造业出口产品质量升级［J］．中国软科学，2019（05）：18－30.

［15］施炳展，邵文波．中国企业出口产品质量测算及其决定因素——培育出口竞争新优势的微观视角［J］．管理世界，2014（09）：90－106.

［16］施炳展．中国企业出口产品质量异质性：测度与事实．经济学（季刊），2013，13（01）：263－284.

［17］宋跃刚，郑磊．中间品进口、自主创新与中国制造业企业出口产品质量升级［J］．世界经济研究，2020（11）：26－44，135.

［18］陶然，陆曦，苏福兵，等．地区竞争格局演变下的中国转轨：财政激励和发展模式反思［J］．经济研究，2009，44（07）：21－33.

［19］王世平，钱学锋．中国城市出口：集聚效应还是排序效应［J］．国际贸易问题，2016（08）：16 - 27.

［20］温忠麟，叶宝娟．中介效应分析：方法和模型发展［J］．心理科学进展，2014，22（05）：731 - 745.

［21］谢呈阳，胡汉辉．中国土地资源配置与城市创新：机制讨论与经验证据［J］．中国工业经济，2020（12）：83 - 101.

［22］许家云，毛其淋，胡鞍钢．中间品进口与企业出口产品质量升级：基于中国证据的研究［J］．世界经济，2017，40（03）：52 - 75.

［23］杨其静，彭艳琼．晋升竞争与工业用地出让——基于2007—2011年中国城市面板数据的分析［J］．经济理论与经济管理，2015（09）：5 - 17.

［24］杨其静，卓品，杨继东．工业用地出让与引资质量底线竞争——基于2007～2011年中国地级市面板数据的经验研究［J］．管理世界，2014（11）：24 - 34.

［25］张晴，于津平．制造业投入数字化与全球价值链中高端跃升——基于投入来源差异的再检验［J］．财经研究，2021，47（09）：93 - 107.

［26］郑传贵．经济新常态背景下地方政府招商引资绩效考评指标体系创新研究［J］．领导科学，2016（27）：22 - 23.

［27］周沂，贺灿飞．转型经济地理研究［M］北京：经济科学出版社．2020.8.

［28］Baldwin R E, Okubo T. , Heterogeneous Firms, Agglomeration and Economic Geography: Spatial Selection and Sorting［J］. Journal of Economic Geography, 2006, 6（3）, 323 - 346.

［29］Bastos, P. , and J. Silva. The Quality of a Firm's Exports: Where You Export to Matters［J］. Journal of International Economics, 2010, 82（2）: 99 - 111.

［30］Broersma, L. , Oosterhaven, J. Regional Labor Productivity in the Netherlands: Evidence of Agglomeration and Congestion Effects"［J］. Journal of Regional Science, 2009, 49（3）: 483 - 511.

［31］Carbonio A, Medda G. Linkages between R&D, Innovation, Investment and Export Performance: Evidence from European Manufacturing Firms［J］. Technology Analysis & Strategic Management, 2020, 32（12）: 1379 - 1392.

［32］Edward L. Glaeser and David C. Maré. Cities and Skills［J］. Journal of Labor Economics, 2001, 19（02）: 316 - 342.

［33］Hallak, J. C. , and J. Sivadasan. Productivity, Quality and Exporting Behavior under Minimum Quality Requirements［R］. NBER Working Paper, 2009.

［34］Khndelwal, A. K. , P. K. Schott, and S. J. Wei. Trade Liberalization and Embedded Institutional Reform: Evidence from Chinese Exporters［J］. American Economic Review, 2013, 103（6）: 2169 - 2195.

第十六章
政策偏向、土地出让
与区域经济差距

第一节 引 言

改革开放以来，随着我国经济的发展，各区域间经济发展出现明显差异，地区差距出现分化。为解释这一发展不平衡现象，越来越多的学者探寻造成我国区域间经济发展差距的影响因素。同时，我国政府不断出台相应的区域政策，以缩小区域间的经济发展差距，其中带有偏向性的土地政策是中央政府运用的主要手段之一。2000 年，《国务院关于实施西部大开发若干政策措施的通知》中，明确对西部地区建设用地指标与审批给予优惠政策，土地政策向落后地区倾斜的基调基本形成。而随后在 2003 年左右，我国出现明显的劳动力由中西部欠发达地区向东部发达地区的转移，这一现象进一步推动了地区间发展不平衡的态势。为此，自 2003 年开始，我国土地政策在土地供给总量上实行更加严格的建设用地指标管理，土地供给的空间分布更倾向于中西部省份（陆铭等，2015）。随后，2007 年原国土资源部对中部地区实行用地计划指标倾斜政策、2010 年《中共中央　国务院关于深入实施西部大开发战略的若干意见》等政策和文件相继出台，这些都显示出国家对中部与西部地区在用地指标上的倾斜和国家对落后地区发展的重视。根据《中国国土资源统计年鉴》，我国中西部的土地供应占比自 2003 年开始出现明显扩大趋势，2003 年中西部土地供应占比约为 29%，而到 2015 年上升至 63%，增长翻倍。

土地要素与经济发展之间的关系在学术界已有较多研究，表明存在一定的经济刺激作用。另外，土地政策的偏向将给予落后地区更多的土地指标，使当地政府获得更多的土地出让机会，从而形成更明显的"土地财政"，进而促进当地经济的增长。李勇刚等（2013）利用我国省际数据证实了土地财政对经济增长的影响呈现出区域差异，对东部地区经济增长的影响小于中西部地区。这一研究也表明，更多的土地供应指标使西部地区经济增长有可能快速追赶东部地区。一些研究也表明，土地供给量向落后地区倾斜，可在一定程度上缓解落后地区劳动力向发达地区的单向转移，从而在劳动力要素与生产要素的正向刺激下促进经济的发展（张莉等，2011）。因此，向落后地区提供更多经济发展要素，在一定程度上可解决企业土地资源瓶颈困扰，从而促进经济发展。

然而，学术界关于土地政策的偏向所带来的绩效也存在较大争议。一些学者认为，政府获得更多土地出让机会的同时由于弥补财政缺口而低价出让土地资源，从而造成土地的低效利用，不利于落后地区的经济发展（李名峰，2010）。虽然土地政策倾斜会使得落后地区获得更多生产要素，但是数量扩张型的经济增长并非可持续的，并且资源供给与生产效率的错配，反而使落后地区的经济陷入困境（陆铭等，2015；韩立彬，2017）。

为了研究区域间经济差距的变化，本章引入"经济收敛"的概念，即巴罗（Barro）所提及的绝对收敛与条件收敛：绝对收敛意味着在不以经济体的任何其他特征为条件，在人均量上贫穷经济体趋于比富裕经济体增长得更快；条件收敛则是地区的经济增长将收敛到各自的稳定状态，即只有在控制了影响收敛其他因素的情况下，能观测到的贫穷地区出现比富裕地区更快的经济增长现象（Barro & Robert，1991；Barro et al，1992；Barro & Robert，1998）。本章设定，若各区域间出现巴罗所界定的经济收敛，那么就认为区域间经济差距存在缩小的趋势。同时，基于我国各区域土地要素对经济发展的作用机制，本章将土地要素相关变量引入新古典经济模型中，推导出收敛模型，并利用土地偏向政策实施期间相关数据进行实证检验，以研究以下问题：土地要素影响经济增长的内在机制；各地区土地供应量的差距是否是造成我国区域间经济差距的原因；2000～2015 年，我国土地供应倾斜政策是否带来各区域间经济差距的缩小。本章可能的贡献在于：通过对经营性用地和基础设施用地供给的划分，深化土地要素影响经济增长的机制研究；深化土地政策的偏向对我国区域经济差异影响的实证研究，从而为区域经济政策的学术讨论提供新证据。

第二节 模型设置与数据说明

以往的研究基本上将土地要素作为一个整体，研究其对经济发展的影响。本章基于土地利用途径对土地供应类型进行区分，以使土地要素被合理纳入模型之中。我国土地供应分为有偿使用和无偿使用两种方式。其中，有偿使用方式获得的土地以土地出让方式为主，主要用于《土地管理法》规定的"教育、科技、文化、卫生、体育、工业、商业、旅游、娱乐和商品住宅等用途"；而以无偿使用方式获得的土地则是土地划拨方式供应的土地，其用途只限于"国家机关用地、军事用地、城市基础设施用地、公益事业用地、能源、交通、水利等基础设施性用地"。从以上法律规定得知,无偿使用方式获得土地用于城乡发展的公用设施建设;而有偿使用方式获得的土地利用用途虽呈现出多样化,但工业、商业、旅游等经营性用地在土地出让总量中占有绝对比重①。在经济学分析中,无论是以协议出让还是"招拍挂"方式所得的土地均会形成物质资本并直接进入经济生产过程中。因此,本章将国家供应的土地分为两大类:经营性用地与基础设施用地②。以下将构建土地供应影响经济发展的模型,并推导土地供应下的区域间经济收敛模型。

首先,将经营性用地要素纳入科布—道格拉斯(Cobb - Douglas)生产函数中,故假设经济体 t 时刻的产出为:

$$Y_t = K_t^\alpha G_t^\beta L_t^{*\,1-\alpha-\beta} \quad 0<\alpha,\ \beta<1 \tag{16.1}$$

其中,Y_t 为 t 时刻的产出;K_t 为资本存量;G_t 为土地要素存量,即经营性用地存量;L_t^* 为增强型劳动力。

其次,分析基础设施用地要素影响经济发展的机制。这部分土地要素的用途可大致分为:一是土地抵押融资,政府将土地抵押所融得资金进行基础设施建设。如,刘守英等分析发现每年的经济发展建设投资中,只有10%源于财政投入,90%与土地相关,其中60%通过土地抵押从贷款融资渠道获得(刘守英和蒋省三,2005)。二是将土地直接投入到基础设施的建设中,成为基础设施的承载要素。基础设施类土地要素的运用,将增加企业、居民的生产和生活的便捷程度,如发展给排水设施、电力基础、交通基础设施等,从而提高企业的生产效率与居民的生活质量,进而促进当地经济发展。因此,基础设施类土地要素将以土地融资额与划拨土地面积的形式被纳入提高生产厂商的全要素生产率的公用设施建设中,并假设全要素生产率对利用土地融资的弹性为λ、对基础建设性土地要素供给弹性为 θ,则有:

$$L_t^* = L_t e^{ht} F^\lambda B^\theta、L_t = L_0 e^{nt}、G = G_0 e^{zt} \tag{16.2}$$

其中,F 为利用土地要素所获得并投入基础设施建设的资金;B 为建设基础设施所利用的土地;h、z 和 n 分别为外生的全要素生产率、土地资本要素增长率与外生的劳动力增长率。

由资本积累方程推导可得:

$$\dot{k} = s_k f(k) - (h+n+\delta+\lambda v+\theta b)k_t \tag{16.3}$$

其中，s_k 为资本的投资率，δ 为折旧率，v 为利用土地要素融资 F 的增长率，b 为建设基础设施所利用土地的增长率。

有效人均物质资本 $k = (K/L^*)$，有效人均土地资本为 $g = (G/L^*)$，$y = (Y/L^*)$ 为平均有效劳动力产出。在生产过程中，本章假设土地资本要素与物质资本要素成正比，即 $G = aK$，a 为常数。因此，人均物质资本与人均土地要素的运动过程中存在稳定状态，并且经济整体存在稳态。将稳态时有效人均物质资本要素与生产函数结合整理，得到经济增长到达稳定状态时人均产出的对数方程模型（1）：

$$\ln(y^*) = \frac{\alpha}{1-\alpha}\ln s_k + \frac{\beta}{1-\alpha}\ln G - \frac{\beta}{1-\alpha}(\ln L_0 + nt + ht + \lambda\ln F + \theta\ln B) - \frac{\alpha}{1-\alpha}\ln(z+\delta)$$

$$(16.4)$$

式（16.4）是经济处于稳定状态时的假设情况，各地区的人均经济增长稳定状态受到初始的全要素生产率、投入基础设施资金量、经营生产性用地量、投入基础设施建设土地量、劳动力数量、劳动力增长率、技术进步率、折旧率、投资率等因素差异的影响。又因为由一阶泰勒展开得知经济体在稳定状态附近的收敛过程可表示为：$\frac{d\ln y_t}{dt} = \pi(\ln y^* - \ln y_t)$，其中，$\pi$ 定义了收敛速度。由此，可推导出两个时期的收敛过程检验模型 $\ln y_{t2} - \ln y_{t1} = (1 - e^{-\pi t})\ln y^* - (1 - e^{-\pi t})\ln y_{t1}$，从而推导得到关于条件收敛的计量估计模型（2）：

$$\ln\left(\frac{Y_{t2}}{L_{t2}}\right) = a + (e^{-\pi T})\ln\frac{Y_{t1}}{L_{t1}} + (1 - e^{-\pi t})\frac{(1-\alpha-\beta)\lambda}{1-\alpha}\ln F_t + (1 - e^{-\pi t})\frac{\alpha}{1-\alpha}\ln s_k +$$

$$(1 - e^{-\pi t})\frac{\beta}{1-\alpha}\ln G_t + (1 - e^{-\pi t})\frac{(1-\alpha-\beta)\theta}{1-\alpha}\ln B_t -$$

$$(1 - e^{-\pi t})\frac{\beta}{1-\alpha}\ln L_t - (1 - e^{-\pi t})\frac{\alpha}{1-\alpha}\ln(z+\delta) + \mu \qquad (16.5)$$

式（16.5）为本章想要估计的条件收敛基础计量模型，其中 $\ln\frac{Y_{t1}}{L_{t1}}$ 是本章的主要观察变量，其余变量为控制变量。在 $t_2 - t_1$ 时间段的选取上，由于一阶泰勒展开隐含假设 $t_2 - t_1$ 趋近于 0，所以在时间段选取时不宜过长，但是参考伊斯兰姆（Islam）在文献中提及在研究经济增长收敛问题时，使用时间间隔为 1 年的数据在很大程度上受到短期商业周期等因素波动的影响（Islam N，1995），所以应适当延长时间截取间隔，使回归受到波动影响程度降低。并且，由于土地供应倾斜政策出台至今时间长度比较短，所以本章将时间间隔截取为 3 年，即 $t_2 - t_1 = 3$，本章的时间段选取为 2000～2003 年、2003～2006 年、2006～2009 年、

2009～2012年、2012～2015年。根据计量检验结果，如果$e^{-\pi T}$为小于1大于0，说明经济存在条件收敛，即在控制了模型中各要素的情况下，初始人均产出水平越低的地区经济增长率越高。

本章虽然以东中西部为视角进行讨论，但考虑到实证检验过程中如果横截面只包含以东中西部所代表的区域数据会使计量结果误差较大，难以得到准确结果；并且我国的土地政策倾斜的目的在于使东中西部地区间实现平衡发展。因此，本章选取2000～2015年30个省区市的数据样本进行研究[①]。Y_{t2}为当年人均产出，用各省份2000～2015年换算成2007年不变价格的实际GDP来表示。st为物质资本投资率，使用各省区市在此时间段中的资本形成额占GDP比重的平均值来表示。F表示来源于利用土地融资并投资于基础设施建设的部分，采用土地供应量中土地出让、土地租赁部分的资金与政府利用土地进行的国内贷款与发行债券的总和的平均值来表示，各部分资金都是以2007年不变价格换算成的实际金额，数据来源于《中国国土资源统计年鉴》与《中国城市建设统计年鉴》。B为投资于基础设施建设的土地要素，本章用各省区市时间段内土地划拨面积的平均值来表示，数据来自《中国国土资源统计年鉴》。Gt表示经营性用地存量，这部分土地不仅包含了每年土地供应中用于经营性的部分土地，而且还应包括经营性用地存量，本章利用各省区市时间段中各年的前一年的城市建设用地面积中的工业用地面积与仓储用地面积的和来表示。而由于数据可得性，本章无法获得每年新增的经营性用地数值。但通过《土地管理法》中所规定的有偿使用土地使用范围，本章将用有偿使用土地面积，即出让与租赁的土地面积之和来表示，数据来源于《中国城市建设统计年鉴》与《中国国土资源统计年鉴》。z则为G的增长率。L为一、二、三产业的年末就业人数，数据来源于《中国统计年鉴》。折旧率δ的数据，本章根据李子奈等（2002）的研究将折旧率设为0.05。

第三节　实证结果与分析

本章将对上述动态面板模型运用一阶差分GMM估计方法来消除μ的影响，选取因变量的二阶滞后期及二阶以上的滞后期作为工具变量，对上述模型估计的

① 由于数据缺失，剔除西藏自治区作为数据样本。

结果见表 16 - 1 中列（1）。

表 16 - 1   实证结果

变量	（1）	（2）
	$\ln y_{t2}$	$\ln y_{t2}$
$L.\ln y_{t2}$	0. 775 *** （0. 00985）	0. 779 *** （0. 0108）
$\ln Gt$	0. 116 *** （0. 0199）	0. 114 *** （0. 0198）
$\ln B$	0. 00471 （0. 00568）	—
$\ln F$	0. 0520 *** （0. 0116）	0. 0533 *** （0. 0107）
$\ln Lt$	− 0. 156 *** （0. 0184）	− 0. 152 *** （0. 0191）
$\ln st$	0. 0518 （0. 0340）	0. 0631 ** （0. 0301）
$\ln (z + \delta)$	− 0. 111 *** （0. 0253）	− 0. 113 *** （0. 0222）
Constant	− 0. 0727 （0. 0939）	− 0. 0623 （0. 0920）
Observations	120	120
Number of provinces	30	30
Arellano – Bond test for AR （1）	z = − 2. 36 Pr > z = 0. 018	z = − 2. 35 Pr > z = 0. 019
Arellano – Bond test for AR （2）	z = − 0. 98 Pr > z = 0. 325	z = − 0. 81 Pr > z = 0. 416
Hansen test	chi2 （7） = 8. 93 Prob > chi2 = 0. 258	chi2 （8） = 10. 71 Prob > chi2 = 0. 219

注：1. * ：$p < 0.1$, ** ：$p < 0.05$, *** ：$p < 0.01$。
2. 括号中表示的是稳健性标准误。

模型（1）为 AR（1）、AR（2）和 Hansen 的检验结果，表明扰动项的差分存在一阶自相关，但不存在二阶自相关，所以接受差分 GMM 的做法，而且通过了 Hansen 和 Sargan 检验。相应自变量的系数除自变量 $\ln B$ 均通过了显著性检验，而 $\ln B$ 变量不显著，说明土地划拨的面积并不通过上文所假设的基础设施影响经济增长，也可看出土地划拨面积不是影响经济增长的主要原因。由于 $\ln B$ 的系数不显著，因此在基础模型中排除建设公用设施所利用的土地面积要素，推导步骤与前文一致，得到计量模型（2），并再次进行计量检验，结果见表 16 - 1 中的列（2）。由检验结果看出，模型（2）与模型（1）的结果变化并不大，并且使 $\ln s$ 变得显著，符合经济预期，其余变量也通过显著性检验，并且模型通过 AR（1）、AR（2）、Hansen 检验，说明模型（2）的有效性。$\ln L_t$ 的系数为负，说明劳动力增长率的提高带来经济增长率的降低，可推断我国此阶段处于人口红利下降阶段，符合预期。$\ln(z+\delta)$ 的系数为负[①]，说明在保持折旧率一定时，*TFP* 增长率与人口增长率之和的增长率与经济增长率呈负相关。此结果也看到我国 2000 ~ 2015 年的一个经济事实，即我国经济增长率快的时期各地区全要素生产率（*TFP*）增长率在放缓，并且中西部人口流动至较发达的沿海地区（陆铭等，2015）。由此可知，实证结果符合经济预期与经济现实。并且可看出，对经济发展有正向促进作用的因素是政府通过土地要素所融得的资金量，而非划拨土地的面积，所以本章重点考虑模型（2）。通过模型（2）可看出土地供应量的增加会促进经济增长，主要通过的途径是土地供应中土地出让与租赁等有偿土地的使用，而土地划拨并不会促进经济增长。综上所述，落后地区土地供应中有偿使用土地量的增多会促使其经济增长追赶发达地区。

模型（2）的检验结果显示为 0.762，说明存在条件收敛，即当控制了投资率、投入经营性的土地要素、劳动力、利用土地融资量后，经济发展初始水平越低地区的经济增长快于经济发展初始水平高的地区，并且可测算出经济的条件收敛的速度 r 约为 0.083，即半衰期约为 8.4 年，即消除各省区市间 50% 的初始经济差距大约需要 8.4 年。

进一步检验我国各省区市经济是否存在绝对收敛现象，即测算当不控制投资率、投入经营生产性的土地要素、劳动力与利用土地融资量等因素的经济收敛速度，模型如下：

$$\ln\left(\frac{y_{i,t}}{y_{i,t-1}}\right) = \alpha - (1 - e^{-rT})\ln y_{i,t-1} + \mu_{i,t} \qquad (16.6)$$

如果 $\ln y_{i,t-1}$ 的系数为负，则意味着存在绝对收敛，收敛速度为 r，反之则不存在绝对收敛。i 表示 30 个省份，t 代表年份，y 代表实际人均 GDP。现将上述模型变形为：$\ln y_{i,t} = \alpha + (e^{-rT})\ln y_{i,t-1} + \mu_{i,t}$，并设为模型（3）。利用最小二乘法进行估计，得出的收敛速度结果见表 16 - 2。结果表明，变量通过显著性检验，并且 R^2 为 0.97，说明自变量对因变量的解释程度很高。经过测算，我国 30 个

---

① 此时 z 在模型（2）中等于 $h + n + \lambda v$。

省份之间在此时间段中存在绝对收敛，并且所测算的收敛速度约为 0.03，半衰期约为 23 年。

表 16-2 　　　　　　　　　　　　绝对收敛检验结果

时期	r	Constant	Observations	R^2
2000~2015	0.0325 *** (0.0116)	0.392 *** (0.0172)	120	0.970

注：1. *：p<0.1，**：p<0.05，***：p<0.01。
2. 括号中表示的是稳健标准误。

通过对我国 2000~2015 年的经济收敛速度进行检验，发现控制要素之后的经济收敛速度（约为 0.083，即半衰期约为 8.4 年），明显快于没有控制上述要素的经济收敛速度（约为 0.03，半衰期约为 23 年）。说明各地方投资率、投入经营性的土地要素、劳动力、利用土地融资量存在较大差距，并且阻碍了我国各区域间的经济收敛。在模型（2）的基础上控制土地相关要素，从而得到模型（4），并测算此时的收敛速度，检验结果见表 16-3。

表 16-3 　　　　　　　　　　　　模型（4）检验结果

变量	(4) $\ln y_{t2}$
$L.\ln y_{t1}$	0.883 *** (0.0226)
$\ln Lt$	-0.244 *** (0.0937)
$\ln st$	0.261 *** (0.0981)
$\ln(z+\delta)$	-0.112 *** (0.0421)
Arellano - Bond test for AR (1)	z = -1.76 Pr > z = 0.078
Arellano - Bond test for AR (2)	z = -0.81 Pr > z = 0.416
Hansen test	chi2 (18) = 24.63 Prob > chi2 = 0.136

注：1. *：p<0.1，**：p<0.05，***：p<0.01。
2. 括号中表示的是稳健标准误。

由表 16 - 3 检验结果可看出，所有自变量通过显著性检验，并且符号符合预期，而且通过了 AR（1）与 AR（2）检验，说明 GMM 检验方法的有效性。由 Hansen 检验结果可知，结果无法拒绝"所有工具变量都有效"的原假设，说明本章检验过程中所选取的工具变量均是合理的。测算模型（4）的收敛速度 r 约为 0.04，即半衰期约为 17 年（见表 16 - 4）。

表 16 - 4 各模型的收敛速度比较

模型	模型（2）	模型（3）	模型（4）
收敛速度	0.083	0.0325	0.04
半衰期	8.4 年	23 年	17 年

由表 16 - 4 可知，控制投资率、劳动力、劳动力增长率与资本折旧率后的模型（4）的经济收敛速度比没有控制要素的模型（3）的经济收敛速度要快，说明我国区域间存在投资率、劳动力、劳动力增长率与资本折旧率上的差距。而在模型（4）基础上又控制了各地经营性用地面积与利用土地融资量差距后的模型（2）的速度加快了，说明各地经营性用地面积与利用土地融资量的差距是阻碍经济收敛的因素之一。虽然土地供应倾斜政策给予落后地区较东部更多的土地利用指标，却没有促进落后省区市与发达省市间的经济收敛，反而阻碍了落后省区市对发达省区市的追赶步伐。

第四节 小 结

一、主 要 结 论

通过以上分析可知：首先，土地供应总量中划拨部分的土地量的多少对各地区间的经济收敛甚至当地的经济发展所产生的影响并不显著。以无偿、无期限的方式划拨土地多运用于党政、人民团体、公益事业等特殊项目，土地的运用并不追求经济效益，从而这部分土地对经济增长的贡献度并不高。其次，供应土地中促进地区经济发展的部分为有偿使用的土地部分与利用土地融资，即当控制其他

要素不变的情况下，地区运用更多此类土地会带来更快的经济增长。但 2000~
2015 年的经济收敛实证结果却表现出各地区运用有偿使用土地与利用土地融资
会阻碍经济收敛，说明各地区有偿使用土地与利用土地融资存在明显差异，土地
供应倾斜政策并没有达到预期效果。

二、原因分析

（一）各地区利用土地融资能力存在差异

地区间的土地融资能力差异体现在利用有偿土地融资量与土地抵押融资量
上，虽然土地在供应上向落后地区倾斜，但在影响经济收敛的利用土地融资方面
却出现地区间差距拉大的趋势（见图 16-1）。

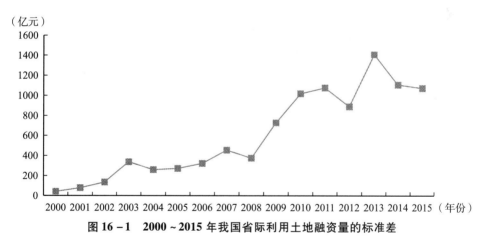

图 16-1 2000~2015 年我国省际利用土地融资量的标准差

资料来源：2000~2015 年《中国国土资源统计年鉴》。

2000~2013 年我国各地区间利用土地融资量的差距逐渐拉大，2013 年后差
距才有所缩小。作为重要的影响因素，土地融资量差距的拉大使我国各地区间经
济收敛速度大幅下降。造成这一问题的原因主要有：第一，我国各地区间的土地
价格差异拉大，落后地区的土地价格明显低于发达地区，并且东部地区的土地供
应相对减少伴随需求大于供给，进而推动东部地区土地价格进一步上升，致使
中、西部地区较东部地区的土地在出让与租赁时的总费用较低（黄志基和贺灿
飞，2017）。第二，落后地区急于拉动外部投资，可能将土地以更优惠的价格出
让或租赁（颜燕等，2013）。这是基于土地要素融资量提升速度缓慢，从而造成
以土地获得资金的能力不足。第三，落后地区与发达地区在土地发债与土地融资

上的能力也存在差异（郑思齐等，2014）。我国区域间的土地融资能力差异巨大，融资能力的差距会直接引起对设施等投资的差异，从而对人口、产业聚集甚至经济发展造成差异化影响。

（二）中西部地区内各省份间土地供应的差距增大

土地供应的倾斜政策虽然使土地供应量逐渐向中西部地区倾斜，但中西部地区内部各区域在土地供应量上的差距却在逐年拉大。

2000～2010年西部地区各省份的土地供应差距变化较为平稳，没有明显的扩大趋势，但自2010年开始土地供应量差距迅速扩大（见图16-2）。土地政策倾斜不仅在全国范围内，并且在地区内部的各省份间体现得也十分明显。西部地区土地供应量增长较快的省份如四川、云南分别由2000年的4294.58公顷和2974.2公顷增长至2015年的47857.38公顷和52689.1公顷，而增长较慢的省份如西藏、青海、宁夏，自2000年的2436.31公顷、715.73公顷和2179.28公顷上升至2015年的891.45公顷、8576.01公顷和10719.38公顷，这些省份仅仅为四川、云南土地供给量的1/5左右。由此可见，2010年之后，虽然土地供应量仍然总体上向中西部地区倾斜，但土地供应仅集中于西部个别地区，使西部地区内部土地分配的差距变大，导致地区内分配更加不合理，从而阻碍了我国区域间整体的经济收敛。

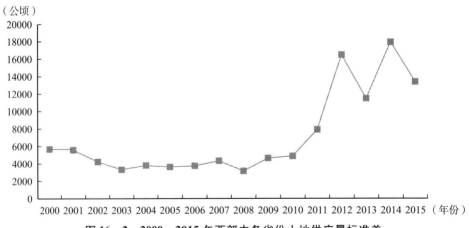

（公顷）

图16-2 2000～2015年西部内各省份土地供应量标准差

资料来源：2000～2015年《中国国土资源统计年鉴》。

（三）中西部地区的划拨用地所占比例过大，且相比于发达地区上升更快

上文实证检验表明，土地供应中的划拨用地对经济增长的影响不显著。虽然偏向中西部地区的土地供应倾斜政策使中西部地区的土地供应比例逐年上升，并且相对挤压了东部地区的土地供应指标，但在西部地区的土地供应指标之中，对经济影响不显著的划拨土地部分却占了很大比重。

我国中西部地区由于基础设施建设落后于较发达地区，所以用了过多的用于基础设施建设的划拨土地，至 2015 年西部地区划拨的土地占西部地区总供应量的比重为 75%，而相对发达的东部地区的划拨土地占比为 45%（见图 16-3）。可见，在土地供应的倾斜政策下，西部地区将土地供应量的 3/4 应用于对经济发展效率提高影响较小的基础建设用地上，因而较东部地区在运用对经济增长影响显著的土地部分的效率比较低下，以至于在土地政策倾斜下，并没有带来中西部地区与东部地区经济增长的收敛，东西部地区经济差距并未因此而缩小。

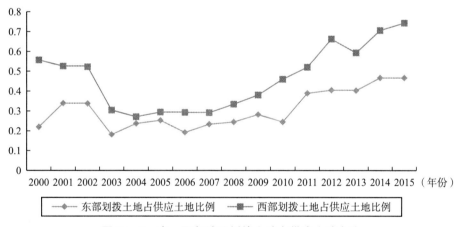

图 16-3　东、西部地区划拨土地占供应土地占比

资料来源：2000~2015 年《中国国土资源统计年鉴》。

三、对　策

土地供应倾斜政策在实施中表现为中部与西部较落后地区的土地供应占比逐年增加，而较发达地区的土地供应指标较少，政策意图是为了缩小我国地区间经济发展的差距，即推动地区经济的收敛。但通过实证检验发现：各地方政府利用

土地发展经济的过程中，并没有使落后地区与发达地区间经济差距有所缩小，反而出现阻碍差距缩小的现象；土地供应指标中的划拨土地部分对经济增长并没有显著性影响，而对经济增长影响较为明显的是土地供应指标中的土地出让与租赁部分等有偿使用土地和利用土地融资量。因此，中央政府在实施土地供应倾斜政策的同时，应结合东部地区与中西部地区的实际情况，将土地供给政策实施得更为细化，使土地分配指标与各地区的土地利用效率合理配置与融合，从而形成土地要素利用效率最大化。地方政府则应在配合中央政府实施相关土地政策的同时，提升土地利用能力，严格控制因获取土地财政而造成的低效率土地的扩张。土地性的收入仍然是发展区域经济的主要因素，因此应推动土地融资市场化，使土地能体现自身的真实价值，提高利用土地融资能力与土地利用效率。中央政府应在关注全国各区域经济差距的同时，考虑到区域内各省、市、县等相对低等级地区的经济发展，只有平衡各层级地区的经济才能促进国家经济整体的均衡发展。唯有在中央政府与地方政府两个层面相互配合下，政策的实施效果才更明显，从而形成最优的土地分配结构、达到政策实施的目的。

参考文献

［1］蔡潇，刘卫东，吕添贵. 投资视角下土地财政与经济增长的互动关系［J］. 经济问题探索，2017（04）：10－17.

［2］韩立彬，陆铭. 向空间要效率——城市、区域和国家发展的土地政策［J］. 城市治理研究，2017，1（01）：94－112，3－4.

［3］黄志基，贺灿飞. 中国城市工业用地扩张与利用效率研究［M］. 北京：经济科学出版社，2017.

［4］李名峰. 土地要素对中国经济增长贡献研究［J］. 中国地质大学学报（社会科学版），2010（01）：60－64.

［5］李明月，胡竹枝. 土地要素对经济增长贡献的实证分析——以上海市为例［J］. 软科学，2005（06）：21－23.

［6］李勇刚，高波，许春招. 晋升激励、土地财政与经济增长的区域差异——基于面板数据联立方程的估计［J］. 产业经济研究，2013（01）：100－110.

［7］李子奈，鲁传一. 管理创新在经济增长中贡献的定量分析［J］. 清华大学学报（哲学社会科学版），2002（02）：25－31.

［8］刘守英，蒋省三. 土地融资与财政和金融风险——来自东部一个发达地区的个案［J］. 中国土地科学，2005（05）：3－9.

［9］陆铭，张航，梁文泉. 偏向中西部的土地供应如何推升了东部的工资［J］. 中国社会科学，2015（05）：59－83，204－205.

［10］汪锋，张宗益，康继军. 企业市场化、对外开放与中国经济增长条件收敛［J］. 世界经济，2006（06）：48－60.

［11］王贤彬，徐现祥. 财政激励、晋升激励与地方官员的土地出让行为［J］. 中国工业经济，2011（04）：35－43.

［12］辛波，于淑俐. 对土地财政与地方经济增长相关性的探讨［J］. 当代财经，2010（01）：43－47.

［13］颜燕，刘涛，满燕云. 基于土地出让行为的地方政府竞争与经济增长［J］. 城市发展研究，2013（03）：73－79.

［14］张莉，王贤彬，徐现祥. 财政激励、晋升激励与地方官员的土地出让行为［J］. 中国工业经济，2011（04）：35－43.

［15］郑思齐，孙伟增，吴璟，等. "以地生财，以财养地"——中国特色城市建设投融资模式研究［J］. 经济研究，2014（08）：14－27.

［16］钟国辉. 土地供给方式、土地出让金与经济增长［J］. 经济与管理评论，2014（05）：13－17.

［17］Barro, Robert. Economic Growth in A Cross Section of Countries［J］. Quarterly Journal of Economics, 1991（106）：407－443.

［18］Barro, R., and Sala-i－Martin, X. Convergence［J］. Journal of Political Economy, 1992, 100（2）：2350－2390.

［19］Barro, Robert. Determinants of Economic Growth：A C ross－Country Empirical Study"［D］. Cambridge, Massachusetts, London, England：The MIT Press, 1998.

［20］Demurger S, Sachs J D, Woo W T, et al. The Relative Contribution of Location and Preferential Policies in China's Regional Development：Being in the Right Place and Having the Right Incentives［J］. China Economic Review, 2002（12）：444－465.

［21］Islam, N. Growth Empirics：A Panel Data Approach.［J］. Quarterly Journal of Economics, 1995（4）：1127－1170.

［22］Nichols D A. Land and Economic Growth［J］. American Economic Reviews, 1970（3）：332－340.

［23］S Demurger, JD Sachs, WT Woo, S Bao. Economic Geography and Regional Growth in China［D］. Asian Economic Panel, 2001.

［24］Yao, Shujie, A. Liu and Z. Zhang. Convergence of China's Regional Incomes［J］. China Economic Review, 2001（12）：243－258.

第十七章
城市工业用地市场化
配置改革探索

第一节 引 言

改革开放以后，我国借助独特的工业化模式，即 20 世纪 80 年代中期至 90 年代中期的乡村工业化，以及 90 年代以后的园区工业化，推动了快速的工业化进程，迅速发展成为"世界制造工厂"。在这一独特的工业化模式中，中国特色土地制度下的工业用地供给方式所起的作用举足轻重（刘守英，2018）。乡村工业化阶段，为了安置农地改革后形成的农村大量剩余劳动力，国家鼓励农民利用集体土地创办乡镇企业，其实质是允许农民集体所有土地直接进入非农用地市场，从而为乡村工业化提供了土地保障。园区工业化阶段，地方政府是土地市场的唯一供应方，通过高比例的工业用地供应、压低工业用地的价格以及"以地融资"等手段，保障了工业化的快速推进。工业用地的大规模配置，在推进高速工业化的同时，也引起了资源浪费、用地低效等一系列问题，逐渐成为可持续发展的重大障碍（魏后凯等，2014）。随着工业化、城镇化的不断推进，资源环境约束逐步趋紧，经济发展阶段换挡加快，产业转型升级成为新时期中国经济高质量发展的关键问题之一。然而，改革开放以来，尤其是园区工业化以来所形成的工业用地配置模式已经难以适应资源约束和产业升级的内在需求，因此，提高工业用地配置效率成了不可回避的改革议题。党的十八大以来，随着土地制度改革进程的加快，国家发展改革委和原国土资源部联合主导了工业用地市场化配置改革，并先期在辽宁省阜新市、浙江省嘉兴市、安徽省芜湖市、广西壮族自治区梧州市四市试点，为工业用地配置制度改革提供了重要的实践探索。

实践的探索显现出工业用地配置制度改革的复杂性和综合性，其实践效果至今仍未获得广泛共识。从试点实践的时机选择看，当前我国经济总体上面临下行趋势，实体经济趋冷，一定程度上影响了试点实践取得的效果；同时，由于资源禀赋差异、发展阶段不同、产业特征各异以及政府行为特征差异，东部发达地区（如嘉兴市）所面临的资源约束和产业转型压力更大，如何通过工业用地供给制度改革实现产能置换便成为急迫问题；而中西部地区因区位条件和发展阶段所限，工业规模增长仍是经济发展的主要诉求，导致改革现有工业用地配置模式的阻力仍难以突破，路径依赖仍可能在一段时间内维系。尽管全国同步推进工业用地配置改革的难度较大，但东部发达地区所进行的实践试点仍具有政策创新意义。本章旨在探寻工业用地配置制度改革的动力机制、影响因素、可能路径和未来政策创新的方向。浙江省嘉兴市的区位特征、经济转型阶段、产业发展状况以及国家工业用地市场化配置改革试点的制度供给，为本章的研究目标提供了案例样本。嘉兴市位于东部沿海，处于经济较为发达的江浙地区。嘉兴市紧邻上海，经济实力较强，民营经济较为活跃，但其工业产业层次仍较低，投入产出相对不高。全市约 3.4 万家工业企业中，有 99.4% 的工业企业为中小微企业，而且传统产业比重大、科技含量低、发展方式较为粗放。2014 年，全市各类工业园区平均投资强度约 220 万元/亩，地均产值约为 250 万元/亩，均低于全省平均水平。近年来，嘉兴市已经加快传统产业改造提升步伐，积极实施工业机器换人计划（如 2016 年应用工业机器人 1465 台），加大了工业技改投资力度，2016 年其占工业投资比重达到 83.5%。嘉兴市海宁市于 2013 年被浙江省政府列为资源要素市场化配置综合配套改革试点；2013 年嘉兴市率先开展工业用地绩效评价；2014 年 12 月，嘉兴市被列为全国 4 个工业用地市场化配置改革试点城市之一，使得嘉兴市成为全国探索工业用地配置制度改革的典型区域之一。本章基于作者对嘉兴市工业用地市场化配置改革的第三方评估调查，分析工业用地配置改革的内在需求和制度供给，思考政府主导下工业用地配置制度改革的内在逻辑和创新，探讨工业用地配置制度改革的未来路径。

第二节　理　论　分　析

本章拟基于"地方政府与企业互动"的视角，探讨工业用地配置的演化及其阶段性。有关土地资源配置的探讨，需回溯到对土地功能的研究。作为古典经济学的重要代表人物，亚当·斯密在分析国民财富的性质与原因时，将土地与劳动、资本一起作为三个基本的生产要素。其中，土地往往被视为经济增长的重要支撑因素。但是，到了新古典理论时期，随着工业和城市经济的发展，土地的经济重要性下降，经济增长依赖于资本形成、配置效率、技术进步，经济发展从依赖土地转为依赖创新和全要素生产率的提高。遗憾的是，对土地重要性的忽视，使得新古典理论在解决发展问题，尤其是发展中国家经济增长问题时变得困难重重。在发展中国家的经济发展中，土地无疑是创造资本的最重要来源。土地在经济活动之间的再分配中会带来土地价值的增值，并通过土地增值价值的捕获为经济发展带来巨额资本。而我国在经济发展和结构变迁过程中，不仅发生了土地从农用到非农用的大规模配置，更重要的是发生了农地制度、土地转用制度以及非农用地使用制度的系列变革。土地的转用创造了比计划经济时期土地产品"剪刀差"更巨额的土地级差收益（刘守英，2018）。地方政府唯一供应土地市场的制度安排创造了地方政府依赖土地投入的发展模式，而土地也就成为地方政府推动经济发展的发动机。

工业用地被地方政府作为"以地引资"和"以地生财"的工具，为地方政府招商引资、促进 GDP 增长发挥了重要功能。工业用地出让规模不断增长，在整个城市土地利用结构中保持着 40% ～ 50% 的比例，大大超过了国际发达经济体的平均水平，而且工业用地价格被长期扭曲，工业用地利用效率也难以实现持续提升（黄志基，贺灿飞，2017）。而对于土地受让方的企业，当工业用地价格低于其本身的要素价格，甚至是"零地价"时，基于利润最大化的目标，就倾向于选择更多的土地要素与更少的非土地要素组合方式，从而导致企业粗放低效利用工业用地（林坚，2009）。然而，随着发展阶段的变化，土地的功能也将发生转变。为了便于解释，本章尝试基于"地方政府与企业互动"视角，将工业用地配置功能模式划分为以下三个阶段。

第一阶段，以"政府唯一供应，以地引资"作为工业用地配置模式的主要特征。1998 年《土地管理法》修订后，地方政府利用工业用地市场唯一供应的地位，大量低价出让工业用地，进行招商引资，推动快速工业化。这一阶段，企业往往获得较为充分的用地保障，用地约束较低；有些企业甚至通过囤积工业用地，以期在未来的土地转性过程中获得额外利益（张莉等，2013）。

第二阶段，以"政府主导，企业参与"作为工业用地配置的主要特征。从第一阶段过渡到第二阶段，背后有以下一些主要的驱动因素。一是土地资源约束趋紧，土地资源的有限性和耕地保护政策严格性共同促进了土地集约节约利用的用地战略实施，形成了资源高效利用的内外驱动力；二是产业发展阶段发生了转换，供给侧结构性改革、工业品质提升、工业结构调整成为产业阶段转换的强大动力，新兴产业总体上实现了资源友好，对土地的需求也将降温；三是工业用地再利用成为不可回避的重要问题，而这个问题是促进土地节约集约利用的必经之路。这些驱动因素共同作用于地方政府，使得地方政府开始调整工业用地配置策略，不仅更加谨慎选择出让企业，而且采取更加主动的措施促进工业用地再利用。这一阶段，产业阶段转换使得企业有更多的机会参与工业用地配置的过程，并对地方政府政策调整采取更加灵活的策略。地方政府与企业之间的互动将显著增强，工业用地配置优化的因素也越来越依赖于地方政府与企业的互动效果。

第三阶段，以"政府引导，企业选择"作为工业用地配置的主要特征。这一阶段转换的驱动力主要来源于集体建设用地入市的制度变革。新《土地管理法》于 2020 年 1 月 1 日开始实施，其赋予了集体经营性建设用地与国有建设用地同权同价入市的法律保障。可以预见，随着集体经营性建设用地入市政策的逐步规范，企业将获得更加多元化的用地供应，地方政府供应土地不再是唯一的方式。地方政府也将逐渐转换职能，即从将土地作为发动机功能的角色中进行转换，从而有望逐步回归土地的需求引致功能。

本章认为，基于地方政府–企业互动的视角，工业用地配置将经历以上三个阶段的转变。从实践角度看，东部发达地区的一些城市已经开始从第一阶段向第二阶段转变，逐渐呈现出"政府主导、企业参与"的工业用地配置模式。基于现行土地制度框架，地方政府仍然在工业用地配置过程中发挥主导作用，但是产业发展阶段转换背景下的企业将更多参与到工业用地配置过程中，有些政策创新在未能获得企业有效回应情况下可能收效甚微。基于此，本章将通过嘉兴市工业用地配置制度改革这一案例，对本章提出的分析框架进行验证，以期完善政策创新的思路和实施路径。

第三节　案例来源与案例概况

经过 30 多年快速的工业化和城市化，我国各地资源条件和产业发展都发生了深刻的改变；而资源条件的改变和产业发展阶段的转换，又反作用于工业化和城市化。之前以大量用地投入为基础推动的工业化已经难以为继，产业发展和土地的关系正在发生变化，而工业用地配置制度的滞后也导致了产业发展阶段转换的困境。嘉兴市资源条件和产业发展阶段均发生了显著变化，对工业用地配置制度改革的需求也在逐渐形成。

一、工业用地配置制度改革的内在需求：嘉兴市的实例

嘉兴市地处我国东部沿海地区，工业基础发达。在改革开放过程中，嘉兴市经济快速发展，尤其是民营经济发展，成为带动经济发展的重要力量。工业化的

快速发展带来了工业用地的迅速增长，使得后备资源越来越有限。因此，在土地资源约束和产业升级的双重驱动下，对工业用地配置制度改革的需求也逐步凸显出来。

（一）土地资源约束逐步加强

经过改革开放以来的快速发展，嘉兴市土地资源消耗巨大，传统用地方式弊端不断凸显，原有的土地保障模式已经难以为继，资源约束趋紧越来越明显。具体表现在：一是土地开发利用强度逼近极限。根据 2014 年国土部门土地利用变更调查数据，嘉兴市城乡建设用地占国土面积比例为 26.7%[①]，是浙江省平均水平的 1.07 倍，已接近 30% 的生态极限。城镇和工业用地的快速扩张，还造成了农业空间和生态空间不断被挤占，保护耕地的压力持续加大。二是土地供需矛盾依然突出。2013 年，中央城镇化工作会议上提出，长三角地区属于优化发展区，今后发展主要以盘活存量土地为主，这也预示着，未来上级下达到浙江省和嘉兴市的新增建设用地指标将逐年减少。而未来一段时期，嘉兴市仍然处于工业化、城镇化、信息化、农业现代化快速推进时期，土地资源的需求可能仍处于高位，带来的土地供需矛盾将持续显现。三是耕地占补平衡难度更加突出。嘉兴是典型的水网平原地区，境内无低丘缓坡，农用地的主要类型为耕地，比重达 85.7%，全市农地整理工程已基本完成，再由此新增耕地数量潜力有限。而沿海可用滩涂大部分已实施了围垦造地，尚可进行滩涂围垦的区域已不多，且新围垦地大部分以满足减少用地需求为主。2011～2020 年，全市可供用于补充耕地的潜力仅为 32.2 万亩左右，因此未来补充耕地的潜力主要来源为农村土地综合整治，尤其是建设用地复垦，因而耕地占补平衡难度日趋加大。

（二）产业转型升级的紧迫性

虽然嘉兴市处于东部沿海地区，工业基础较为发达，但是受工业产业结构、传统用地观念等多方面影响，嘉兴市工业用地总体上利用效率不高、土地产出效益也偏低，提高工业用地利用效率和效益具有较大空间。一是嘉兴市产业层次偏低。在嘉兴市全市约 3.4 万家工业企业中，有 99.4% 的工业企业为中小微企业。传统产业比重偏大、科技含量偏低、发展方式较为粗放、产品竞争力不强是嘉兴市工业企业素质性、结构性、规模性问题的突出体现，由此带来工业经济增长方

---

① 本部分数据均来自嘉兴市自然资源与规划局提供的《嘉兴市工业用地市场化配置改革试点工作汇报》（2019 年 6 月）。

式仍较为粗放，产业层次整体水平不高，亟须进一步提升。二是产业投入产出不高。根据嘉兴市经信部门统计，2014 年，嘉兴市各类工业园区平均投资强度约为 220 万元/亩，亩均产值约为 250 万元/亩，分别低于全省平均水平 9 个和 5 个百分点，全市建设用地地均 GDP 约为 19.7 万元/亩，相当于全省平均水平的 84.37%，全市万元 GDP 耗地量为 33.8 平方米，高出全省平均水平 5 平方米，工业用地投入产出不高是影响嘉兴市土地利用效率的直接因素。

总之，土地资源约束趋紧和地方产业转型升级的紧迫性共同促进了嘉兴市对工业用地配置制度改革内在需求的形成。

二、工业用地配置制度改革的制度供给：嘉兴市的实践创新

为了解决工业用地发展限制，促进工业用地节约集约利用和产业转型升级，嘉兴市抓住了两次改革试点机会，推进了试点改革实践。一是嘉兴市海宁市于 2013 年被浙江省政府列为资源要素市场化配置综合配套改革试点，嘉兴市率先开展工业用地绩效评价；二是 2014 年 12 月，嘉兴市被列为全国 4 个工业用地市场化配置改革试点城市之一，先行先试相关市场化配置手段。通过这两次试点，嘉兴市在工业用地绩效评价机制、准入机制、出让机制、流转机制、规划管控机制和监管机制 6 个方面，形成了比较全面的制度创新体系。

（一）以差别化要素配置为目标的工业用地绩效评价机制

一是建立工业企业用地亩均效益综合评价制度。以海宁为例，工业企业用地亩均效益综合评价制度是对规模以上工业企业，设置亩均税收、亩均销售收入、亩均工业增加值、单位能耗工业增加值、单位 GDP 排放工业增加值、全员劳动生产率 6 个指标；对规模以下工业企业，设置亩均税收、单位电耗税收、亩均销售收入 3 个指标，每个指标分别设置不同权重，对企业效益进行综合评价。根据评价结果，将企业划分为重点扶持和鼓励提升类（A 类）、整治提升类（B 类）、落后淘汰类（C 类）三个类别。二是建立与企业效益综合评价挂钩的要素配置制度。针对不同类型企业，在用地、用电、用能、用水、排污等方面实施有针对性的差异化政策，建立竞争性的资源要素获得机制，促进单位资源产出最大化，激励和倒逼企业转型升级。在用地方面，主要是实施差异化城镇土地使用税政策，在地方税收管理权限内，先将城镇土地使用税征收标准普遍提高一倍，在此基础上，根据企业亩均效益综合评价结果分类分档给予差异化税收减免。A 类企

业城镇土地使用税减免 80%，房产税减免 20%；B 类企业城镇土地使用税减免 20%；C 类企业不予减免。通过以上措施，提高低效工业用地持有和使用成本。

工业用地绩效评价制度是嘉兴市工业用地配置试点政策的亮点之一。长期以来，如何促进产业用地"腾笼换鸟"是地方政府难以解决的问题。由于政策规定工业用地出让年限一般为 50 年，对于出让年限未至而用地较为低效的企业，地方政府往往没有有效的腾退途径。尤其是我国《物权法》实施以来，对财产权的保护更加规范，强制性的腾退措施几无可能。嘉兴市工业用地绩效评价及其要素差异化配置则是通过经济手段，并以行政化的方式加大了低效企业的经营成本，使得这些低效企业要么选择提高生产效率，要么腾地搬迁，走出了一条可持续可操作的运作之路。从实践上看，大部分企业能够认同这一政策，政策实施效果也基本符合预期。

（二）逐渐趋于严格的工业用地准入机制

一是制订严格的准入标准。新进工业项目用地投资强度原则上不低于 300 万元/亩、容积率不低于 1.0、亩均销售收入不低于 300 万元、亩均税收不低于 15 万元，并且根据经济发展逐年完善提高。二是推进工业用地"标准地"出让。所谓的"标准地"出让，是指在完成相关区域评估基础上，带着固定资产投资强度、容积率、单位能耗标准、单位排放标准、亩均税收至少五项基本指标出让。土地竞得者与平台管理单位一并签订亩均投入产出协议，对亩均投入、亩均产出、亩均税收、违约责任认定及处理、损失承担、赔偿以及土地回收条件等事项纳入协议内容，以落实投入产出目标。三是实施联合会审制度。各县（市、区）成立由发改、经信、财政、自然资源和规划、建设、生态环境等部门组成的工业项目准入评价领导小组，负责对各镇（街道）申报的工业项目投资强度、建设强度、用地面积、容积率、亩均产出、亩均税收、能耗、环境容量等指标进行综合评价排序。得分合格的项目，由该领导小组提出同意准入意见；得分不合格的项目，将不予准入。

其实，各地均有制定工业企业准入门槛，用地相关指标如投入强度、产出效益都是包含在其中的组成部分。原国土资源部制定的工业用地最低价标准，实际上也是一种准入标准。但是，各地在执行过程中，在招商引资的压力下往往会出现偏差。嘉兴市能够执行不断趋于严格的准入机制，其背后其实是资源约束和行政压力双重驱动力使然。在实践中，嘉兴市推出的工业用地"标准地"出让模式是一个实践创新，具有一定的借鉴意义。

（三）允许差别化的工业用地出让机制

一是实施分阶段出让。对先进装备制造业、高技术产业、战略性新兴产业等鼓励发展的产业，用地面积在 40 亩左右，可实行一次性出让、"3 + 5 + X"分阶段评估管理模式，即给予企业 3 年开发建设期、5 年投产初始运行期（含 3 年开发建设期），对开发建设情况和投产初始运行情况分阶段验收考核，企业按时向自然资源部门申报竣工验收情况，企业按时向乡镇和发展平台申报达产复核情况，如未达到合同约定要求，给予一定期限的整改期，整改不到位的，按原土地出让价格收回土地使用权。二是"先租后让"供地。对于科技成长型产业，资金实力不是十分雄厚，用地面积在 20 亩左右，实行先租后让供地，即先将国有建设用地使用权在一定期限内租赁给土地使用者，由土地使用者按租赁合同约定支付租金并进行开发、利用、经营，待土地使用者达到租赁合同约定的投资、建设、税收等条件后，向自然资源部门申请办理出让手续，再签订出让合同，缴纳土地出让金。三是弹性出让。工业用地弹性年期出让以 10 年为单位，设定 20 年、30 年、40 年、50 年等出让年限。工业用地弹性年限设定由相关单位就产业导向和布局、投资强度、环境影响等方面，分产业指标、投资指标、环境影响指标等 7 大评价指标，进行项目联审评分（总分 100 分）。其中，70 分以下项目不得给予供地。得分在 70 ~ 72 分（不含 72 分）以下的项目，最高出让年限原则上不得高于 30 年。得分 72 ~ 85 分的项目基本上建议弹性年限为 40 年。对于投资规模大、科技含量高及创业创新中心标准厂房等或者联审评分超过 85 分的项目，可按法定最高年限（50 年）出让。四是差别化地价。对符合产业导向的先进装备制造业、高技术产业、战略性新兴产业以及工业企业绩效评价为 A 类等优先发展且节约集约的项目，采取地价修正系数修正下浮确定出让起始价。对不符合产业转型升级但国家仍允许投资的产业用地，按照土地评估价格上浮不低于20%设定出让起始价。

探索差别化的工业用地出让方式，是中央重要的改革意图之一。其出发点是基于以下考虑：一是工业用地出让期限确定为 50 年，与一般产业的生命周期不一致，因此尽量将出让期限靠近产业的生命周期；二是降低土地资源错配的概率，留下置换新企业的空间；三是试图降低企业的用地初始成本。显然，这一试点措施是站在政府的角度优化用地配置的尝试，但是这些措施是否能够得到企业的积极回应和互动是值得探讨的。尤其是在企业长期以来形成的土地功能定位未发生根本扭转的情况下，这一改革措施的实践效果将难以显著。

（四）灵活多样的工业用地流转机制

一是政府收回再供应。对企业由于项目、资金、预期效益等原因无法按原土地出让合同约定开发建设的闲置土地，县（市、区）政府协商收回土地使用权后，依法重新供应土地使用权。二是规范企业用地转让。政府引导企业担当"退低""进高"责任主体，政府提供咨询服务，鼓励其通过拍卖、收购、合资或其他形式实施兼并重组，盘活存量土地。（1）建立交易平台。嘉兴市、海宁市等地政府相继成立资源要素交易中心，为企业转让工业用地提供集中、便利的政府服务平台。（2）建立工业用地转让准入制。将工业用地转让、兼并重组等二级市场交易纳入统一管理，由经信部门牵头对受让企业产业发展、产业类型、投入产出等方面严格把关，出具准入意见，由要素交易中心挂牌转让，房屋、土地登记部门据此办理变更登记，有效防止"退低进低"现象。三是小微企业园厂房实行"租赁"为主，"先租后售"为辅的工业用地流转方式。鼓励同行业企业、产业链上下游配套企业入园集聚，支持创新型、科技型、专精特新小微企业优先租房入园。进一步地，各地制定入园小微企业的产业类型、产业标准、用能消耗、环境容量、亩均年产出、亩均年税收等指标评价指标，按评价标准决定是否入园和租金标准。评价得分高的企业优先入园，并在租金合同中约定年租金计提标准，当年亩均税收高于园区平均值的企业在下一年度降低租金，税收低或无税收的企业提高租金；对连续3年亩均年税收达到当地规上企业A类标准的企业，可将租赁的厂房进行购买，转为自有产权的工业用地厂房。

工业用地流转既涉及企业的土地权益，还涉及政府所代表的公共利益，任何一方作用的缺失，都将导致工业用地流转机制的不顺畅。嘉兴市在试点过程中，也是基于这两方面的考虑，制定了相关措施。一方面，通过允许原土地使用权人多途径多方式流转土地，保障其土地权益；另一方面，通过积极制定相关标准，引导企业合理合法流转，其实是政府保障公共利益实现的必需步骤。这一政策的推进，也是政府积极作为的重要体现。

（五）以优化空间布局为导向的工业用地规划管控机制

对全市城镇建设用地和工业用地，制订平台优化提升攻坚行动实施方案，以国家级和发展水平较高的省级开发区（园区）为主平台，整合区位相邻相近、产业关联度较高的工业平台。将全市67家工业发展平台整合优化，以21家国家级和发展水平较高的省级开发区（园区）为主平台，打造高能级战略平台，以此承接国家和省、市重大战略落地实施，推动经济高质量发展。对各类镇（街道）工业园区按照提升型和退出型实施分类整治，对符合规划布局、产业基础较好、开发空间较大的园区，作为分区（分园）纳入重大平台统一管理运营。土地增量指标、重大产业项目重点向主平台倾斜，重大平台以外的区域一律不再配置产业用地增量指标。对不符合规划布局、产业"低小散"、环境安全等隐患矛盾大、与周边区域不相协调的园区或工业片区，列入逐步退出名单，通过转移搬迁，依法关停等手段，加快清理退出步伐，盘活存量土地，对扩展边界外的建设用地进行复耕，对扩建边界内的建设用地进行低效用地再开发。

规划管控是工业用地配置优化在宏观层面的体现。工业用地布局不合理，其必然导致整体用地效率无法提升。而嘉兴市通过优化空间布局的管控措施，达到了从宏观上优化工业用地配置的目的，值得借鉴。

（六）共同责任下的工业用地监管机制

一是简化行政审批。2017年以前，对工业用地全面实施"招拍挂"出让项目，不需要预审、项目核准和项目备案审查，只需要进行产业类型、能耗、环评审查等准入评价，产业准入评价与用地取得不存在互为前置。实施"标准地"出让以后，在深化区域环评、区域能评的基础上，实施"水土保持方案编制、区域地质灾害危险性评估、压覆重要矿产资源评估"等事项的区域评价工作，将其作为相关产业项目区域公开准入标准。同时，对企业受让建设用地承诺达到的"环境容量、能耗指标、容积率、投资强度、亩均税收"等要求，提前制成统一的格式文本。在出让建设用地时，主动予以一次性全部告知，便于企业全面、及时、适当地开展方案设计及编制专项评估报告，有效减少企业的制度性交易成本。二是健全共同监管机制。规定在签订土地出让合同前，企业与属地政府（招商平台）签订工业用地投入产出协议，投入产出协议主要约定产业类型、投资强度、亩均产出、亩均税收等项目指标，由属地政府（招商平台）监管，自然资源和规划部门根据土地出让合同约定，负责用地面积、用地位置、开工时间、竣工时间、容积率等主要用地指标监管，生态环境部门负责环评指标进行达产复核，经信部门负责为能耗指标达产复核，税务部门对亩均税收指标进行达产复核。

工业用地出让后监管其实是一个长期困扰政府部门提升治理能力的问题，既有重视程度不够的原因，还与缺乏有效的监管机制有密切关系。嘉兴市通过完善共同监管机制，并以合同的形式约定项目实施目标，既可以实现对企业的监管，又能明确各部门的监管职责，因此是一个重要的机制健全措施。

三、工业用地配置制度改革的初步绩效

5年多以来，嘉兴市通过多种措施探索工业用地配置改革，不仅使得工业用地的配置更为高效，也在一定程度上为企业获得土地要素提供了便利和实惠，更重要的是促进了整个产业经济的转型发展，形成了多赢的局面。

工业用地配置更为精准。实施工业用地市场化配置改革，打破了工业用地普遍采取最高年限50年"一刀切"传统出让模式，而是根据企业的产业特点、科技含量、生命周期等因素选择租赁方式供地，先租后让、租让结合，分阶段管理，弹性出让等灵活多样的配置方式，体现了工业用地差别化配置导向，使工业用地配置更为精准，有利于提高土地节约集约利用水平。嘉兴市积极探索并规范了工业用地绩效评价体系，通过调查、评价、差别化管理等手段，将工业企业绩效评价结果与资源要素配置相挂钩，建立了竞争性的资源要素获得机制，真正使土地资源要素向高效益、有潜力的工业企业或工业项目集中。

企业初始用地成本明显下降。采取租赁、弹性等方式供地，以差别化的供地方式，满足市场多元化用地需求，可以降低企业用地成本，使一些新产业、新业态项目在发展初期可以集中资金投入到研发等生产性支出上，有利于推动供给侧结构性改革。如嘉兴市下辖海宁市A类企业敦奴公司，通过要素差别化配置政策，不仅拿到198亩土地，而且通过差别化地价，仅土地成本就节省了近2000万元。

激励倒逼机制初见成效。嘉兴市依据工业企业绩效评价成果，建立企业评价类别与用地、用水、用电、用能、排污、税收等生产要素相挂钩机制，实施差别化的正向激励和反向倒逼措施，使优势企业享受更多政策红利，而低效企业则处处受到限制，不断增加持有成本。嘉兴市城镇土地使用税减免工业企业共6230家，共减免3.2亿元，减免房产税工业企业共2209家，共减免1.05亿元。

促使工业用地规模与产出效益有机统一，土地利用效益稳步提升。嘉兴市通过"增量选优、存量提质"两方面，取得阶段性成效。2015年全市新增工业用地合同平均投资强度达323万元/亩，同比提高2.54%；2016年全市新增工业用地合同平均投资强度达到346万元/亩，同比提高7.12%。2015年，单位建设用地GDP产出达到20.35万元/亩，同比提高7.12%；2016年，单位建设用地GDP产出达到21.55万元/亩，同比提高5.9%。

第四节 基于嘉兴市案例的进一步讨论

经过对嘉兴市案例的详细梳理，本章认为嘉兴市很好地把握了中央赋予的两次试点机会，在工业用地配置改革上出台了一系列创新政策措施，为工业用地配置效率的提高提供了制度保障，也在客观上推动了嘉兴市产业转型升级。对比本章的分析框架，我们可以进一步发现，嘉兴市工业用地配置改革实践探索的实质是：在资源约束趋紧背景下，由地方政府主导的，以土地作为媒介工具，以产业转型升级为目标导向的工业用地配置制度探索。其政策改革具有典型的"政府主导、企业参与"的特征。

进一步剖析嘉兴市工业用地配置改革案例，可以总结出其取得改革成效的成功因素。一是主动适应资源约束趋紧的总体形势，地方政府采取更加有效的绩效评价机制和更加严格的准入机制，从而促进土地集约节约利用；二是主动顺应产业转型升级的总体趋势，地方政府利用土地资源的杠杆作用，加强规划管控和监管措施，促进工业用地的置换与升级；三是采取了更加灵活多赢的政策措施，如更为多样的出让方式，更加便利的流转途径等，促进土地市场化机制的完善。总之，地方政府积极主导下的工业用地配置制度改革是嘉兴市改革创新的基本特征。

尽管在地方政府主导下一系列政策改革措施得以出台，但其取得成效的大小还是与企业参与互动有直接的关系。跟前一阶段相比，企业在工业用地配置过程中具有更大的参与权和选择权，主要表现在企业具备了多种出让方式的选择，多种流转途径的选择，以及与地方政府协商的更大自主权。然而，基于自身经营状况的考虑、对土地功能认识的路径依赖性以及对政策创新的不确定性，企业在互动过程中表现出更为谨慎的态度，这也直接影响工业用地配置政策成效的进一步提升。概括起来，企业具有以下几个方面典型的反馈。

一是企业对于工业用地弹性年期出让积极性不高。总体来看，工业用地弹性年期出让能够降低用地成本，但优势并不明显。其一，缩短用地出让年限，在降低地价方面作用不明显。例如，如果土地还原利率确定为0.8，30年的出让土地使用权价格和法定最高年期出让土地使用权价格的比率为0.6，也就是说，按照30年出让工业用地，用地价格只能降低60%，而地方政府在招商引资过程中都会给予企业一定的优惠政策，企业实际取得土地的成本低于弹性年期出让价格，所以企业对弹性年期出让的积极性并不高。其二，弹性年期出让后工业用地续期时可能还要缴纳土地出让金，企业对此存有顾虑。由于企业第一次出让时使用年限缩短，但先期支付的出让金所占的比重一般比较大，企业对续期时的土地出让金如何缴纳有一定顾虑。续期出让金是按第一次出让时的出让标准和到 50 年的剩余期限计算，还是按续期限时的土地出让标准测算，也是弹性年期出让需要明确的政策安排。

二是企业对工业用地按照租赁方式或先租后让方式供地接受度不高。为了降低用地成本，探索以租赁方式或先租后让方式供应工业用地是嘉兴市改革创新的重要措施。实践表明，这类供地方式企业的接受度不高。分析起来主要的原因有：由于在租赁土地上或以先租后让方式取得的土地上进行长期投资时用地企业对投资的安全性有所顾虑，因此对这两种用地方式接受度不高。同时，以租赁方式或先租后让方式取得的土地，其土地使用权价值与出让土地使用权价值还是有所差别，银行在发放土地抵押贷款时非常谨慎，取得土地后企业很难以地抵押融资。另外，以租赁方式或先租后让方式供应土地，虽然降低了用地企业当前的土地取得成本，但是，从长远来看企业的用地成本并没有降低多少，这也影响了企业对这两种供地方式的接受度。

三是企业对工业用地二级市场政策创新仍感不足。比如，工业用地整体转让受到必须满足完成开发投资总额 25% 以上的政策限制。根据现行法律法规，工业用地必须满足完成开发投资总额的 25% 以上方可转让。在实际操作过程中，部分企业因资金、项目预期等各种原因导致项目投资建设未能达到合同约定的转让条件，致使一部分闲置低效利用的企业资产和工业用地难以实现资产重组盘活，不能形成有效投资，对存量提质造成困难。按照《城市房地产管理法》第 39 条第二款规定，以出让方式取得土地使用权的，转让房地产时，应当符合下列条件："按照出让合同约定进行投资开发，属于房屋建设工程的，完成开发投资总额的百分之二十五以上。"该条款的出发点是防止企业圈地进行转让，但也在一定程度上妨碍了一些确需流转的低效工业用地的转让。此外，工业用地转让涉及税费较多，也不利于工业用地流转，优化资源配置。比如，政府收回土地实施再出让时，还要向中央、省上缴印花税、农田水利建设资金、农发资金、社保资金、教育基金等各项费用。同时，工业用地分割转让的相关政策规定比较模糊，缺乏规范指导。而我国还没有一个专门针对工业用地分割转让的法律法规政策文件，地方在实践过程中对工业用地分割转让的标准和条件难以把握。

总之，嘉兴市工业用地配置改革已经进入本章所分析的工业用地配置第二阶段，即"政府主导、企业参与"阶段。在地方政府主导的政策创新下，企业积极参与，但也基于企业自身考虑，在实践中采取较为谨慎的方式，因此改革的绩效还需进一步观察。而进一步思考可以发现，嘉兴市工业用地配置还未能真正进入第三阶段，即"政府引导、企业用地"的范畴，改革的时机仍需要进一步期待。

第五节　小　　结

一、工业用地配置改革的必要性与阶段性

　　长期以来，工业用地的大规模和低价配置，为我国工业化快速推进发挥了重大作用，但也带来了工业用地利用低效、城市用地结构失衡、产业转型升级难度加大等突出问题，工业用地利用与配置效率难以有效提升。随着资源约束趋紧以及产业转型升级的压力逐步增加，进一步深化工业用地配置改革成为必然，也是提升工业用地利用与配置效率的重要途径。同时，也需要认识到，根据制度变迁的基本路径和具体实践，工业用地配置改革不可能一蹴而就，而是体现出一定的阶段性。本章基于地方政府－企业互动的视角，将工业用地配置模式依次划分为三个阶段，其特征分别为"政府唯一供应、以地引资"；"政府主导、企业参与"；"政府引导、企业用地"，为了解工业用地配置机制提供了一个可行的分析框架。

二、工业用地配置改革的基本经验

　　当前，以嘉兴市为代表的工业用地配置改革模式仍属于配置模式的第二阶段，具有较为典型的"政府主导、企业参与"特征，其实质是在资源约束趋紧的形势下，地方政府利用土地资源配置促进产业转型升级的实践探索。嘉兴市的改革探索取得了一些基本经验，可以为其他地方提供一定的借鉴，概括起来包括：以差别化要素配置为目标的工业用地绩效评价；逐渐趋于严格的工业用地准入；允许差别化的工业用地出让方式；灵活多样的工业用地流转途径；以优化空间布局为导向的工业用地规划管控；共同责任下的工业用地监管。

三、现阶段下工业用地配置改革的完善建议

　　为了推动现阶段工业用地配置改革的深化，本章提出以下几点政策建议：一是进一步探索完善工业用地"招拍挂"出让制度。在对工业产业和企业进行细

分研究的基础上，分类完善工业用地供应和出让制度：重点针对大中型企业完善工业用地最低价出让制度，严格执行最低价出让；完善省级优先发展产业目录，为实施用地优惠政策提供依据；针对一些发展不稳定的创新型企业和小微企业，可进一步探索年期弹性出让和先租后让。二是探索建立工业用地多元化有效供应的新机制。在推进农村集体经营性建设用地入市流转、建立城乡统一建设用地市场的改革中，进一步加强政府土地规划管理能力建设，优先推进农村集体经营性建设用地通过出让、租赁和作价出资或入股的方式进入工业用地市场，进而建立城乡统一的工业用地市场。三是完善工业用地授权经营机制。从政策上完善工业用地授权经营机制，明确地方政府可以授权工业园区管委会作为国有土地收益主体开展国有土地租赁和作价入股，形成以租赁和作价入股方式供应工业用地的机制。四是完善促进工业用地二级市场发展的政策法律。研究推动《房地产管理法》等法律有关条款的修订完善，形成有利于促进工业用地二级市场发展的政策法律体系。对因特殊原因确实无法完成开发投资 25% 以上的工业用地，建议在审查批准后允许整体转让；完善工业用地分割转让的政策法律规定，允许随工业厂房的分割转让进行工业用地的分割转让。总体来说，工业用地配置改革的目标是，在盘活农村集体建设用地的同时，打破政府对工业用地供应的唯一供应，破除地方政府唯一供应工业用地和随意压低工业用地价格的体制机制基础，形成工业用地多元化有效供应的新机制，形成统一监管、多元供应、竞争充分、区域协调的工业用地市场体系，为满足产业转型升级和企业多样化需求提供用地保障。

参考文献

［1］刘守英. 土地制度与中国发展［M］. 中国人民大学出版社，2018.

［2］魏后凯，等. 中国城镇化：和谐与繁荣之路［M］. 社会科学文献出版社. 2014.

［3］黄志基，贺灿飞. 中国城市工业用地扩张与利用效率研究［M］，经济科学出版社，2017.

［4］林坚. 中国城乡建设用地增长研究［M］. 商务印书馆，2009.

［5］刘守英. 土地制度与中国发展［M］. 中国人民大学出版社，2018.

［6］亚当·斯密. 国民财富的性质和原因的研究（上）（下）［M］. 北京：商务出版社，2009.

［7］张莉，高元骅，徐现祥. 政企合谋下的土地出让［J］. 管理世界，2013（12）：43 - 51.

第十八章
产业用地混合利用：发达
经济体经验与实践启示

第一节　引　言

产业空间是城市空间的重要组成部分，产业用地是产业发展的重要载体（张梦竹和周素红，2015）。随着后工业时代的到来，城市发展思路逐渐由"增量扩张"向"存量挖潜"转变，传统产业用地上产业业态的有机混合以及空间生产模式的灵活重塑已成为提高土地资源利用效率的必然选择。2020年3月30日，中共中央、国务院印发的《关于构建更加完善的要素市场化配置体制机制的意见》（以下简称《意见》）中提出，要"完善产业用地政策，创新使用方式，推动不同产业用地类型合理转换，探索增加混合产业用地供给"，从宏观层面强调了产业用地混合利用在土地要素资源高效利用方面的重要性和必要性。

自20世纪90年代以来，城镇化步伐的加快使得产业用地在我国城市土地资源中配置的比重逐渐增大，用地类型单一、用地效率低下、配套设施缺乏等问题竞相暴露，一定程度上制约了产业结构调整升级特别是新业态新产品的落地。近年来，我国部分城市在产业用地混合利用方面已有所实践，如"设立新型产业用地""推进二三产业混合""增加混合产业用地供给"等，但由于缺乏顶层设计，探索相对保守；而对于大多城市来说，由于灵活的"混合"规划在国家层面始终缺乏体系化引导体（OECD，2013），相对成熟完善的混合模式尚未真正形成。此外，在混合产业用地后续的开发及利用过程，对实际功能利用和功能间转换的管理原则及监管手段始终不完善，实践中仍面临诸多制约，相较于《意见》中对于产业用地混合利用的战略决策期望依旧存在较大的现实差距。

综上所述，伴随着城市空间发展模式从均质化到异质性、从竞争隔离到互利共生（郑红玉等，2019），产业用地功能要素的混合多样化是适应我国集约节约利用存量土地需求、满足"以高质量为导向"转型升级目标的重要工具（陈阳，2021）和必然趋势（浩飞龙等，2019）。发达经济体发达地区在从工业化中期向后工业时期的过渡中尝试拓展产业用地混合利用路径，经过多年的探索和实践，当前已形成了较为成熟的产业用地混合利用实践逻辑，为中国自身的产业用地混合发展提供了较丰富的经验和有价值的借鉴，在考虑其特殊历史背景基础上，可以结合本土所处阶段和具体国情进行经验借鉴。因此，本章首先基于当前学术界研究，对"混合利用"的概念进行界定；其次，基于用地规划与管理视角，梳理总结发达经济体产业用地混合的规划管理实践；最后，归纳可供借鉴的中国地市在产业用地混合利用的实践启示。本章理论上对于丰富"混合利用"主题提供了一个较为完整且具体的研究视角，实践上可为进一步探索如何提高产业用地混合利用的规划与管理弹性，适应社会日趋多元化的趋势，契合城市产业用地现实需求，完善我国土地要素市场化配置，以及提升产业用地利用效率提供决策参考。

第二节　概念界定与研究现状

关于"混合利用"，现有研究大多从片区或地块内的"多样性"和"兼容性"开发两个视角进行界定（师浩辰等，2021）。"多样性"视角侧重于与用地单一用途的比较，强调相邻土地存在不同的土地利用类型（Angotti T & Hanherdt E，2001）是表达用地类型丰富度的属性（Handy et al.，2002）。而在"兼容性"视角下，土地被视为一个异质性载体（Yue et al.，2016），混合的前提在于是否可鼓励不同容积率或住户类型的混合、兼容性用途的混合以及避免外界影响下整合"隔离不兼容"的用途（张佰林等，2020）。可以看出，两者均主要从横向层面的混合视角下展开论述，并且"兼容性"视角更隐含了提高土地利用混合利用效率的内在需求。

在对产业用地混合利用进行概念界定探索的同时，国内外学术界开展了一系列研究。在国外，随着后工业城市发展中城市重建与修复新要求的展现，新用途与旧用途之间"兼容"混合利用（Legnér M，2007）、工业城市产业用地利用政策与土地财产发展之间的关系协调（Jessica Ferm & Edward Jones，2016）、空间与时间的双重尺度下土地混合利用的平衡（Andrés F，2018；Shi B & Yang J，2015）等在城市发展与城市空间品质塑造中发挥着重要作用，成为产业用地混合利用中的研究热点（Hoppenbrouwer E & Louw E，2005；Jiang，2005）。相比之下，国内学者的研究，从规划视角看，部分学者一方面从地块混合视角对城市存量更新背景下的产业用地混合利用机制与政策设计展开了探索，系统性归纳了国内外城市产业用地功能的混合利用现状（黄莉，2012），同时从区域视角对特定城市功能区的混合利用或兼容用地类型展开研究并提出建议（文雯，2016；蒋姣龙，2018），如针对上海市产业升级发展实践中面临的研发用地布局缺乏引导的挑战，提出规模总量结合用地结构的区域混合方式以解决产业区块外非存量工业用地的规划地块拟用于新型产业用地诉求的问题等规划建议（卢弘旻等，2020）。从管理角度看，部分学者以规划弹性的后续管控等角度对我国产业用地混合利用现状进行了分析（邱强和袁大为，2021；唐爽等，2021），并针对供前、供时、供后等土地供给环节提出建议（张梦竹和周素红，2015），同时也从节约集约利用土地、提高土地产出绩效的角度研究了空间混合的重要性（刘平，2021）。

除了学术探讨之外，实践摸索也在我国部分城市逐步开展起来，尤其是东部沿海城市在土地高效利用压力与新兴产业用地需求下已展开大量实践。在用地规划方面，深圳市推出"新型产业用地"政策，实现用地的市场定制（刘力兵等，2021）；广州市在工业用地（M 类）类型中增加新型产业用地（M0）（苗华楠等，2021）。从用地管理方面，上海市提出实施提高产业用地混合成分比例、引导企业自主退出低效用地等有效放宽管理措施，满足产业业态混合发展需要（谷晓坤等，2021）；杭州、东莞、武汉等城市提出高于一般工业用地的容积率指标门槛，引导新型工业立体化发展，推动空间混合发展（伍超等，2021）。

但总体来看，在已有研究与实践发展的同时，我国部分城市实践中仍存在混合用地开发利用规范不健全、项目准入与功能管控不全面、用地混合管理体系不完善三大主要潜在提升点。在用地规划方面，规范的缺乏使得我国合理的混合土地利用诉求受到制约，对当前转型升级中新兴产业用地需求的满足与发展的促进带来了挑战（张梦竹和周素红，2015）；在此制度背景下，用地结构灵活性较弱、工业用地功能承载单一，形成了用地结构与产业结构升级不相适应的冲突与挑战（殷闽华和肖志明，2018）；土地混合利用不仅要实现简单化的功能混合（陈阳，2021），从用地管理视角，土地用途与土地利用效益的多部门联合监管对于产业用地混合利用效用的切实发挥起着重要作用，我国目前仍存在工业建筑功能设定合理性不够、用地期限与价格支持度不足、有效监管和动态治理尚需完善的问题（唐爽等，2021；郑沃林等，2016）。处在不同发展阶段的城市面临着产业用地混合利用效率提升的差异化压力，三方面的提升点对于新增与存量产业用地混合利用相关流程的规划政策和用途管制提出了更高的要求（李凯和王凯，2021）。

总体来看，现有研究与实践仍存在以下不足：①在概念界定上，当前研究中关于"混合利用"的概念界定仍缺乏明确性，更多聚焦在较大范围内土地的研究对象上，细化到产业用地以及纵向空间的研究较少；②在政策机制与混合模式探索上，当前研究层面未能完全满足实践中所需的更加贴切、可行的操作办法的需求，需更完善、更全面地将用地规划和用地管理有机结合，地块混合、区域混合与空间混合有机结合，探究产业用地混合利用的周期管理模式。基于此，本章尝试将"产业用地混合利用"界定为"当现实需求的用地功能超出产业用地可容许的种类及比例时，在单元横向片区与地块或纵向建筑空间上采用两种或两种以上用地性质，通过多样化的空间布局和多功能的土地利用，实现地块混合、区域混合或空间混合的综合性开发"，并将尝试通过更深入、更广泛地挖掘发达经济体在工业化中期到后工业化发展的阶段背景下所采取的一系列产业用地混合用地政策和措施，融合规划和管理两个角度，探索前后相互衔接的一体化产业用地混合利用的生命周期管理模式与多元化混合方式，解决当前我国产业用地混合发展中面临的新型问题，为我国下阶段土地利用政策调整与科学实践提供参考。

第三节　发达经济体经验

在土地资源环境刚性约束日益显著的现实情境下，如何有效引导存量用地的混合多功能利用，是大城市发展中必须解决的难题。步入工业化中后期，发达国家和地区在产业用地混合利用方面积累了大量经验，本部分分别从用地分类、用地结构、用地管理三部分来进行发达经济体经验的阐述。

一、兼容性强的用地分类

土地在市场经济下具有复杂的属性，中国香港、新加坡、英国、德国等发达国家或地区设置一系列增加兼容性、灵活性的用地分类标准，与功能混合开发需求相适应，以解决多功能的分类难点。

新型产业用地需求的灵活容纳与提供。我国香港地区受土地供应规模、老工业厂房大量空置等问题影响，在产业用地上不断促进第二产业和第三产业的功能融合，并将第二产业功能向新产业新业态延伸。1990年以前及之后兴建的香港工业楼宇中，与制造业相关的公司比例分别为48%和27%，工业楼宇使用者表示有必要增加楼宇使用弹性以满足商业运作的趋同化需求。随着工业与商业的用途界别日趋模糊，2003年《香港规划标准与准则》修订后，"工业"中除"一般工业用途"和"特殊工业用途"两类外，另外设立"各类商贸用地"（business zone），作为兼容"无污染工业 + 次级/一般办公室 + 商业"的新型产业用地列在"工业用地"之下（香港特别行政区规划署，1999），由市场决定实际混合发展比例，"商贸"虽然会取代一部分"工业"用地，但必须在适当地区保留工业用地以维持足够的工业楼面空间供应来进行传统无污染的生产性工业活动；"商业"地带则用来照顾较高级的零售、办公室及酒店发展的需求。此外，在"一般工业用途"类别下另设"科学园"，主要功能是"科学研究、新科技及新产品的开发"，净面积对总面积比率为 55% ~ 65%，在新增"科学园"用地时，其上建筑平均容积率要求为 2.5，基准容积率为 1.0，在人口密度较低的地区，容积率则可基于基准容积率灵活设定；在人口密度较大的城市中心区域时，容积率可达 3.5 以节约用地空间，并对产业用地的设计要求、开发强度等方面进行细化，只要与核心研究及发展工作相关的活动，均获准在科学园内进行，在出让时仍旧按"工业用途"出让[①]，拓展了传统工业的单一用途，带动了地块功能的转型升级。

白色地块下多样功能设定与多元主体参与。新加坡政府为保证特定地块在供发展商在合同规定的时间和区域范围内可灵活调整功能而设定"白地"（white site），当初始规划 100% 的办公室的需求降低时，可以灵活转为零售用途；若初始规划为酒店，游客量降低时可以重新配置为住宅公寓，开发的任何阶段都可以在规定的建筑面积内以任意比例进行功能转换而无须进行专门的用地功能变更申请和土地溢价费用缴纳。白地出让前的策划通过咨询策划确定，功能策划时融入开发市场的多元主体参与商讨，提升地块功能的综合性及有效性，后期由专门的策划公司进行招标，政府的招标技术文件对项目的混合功能选择、混合功能配置比例、建筑高度等建设指标进行约束限制。具有"白色"成分的用地分类包括"产业 1 类 - 白地（B1 - W）""产业 2 类 - 白地（B2 - W）"以及"工办园 - 白地（BP - W）"等。其最小容积率及主导用途与辅助用途的再开发比例见表18 - 1。"白地"中对于招标或租赁条件规定中对特定用途最低数量有要求的，其余功能将被平均分配在不可归属的公共区域内。比如白色地块若要求至少有30% 的服务式公寓用途，而开发项目也有商业和酒店用途，则 30% 的服务公寓之外，不可归属的公共区域分别被分配为 35% 的商业和 35% 的酒店。如果批准的开发包括多个目的，并属于开发收费表中的不同使用组，且没有明确的最低限

---

① 参考资料：香港特别行政区政府规划署. HONG KONG PLANNING STANDARDS AND GUILDLINES [Z/OL]. https：//www. pland. gov. hk/pland_ en/tech_ doc.

额，则在安排无具体归属方的公共区域的分配时，应适用的混合规则见表 18 - 2。

表 18 - 1　　　　　　　　　　　　新加坡"白地"的用途管制

分区	用途	发展实例	备注
产业 1 类 - 白地（business1 - white，BW）	主要用于 B1（B2）区和 white 区混合用途开发区的用途或打算用于混合功能用途	B1（B2）区域和 white 区域可能允许的任何一种或多种用途的开发	允许的辅助用途的数量不得超过 B1（B2）使用的总建筑面积的 40%。可能允许的 B1（B2），白色和辅助用途类型应由主管当局和其他相关当局进行评估；在允许白色用途之前，必须要达到 B1（B2）用途的最小容积率。比如，对于在划定为"4.2［B - 2.5］w"的区域，允许的 B1 用途必须达到 2.5 的最小容积率，然后才能允许"白地"用途，但是整个开发项目的最大规定容积率为 4.2
产业二类 - 白地（business2 - white，BW）			
工办园 - 白地（BP - white，BP）	主要用于 BP 和 white 区混合用途开发区的用途或打算用于混合功能用途	BP 区域和 white 区域可能允许的任何一种或多种用途的开发	white 的使用量可能不超过建议的总建筑面积的 40%。BP - W 中允许的最大占比随位置标准（例如公共交通可及性和与邻近土地用途的兼容性）的不同而不同。距离地铁站越近可能被允许使用的占比越大

资料来源：《Guidelines at a Glance：Business 1（Industrial）》《Guidelines at a Glance：Business 2（Industrial）》《Guidelines at a Glance：Business Park》。

表 18 - 2　　　　　　　　　　　混合发展中公共领域的分配

编号	主导用途	无归属方的公共区域安排
1	一层带有零售用途的住宅楼	80% 分配给住宅；20% 分配给零售
2	商业与住宅混合区	60% 分配给住宅；40% 分配给商业
3	酒店	60% 分配给酒店；40% 分配给商业
4	白地	100% 分配给白地
5	商务园（BP）	85% 分配给商务园；15% 分配给白地
6	商务 - 白地（X）比如：工办园 - 白地（40）	$(100 - x)$% 分配给商务园；(x)% 分配给白地 比如：60% 分配给工办区域；40% 分配给白地
7	产业用地 1 类 - 白地 Y［B1 - Z］W Eg. 产业用地 1 类 - 白地 3.0［B1 - 2.5］W	$(Z)/Y \times 100$% 分配给产业用地 1 类区域 $(Y - Z)/Y \times 100$% 分配给白地 Eg.83.3% 分配给产业用地 1 类区域 16.7% 分配给白地

混合区域下的绿地生态设定。德国城市功能在经历由工业生产型向信息服务型逐渐转变的过程中，提出多样化的混合建设用地类型设置，并尤其注重混合区域中的生态体现，重视绿化项目的管控。《斯图加特市土地利用规划2010》中将内城周边的工业区域指定为居住建设用地与绿化用地的混合区，将位于玫瑰石公园与其北部工业区之间的区域指定为特殊建设用地与绿化用地的混合区，将位于卒芬豪森北部的公路铁路交叉工业区域指定为林地与绿化用地的混合区（斯图加特市土地利用规划，2010），遵循生产生活与生态相结合的模式，将绿化用地作为混合必不可少的要素，避免出现为过度追求生产生活而忽略生态模块。这种混合利用方式在增强德国用地兼容性的同时，也在功能的合理分配下达到区域间项目的适建性。

从以上三个案例可以发现，一方面，在地类的设置上，发达经济体地区十分注重将工业用地摆脱传统单一功能圈，积极将新产业新业态或与工业有关联的多种功能设于工业用途之下，并通过设定白地或混合地块以增大灵活性；另一方面，在区域上，在兼容性控制原则下，注重混合功能中对绿地功能的管控，尽可能在满足市场发展需求的情况下同步满足生态需求。

二、多元灵活的用地结构

发达经济体城地区依据自身性质，通过采取多种规划政策工具以盘活存量地区，为工业和非工业产业提供"自由活动空间"。

"工业-商业混合建筑"。美国倾向于在"原有企业工业园区"计划基础上推出"圈定工业企业区"，通过保障基础工业用地实现工业增长，并采取税收优惠、容积率奖励等政策吸引工业厂商入驻，尤其注重在仓储和运输活动的基础上形成工业-商业混合发展区域（Discussion Paper，2012），在维持就业率的基础上在小型地域快速发展（应盛，2009），进行多功能多用途的混合开发，增加并整合不同土地的使用类型。纽约市政府为创建平衡的混合使用区，于2006年在传统的制造业地块上设立"产业经济区"（industrial business zones），用来充当制造业和工业公司避风港的地理区域。并且，基于"产业经济区"，美国创建了混合商业-工业发展的"强化经济区"（enhanced business area）政策，拟议的分区文本修订案创建的特殊许可证在传统制造区（M）引入"业务增强用途"和"激励用途"这两种不同用途的组合，以鼓励增加开发的建筑容积率（FAR），前者代表"轻工业"，后者代表"商业（办公室、零售）"。美国允许将基本最大容积率 2.0 提高额外的 2.8 以激励工业发展，建筑物的最大总容积率为 4.8，但额外增加的 2.8 必须将"轻工业用途"与"商业用途"的比例限制在 1∶2.5。位于美国布鲁克林的环境区的 74 号博加特街工业厂房，以上述方式改造后转变成具有轻制造能力的综合性多功能工业建筑，包含金属制造、食品和木制品制造、办公用途及配件零售功能（见图 18 − 1），在保持优质工作的同时解决了绅士化问题（Friedman，2009）。

图 18 − 1 74 号博加特街工业厂房改造前后对比图（左图、中图）及改造信息（右图）

资料来源：NORTH BROOKLYN BROWNFIELD OPPORTUNITY AREA STUDY。

"工业 − 新型工业混合空间"。新加坡受领土大小影响，十分重视在空间层面的复合功能垂直化开发。新加坡在授予土地租赁权前要预先设定令人满意的建筑容积率，采取延长租约等激励措施鼓励现有的工业公司提高容积率，并允许以最小成本退还未充分利用的过剩土地，允许更灵活地分租用于未来扩展空间（Belinda Yuen，1998）；对于被认定土地利用不合理（容积率＜0.5）的旧房地产实施整体的重建与再利用，较为流行的方式为将传统标准工厂彼此叠置来创建"叠层工厂"。对于提供大型起重系统和货梯服务的工业园区一般期望最低达 3.0 的容积率，把物流、制造、研发等不同相关工业集中进行立体式开发，以容积率为抓手提升产业用地使用效率，降低物流成本，缩短运输时间，立体式工厂中采用共用的工业相关配套设施，如培训中心、便利设施、安全设施和其他基本服务，资源集中在一起并得到更有效的利用（见图 18 − 2）。工业园区中的集群概念逐渐缩小并体现在单建筑物中（Diwakar Kaushik，2012）。为鼓励更多工业区进行高密度运营，新加坡经济发展局对 B1（轻工业区）和 B2（重工业区）建设的建筑物中自动仓储货架和高层立体货架进行投资以节省土地。多功能、垂直化开发极大减轻了新加坡的用地负担，提升了有限地块的利用效率。

图 18 - 2　CICM（复杂的工业综合工厂）（左）和 plug - play 乐高积木式工厂（右）

资料来源：Diwakar Kaushik，Evolution of Industrial Landscape in Singapore，48th ISOCARP Congress 2012。

三、严谨科学的管理政策

严谨科学的管理让产业用地供应政策更加完善，建设更加科学，监督更加到位，有效适应当前产业发展的新需求，解决产业空间需要的紧迫问题，把有限的土地资源用在刀刃上。

地块之上工业建筑功能设定的合理性及安全性考虑。在传统产业用地的供给方面，美国传统的 Building77 工厦改建与区域的产业更新转型密切相关，其转型改造后的大楼将底层提供给食品加工厂，2～9 层将提供给制造业和轻工业厂商租用；10～13 层提供给医疗技术相关行业，顶层空间则是空间灵活的办公场所（见图 18 -3），这种结构在美国工厦改造过程中十分常见，改造后的工厦制造传统制造业占 25%；创新制造业占 50%；服务零售类功能板块中创新型办公室占 20%，便利设施/服务占 5%[①]，在不同的功能间会着重对用途兼容中的安全问题予以考虑。我国香港地区与美国在重建工厦的功能设定方面有所类似，对于需要改造的工厦，业主须指定经改装楼面面积的 10% 作政府要求的特定用途，主要以文化艺术、创意产业为主。工厦在最底层安排为非工业楼层，主要以商铺及服务行业、餐厅为主，在高层分配为工业楼层与研究所、办公室为主的楼层，而在工业与非工业楼层间，必须安排缓冲楼层，一方面为局部改装创造机会，另一方面必须严格符合消防部分订明的规定，将工业与非工业之间的安全问题有

---

① 参考资料：Brooklyn Navy Yard. BROOKLYN NAVY YARD MASTER PLAN［Z/OL］. https：//brooklynnavyyard. org.

效分隔开。

图 18 - 3 Building77 内部结构规划（左图）及改造前后对比图（中图、右图）

资料来源：https：//www. brownstoner. com/brooklyn - life/brooklyn - navy - yard - building - 77 - render-ings - details。

产业用地使用的期限与地价。新加坡工业用地的供给在 2013 年之前采用年租制，期限一般为 30 年，效益好的企业可采取 30 + 30 年形式；在 2013 年之后，土地出让期以 20 年为主，并设立专门为新型且小型产业用地提供 10 年租期。若租户没有满足对建筑物、厂房、机器最低投资要求的承诺，则缩短实际租赁期限。较短的租赁期使得国家能够保留对土地供应的控制权；用于出租的，租期以 3 年为一期。就价格来看，相较于工业用地一类（B1）和工业用地二类（B2）用地，商业园/科技园（BP），或者说新型产业用地的土地税费约为前者的 2 倍，租金约为前者的 3 ~ 4 倍，出让金约为前者的 2 ~ 3 倍。在同一地块区域内，税费的大小与站点的最大允许地块比率（PR）挂钩。某些主要道路、高速公路和/或地铁站附近的站点是主要站点，税率比同等正常站点高 5% ~ 20%。

第四节　实践启示

产业用地混合利用是内涵式挖潜的重要组成部分，目前我国大部分城市在产业用地混合利用方面已进行了多种"混合"尝试，但在实践中，产业用地混合利用涉及规划编制、结构选择、供后监管的有效落实等各方面问题，以及对存量土地之上用途变更、转换不得不面临的现实问题与亟待消除的障碍。对此，回顾发达国家和地区的产业用地混合利用的实践经验，本章提出以下产业用地混合利用的启示和建议。

一、完善产业用地混合利用的规划条件

第一，要尽快建立起统一且具体的新产业新业态分类体系，尽快从国家层面出台产业用地混合利用的相关标准，在标准之上尽快完善新型产业用地的规划条件，搭建起兼容性高且灵活性强的控制性详细规划的调整机制，依据地区市场需求和实际用地情况，适度简化控规调整程序；此外，对产业用地混合利用的产业用地总规模、混合功能与具体比例范围、利用强度等方面进行细化，确保产业用地资源的高效供给。

第二，在规划编制中要融入多方面因素的考虑，合理设置无冲突功能间混合使用兼容性控制原则，如兼容的范围内用地性质变更后，上层规划的区域用地性质能否平衡；市政基础设施的种类和容量能否满足兼容变更需求。新加坡白地作为弹性混合的规划管控模式，在不同规划层级建构多维度的用地留白，体现"控"与"用"，在我国规划"留白"尚未真正成为一项规范，认知尚未统一，部分探索更多体现在地方性政府的自由裁量，对于具体用地性质的设定以及控制指标的敲定暂未形成可供延续的操作经验。对此，各地市可在宏观层面明确城市特点的编制方向，如山水城市、海绵城市、商业城市等，依据大方向对一些功能不清晰的地段，尤其是交通条件较好的地块，可以多种用途兼容的方式设为"白地"，避免区位好的地方被低端产业占据。对于无归属的公共区域，参照新加坡的比例设定安排，有依有据进行区域的功能划分与产权归属界定，继而促进区域土地混合利用的价值最大化，在混合利用以促生产的过程中，要注重为绿地建设留足空间，既能适应后续市场变化，满足基本生态需求，又能保证法定图则的约束性。

二、推动用地结构的总量管控灵活且审慎

第一，在片区尺度下设定用地组合类型以突破单一地块的功能限制，例如，在 TOD 开发中，交通设施用地和居住、商业、商务用地组合；在产业园、物流园等城市新产业空间开发中，工业、物流、仓储用地和商业、商务与居住用地组合，促进片区内不同产业的规模集聚和组团发展。

第二，用地混合要"保护好"主导功能，做好各功能的量上管控。例如新型产业用地属于工业用地，当在区域内进行混合及功能变更时，要避免主导功能

被配套功能"顶替"的风险，要将配套功能设定量在固定比例之下，如公共设施用地的比例在 30% 或者 35% 以下，在配套设施供应充分的基础之上，保证主导功能不走样。

第三，产业用地混合要结合地区发展需要，从满足地方性质以及人们生活需求角度出发，在不同区域进行"工业－商业""工业—文创""工业－新型工业"的混合，建立起与经济社会发展需求相匹配相契合的空间资源供给与发展方式。

三、优化提高用地效率的管理体制

我国当前实践中存在重事前设计、轻事后管理的思想，无法准确保证开发商始终处于正确的产业用地混合利用轨道上。因此，针对存量用地，要通过可持续监测制度来促进混合利用的运作管制。

首先，用地审批上，参照发达经济体经验，政府在提高土地以及市场宏观调控水平和效率的同时，适当放宽工业区内部的自主运营和项目审批权限，允许土地开发市场的多元主体参与用地审批，从而使土地出让条件更能满足市场需求；其次，用地供应上，结合不同产业的生命周期选择出让或租赁的产业用地出让方式，对于新型产业用地混合而言，可采用"弹性年期出让""先租后让"的弹性供地制度，并依据用地功能建立差别化且合理化的地价机制，尽可能避免由于政策性低价所导致的"寻租"行为；最后，用地评估监督上，可成立专门地块、区域或空间的验收评估组，参考新加坡经验，要尽可能压缩评估的时间间隔，采取"跟踪监测，一年小评估，三年大评估"的方式实时了解产业用地发展动态；对混合项目的准入条件与预先在合同中设好的评估指标进行综合评价，同时将绩效情况与土地使用税费挂钩，对于达标的企业可办理剩余手续，对于工业区内污染严重、技术落后、存在消防卫生安全隐患等问题的未达标企业，或者是未达计划经济指标或税收贡献率、风险不可控、创新能力不强的企业，通过调整租金、责令整改，或者解除出让或租赁合同等方式加速其退出或迁移，继而促进产业的高质量发展。

参考文献

［1］陈阳. 土地混合利用路径良性演变机制［J］. 城市规划，2021，45（01）：62-71.

［2］谷晓坤，吴沅箐，代兵. 国土空间规划体系下大城市产业空间规划：技术框架与适应性治理［J］. 经济地理，2021，41（04）：233-240.

［3］浩飞龙，施响，白雪，等. 多样性视角下的城市复合功能特征及成因探测——以长

春市为例 [J]. 地理研究, 2019, 38 (02): 247 - 258.

[4] 黄莉. 城市功能复合: 模式与策略 [J]. 热带地理, 2012, 32 (04): 402 - 408.

[5] 蒋姣龙. 上海存量工业区转型的规划策略探讨——以外高桥自贸区和金桥自贸区规划为例 [J]. 城市规划, 2018, 42 (08): 103 - 110.

[6] 经济合作与发展组织 OECD. 紧凑城市: OECD 国家实践经验与评估 [M]. 北京: 中国建筑工业出版社, 2013.

[7] 李凯, 王凯. 新区产业用地的更新困局与转型探索 [J/OL]. 国际城市规划 2021. 106.

[8] 刘力兵, 岳隽, 陈小祥, 等. 深圳工业用地高质量管理的模式、原因与启示 [J]. 规划师, 2021, 37 (21): 11 - 16.

[9] 刘平. 基于全生命周期管理的武汉市新型工业用地政策研究 [J]. 规划师, 2021, 37 (21): 5 - 10.

[10] 卢弘旻, 朱丽芳, 闫岩, 等. 基于政策设计视角的新型产业用地规划研究 [J]. 城市规划学刊, 2020 (05): 39 - 46.

[11] 苗华楠, 姜华, 张磊, 等. 创新型产业用地规划管理与制度创新研究——基于城市案例研究的宁波实践 [J]. 城市发展研究, 2021, 28 (10): 1 - 7.

[12] 邱强, 袁大为. 新型产业用地政策设计的价值导向与规划管控研究 [J]. 规划师, 2021, 37 (22): 45 - 50.

[13] 师浩辰, 赵渺希, 陈佩谦. 土地混合使用视角下的地块间兼容度测度——以湖南省湘潭市市辖区为例 [J]. 热带地理, 2021, 41 (04): 746 - 759.

[14] 唐爽, 张京祥, 何鹤鸣, 等. 创新型经济发展导向的产业用地供给与治理研究——基于"人 - 产 - 城"特性转变的视角 [J]. 城市规划, 2021, 45 (06): 74 - 83.

[15] 文雯. 阿姆斯特丹混合使用开发的规划实践 [J]. 国际城市规划, 2016, 31 (04): 105 - 109.

[16] 伍超, 程世丹, 李欣. 城中村产业用地规划实施的需求、困境及对策——基于武汉市东湖高新技术开发区 2.5 产业发展视角 [J]. 规划师, 2021, 37 (16): 22 - 28.

[17] 殷闽华, 肖志明. 福州自贸片区用地结构优化与产业结构升级互动机制研究 [J]. 华东经济管理, 2018, 32 (07): 35 - 39.

[18] 应盛. 美英土地混合使用的实践 [J]. 北京规划建设, 2009 (02): 110 - 112.

[19] 张佰林, 钱家乘, 蔡为民. 论农村居民点用地混合利用的研究框架 [J]. 自然资源学报, 2020, 35 (12): 2929 - 2941.

[20] 张梦竹, 周素红. 城市混合土地利用新趋势及其规划控制管理研究 [J]. 规划师, 2015, 31 (07): 42 - 48.

[21] 郑红玉, 黄建洪, 卓跃飞, 等. 土地混合利用测度研究进展 [J]. 中国土地科学, 2019, 33 (03): 95 - 104.

［22］郑沃林，谢昊，郑荣宝. 对创新型产业用地供应与管理的实践分析——以南京、深圳和天津为例［J］. 中国土地，2016（03）：35－38.

［23］Andrés F. The Rise of Mixed－Use Urban Developments and Digital Districts［D］. Spain：University of Zaragoza，2018.

［24］Angotti T，Hanhardt E. Problems and prospects for healthy mixed-use communities in New York City［J］. Planning Practice and Research，2001，16（2）：145－154.

［25］Belinda Yuen，Planning Singapore－From Plan to Implementation［J］. Singapore Institute of Planners，1998.

［26］Diwakar Kaushik，Evolution of Industrial Landscape in Singapore［J］. 48th ISOCARP Congress，JTC Corporation，2012.

［27］Friedman，A.. Transforming the city's manufacturing landscape. In In J. Hicks & D. Morris（Eds.），From disaster to diversity：What's next for New York City's economy（21－37）［J］. Drum Major Institute，2009.

［28］Handy S L，Boarnet M G，Ewing R，et. al. How the built environment affects physical activity：views from urban planning［J］. American Journal of Preventive Medicine，2002，23（2 Suppl）：64－73.

［29］Hoppenbrouwer E，Louw E. Mixed-use development：Theory and practice in Amsterdam's Eastern Docklands［J］. European Planning Studies，2005，13（07）：967－983.

［30］Jessica Ferm，Edward Jones. Mixed-use 'regeneration' of employment land in the post-industrial city：challenges and realities in London［J］. Routledge，2016，24（10）：1913－1916.

［31］Jiang C. Mixed-use residential development and its effects on the travel behaviour of residents：findings from case studies in Beijing［D］. Hong Kong：The University of Hong Kong，2005.

［32］Legnér，M. Redevelopment through rehabilitation：The role of historic preservation in revitalizing deindustrialized cities：Lessons from the United States and Sweden［J］. Johns Hopkins Institute of Policy Studies，2007.

［33］Shi B，Yang J. Scale，distribution，and pattern of mixed land use in central districts：A case study of Nanjing，China［J］. Habitat International，2015，46：166－177.

［34］What is mixed use? Presenting an interaction method for measuring land use mix［J］. Journal of Transport and Land Use，2013，6（1）：63－72.

［35］Yue Y，Zhuang Y，Yeh A，Xie J，Ma C and Li Q. Measurements of POI－based Mixed Use and Their Relationships with Neighborhood Vibrancy［J］. International Journal of Geographical Information Science，2017，31（4）：658－675.

第十九章
结论与展望

第一节　主　要　结　论

一、中国城市工业用地配置演化与区域效应研究进展

　　城市工业用地配置受地方政府行为等多因素影响，并产生了复杂的经济、社会和生态效应。20世纪90年代以来，在经济分权、分税制和土地制度改革的驱动下，城市土地配置成为地方政府影响工业化和城镇化，进而影响经济增长的重要工具。在差异化目标和经济激励、考核激励下，地方政府在土地出让方式上逐渐采取了不同的策略，即对于工业用地大多采用协议出让，以极其优惠的政策吸引投资，而对于商住经营性用地，则采用"招拍挂"等出让方式，成立"土地储备中心"，唯一供应土地一级市场，控制商住经营性用地的供应，使买方激烈竞争，从而获取高额的土地出让金。在此策略下，城市工业用地配置逐步呈现出"量大、价低、方式单一、结构偏离"等演化特征，深刻影响区域经济增长和城市发展格局。现有研究主要从经济效应、社会效应和生态环境效应等方面探讨了城市工业用地配置的影响效应，并开始关注其所带来的区域效应。

　　现有文献从多维度、多尺度研究了城市工业用地配置，但仍具有可完善的空间。在城市工业用地配置演化方面，一是缺乏系统性探讨我国城市工业用地配置及其影响因素。大量研究仅从某一方面探析城市工业用地配置，不利于全局性把握；二是缺乏将企业因素纳入研究框架，导致研究内容过度聚焦于地方政府行为特征，不利于整体性把握；三是缺乏对一些经济社会发展外生冲击的考虑，使得现有研究难以综合性考虑经济社会变化对城市工业用地配置的影响。在城市工业用地配置效应方面，仍缺乏较为系统的区域效应研究，使得人们对城市工业用地配置区域效应的认识缺乏完整性。

　　城市工业用地配置离不开我国既有的政策体制。中华人民共和国成立以来，我国城市工业用地配置政策体制大体经历了"计划式配置—有偿使用—招拍挂出让"三个阶段。"计划式配置"强调以统一计划和公平分配为主要目标，工业用地配置呈现高度依赖中央的集中计划式。"有偿使用"阶段体现出工业用地的市场价值，但未能形成竞争性价格体系。"招拍挂阶段"引入了竞争性方式和最

低价标准等政策，一定程度上实现了城市工业用地市场化配置的总体目标。在此之后，部分地区开展了大量以提升城市工业用地配置绩效为目标的改革实践，取得了一定的成效和经验。

中国城市工业用地配置在规模、价格和产业类型结构等维度呈现出显著的特征。第一，工业用地出让规模在2007～2020年均显著高于商服、住宅用地出让规模。第二，工业用地出让价格在2007～2020年均显著低于商服、住宅用地出让规模。第三，工业用地出让规模与价格均在产业层面（2007～2020年）具备同质性特征，尤其集中在农副食品加工、化学原料及化学制品制造、金属制品、通用设备制造、专用设备制造、汽车制造、通信设备、计算机及其他电子设备等行业中。本章的描述性分析展示了城市工业用地配置呈现"量大、价低"的显著特征，而产业结构类型的配置则揭示出地方政府间逐底竞争强化了地方间产业的同质化现象。

二、中国城市工业用地配置演化研究

制度环境对城市工业用地配置规模具有重要影响。制度环境的完善一方面能够抑制地方政府之间竞相低价出让工业用地的恶性竞争，另一方面能够通过提升土地价格为地方政府带来更多的土地出让金。同时完善的制度环境能够吸引企业集聚，增加地方工业用地需求，帮助地方政府招商引资的作用，促使地方政府出让更多的工业用地。制度环境对地方工业用地出让的影响具有空间溢出效应，企业的所有权属性和地方经济发展水平对于制度环境与地方工业用地出让规模之间的关系具有调节作用。

制度因素与产业特性是影响城市工业用地出让空间集聚结构的重要因素。市场化程度、财政分权程度、政府关心度等制度因素变量以及规模经济效应、国有资本主导、产业政策支持等产业特性变量均显著影响工业用地出让空间集聚结构。进一步将制度环境与产业特性进行交叉分析，发现市场化程度越高的区域，地方政府对规模经济效应越强的产业出让工业用地在空间上越集聚；政企关系越紧密的区域，地方政府对国有资本主导越强的产业出让工业用地在空间上越集聚，但对受政策支持越多的产业出让工业用地在空间上越分散。

地方政府行为与区位特征是影响城市工业用地配置价格的重要因素。政府调控干预行为对于城市工业用地配置价格具有显著的负向影响。虽然我国工业用地出让需通过"招拍挂"形式进行，但政府在价格制定方面享有极大的话语权，压低土地出让价格仍然是地方政府为吸引工业企业入驻最常用的方式之一。显著影响城市工业用地配置价格的区位因素主要包括城市中心影响程度、交通通达度及离水源距离三个方面。距离城市中心越近、交通通达度越好、距离水源越近，工业地价则越高。

经济转型是影响长江经济带城市工业用地利用效率的重要因素。经济转型背景下，全球化、市场化和分权化因素共同作用于长江经济带工业用地利用效率。其中，全球化通过外商投资的增加而对长江经济带区域总体以及上游、下游区域的工业用地利用效率起到促进作用；市场化，特别是土地市场化的提高对长江经济带区域总体及下游区域的工业用地利用效率具有正向推动作用；分权化对长江经济带区域总体和上游区域的城市工业用地利用效率有显著的负向作用，而对中游和下游区域的城市土地利用利益效率则具有显著的积极影响。

区域一体化显著缓解了城市群内城市间的工业用地配置价格竞争。城市群内不存在显著的工业用地价格"逐底竞争"现象而城市群外则存在显著的工业用地价格竞争，同时城市群内城市工业用地价格竞争反应系数显著小于城市群外城市的反应系数，说明中央政府针对城市群的行政批复能有效弱化地方政府间工业用地竞争的动机。机制分析表明，城市群设立产生行政红利与市场红利，使工业企业即使在面临更高的工业用地成本时仍倾向于进入城市群内并提升区域内的工业集聚程度。

财政转移支付是影响地方土地配置规模的重要因素。财政转移支付及一般性转移支付、税收返还收入对地方土地出让规模具有显著的负向影响，且转移支付抑制了工业、公共服务和基础设施用地出让，但促进商业用地的出让；国土资源禀赋越好、土地财政惯性越大和经济增长压力越高的城市，其转移支付的土地出让抑制效应越弱；转移支付通过降低纵向财政压力和缓解横向政府竞争两方面抑制地方土地出让的规模扩张行为；财政转移支付总规模及一般性转移支付、税收返还收入的土地出让抑制效应在中小城市、东部地区更加明显。

三、中国城市工业用地配置区域效应研究

城市工业用地出让对产业进入动态具有显著影响。工业用地出让总面积与总金额的扩大均显著促进产业进入，同时，这种促进产业进入的效应在中部与东北部地区显著，而在东部、西部区域不显著。工业用地价格上涨整体上对产业进入无显著影响，同时，西部城市工业用地出让价格的上升显著抑制产业进入，说明

西部地区工业用地价格的升高将挤出新企业。地方产业的本地技术关联度上升能促进产业进入。同时，具有更高本地技术关联度的产业，其产业进入受土地出让规模的影响更小，说明地方政府通过扩大工业用地吸引更多企业进驻的能力在已经具备高技术关联度的企业当中较小。

产能管制外生冲击下，地方政府利用城市工业用地配置，可以实现一定程度上的产业结构转型。中央实施产能管制政策之后，地方政府向受管制行业出让工业用地的规模显著减少。这一结论从土地资源配置维度表明中央产能管制政策确实发挥了抑制产能过剩产业进一步扩张的作用，实现了产业结构调整。但是，城市异质性下产能管制政策的有效性出现差异。进一步地，产能管制政策不仅直接促进了城市产业向非管制工业行业的转换，而且还间接促成了城市产业向第三产业或服务业的转型，从而实现整个城市产业的结构调整。

城市工业用地配置对城市空气质量具有显著影响。工业用地大规模出让显著降低城市空气质量，且这种影响存在空间异质性，东部地区工业用地扩张的污染效应高于中部和西部地区。工业用地出让方式对空气质量产生影响，以协议方式出让工业用地将对空气质量产生显著的负面效应，以更具竞争性的"招拍挂"方式出让对城市空气质量带来的负面效应较小。协议出让给污染型产业的用地规模对城市空气质量的影响最为显著，这预示着产业选择可能是工业用地出让影响城市环境质量的内在机制，地方政府倾向于通过协议出让的方式将工业用地供给污染密集型产业，从而导致了城市空气质量变差。

城市工业用地配置是影响城市空间演化的重要推动力。通过分析厦门同安工业集中区与佛山南海区村级工业园的工业用地空间扩展模式，可以发现两者在政府介入与土地政策制度方面的不同导致两者最终形成的城市空间形态相异，厦门"金包银"工程下的工业用地与当地村民能够形成较为完整且相互契合的拼接状态，而南海区村级工业园则更像"繁星点缀"式分布在各个村庄之间，在空间上乡村与工业处于分割状态，并没有与当地乡村形成如"金包银"工程的产村拼接情形。

城市工业用地配置显著影响城市出口贸易。从全样本来看，政府干预下的工业用地地价扭曲显著抑制了城市出口质量的提升。工业用地地价扭曲通过阻碍区域创新能力的提升来抑制城市出口质量升级。深入区域、城市规模和财政自给率的异质性分析发现，工业用地地价扭曲对东部和西部地区均产生抑制作用，对西部地区城市的出口质量抑制作用最强，对中部地区的影响不显著。工业用地地价扭曲对大型城市和中型城市出口质量水平的升级均有抑制作用，对小型城市的影响不显著。工业用地地价扭曲对城市出口质量的抑制程度在财政自给率较低的城市更强。

城市土地配置区域间不均衡一定程度上强化了区域经济差距。土地供应总量中划拨部分的土地量的多少对各地区间的经济收敛甚至当地的经济发展所产生的影响并不显著。以无偿、无期限的方式划拨土地多运用于党政、人民团体、公益事业等特殊项目，土地的运用并不追求经济效益，从而这部分土地对经济增长的贡献度并不高。供应土地中促进地区经济发展的部分为有偿使用的土地部分与利用土地融资，即当控制其他要素不变的情况下，地区运用更多此类土地会带来更高的经济增长。但2000～2015年的经济收敛实证结果却表现出各地区运用有偿使用土地与利用土地融资会阻碍经济收敛，说明各地区有偿使用土地与利用土地融资存在明显差异，从而使土地供应倾斜政策并没有达到预期效果。

四、中国城市工业用地管理改革实践研究

城市工业用地市场化配置改革是当前政策创新的重要方向。以嘉兴市为代表的工业用地配置改革模式具有较为典型的"政府主导、企业参与"特征，其实质是在资源约束趋紧的形势下，地方政府利用土地资源配置促进产业转型升级的实践探索。嘉兴市的改革探索取得了一些基本经验，可以为其他地方提供一定的借鉴，概括起来包括：以差别化要素配置为目标的工业用地绩效评价；逐渐趋于严格的工业用地准入；允许差别化的工业用地出让方式；灵活多样的工业用地流转途径；以优化空间布局为导向的工业用地规划管控；共同责任下的工业用地监管。通过市场化改革试点实践，嘉兴市实现了工业用地配置更为精准、企业初始用地成本下降和土地利用效益稳步提升等成效。

产业用地混合利用是城市工业用地配置和再利用的重要途径，也是未来政策创新的关键环节。通过整理发达经济体经验，发现在涉及产业用地混合利用过程中，发达经济体大多采取兼容性强的用地分类、多元灵活的用地结构和严谨科学的管理政策等措施，可以从三个方面对我国产业用地混合利用提出启示：完善产业用地混合利用的规划条件、推动用地结构的总量管控灵活且审慎、优化提高用地效率的管理体制。

第二节 政 策 启 示

一、促进城市工业用地功能转换，保障经济高质量发展

在 GDP 考核机制下，地方政府以工业用地为重要工具开展招商引资，在一定程度上促进了企业落户和本地经济增长。然而，大规模低价配置工业用地并不一定能实现产业持续增长，尤其是通过土地低价吸引的企业往往质量较差，地方产业有可能被"低端锁定"，不利于产业转型升级。随着我国产业业态的不断升级和多样化，产业用地需求也随之发生变化，尤其是一些高新技术产业，对土地的依赖度显著下降，继续通过大规模土地投入吸引这类企业落户的作用已明显减弱。因此，未来的政策取向应该逐步扭转将城市工业用地作为地方政府招商引资工具的功能，回归城市工业用地的资源属性，综合城市规划和产业配套等政策手段，保障经济高质量发展，实现土地利用效率提升。

对城市工业用地功能转换的促进，需要结合实际情况，因地制宜推进。在我国沿海地区和部分经济发展较快的城市，继续利用大规模低价工业用地促进产业发展效果已明显减弱，一方面当地土地资源状况已难以支撑，另一方面产业需求也发生了明显改变，因此需要尽快促进功能转变，促进高质量发展。在我国内陆和西部地区，土地资源相对充裕，而且大部分地区还处于工业化增长阶段，因此，对城市工业用地功能的转换也需要有序推进，不可"一刀切"执行。

二、持续推进城市工业用地市场化配置改革

自 2014 年国家发展改革委牵头开展工业用地市场化配置改革试点以来，各地开展了大量的创新实践，积累了一定的经验。下阶段应该在总结这些实践的基础上，形成可推广可复制的经验，上升为国家层面的政策措施。其中，有以下几个方面的政策建议供参考：一是优化落实工业用地出让年期，完善弹性出让年期制度。结合产业生命周期和区域发展条件，因地制宜制定弹性出让年期，配套相应的执行程序，实现土地资源在不同产业之间和不同企业之间的转换。二是抓紧

更新城市工业用地出让价格最低标准政策。前一版工业用地出让最低价标准的制定年度已超过 10 年，继续参考实施显然已经不合时宜。建议结合正在编制的国土空间规划，以及相关土地价格评估，推行新一版的工业用地出让最低价标准。三是加强工业用地供后监管，建立工业企业产出效益评价机制，加强土地精细化管理和节约集约利用。改变以往城市工业用地配置过程中"重供给轻监管"的弊病，制定相关配套措施，促进土地高效利用。

三、推进城市工业用地配置的绿色转型

生态文明背景下，我国将持续推进生态环境治理和碳减排。工业用地作为制造业发展的重要物质支撑和生产要素，具备对产业发展进行宏观调控的基本功能。为了配合经济发展的绿色转型，可以通过城市工业用地配置的绿色转型予以落实。一是制定严格的产业用地准入标准，对不符合要求的产业不予配置。尽快更新和完善现有的《产业用地目录》，实现与时俱进。二是通过工业用地配置优化，实现产业结构调整，促进"双碳"目标实现。

四、探索城市工业用地再开发政策与机制

一是产业用地混合利用政策设计。结合发达经济体经验和国内实践，形成支持产业用地混合利用的政策体系，包括完善产业用地混合利用的规划条件、推动用地结构的总量管控灵活且审慎、优化提高用地效率的管理体制等。二是因地制宜制定城市工业用地低效利用认定标准。通过大量的案例和实践统计，逐步形成一套城市工业用地低效利用认定技术体系，指导各地因地制宜制定符合本地的低效利用认定标准，用于支持城市工业用地再开发。三是制定规划和政策保障产业用地空间。工业化仍是我国大部分地区不可回避的发展阶段，过度的去工业化和去工业用地将影响区域产业发展空间。因此，需结合国土空间规划，合理划定城市产业用地空间，制定相应措施予以有效保护。

第三节　研究展望

一、深入企业尺度，探索城市工业用地配置内在机制及其微观效应

现有关于城市工业用地配置的研究，大多集中于区域–城市尺度，还较少深入企业尺度。然而，城市工业用地配置的最终受体是企业，因此，有必要深入企业尺度探究城市工业用地配置内在机制及其微观效应，深入回答：城市工业用地配置给了什么类型的企业？为什么这些类型的企业能够获得工业用地配置？获得城市工业用地配置后，这些企业是否提高了经营绩效？如果其绩效获得了提升，又是通过什么途径提升的？对这些问题的回答，有助于揭开中国城市工业用地配置的"黑箱"，从而为更加精准地配置城市工业用地提供科学依据。

二、"双碳"目标下的城市工业用地配置优化

习近平主席在第七十五届联合国大会一般性辩论上宣布，"中国将提高国家自主贡献力度，采取更加有力的政策和措施，二氧化碳排放力争 2030 年前达到峰值，努力争取 2060 年前实现碳中和"。实现 2030 年前"碳达峰"是中国对世界的郑重承诺，这也意味着，未来十年或更长一段时间，逐步实现碳减排将成为我国经济社会发展的强约束目标。李克强总理在 2021 年《政府工作报告》中进一步强调，要"扎实做好碳达峰、碳中和各项工作，优化产业结构和能源结构"。可以看出，中央政府已经把产业结构优化作为实现"碳达峰"的一项重要举措。如何以"碳达峰"为约束目标，制定相应政策推进产业结构优化，将是我国未来一段时间经济社会发展的重要议题，也是学术研究与政策制定亟待解决的问题。基于城市工业用地配置是影响产业结构调整的重要因素，如何优化城市工业用地配置，从而促进产业结构调整，进而实现碳减排就成为"双碳"目标下学术研究的重要命题之一。

三、城市工业用地市场化配置改革的
理论分析、实践总结与效应评估

2021 年 12 月《中共中央　国务院关于构建更加完善的要素市场化配置体制机制的意见》下发，明确提出进一步提高土地要素配置效率的目标，其中关键的改革措施即深入落实土地要素市场化配置改革。因此，在国家顶层设计的指引下，各地方将可能进一步推出城市工业用地市场化配置改革的探索举措。在实践的大背景下，学术研究有必要就城市工业用地市场化配置改革的理论机制进行深入分析，提出可供选择的系统方案，并结合实践开展效应评估和经验总结，从而为国家出台城市工业用地配置政策提供依据。

四、存量城市工业用地再利用机制研究与政策设计

经过二三十年快速工业化和大规模工业用地出让以后，工业用地占城市用地结构中的比例维持在一个相当高的比例。随着经济结构调整和产业周期变化，大量城市工业用地需要进行再利用和再开发。因此，存量城市工业用地如何实现有效再利用也就成为下一个阶段城市工业用地配置的重大挑战。其中涉及土地出让年限未到、现有土地使用权人利益分配、新产业引入路径等一系列问题，都需要通过大量理论分析、案例研究，深入了解其中的内在机制，并在此基础上形成政策体系，为城市工业用地可持续高效利用提供保障。

北大－林肯中心丛书

《中国制造业区位：区域差异与产业差异》

（2010）贺灿飞　等著　科学出版社

《精明增长政策评估》

（2011）【美】Gregory K. Ingram　等著　贺灿飞等译　科学出版社

《中国的住房改革及成效》

（2011）满燕云　主编　经济管理出版社

《中国低收入住房：现状与政策设计》

（2011）满燕云　等编　商务印书馆

《经济转型与服务业跨国公司区位战略》

（2012）贺灿飞　等著　科学出版社

《可持续城市防灾减灾与城市规划——概念与国际经验》

（2012）张洋　吕斌　张纯　等著　科学出版社

《转型中的中国地方公共财政》

（2012）满燕云　康宇雄　编　经济管理出版社

《发展中国家大都市政府融资》

（2013）【美】Roy W. Bahl 等编著　陶然　等译　科学出版社

《融入未来：预测、情境、规划和方案》

（2013）【美】Lewis D. Hopkinsl 等编著　韩昊英　赖世刚　译　科学出版社

《中国城市发展透视与评价》

（2014）贺灿飞　等著　科学出版社

《房产税在中国：历史、试点与探索》

（2014）侯一麟　任强　张平　著　科学出版社

《城市星球》

（2014）【美】Angel S. 著　贺灿飞　等译　科学出版社

《践行财政"联邦制"》

（2014）【美】Anwar Shah　编著　贾康　等译　科学出版社

《城市与区域规划支持系统》

（2015）【美】Richard K. Brail 编著　沈体雁　等译　科学出版社

《保障性住房政策国际经验：政策模式与工具》

（2016）刘志林　景娟　满燕云　著　商务印书馆

《集聚经济、技术关联与中国产业发展》

（2016）贺灿飞　郭琪　等著　经济科学出版社

《环境经济地理研究》

（2016）贺灿飞　周沂　等著　科学出版社

《中国制造业企业空间动态研究》

（2016）史进　贺灿飞　著　经济科学出版社

《转型经济地理研究》

（2017）贺灿飞　著　经济科学出版社

《中国城市工业用地扩张与利用效率研究》

（2017）黄志基　贺灿飞　著　经济科学出版社

《土地制度的国际经验及启示》

（2018）北大－林肯中心编译　科学出版社

《演化经济地理研究》

（2018）贺灿飞　著　经济科学出版社

《人口城镇化对农地利用效率的影响研究》

（2020）赵茜宇　著　中国社会科学出版社

《贸易经济地理研究》

（2020）贺灿飞　杨汝岱　著　经济科学出版社

《中国出口产品演化与升级：从贸易大国走向贸易强国》

（2020）周沂　贺灿飞　著　经济科学出版社

《贸易地理网络研究》

（2021）贺灿飞　著　经济科学出版社

《房地产税国际经验指南（上册）——税制、评估及实践》

（2022）刘威　何杨　编著　经济科学出版社

《城市财政发展报告（2022）：可持续发展》

（2023）何杨　黄志基　刘威　主编　经济科学出版社

《国内外住房市场经验研究》

（2023）赵丽霞　刘志　［美］伯特兰·雷纳德　编著　北京大学出版社

《中国城市工业用地配置演化及其区域效应研究》

（2024）黄志基　著　经济科学出版社